修真十书研究

白玉蟾等 编著

张喆 点校

图书在版编目（CIP）数据

修真十书研究 /（宋）白玉蟾等编著. -- 北京 ：华龄出版社，2025. 5. -- ISBN 978-7-5169-2980-3

Ⅰ. B958；R212

中国国家版本馆 CIP 数据核字第 2025P2Y963 号

责任编辑	董　巍	**责任印制**	李未圻
责任校对	张春燕	**装帧设计**	世纪拓普

书　　名	修真十书研究	**作　　者**	（宋）白玉蟾等 编著
出　　版 **发　　行**	华龄出版社 HUALING PRESS	**点　　校**	张　喆
社　　址	北京市东城区安定门外大街甲 57 号		
发　　行	(010)58122255	**邮　　编**	100011
承　　印	天津新华印务有限公司	**传　　真**	(010)84049572
版　　次	2025 年 5 月第 1 版	**印　　次**	2025 年 5 月第 1 次印刷
规　　格	880mm × 1230mm		
印　　张	23.25	**开　　本**	1/32
书　　号	ISBN 978-7-5169-2980-3	**字　　数**	501 千字
定　　价	138.00 元（上下册）		

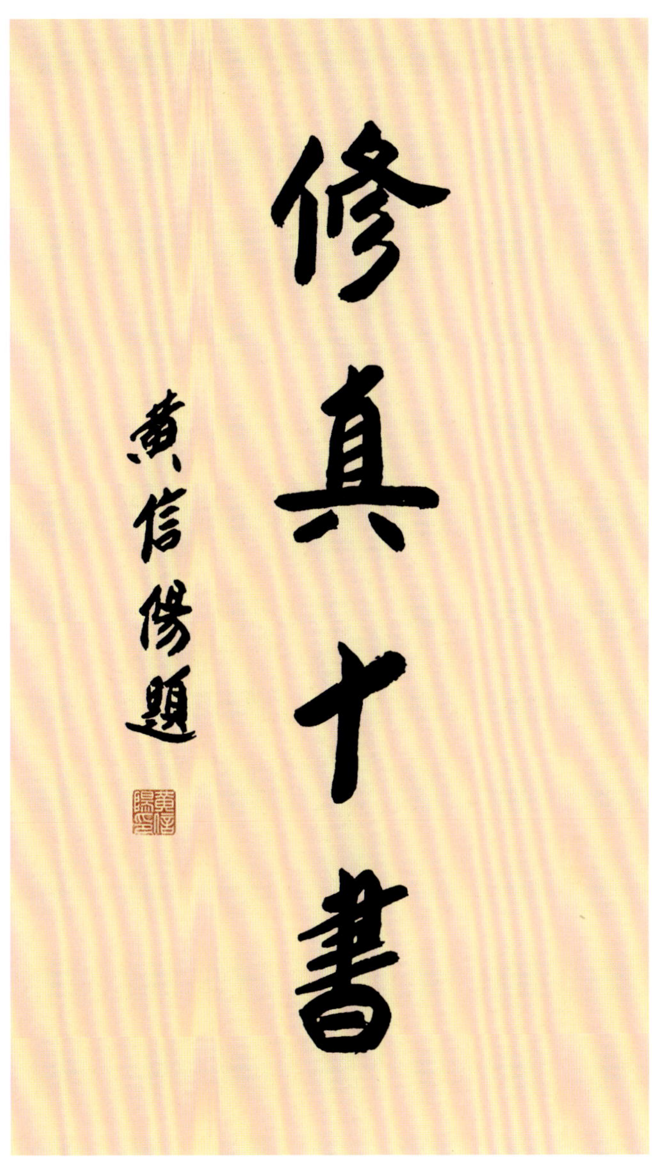

黄信阳

全国政协委员

中国道教协会咨议委员会副主席

北京市人大常务委员会委员

北京市道教协会原会长

河北省道教协会名誉会长

总序

黄信阳

道家思想诞生于古老而神秘的华夏大地，它以其深邃的洞察力和超凡的智慧，透过纷繁复杂的世间万象，探寻着宇宙万物的本元和运行规律。

道家思想的核心是“道”。“道”是一种超越人类常规认知的存在，从天地开辟到万物生长繁衍，“道”始终如影随形从未离开，而承载道家思想精髓的古代典籍，则宛如一座座闪耀着智慧光芒的灯塔，在人类思想的海洋中屹立千年而不朽。

道家思想是中国的传统文化，对华夏文明的传播起着重要的作用。在几千年的传承过程中，道家先贤们创作了许多经典著作，成为中华文化的瑰宝，也是道家思想的灵魂。这些道学典籍不仅是中国古代的哲学著作，同时也是文学、医药学、养生学、化学、音乐、地理等多种学科的珍贵资料，是指导人们的生活宝典，值得我们一代又一代的人去细细品味、琢磨，从中汲取智慧的养分，以更好地应对生活中的种种挑战和困惑。

让我们在追寻生命真谛的道路上，能借助“道家典籍”的智慧之光，不断前行，迈向更高的精神境界。

道家脩真圖
二十四节气修真养生图

《道家修真图》相传为元代所创，作者不详，现存于东京艺术大学附属图书馆。其中二十四幅图是按照二十四节气养生绘制，与明万历《欣赏编续编》收录的《保生心鉴》中的二十四节气图基本一致。

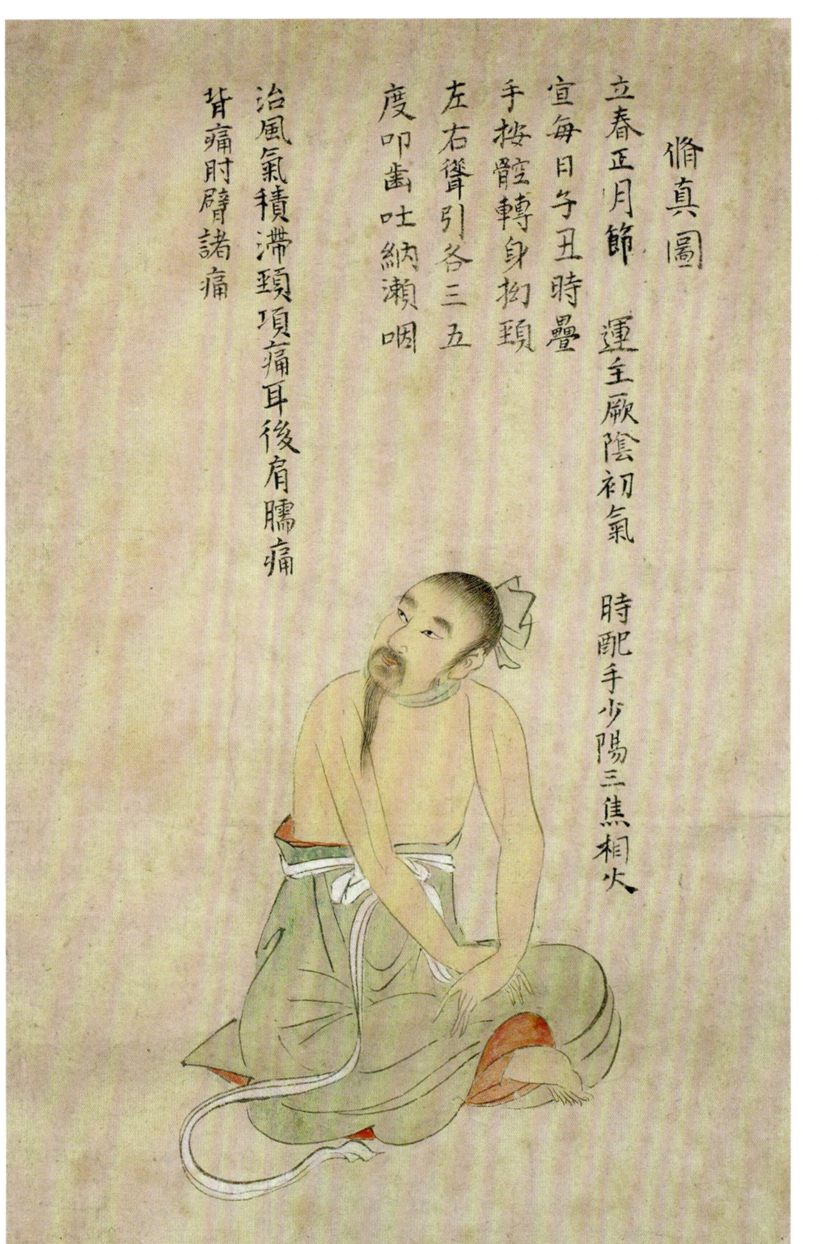
脩真圖
時配手少陽三焦相火
立春正月節
運主厥陰初氣
宜每日子丑時疊
手按髀轉身拗頸
左右聳引各三五
度叩齒吐納漱咽
治風氣積滯頸項痛耳後肩臑痛
背痛肘臂諸痛

雨水正月中　運主厥陰初氣　時配手少陽三焦相火
每日子丑時疊手
按脛拗頸轉身左
右偏引各三五度
叩齒吐納漱咽
治三焦經絡留滯
邪毒嗌乾及腫噦喉痹耳聾汗出目銳眥痛頰痛諸疾

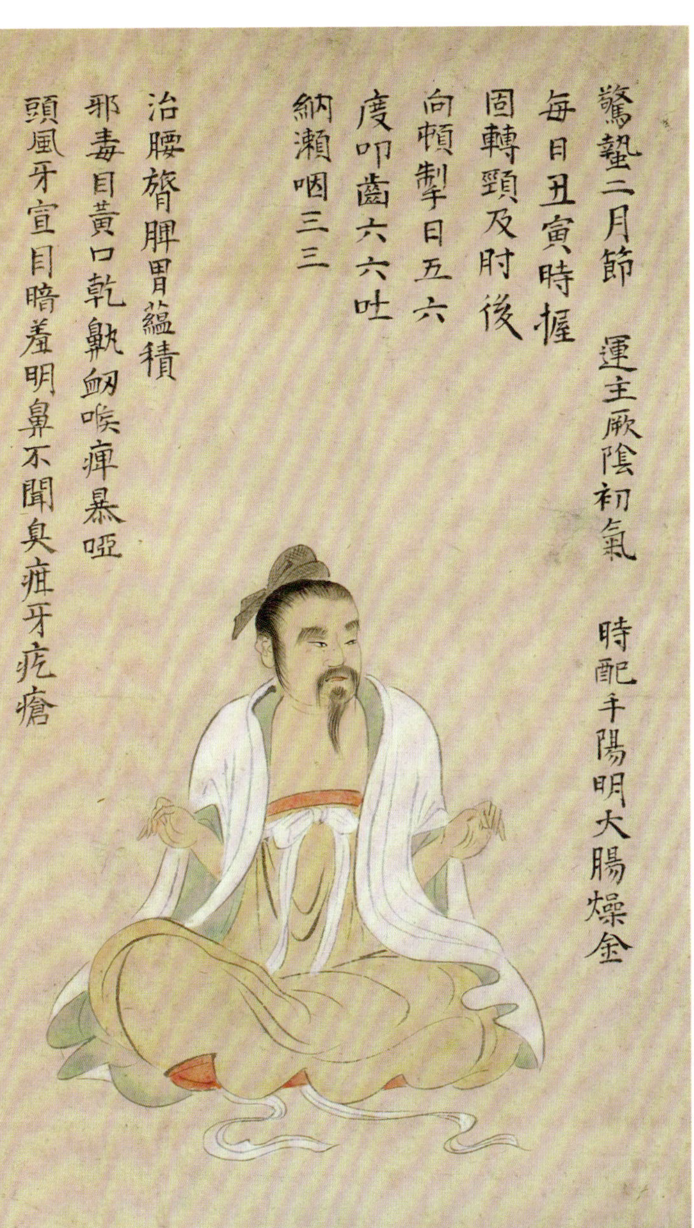
驚蟄二月節 運主厥陰初氣 時配手陽明大腸燥金
每日丑寅時握
固轉頸及肘後
向頓掣日五六
度叩齒六六吐
納漱咽三三
治腰膂脾胃蘊積
邪毒目黃口乾鼽衄喉痺暴啞
頭風牙宣目暗羞明鼻不聞臭疽牙疙瘡

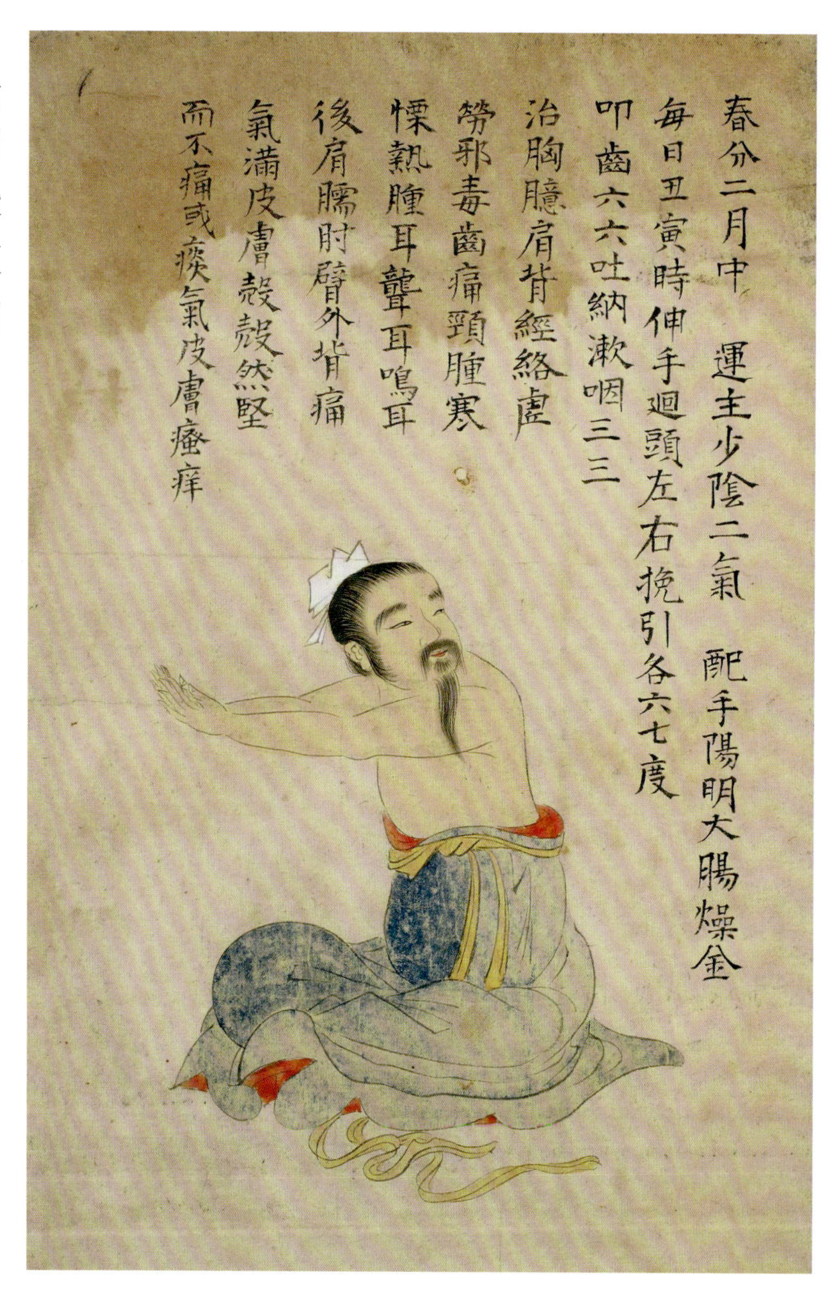
春分二月中　運主少陰二氣　配手陽明大腸燥金
每日丑寅時伸手迴頭左右挽引各六七度
叩齒六六吐納漱咽三三
治胸臆肩背經絡虛
勞邪毒齒痛頸腫寒
慄熱腫耳聾耳鳴耳
後肩臑肘臂外背痛
氣滿皮膚殼殼然堅
而不痛或瘊氣皮膚瘙痒

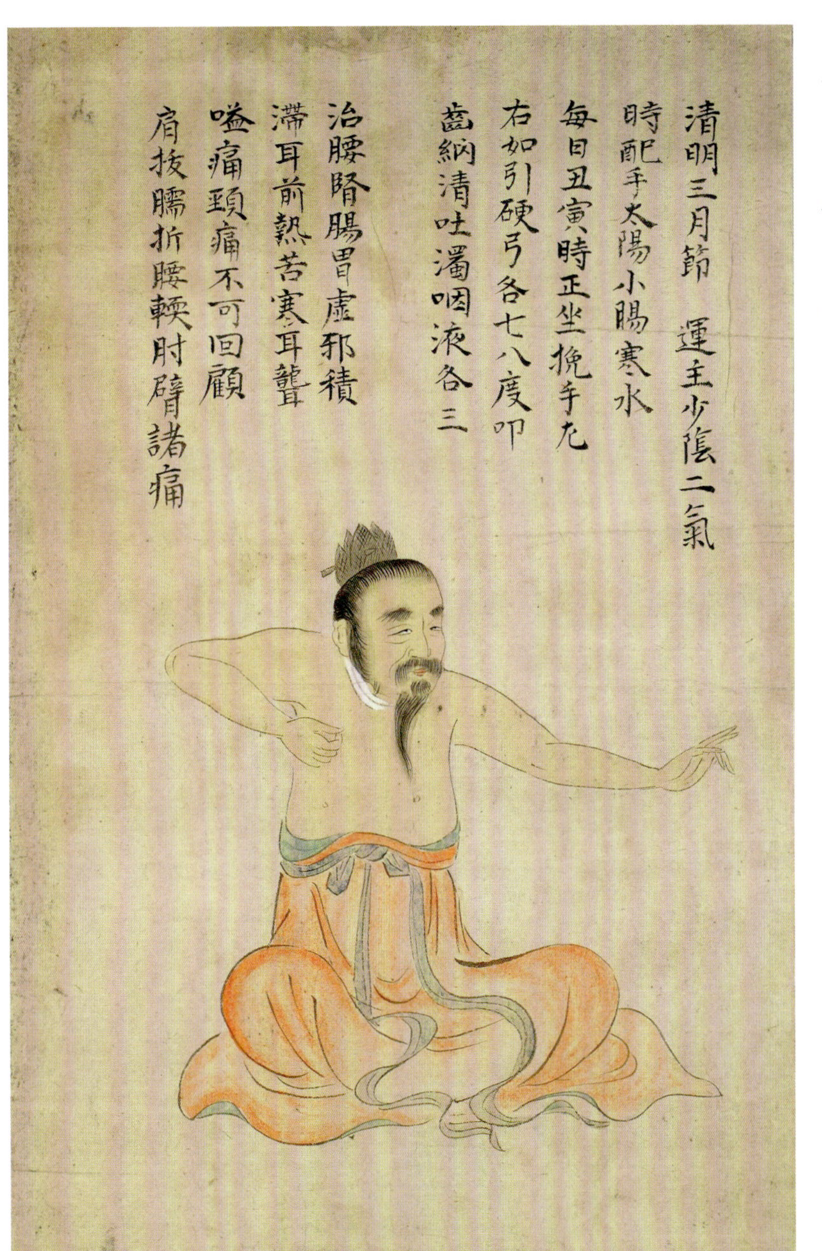
清明三月節　運主少陰二氣
時配手太陽小腸寒水
每日丑寅時正坐挽手左
右如引硬弓各七八度叩
齒納清吐濁咽液各三
治腰膂腸胃虛邪積
滯耳前熱苦寒耳聾
嗌痛頸痛不可回顧
肩拔臑折腰輭肘臂諸痛

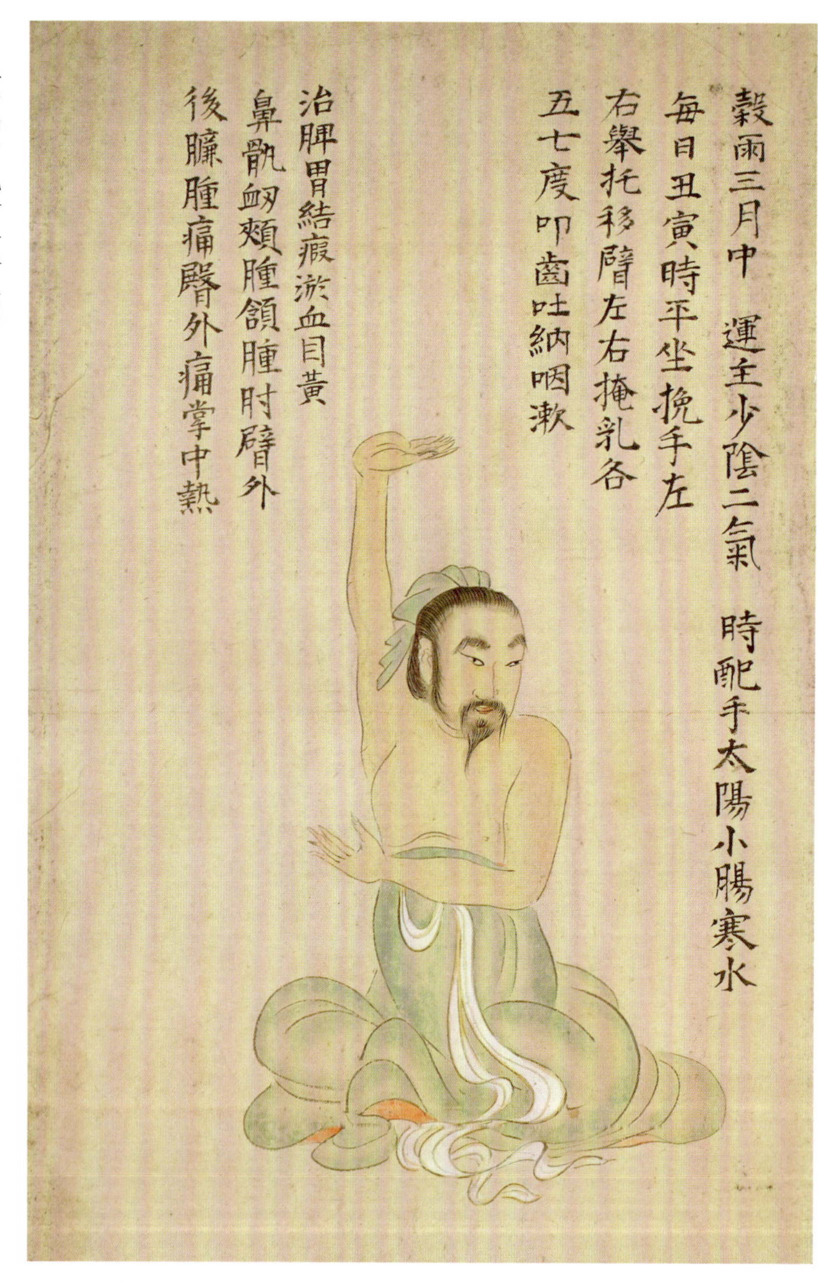

穀雨三月中　運主少陰二氣　時配手太陽小腸寒水
每日丑寅時平坐換手左
右舉托移臂左右掩乳各
五七度叩齒吐納咽漱
治脾胃結瘕淤血目黄
鼻鼽衂頰腫頷腫肘臂外
後臁腫痛臂外痛掌中熱

立夏四月節　運主少陰二氣　時配手厥陰心包絡風木

每日寅卯時閉息瞑目反換兩手

抑掣兩膝各五七度

叩齒吐納咽液

治風濕留滯經絡腫痛

臂肘攣急腋腫手

心熱喜笑不休雜症

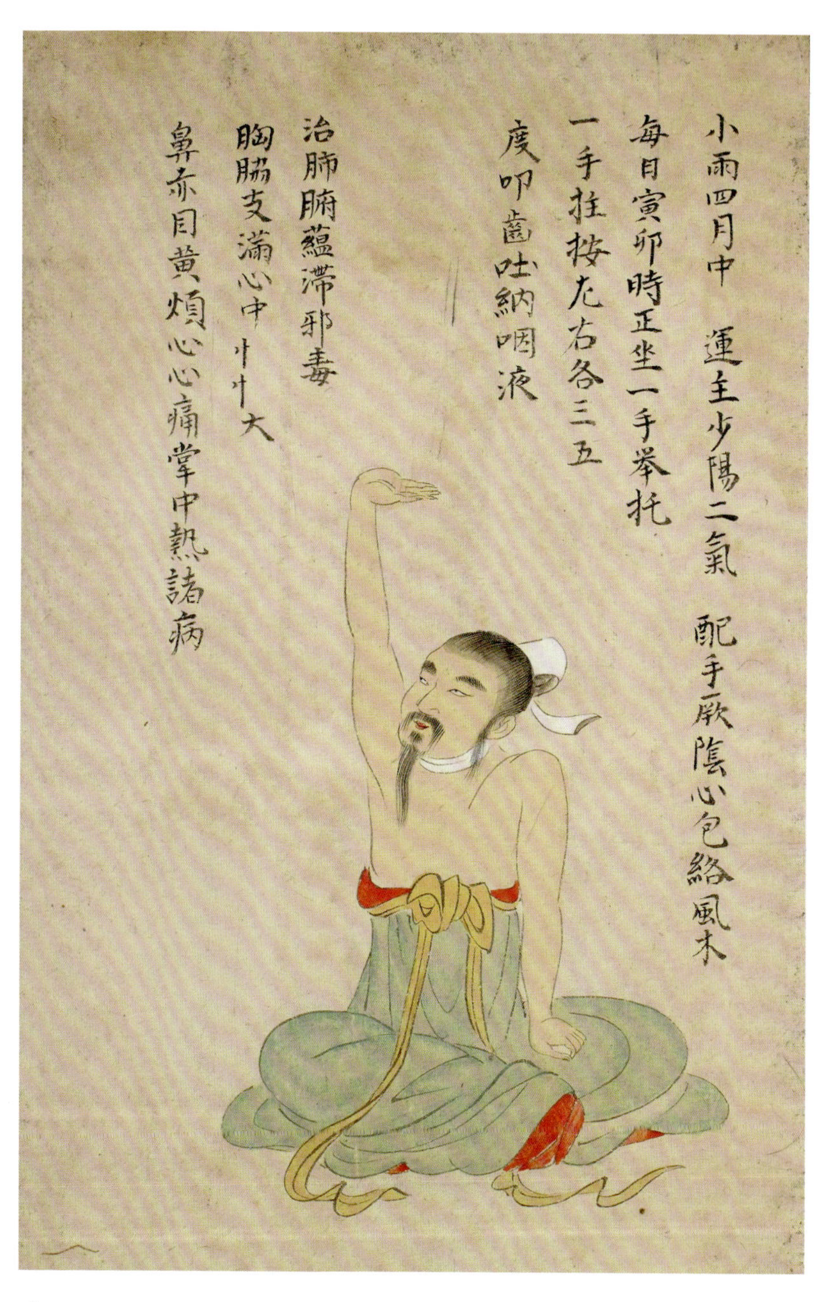
小雨四月中　運主少陽二氣　配手厥陰心包絡風木
每日寅卯時正坐一手舉托
一手拄按左右各三五
度叩齒吐納咽液
治肺腑蘊滯邪毒
胸脇支滿心中忄忄大
鼻赤目黄煩心心痛掌中熱諸病

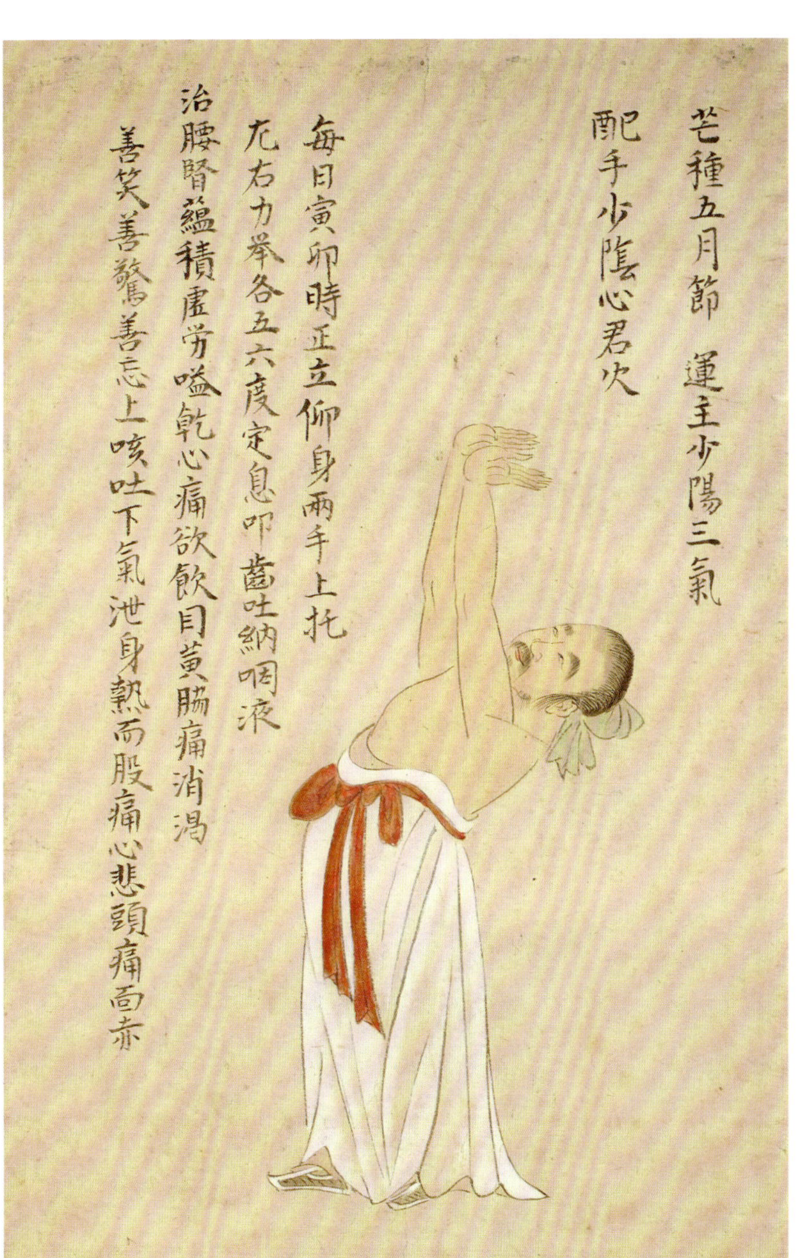
芒種五月節 運主少陽三氣
配手少陰心君火
每日寅卯時正立仰身兩手上托
左右力舉各五六度定息叩齒吐納咽液
治腰腎蘊積虛勞嗌乾心痛欲飲目黃脇痛消渴
善笑善驚善忘上咳吐下氣泄身熱而股痛心悲頭痛面赤

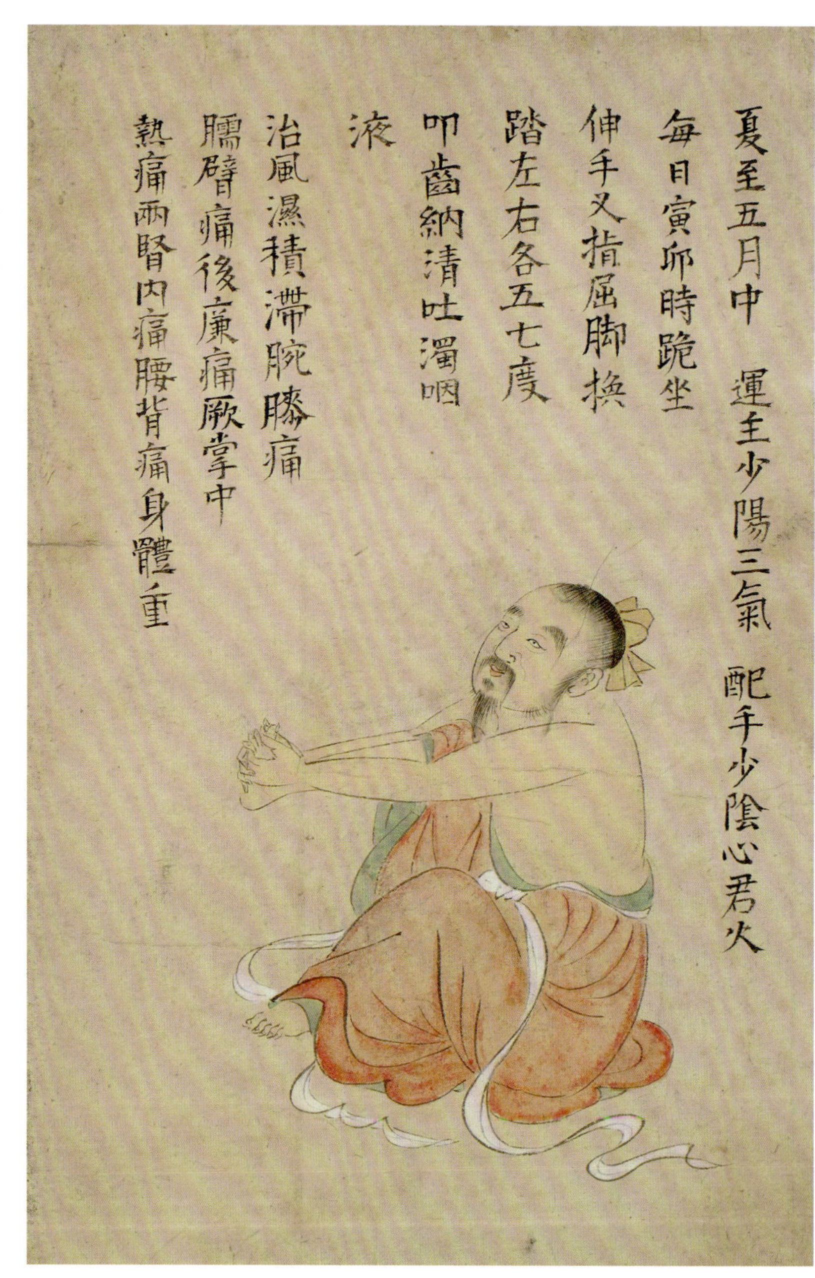

夏至五月中 運主少陽三氣 配手少陰心君火
每日寅卯時跪坐
伸手叉指屈脚換
踏左右各五七度
叩齒納清吐濁咽
液
治風濕積滯腕膝痛
臑臂痛後廉痛厥掌中
熱痛兩腎內痛腰背痛身體重

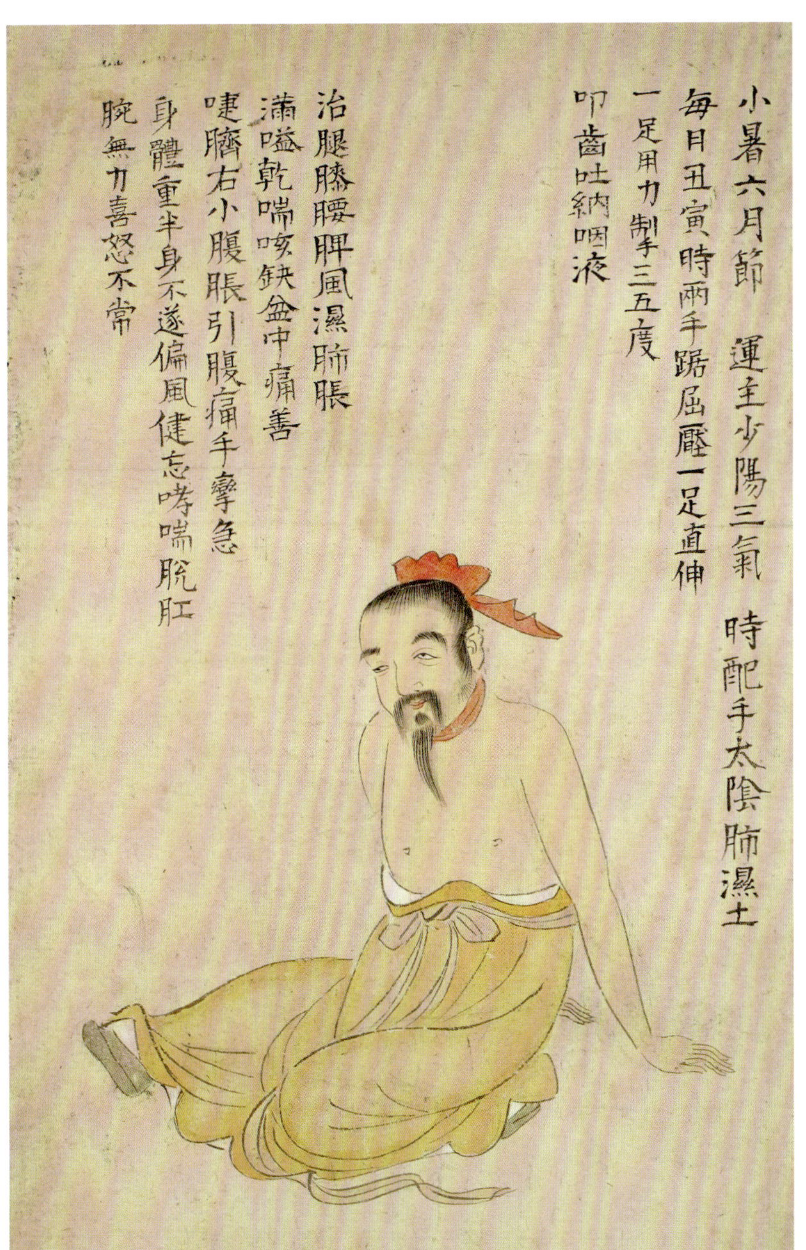
小暑六月節　運主少陽三氣　時配手太陰肺濕土
每日丑寅時兩手踞屈壓一足直伸
一足用力掣三五度
叩齒吐納咽液
治腿膝腰脾風濕肺脹
滿嗌乾喘咳缺盆中痛善
嚏臍右小腹脹引腹痛手攣急
身體重半身不遂偏風健忘哮喘脫肛
腕無力喜怒不常

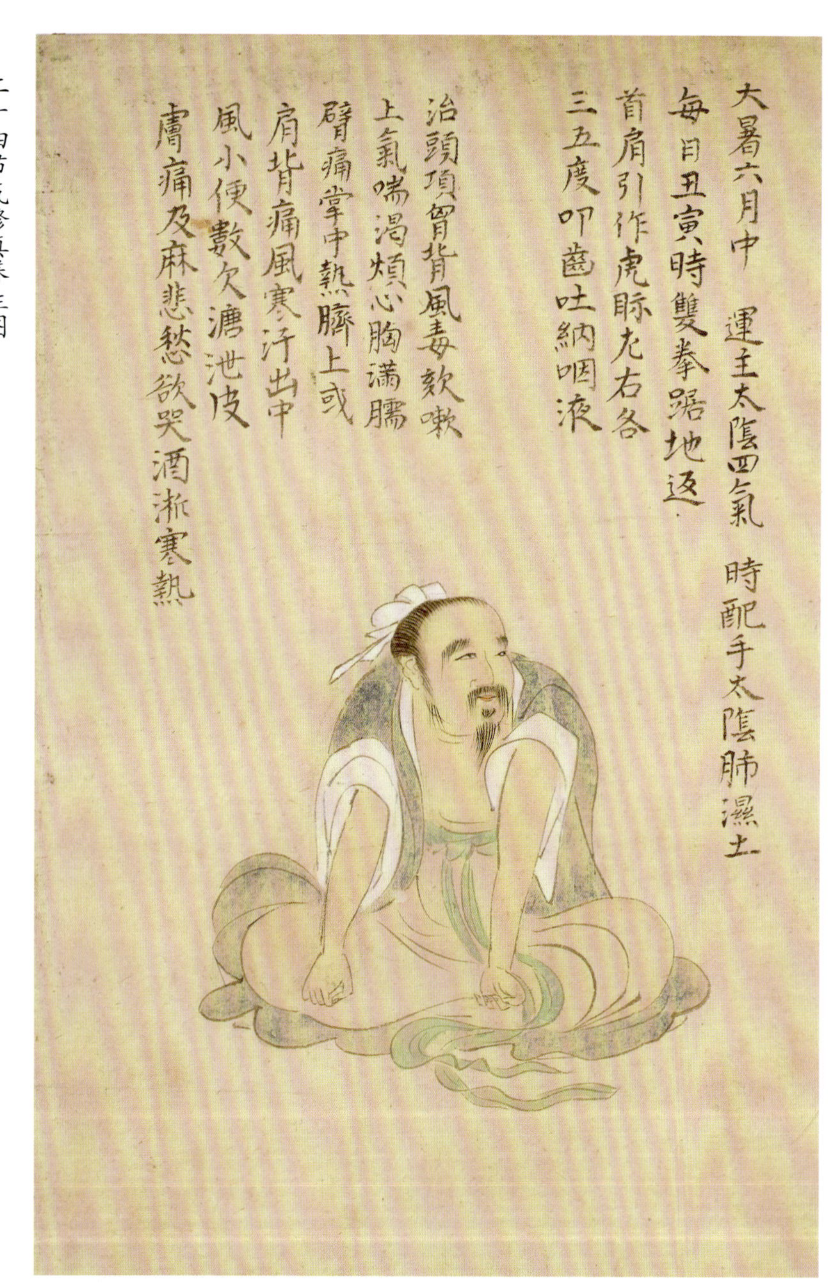
大暑六月中
運主太陰四氣
時配手太陰肺濕土
每日丑寅時雙拳踞地返
首肩引作虎視左右各
三五度叩齒吐納咽液
治頭項胷背風毒欬嗽
上氣喘渴煩心胸滿臑
臂痛掌中熱臍上或
肩背痛風寒汗出中
風小便數欠溏泄皮
膚痛及麻悲愁欲哭洒淅寒熱

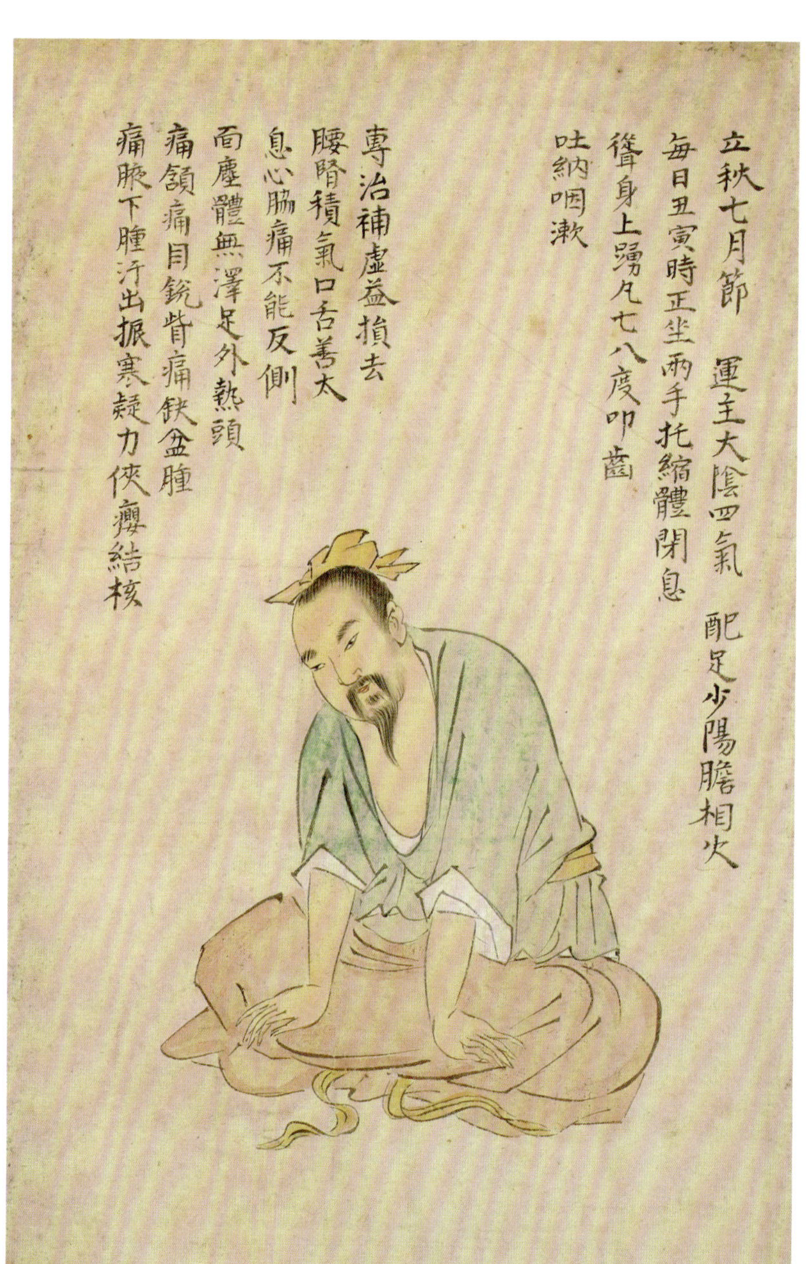
立秋七月節　運主大陰四氣　配足少陽膽相火
每日丑寅時正坐兩手托縮體閉息
聳身上踴凡七八度叩齒
吐納咽漱
專治補虛益損去
腰腎積氣口舌善太
息心脇痛不能反側
面塵體無澤足外熱頭
痛頷痛目銳眥痛缺盆腫
痛腋下腫汗出振寒疑力俠癭結核

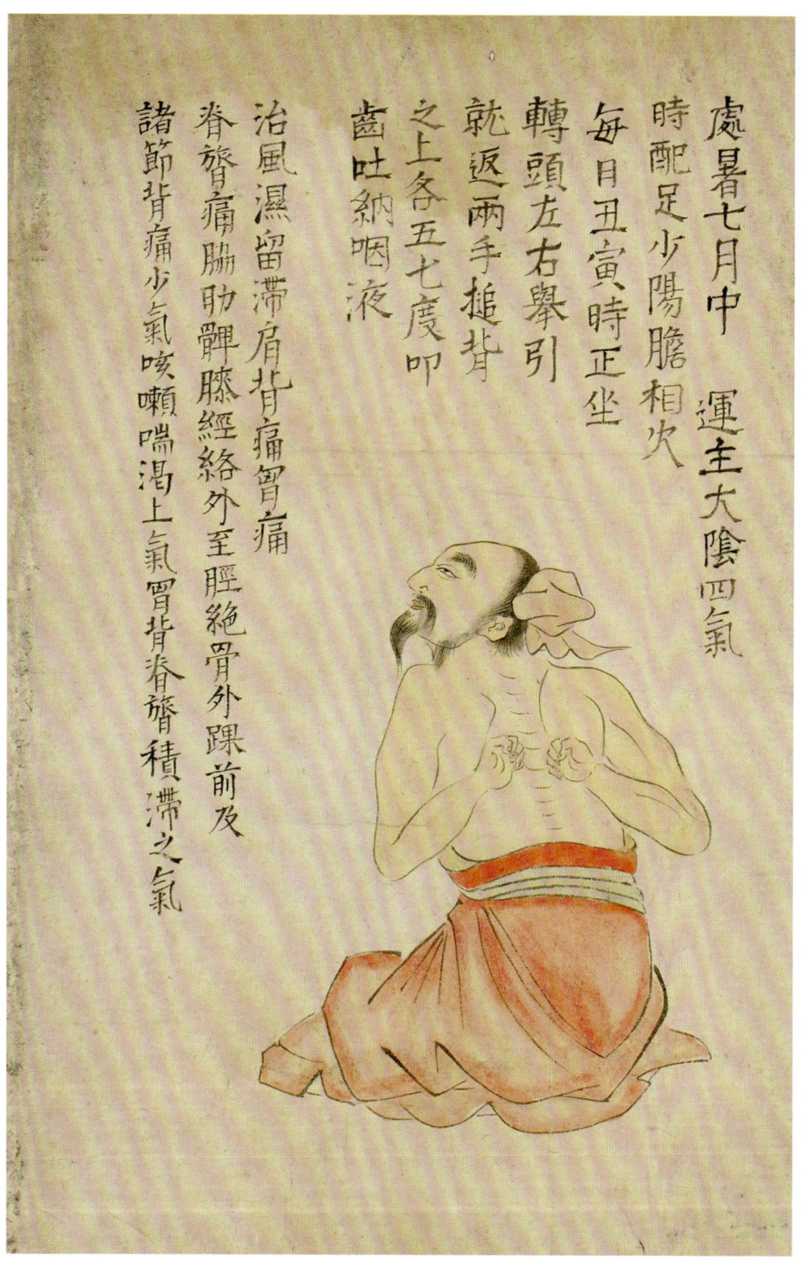
處暑七月中
運主太陰四氣
時配足少陽膽相火
每日丑寅時正坐
轉頭左右舉引
就返兩手搥背
之上各五七度叩
齒吐納咽液
治風濕留滯肩背痛胷痛
脊膂痛脇肋髀膝經絡外至脛絕骨外踝前及
諸節背痛少氣咳嗽喘渴上氣胷背脊膂積滯之氣

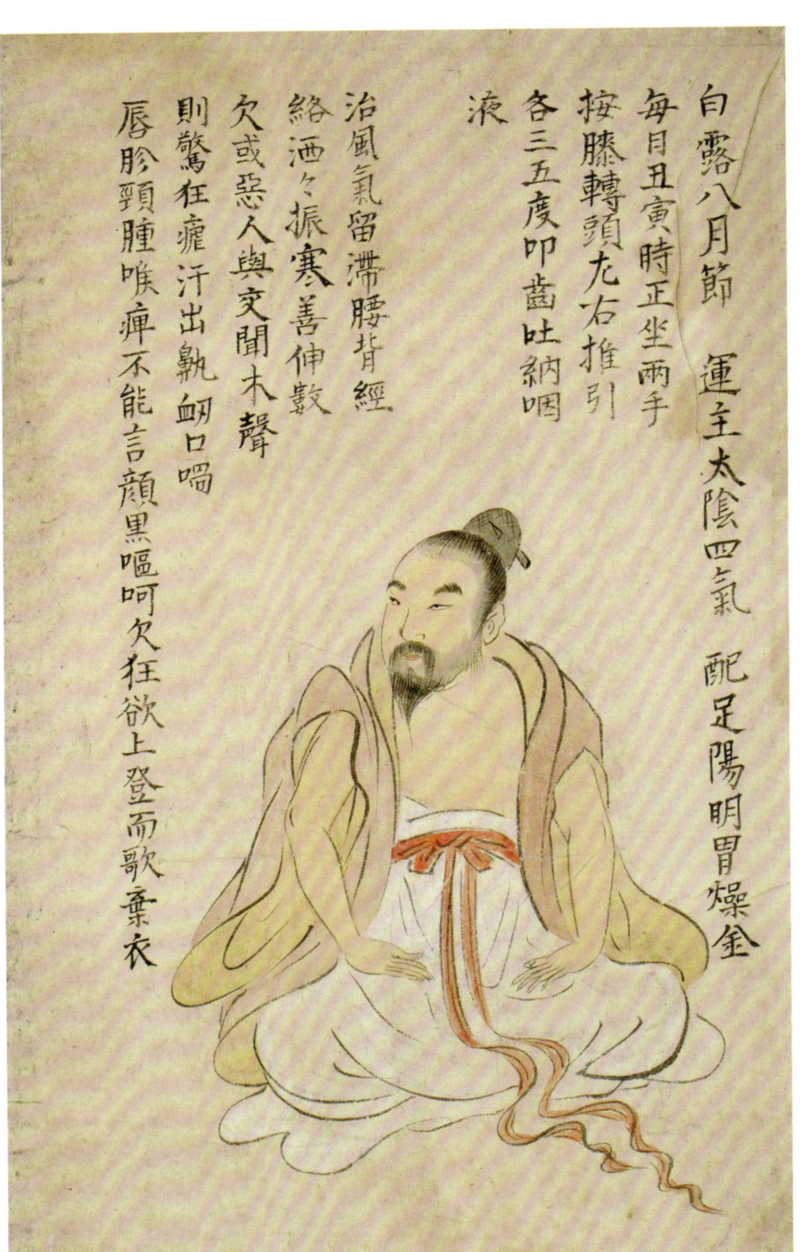

白露八月節 運主太陰四氣 配足陽明胃燥金
每日丑寅時正坐兩手
按膝轉頭左右推引
各三五度叩齒吐納咽
液
治風氣留滯腰背經
絡洒々振寒善伸數
欠或惡人與交聞木聲
則驚狂瘧汗出鼽衄口喎
唇胗頸腫喉痺不能言顏黑嘔呵欠狂欲上登而歌棄衣

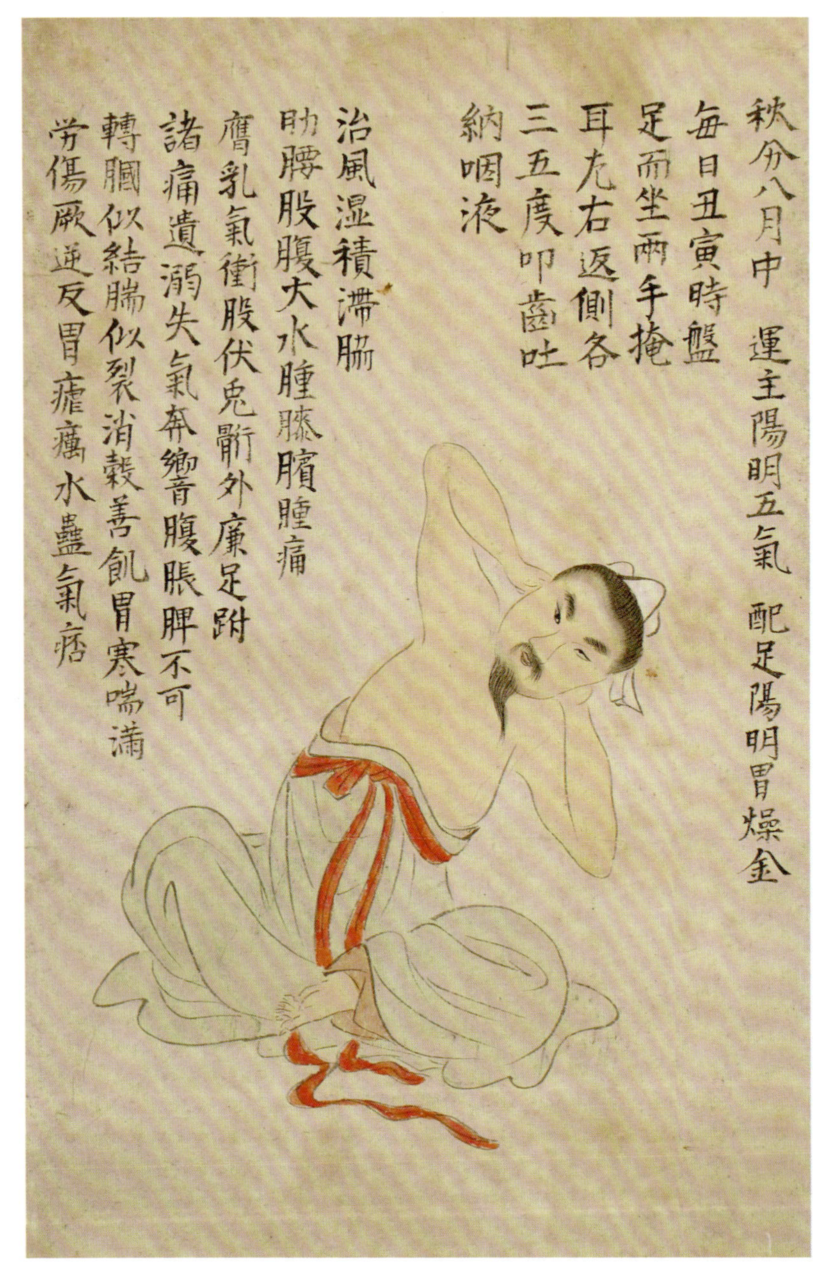
秋分八月中 運主陽明五氣 配足陽明胃燥金
每日丑寅時盤
足而坐兩手掩
耳左右返側各
三五度叩齒吐
納咽液
治風濕積滯脇
肋腰股腹大水腫膝臏腫痛
膺乳氣衝股伏兎骭外廉足跗
諸痛遺溺失氣奔嚮腹脹脾不可
轉膕似結腨似裂消穀善飢胃寒喘滿
勞傷厥逆反胃癰癧水蠱氣痞

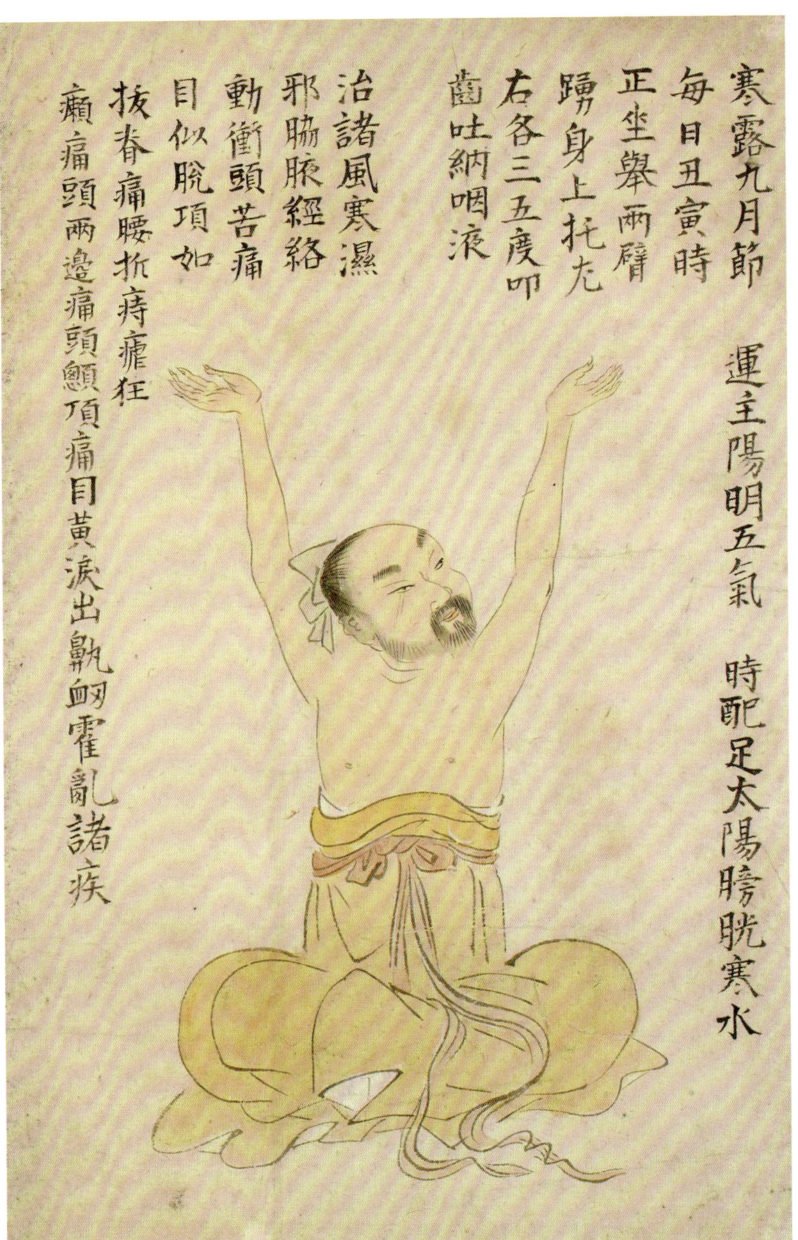
寒露九月節　運主陽明五氣　時配足太陽膀胱寒水
每日丑寅時
正坐舉兩臂
踴身上托左
右各三五度叩
齒吐納咽液
治諸風寒濕
邪脇腋經絡
動衝頭苦痛
目似脫項如
拔脊痛腰折痔瘧狂
癲痛頭兩邊痛頭顖頂痛目黃淚出鼽衄霍亂諸疾

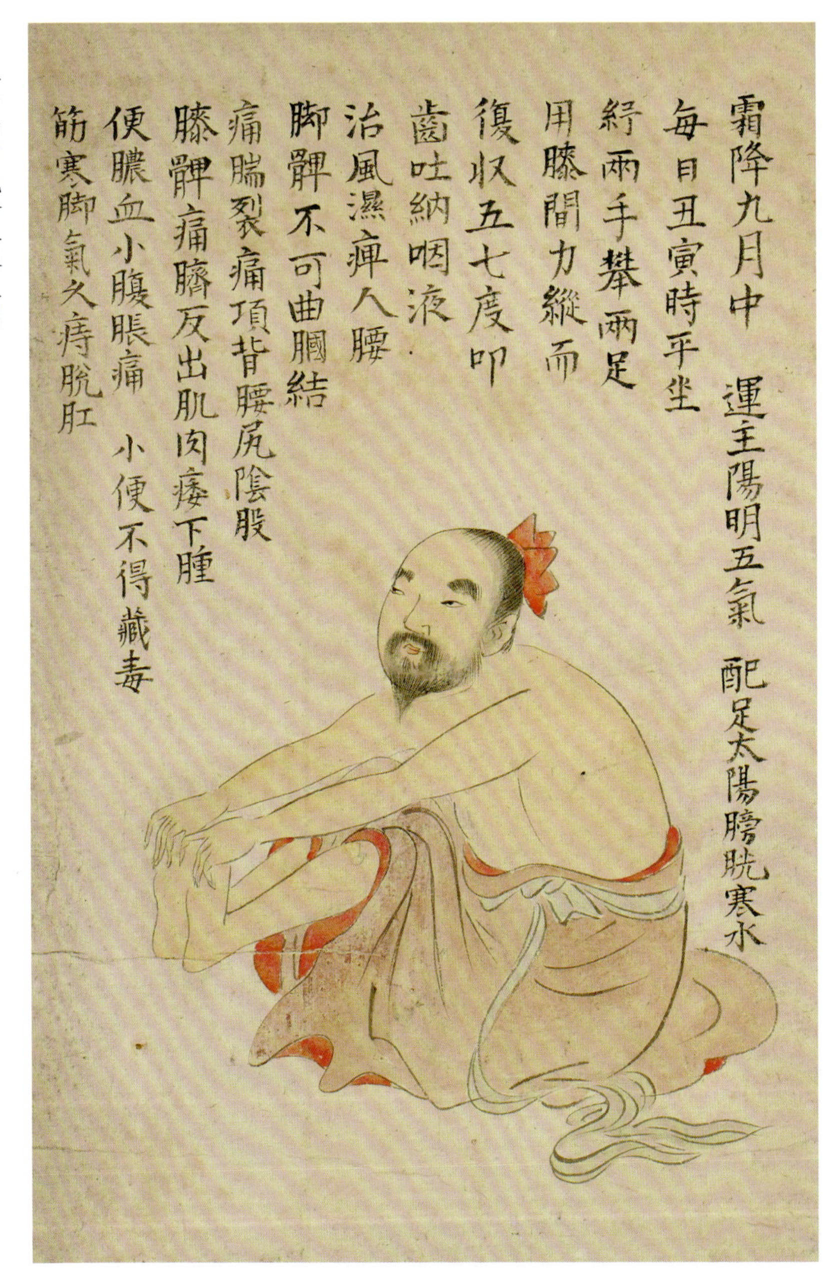
霜降九月中　運主陽明五氣　配足太陽膀胱寒水
每日丑寅時平坐
紓兩手攀兩足
用膝間力縱而
復收五七度叩
齒吐納咽液
治風濕痺入腰
脚髀不可曲膕結
痛腨裂痛項背腰尻陰股
膝髀痛臍反出肌肉痿下腫
便膿血小腹脹痛　小便不得藏毒
筋寒脚氣久痔脱肛

立冬十月節　運主陽明五氣　時配足厥陰肝風木

每日丑寅時正坐拗頸左右顧兩手左右托各三五度吐納叩齒咽液

治胸脇積滞虚勞邪毒腰痛不可俛仰嗌乾面塵脱色胸滿嘔逆飧泄頭痛耳無聞頰腫肝逆面青目赤腫痛兩脇下痛引小腹四肢滿悶眩冒

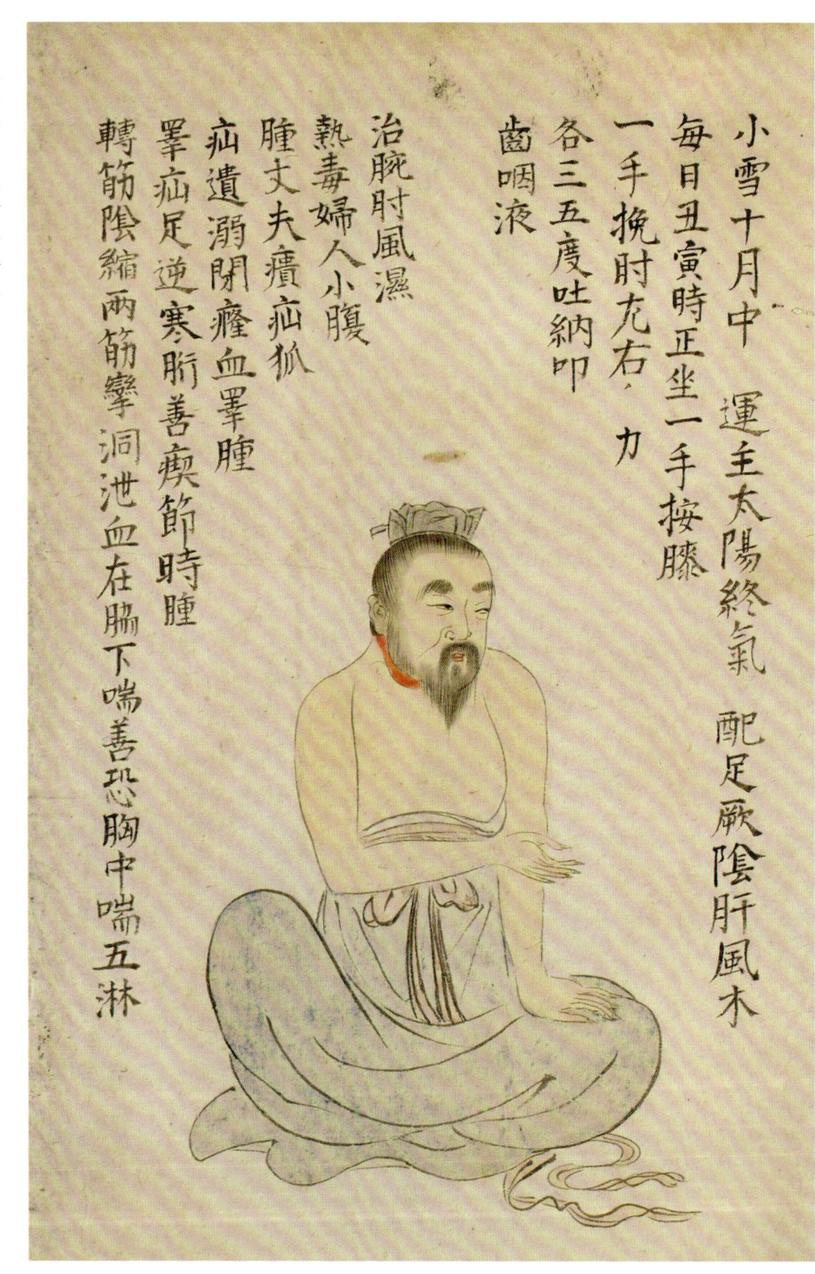
小雪十月中　運主太陽終氣　配足厥陰肝風木
每日丑寅時正坐一手按膝
一手挽肘左右、力
各三五度吐納叩
齒咽液
治腕肘風濕
熱毒婦人小腹
腫丈夫癀疝狐
疝遺溺閉癃血睪腫
睪疝足逆寒胻善瘈節時腫
轉筋陰縮兩筋攣洞泄血在脇下喘善恐胸中喘五淋

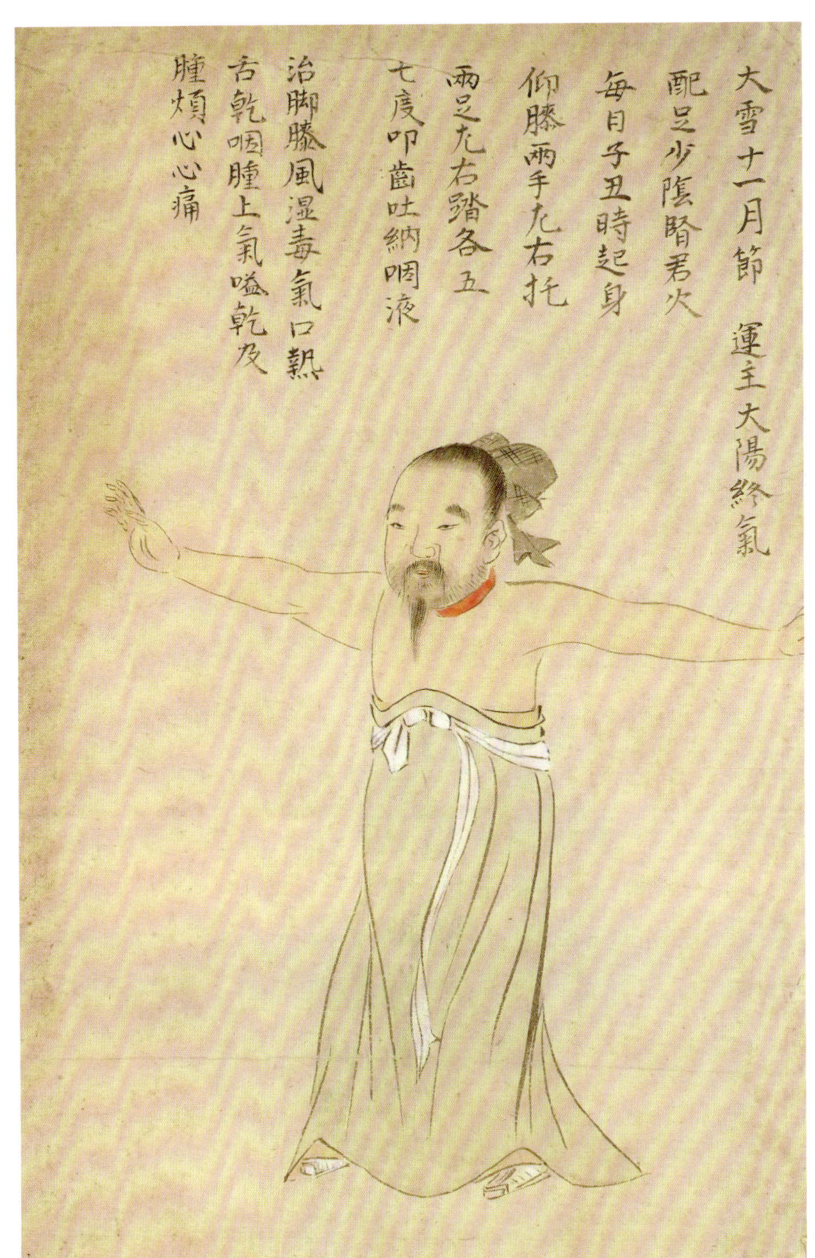
大雪十一月節　運主太陽終氣
配足少陰腎君火
每日子丑時起身
仰膝兩手左右托
兩足左右踏各五
七度叩齒吐納咽液
治脚膝風湿毒氣口熱
舌乾咽腫上氣嗌乾及
腫煩心心痛

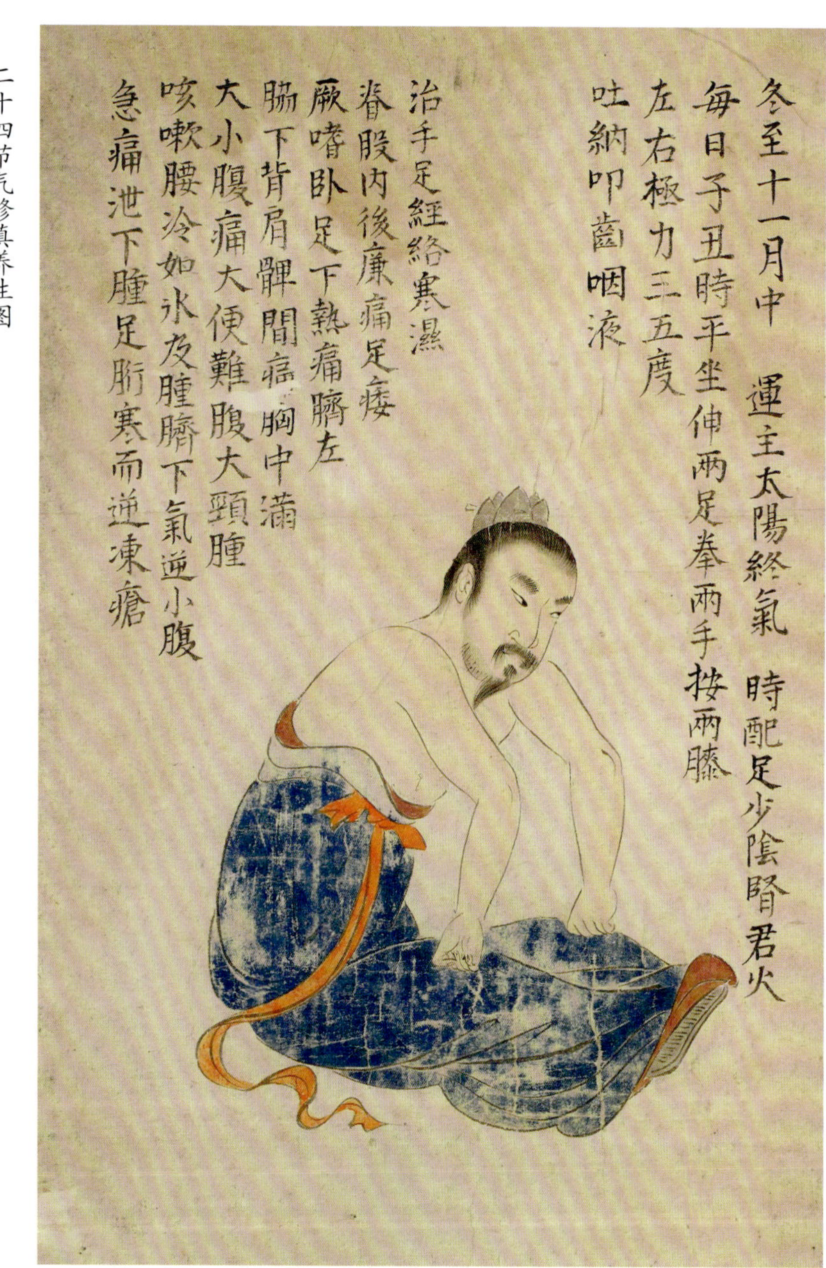
冬至十一月中　運主太陽終氣　時配足少陰腎君火
每日子丑時平坐伸兩足拳兩手按兩膝
左右極力三五度
吐納叩齒咽液
治手足經絡寒濕
脊股內後廉痛足痿
厥嗜卧足下熱痛臍左
脇下背肩髀間痛胸中滿
大小腹痛大便難腹大頸腫
咳嗽腰冷如冰及腫臍下氣逆小腹
急痛泄下腫足胻寒而逆凍瘡

小寒十二月節　運主太陽終氣　配足太陰脾濕土
每日子丑時正坐一手
按足一手上托挽
手互換極力
三五度吐
納叩齒
漱咽
治榮衛積氣蘊食
則嘔胃腕痛腹脹噦瘧飲
發中滿食減善噫身體皆重
食不下煩心心下急痛溏瘕泄水閉黄疸五泄
注下五色大小便不通面黄口乾怠惰嗜臥搶心心下痞苦

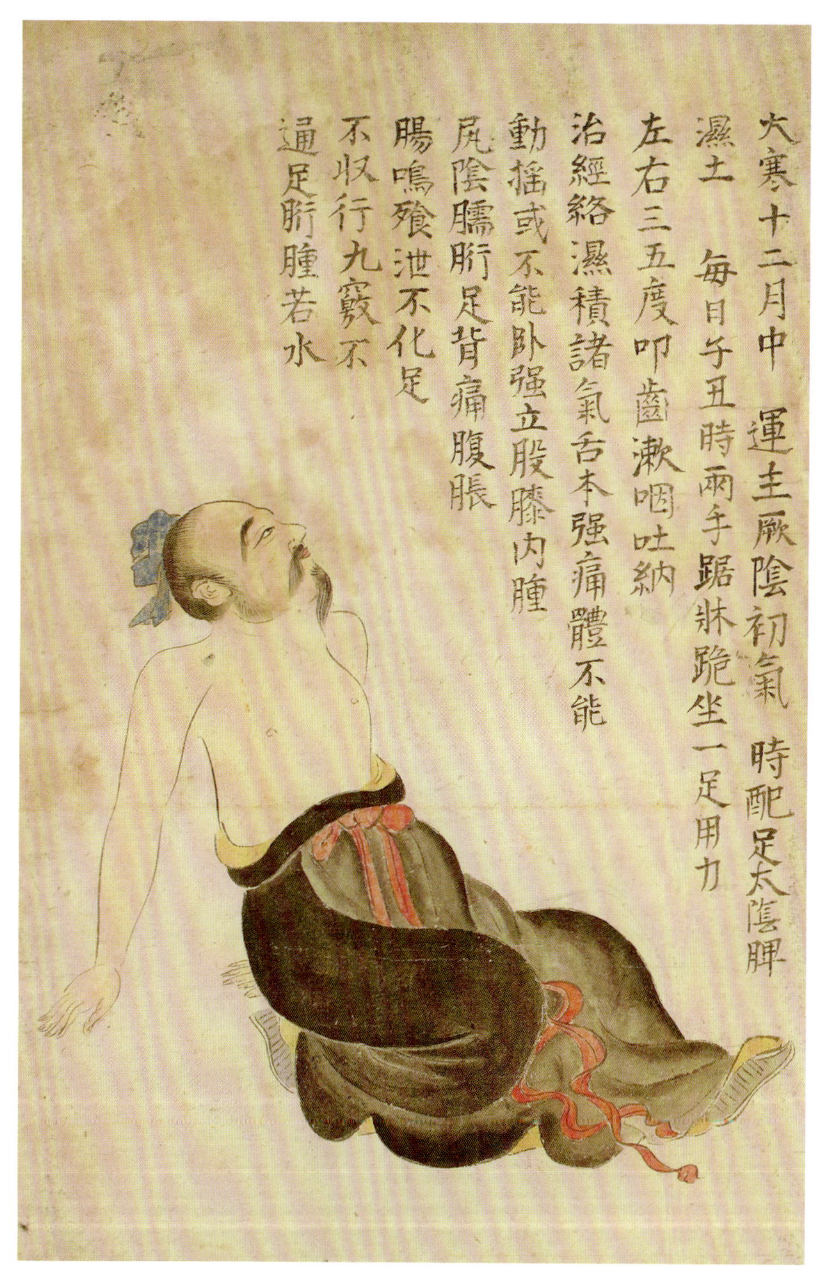
大寒十二月中 運主厥陰初氣 時配足太陰脾
濕土 每日子丑時兩手踞牀跪坐一足用力
左右三五度叩齒漱咽吐納
治經絡濕積諸氣舌本强痛體不能
動摇或不能卧强立股膝内腫
尻陰臑胻足背痛腹脹
腸鳴飧泄不化足
不收行九竅不
通足胻腫若水

出版说明

《修真十书》，编者不详。约成书于宋末元初。六十卷，收于《正统道藏》洞真部方法类。此书为道教内丹著作合集，由十部专著或杂著组成，大多为两宋钟吕金丹派南宗道士之作，亦有唐人所撰修真炼养之书，以及金末全真派道士著作。其书目如下：

《杂著指玄篇》

《金丹大成集》

《钟吕传道集》

《杂著捷径》

《悟真篇》

《玉隆集》

《上清集》

《武夷集》

《盘山语录》

《黄庭内景五藏六府图》《黄庭内景玉经注》《黄庭外景玉经注》

《修真十书》的内容不仅限于理论阐述，还包括实践指导和图解说明，对于研究道教内丹术具有重要价值。现分述如下。

1.《杂著指玄篇》八卷，收录内丹炼养著作十二种，其作者有张伯端、白玉蟾、石泰、薛道光、陈楠等人。这些作者都是道教内丹学派中的重要人物，他们的著作对后世的道教修炼实践和理论发展产生了深远的影响。张伯端被尊为南宗道教的开山祖师，其著作《悟真篇》尤为著名，被誉为内丹学的经典之作。白玉蟾则是南宗五祖之一，对道教南宗的发展做出了重大贡献。石泰、薛道光和陈楠同样在南宗道教中占有重要地位，他们的教导和著作对后来的修炼者有着指导意义。

2.《金丹大成集》，南宋萧廷芝、李道纯合著，成书于元朝。计有五卷，内容涵盖了内丹修炼的理论与实践，是气功内丹术的代表作之一。第一卷主要介绍了无极图、天心图、玄牝图等一系列图解，以及周天火候图等修炼示意图，这些图像和文字结合的方式有助于读者理解内丹修炼的过程。卷一中还包含了对天地阴阳、水火升降等宇宙原理的阐述，这些原理是内丹修炼的理论基础。后续卷次详细讨论了内丹修炼的具体方法，包括金丹问答、七言绝句等，这些内容不仅涉及理论探讨，还有实践指导，旨在帮助修炼者掌握内丹的制作和修炼技巧。此外，书中还收录了对《入药镜》和《沁园春》等古代丹经的注解，这些注解对于深入研究内丹术具有重要价值。总体来说，《金丹大成集》内容丰富，逻辑清晰，既有深厚的哲学理论基础，又有实用的修炼指南，是研究道教内丹术不可或缺的文献资源。

3.《钟吕传道集》三卷，五代道士施肩吾传。全书以钟离权与吕洞宾师徒问答的形式，论述了内丹术的要义。这部著作共分为三卷，涉及真仙、大道、天地、日月、四时、五行、水火、龙虎、丹药、铅汞、抽添、河车、还丹、练形、朝元、内观、磨难、征验等多个方面，构建了钟吕派内丹体系。书中的修炼法门和哲学思想，不仅是道教文化遗产的重要组成部分，也为现代人提供了一种探索身心和谐与自我提升的途径。

4.《杂著捷径》五卷，收录内丹炼养著作十余种，其作者有烟萝子、曾慥、陈楠、林屋逸人等。《杂著捷径》涵盖了内丹修炼的理论与实践，内容涉及三丹三田论、心脏总论、肝脏总论等。这些内容反映了道教内丹修炼中对人体精、气、神的理解和调控方法，以及修炼过程中对心、肝、脾、肺等脏腑功能的描述。《杂著捷径》为后来的修炼者提供了丰富的学习资源，其影响力和研究价值不容小觑。

5.《悟真篇》五卷，北宋道士张伯端撰。《修真十书》所收为叶士表、袁公辅、无名子等人的注解版本。《悟真篇》对现代内丹学研究产生了深远的影响。首先，《悟真篇》系统地阐述了内丹修炼的理论和实践方法，包括筑基、炼精化气、炼气化神、炼神还虚等修炼阶段，这些理论至今仍是内丹学研究的核心内容。

其次，张伯端在《悟真篇》中提出的“性命双修”思想，强调了修炼内丹不仅要炼形，还要炼神，这一观点对内丹学的身心合一观念有着重要的推动作用。此外，《悟真篇》的文学形式，如诗词歌赋，使得内丹学的传授更加生动形象，易于传播和领悟，这对内丹学的普及和发展具有积极意义。

6.《玉隆集》，南宋白玉蟾撰。白玉蟾，原名葛长庚，字如晦，号海琼子，是道教金丹派南宗的重要传承者和发展者。他的内丹学说和雷法实践对后世道教有着深远的影响。《玉隆集》一是为对南昌西山和阁皂山宫观所作的碑记，有《阁皂山崇真宫昊天殿记》《玉隆宫会仙阁记》《涌翠亭记》《心远堂记》《牧斋记》等。二是为净明道祖师及所尊仙人所作的传记，有《旌阳许真君传》《续真君传》记许逊，《逍遥山群仙传》记吴猛、周广、时荷等十二真君，《诸仙传》记兰公、谌母、胡惠超等，另有《御降真君册造表文》记宋代册封许逊的几通文诰。此外，尚有几首赠友人诗。这些著作集结了当时流行的道教修炼方法、神话传说以及哲学思想，对白玉蟾自身的修道体验和理论见解也有所体现。《玉隆集》不仅包含了丰富的内丹内容，还涉及文学、医学等领域，对后世道教发展产生了深远的影响。

7.《上清集》，南宋白玉蟾的诗文别集，具体内容，一为游记与题词，如《游仙岩记》《云窝记》《驻云堂记》《题三清殿后壁》《题丹枢先生草庵》等。二为诗、歌、曲、赋，如《九曲杂咏》《九曲棹歌》《云游歌》《快活歌》《必竟恁地歌》《满江红·咏武夷》《念奴桥·咏雪》《水调歌头·修炼》《懒翁斋赋》等。三为赞、疏、醮词，如《朱文公像疏》《赞文公遗像》《自赞》《化修造精舍疏》《为武夷道众奏名传法谢恩醮词》等，属杂文。这些作品不仅展现了白玉蟾的文学才华，也反映了他的道教思想和修炼体验。

8.《武夷集》，南宋白玉蟾的杂著，包括诗、歌、题词、杂记等，如《重建止止庵记》《赞历代天师》《先生曲肱诗》《怀仙吟》《见鹤吟》等。另有几通上奏天神的奏章，为白玉蟾兼行五雷法时所写。

9.《盘山语录》，金元道士王志谨与门人论道的语录。王志谨，号栖云，是金元时期著名的全真道士，曾师从郝太古，并受到丘处机的影响。他的教学活动主要在盘山进行，门徒众多，对后世的道教发展有着重要的影响。《盘山语录》包含了王志谨对性功修持的见解和指导，涉及道德修养与内丹修炼等多方面的问题，被视为初机学道者的指南。

10.《黄庭内景五藏六府图》，旧题唐代女道士胡愔（号见素子）撰。该书详细描述了五脏六腑的生理功能、病理变化以及相应的养生保健方法，包括呼吸吐纳、药物治疗、导引按摩等。胡愔在书中指出，五脏六腑的健康直接关系到人的生命活力和长寿，主张通过内在的修炼和外在的调养来达到身心合一的健康状态。此书不仅在道教养生领域有着重要地位，也对后世的中医学和气功实践产生了深远的影响。

11.《黄庭内景玉经注》，唐代梁丘子注。梁丘子，本名白履忠，唐汴州浚仪人。曾居大梁，因号梁丘子。史载其“贯知文史”，“博学守操”，曾任校书郎，后拜朝散大夫，乞还，游京师，终老故里。《黄庭内景经》为魏晋人所撰，主述存思法，梁丘子分三十六章注解之。梁丘子的注解不仅阐释了经文的字面意思，还探讨了其深层的哲学和修炼原理。他对脑神与五脏神的关系、具体功法、习炼途径、功能作用等方面的详细说明，展现了晋以后内丹学的应用和发展。尽管《黄庭内景玉经注》源自古代，但其对道教养生和修炼的见解至今仍具有一定的研究价值。

12.《黄庭外景玉经注》，唐代梁丘子注。《黄庭外景玉经》据传成书于魏晋时期，主要论述了存思诸神的修炼方法。梁丘子的注解深刻研究了《外景经》的内涵，结合了他长期修炼的心得体会，对白文中隐晦难懂的部分进行了解释。他的注文不仅阐述了原著的清静无为之旨，还对“意守”“内视”“存思”“保精”“安神”“食气”等修炼方法及其效果进行了明确的介绍。

总上可见，《修真十书》作为一部综合性的道教内丹学文献汇编，不仅是学术研究的宝贵资料，也是修行者实践指导的手册。通过对其中蕴含的理论与实践知识的学习，不仅能窥探中国古代文化的深邃之处，更能获得心灵与身体和谐统一的启示。无论是历史爱好者还是修行追求者，都能在这十本书中发现自己的兴趣点，感受内丹学的独特魅力。

总目录

分册目录

杂著指玄篇

《杂著指玄篇》八卷，收录内丹炼养著作十二种，其作者有张伯端、白玉蟾、石泰、薛道光、陈楠等人。这些作者都是道教内丹学派中的重要人物，他们的著作对后世的道教修炼实践和理论发展产生了深远的影响。张伯端被尊为南宗道教的开山祖师，其著作《悟真篇》尤为著名，被誉为内丹学的经典之作。白玉蟾则是南宗五祖之一，对道教南宗的发展做出了重大贡献。石泰、薛道光和陈楠同样在南宗道教中占有重要地位，他们的教导和著作对后来的修炼者有着指导意义。

白先生金丹火候图

金丹火候诀

攒簇乾坤造化来，手抟日月炼成灰。金公无言姹女死，黄婆不老犹怀胎。

汞心炼神赤龙性，铅身凝气白虎命。内外浑无一点阴，万象光中玉清境。

金丹大药诀

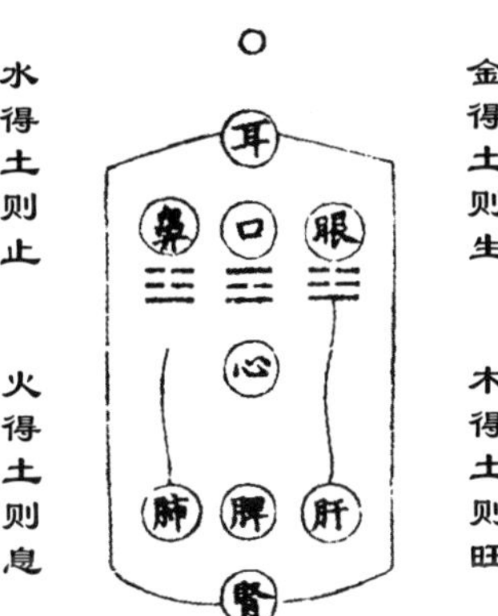

离府龙飞，坎宫虎跃。金木混融，水火击搏。
刑德主宾，浮沉清浊。三百日胎，二八两药。
白雪虚无，黄芽圆觉。乌兔夫妻，龟蛇根萼。
朱砂不动，水银无著。铅鼎纯乾，紫霄云鹤。

金鼎图

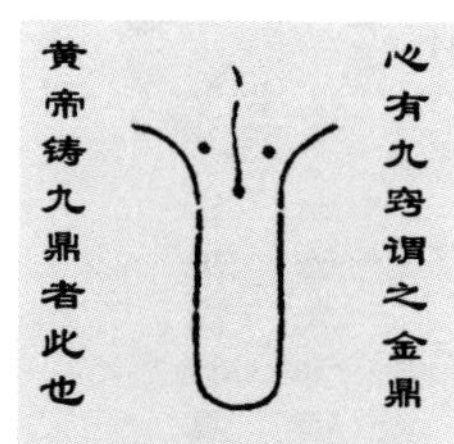

金丹图

神室图

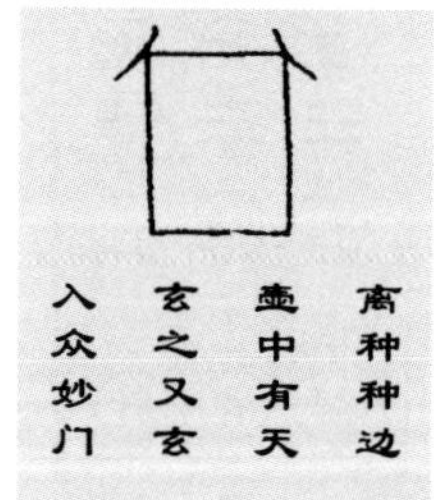

婴儿图

刀圭图

饮刀圭者

味道之腴

心

三花聚顶

五气朝元

玄牝图

玄牝

心

玄牝之门

是谓天地根

攒簇五行图

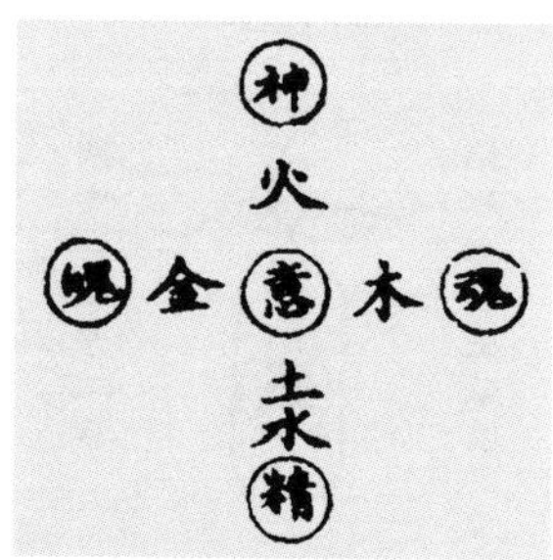

偃月炉图

和合四象图

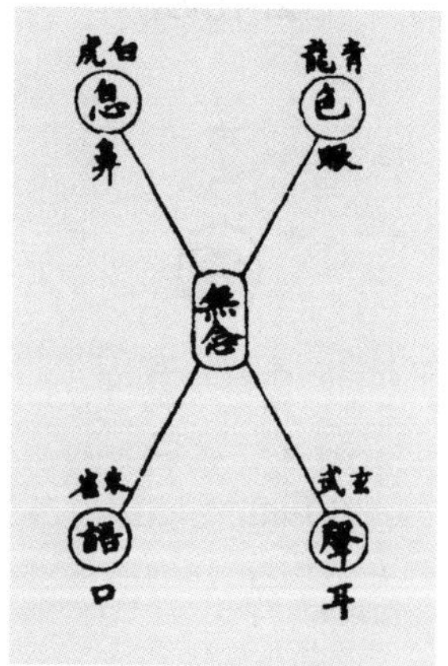

丹法参同三十对偶

清浊　盈亏　衰旺　存亡　有无　吉凶

悔吝　生克　刑德　动静　进退　消长

宾主　沉浮　升降　老嫩　文武　刚柔

离合　聚散　往来　上下　雌雄　黑白

守战　生杀　剥复　深浅　抽添　寒暑

丹法参同七鉴

华池：心源性海，谓之华池。

神水：性犹水也，谓之神水。

黄芽：心地开叶，谓之黄芽。

白雪：虚室生白，谓之白雪。

河车：一气周流，谓之河车。

巽风：巽者顺也，顺谓其心。

金丹：清净光明，圆通广大。

丹法参同十九诀

一采药：收拾身心，敛藏神气。

二结丹：凝气、聚念、不动。

三烹炼：玉符保神，金液炼形。

四固济：忘形绝念，谓之固济。

五武火：奋迅精神，驱除杂念。

六文火：专气致柔，含光默默，温温不绝，绵绵若存。

七沐浴：洗心涤虑，谓之沐浴。

八丹砂：有无交入，隐显相符。

九过关：果生枝上终期熟，子在胞中岂有殊。

十分胎：鸡能抱卵心常听，蝉到成形壳自分。

十一温养：知白守黑，神明自来。

十二防危：一念外驰，火候差失。

十三工夫：朝收暮采，日炼时煎。

十四交媾：念念相续，同成一片。

十五大还：对景无心，昼夜如一。

十六圣胎：存其神于中，藏其气于内。

十七九转：火候足时，婴儿自现。

十八换鼎：子又生孙，千百亿化。

十九太极：形神俱妙，与道合真。

金丹捷径指玄图

三关图

忘形　养气

忘气　养神

忘神　养虚

性命图

神是　气是

性属离　命属坎

坤之中阴　乾之中阳

日　月

产药川源图

药在西南是本乡

蟾光终日照西川

药物火候

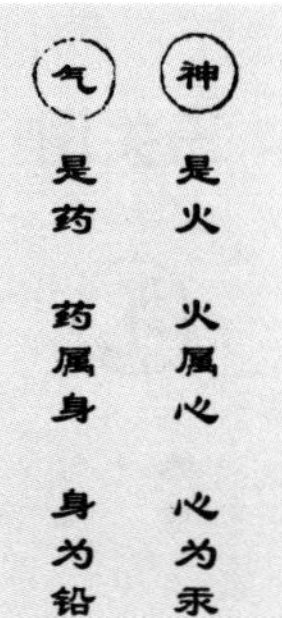

真土图

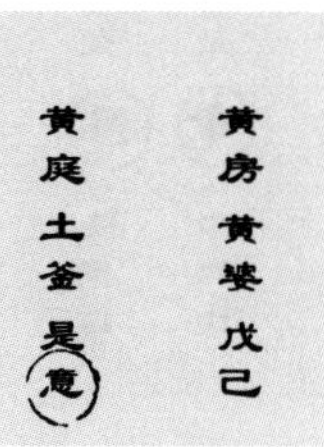

四象图

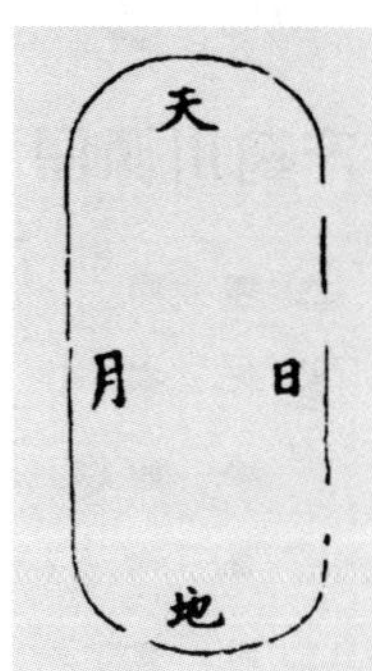

龙虎图

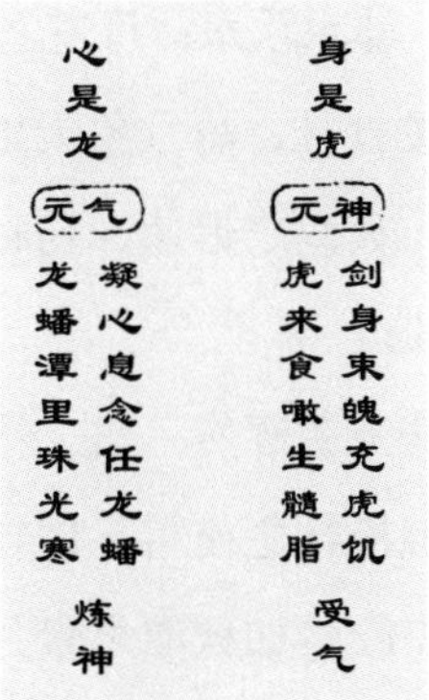

金液还丹

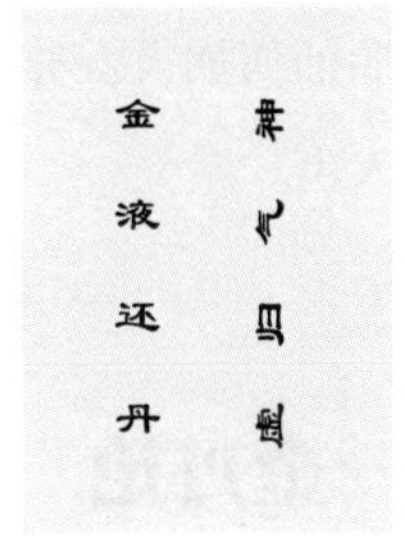

金丹捷径

叶和叔

夫金丹者，以内铅外汞而炼之，非金石草木也。七返九还而成，变化飞升之药也。红中而见黄，知白而守黑，此金丹之铅汞也。华岳山头之风，扶桑海底之浪，此金丹之龙虎也。神室之鸾凤，丹房之云雨，此金丹之夫妇也。日魂漏天髓，月魄运地脂，此金丹之乌兔也。二气之循环，一元之斡运，此金丹之龟蛇也。文火以温养，武火以煅炼，此金丹之火候也。

若夫丹道之沐浴也，坤水坎水；丹道之吹嘘也，巽风离风。噫，金丹之妙不传也。抽添按日月，盈亏象天地，刑德法卯酉，交会并金木。至如水源之清浊，火候之迟速，药材之老嫩，交媾之终始，胎仙之变化，又不可不知也。

知此，则读《群仙珠玉》廓然一悟，恍然释然，如蕙兰之正春风，似梧桐之乍秋雨。似松林之夜雪，似竹径之夕阳，此金丹之味也。澹然如春空之白云，皎然如秋潭之素月，冥然如婴儿之未孩，晦然如耆叟之欲耄，此金丹之得处也。金丹如此修炼，药物如此采取，水火如此运用，丹道如是而交结，如是而成就也。《群仙珠玉》一帙，古今所未有也，胡胎仙何如人？弃儒拔俗之夫，未委其仙与否也。其命意如此，亦古人也。

金丹论

盖闻太极未判之先，混然虚寂，清浊未分，形如鸡子。一气既判，二仪生焉。故清灵之气浮之为天，浊重之气降而为地，冲和之气结而为人。故三才定位，万物乃生。

古之圣人仰以观于天文，俯以察于地理，中叙其人伦。故伏牺始画八卦，以推穷天地之物象，以明其造化之源流。以乾坤合天地之动静，以坎离同日月之循环。以五藏分为五行，上应五星之连珠，内明五气之相制。乃知肝藏其魂，位居其东，而有青龙之号；肺藏其魄，位居其西，而有白虎之称；心藏其神，位居其南，而有朱雀之名；肾藏其精，位居其北，而有玄武之喻；脾藏其志，位居其中，而有土德之尊。故水得其土则潜其形，火得其土则隐其明，金得其土以增其色，木得其土以溢其润。于是龙虎交媾于玉炉，水火既济于金鼎。飞真精于肘后，运河车于玉京，玄珠降于华池，黄芽长于灵谷，三尸奔逸，六贼逃亡，阳神聚而成仙，金汞结而为宝，始可超凡入圣，与天齐年。

仆兹见白先生纂集丹书，以内象造化，分别五行，推排八卦，指陈丹灶，明其火候，阴阳升降，龙虎交驰，物象敷陈，画为图像，以示好道之流。庶几一见而昭著无疑，得以坦途而入。若按图而行，何惑之有？

修真论

尝谓大道眇冥，人不易知，是故圣人将奥旨藏于经典，隐于万物，寓言立像，无非欲度其迷。昔《抱朴子》言：水之有源，其流必远；木之有根，其叶必茂；屋之有基，其柱必正；人之有精，其命必长。

《九子丹经》曰：人之可保者，命。可惜者，身。可存者，气。可重者，精。《太上玄镜》曰：纯阳上升者谓之气，纯阴下降者谓之液。气液相交于骨髓之间者，谓之髓。气髓相交于膀胱之外者，谓之精。心气在肝，肝精不固，目眩无光。心气在肺，肺精不实，肌肉瘦弱。心气在肾，肾精不固，神气减少。心气在脾，脾精不坚，齿发浮落。五藏之中，肾为精枢，心为气馆。真精在肾，余精自还下田，真气在心，余气自归元府。故人之气有八百一十丈，九九八十一纯阳之数。过此已往，走失其精，耗散元气，疾病随生，死亡随至。

又广成子授道于黄帝，指其长生之术曰：出入不离玄牝，往来只在谷神，杳杳冥冥，其中有精，恍恍惚惚，其中有物，知白守黑，可以长生矣。

又观虚静先生曰：大道不远在身中，物即皆空性不空。性若不空和气住，气归元海寿无穷。欲得身中神不出，莫向灵台留一物。物在心中神不清，耗散其精损筋骨。

夫道，人则易知而难遇，易遇而难成。余昨访师友，参问金丹大药、火候抽添之法，皆不言下手工夫，人不得其蹊径而入。伏睹海南白先生所著修真养命之图，设象以明大道之奥，庶几同志之士依图而行之，则诚为捷径，幸毋忽诸。岁在淳祐甲辰暑月，廖正敬书。

还源篇

（八十一章以按纯阳之数）

杏林真人石泰得之撰

序

泰素慕真宗，遍游胜境，参传正法，愿以济世为心，专一存三，尤以养生为重。盖谓学仙甚易而人自难，脱尘不难而人未易。深可哀哉。古云：迷云锁慧月，业风吹定海。昔年以驿中遇先师张紫阳先生，所简易之语不过半句，其证验之效，只在片时。知仙之可学，私自生欢喜。及其金液交结，圣胎圆成，泰故作《还源篇》八十一章五言四句，以授晚学，早悟真筌。莫待老来铅虚汞少，急须猛省，寻师访道，修炼金丹，同成仙果，变化飞升，乃所愿望。

一

铅汞成真体，阴阳结太元。但知行二八，便可炼金丹。

二

汞是青龙髓，铅为白虎脂。掇来归鼎内，采取要知时。

三

姹女骑铅虎，金公跨汞龙。甲庚明正令，炼取一炉红。

四

蛇魄擒龙髓，龟魂制虎精。华池神水内，一朵玉芝生。

五

白雪飞琼苑，黄芽发玉园。但能知偃月，何处炼红铅。

六

药材开混沌，火候炼鸿濛。十月胎仙化，方知九转功。

七

龙正藏珠处，鸡方抱卵时。谁知铅汞合，正可饮刀圭。

八

沐浴资坤水，吹嘘赖巽风。婴儿无一事，独处太微宫。

九

紫府寻离女，朱陵配坎男。黄婆媒娉处，太极自函三。

十

乾马驰金户，坤牛入木宫。阿谁将姹女，嫁去与金翁。

十一

姹女方二八，金翁正九三。洞房生瑞气，欢合产初男。

十二

昨夜西川岸，蟾光照碧涛。采来归玉室，鼎内自煎熬。

十三

离坎非交媾，乾坤自化生。人能明此理，一点落黄庭。

十四

丹谷生神水，黄庭有大仓。更无饥渴想，一直入仙乡。

十五

意马归神室，心猿守洞房。精神魂魄意，化作紫金霜。

十六

一孔玄关窍，三关要路头。忽然轻运动，神水自然流。

十七

制魄非心制，拘魂岂意拘。惟留神与气，片饷结玄珠。

十八

口诀无多子，修丹在片时。温温行火候，十月产婴儿。

十九

夫妇初欢合，年深意转浓。洞房交会处，无日不春风。

二十

骤雨纸蝴蝶，洪炉玉牡丹。三更红日赫，六月素霜寒。

二十一

海底飞金火，山巅运土泉。片时交媾就，玉鼎起青烟。

二十二

凿破玄元窍，冲开混沌关。但知烹水火，一任虎龙蟠。

二十三

娑竭水中火，昆仑山上波。谁能知运用，大意要黄婆。

二十四

药取先天气，火寻太易精。能知药取火，定里见丹成。

二十五

元气如何服，真精不用移。真精与元气，此是大丹基。

二十六

儒家明幻理，释氏打顽空。不识神仙术，金丹顷刻功。

二十七

偃月炉中汞，朱砂鼎里铅。龟蛇真一气，所产在先天。

二十八

朔望寻弦晦，抽添象缺圆。不知真造化，何物是真铅。

二十九

气是形中命，心为性内神。能知神气穴，即是得仙人。

三十

木髓烹金鼎，泉流注玉炉。谁将三百日，慢慢著工夫。

三十一

玉液滋神室，金胎结气枢。只寻身内药，不用揣丹书。

三十二

玉鼎烹铅液，金炉养汞精。九还为九转，温养象周星。

三十三

火枣元无核，交梨岂有查。终朝元火候，神水灌金花。

三十四

欲炼先天气，先干活水银。圣胎如结见，破顶见雷鸣。

三十五

炼气徒施力，存神枉用工。岂知丹诀妙，镇日玩真空。

三十六

气产非干肾，神居不在心。气神难捉摸，化作一团金。

三十七

一窍名玄牝，中藏气与神。有谁知此窍，更莫外寻真。

三十八

脾胃非神室，膀胱乃肾余。劝君休执泥，此不是丹枢。

三十九

内景诗千首，中黄酒一樽。逍遥无物累，身外有乾坤。

四十

乌兔相煎煮，龟蛇自绕缠。化成丹一粒，温养作胎仙。

四十一

万物皆生死，元神死复生。以神归气内，丹道自然成。

四十二

神气归根处，身心复命时。这般真孔窍，料得少人知。

四十三

身里有玄牝，心中无垢尘。不知谁解识，一窍内涵真。

四十四

离坎真龙虎，乾坤正马牛。人人皆具足，因甚不知修。

四十五

魂魄为心主，精神以意包，如如行火候，默默运初爻。

四十六

心下肾上处，肝西肺左中。非肠非胃腑，一气自流通。

四十七

妙用非关意，真机不用时。谁能知此窍，且莫任无为。

四十八

有物非无物，无为合有为。化权归手内，乌兔结金脂。

四十九

虎啸西山上，龙吟北海东。捉来须野战，寄在艮坤宫。

五十

复姤司明晦，屯蒙直晓昏。丹炉凝白雪，无处觅心猿。

五十一

黑汞生黄叶，红铅绽紫花。更须行火候，鼎里结丹砂。

五十二

木液须防兔，金精更忌鸡。抽添须沐浴，正是月圆时。

五十三

万籁风初起，千山月乍圆。急须行正令，便可运周天。

五十四

药材分老嫩，火候用抽添。一粒丹光起，寒蟾射玉帘。

五十五

蚌腹珠曾剖，鸡窠卵易寻。无中生有物，神气自相侵。

五十六

神气非子母，身心岂夫妇。但要合天机，谁识结丹处。

五十七

丹头初结处，药物已凝时。龙虎交相战，东君总不知。

五十八

旁门并小法，异术及闲言。金液还丹诀，浑无第二门。

五十九

贵贱并高下，夫妻与弟兄。修仙如有分，皆可看丹经。

六十

屋破修容易，药枯生不难。但知归复法，金宝积如山。

六十一

魂魄成三性，精神会五行。就中分四象，攒簇结胎精。

六十二

定志求铅汞，灰心觅土金。方知真一窍，谁测此幽深。

六十三

造化无根蒂，阴阳有本原。这些真妙处，父子不堪传。

六十四

留汞居金鼎，将铅入玉池。主宾无左右，只要识婴儿。

六十五

黄婆双乳美，丁老片心慈。温养无他术，无中养就儿。

六十六

绛阙翔青凤，丹田养玉蟾。壶中天不夜，白雪落纤纤。

六十七

琴瑟和谐后，箕裘了当时。不须行火候，又恐损婴儿。

六十八

长男才入兑，少女便归乾。巽宫并土位，关锁自周天。

六十九

弦后弦前处，月圆月缺时。抽添象刑德，沐浴按盈亏。

七十

老汞三斤白，真铅一点红。夺他天地髓，交媾片时中。

七十一

火候通玄处，古今谁肯传。未曾知采药，且莫问周天。

七十二

云散海棠月，春深杨柳风。阿谁知此意，举目问虚空。

七十三

人间无物累，天上有仙阶。已解乘云了，相将白鹤来。

七十四

心田无草秽，性地绝尘飞。夜静月明处，一声春鸟啼。

七十五

白金烹六卦，黑锡过三关。半夜三更里，金乌入广寒。

七十六

丹熟无龙虎，火终休汞铅。脱胎已神化，更作玉清仙。

七十七

塞断黄泉路，冲开紫府门。如何海蟾子，化鹤出泥丸。

七十八

江海归何处，山岩属甚人？金丹成熟后，总是屋中珍。

七十九

吕承钟口诀，葛授郑心传。总没闲言语，都来只汞铅。

八十

汞铅归一鼎，日月要同炉。进火须防忌，教君结玉酥。

八十一

采药并交结，进火与沐浴。及至脱胎时，九九阳数足。

紫庭经

翠虚真人述

绛宫天子统乾乾，乾龙飞上九华天。
天中妙有无极宫，宫中万卷指玄篇。
篇篇皆露金丹旨，千句万句会一言。
教人只去寻汞铅，二物采入鼎中煎。
夜来火发昆仑山，山头火冷月光寒。
曲江之上金乌飞，嫦娥既与斗牛欢。
采之炼之未片饷，一气渺渺通三关。
三关来往气无穷，一道白脉朝泥丸。
泥丸之上紫金鼎，鼎中一块紫金团。
化作玉浆流入口，香甜清爽遍舌端。
吞之服之入腹内，藏府畅甚身康安。
赤蛇苍龟交合时，风恬浪静虎龙蟠。
神水湛湛华池静，白雪纷纷飞四边。
七宝楼台十二层，楼前黄花深可观。
即此可谓铅汞精，化作精髓盈关源。
但去身中寻周天，前弦以后后弦前。

药物平平气象足，天地日月交会间。
虚空自然百杂碎，嚼破混沌软如绵。
翻来覆去成一钱，遍体玉润而金坚。
赤血换兮白血流，金光满室森森然。
一池秋水浸明月，一朵金花如红莲。
此时身中神气全，不须求道复参禅。
我今知君如此贤，知君有分为神仙。
分明指示无多语，默默运用而抽添。
年中采月不用年，月中取日月徒然。
日中取时时易日，时中有刻而玄玄。
玄之又玄不可言，元来朔望明晦弦。
金翁姹女夺造化，神鬼哭泣惊相喧。
云收雨散万籁静，一粒玄珠种玉田。
十月火候圣胎圆，九转七返相回旋。
初时夹脊关脉开，其次膀胱如火燃。
内中两肾如汤煎，时乎挑动冲心原。
心肾水火自交感，金木间隔谁使然。
黄庭一气居中宫，宰制万象心掌权。
水源清清如玉镜，孰使河车如行船。
一霎火焰飞烧天，乌魂兔魄如微尘。
如斯默默觅真筌，一条径路入灵真。
分明精里以气存，渐渐气积以生神。
此神乃是天地精，纯阳不死为真人。
君知如此宜修仙，修仙惟有金丹门。

金丹亦无第二诀，身中一亩为家园。
唾涕精津气血液，七件阴物何取焉。
坎中非肾乃灵根，潭底日红牝马奔。
七返九还在片饷，一切万物皆生成。
惟此乾坤真运用，不必兀兀徒无言。
无心无念神已昏，安得凝聚成胎仙。
胎仙只是交结成，交结惟在顷刻间。
君还知有大肠回，正在冬至几日前。
又言金精既降时，复以何物复金精。
金精只是坤宫药，坤主西南为川源。
蟾光终日照西川，只此便是药之根。
以时易日刻易时，一滴甘露名灵泉。
吞入心经冲肺腧，落在膀胱而成丹。
丹头不在膀胱结，元在膀胱却在肝。
肝为木液遇金精，逢土交结成大还。
莫言此是有为功，又恐斯为著相言。
始于著相至无相，炼精化气气归根。
气之根本凝成神，方曰无为而通灵。
譬如夫妇交媾时，一点精血结成婴。
彼之以情而感精，尚且婴儿十月成。
何况宇宙在乎手，身中虎啸龙吟声。
虽然不见龙之吟，波浪高涌千万寻。
虽然不见虎之啸，夜深风声吼万林。
自乎丹道凝结后，以至火候烹炼足。

及于十月霜飞时，神鬼奔走安敢争。
一年都计十二月，卯酉沐浴谁敢行。
所以十月入神室，金鼎满满龙精盈。
缚云捉月之机关，得诀修炼夫何难?
果然缚得云在山，又解捉住月之魂。
点对此语知古人，何虑不把身飞升。
身之壳兮心之肉，心中自有无价珍。
可以生我亦死我，既能饥人亦饱人。
寻真揣路求其原，逍遥快乐无饥寒。
似此境象与证验，总在一日工夫间。
工夫如此譬似闲，药之不远采不难。
谁知火焰万丈红，接杀三尸玉炉寒。
丹田亦能生紫芝，黄庭又以生红精。
红精一餐永不饥，紫芝一服常童颜。
满身浑是白乳花，金筋玉骨永不死。
不死自此得功成，功成行满鹤来至，
一举便要登云端。

阴符髓

夫神仙抱一之道者，上天所祐也。世不可得之，乃太乙含真之元。太乙者，太极、太渊之源，是虚无炼神之道。一者，气也。人能将太乙真气与我真气相济，包含太和，久而炼之，乃为大丹。丹者，纯阳也。阳者，天道也。故神合道聚则成形，散则成风，故与道相通。通者，道养气。养气者，神保。神，天道也。故曰精气相济。久而用火，乃真气战退阴魔，是谓纯阳炼形。以身为国，以心为君，以精为民。形者，炉也。首者，鼎也。精满于脑，故用火炼。火者，阳也。息者，风也。以风吹火炼形神，形神俱妙，故曰炼形。炼形者，先须存心于内，真气冲和。火乃丹阳之气，纯粹之精，运行不绝，升沉往还，周而复始，包含万类，故乃丹阳也。

天地者，阴阳之精也。天气降而复升，地气升而复降。天之阳晶为日，地之阴晶为月。若得斗柄之机，自然斡动日月，运行而无休息，乃纯阳炼神之道。天枢之上，天元一气注之；天枢之下，地元一气注之；天枢之中，阴之与阳，人能混之，上下无穷，与天齐年。今之人而不能知者，贪欲忘精，用心失神，劳形散气，以故冥然而死，故谓五贼之败也。所谓见之者昌，不见则亡。五贼者，五行之正气也。天真者，道之元也。长养万物，生杀机权，造化之本。久而满于体内，精与天真相济。天气降于地，地气接之而不相离。若能识之，故不死矣。

广成子曰：吾一万二千岁，皆因五行正理也。五行者，五藏也。水得一气，人肾属于水，人未生之前，以道为本。但人命门，上应北方太乙之源、造化之根。次生左肾，此中生日脉脉，涌腾朝元。下至巽坤，中有元基。聚四时之气，入于中宫，并而朝于顶上，故施行于天。

头圆象天，足方象地，中理五行之正气也。聚入绛宫，散而达于筋骨，上下而复，涌泉混合万神。故乃青阳至首，群阴皆散。更用天之五行，正气内降，五行共处，入鼎修炼成丹，故不死矣。

天以斗为机，人以心为机。天机运于阴阳，人机则成大道。大道者，无为也。无为性不乱，性不乱则神不移，神不移则精不散，精不散则气不荡，气不荡则精火相随。精火不散，万神聚于神乡，在于昆仑之内，朝于顶上，始得一气之造化也。故道生一，一生二，二生三，三生万物。一者，天地之根，阴阳之本，万物赖此以生成，千灵资之以舒惨。至于高天厚地，洞府神仙，玄象灵宫，神真圣像，未有一物不同元气而生者也。

夫未生之时，先受天气，故为人性。然后二气相合，故乃成形。人能澄心，如天不动，故同天地。人心者，机本也。人能存其心，守其神，以心为性，以气为命。而不能行者，气绝命亡，皆因乱性散神。

天道者，清气也。人受一气，体养万神纯阳之理，故谓天之道。杀机者，造化也。龙者，气也。蛇者，火也。若运精气上下往来，夺天地造化，故曰机也。若去五欲，动于机权，如天之作，人肾中青阳之真，为之龟蛇，上通天元之气，呼吸而上下相应，起而离陆地也。广成子曰：脐下一寸三分气海中有真精一合，内有二经，左曰丹阳经，右曰灵阳经。二经上通于脑。其中有府，名曰灵阳府。府中有二穴，左曰太极穴，右曰冲虚穴，上通天气，下至海元，故曰呼吸天气下降而养真精。上者为龙，青阳之本；下者为蛇，则元气始也。二气相交而成大药，久炼成丹，故不死矣。

久炼神趋物外，故曰起陆。人发杀机，守于阳神，阴阳升降，天以冬夏二至，人以一呼一吸。呼则至于根，吸则至于蒂，一吸天气下降，一呼地气上腾。我以真气运下元地气上于天，故曰天地返覆。天性不可乱，神气不可移，能与精气交而生万神，若天地安和而长万物。

圣人内默聪明，外屏嗜欲，静居太始之先，未始有巧拙之辨。三要者，玄牝、玉户、金关。上通于天，下通于地，切勿眼观心动，耳听神移，口谈气散，故三要动之神散也。但人心中有二窍，左曰玄，右曰牝，下入气海，上通泥丸，此真相通玉户、金关，夹脊相凑，过三关而朝北极，阳穴动而养真。

广成子曰：木去火则不灰，人去性则不死。火出神散，神散气离，气离身亡。国有奸久而破，身有邪久而死。去奸则宁，去邪则安。天地盗太虚，人蛊盗天地。蝶虹者，人腹之虫，烁我魂魄，亡我神气，散我精血，若能还阴阳造化之机，勿能害耳。圣人以机筹运，法造化之机，如是修炼天界。

天以一气长养万物，人受一气而生万神，散一气以盗而死。古圣人食天气自有时，自调百脉，畅饮太和真气，注想身田，即得五藏清凉，六府调泰，关节元气精神安也。

广成子曰：气之柔弱，穿筋骨，安精神，皆使关节通流，岂不理乎？神机内用，千变万化，天运机而养万物，人运机而化不穷。人知外象有吉凶之兆，即寿而应，而不知自己有神，乃为神仙，所为神也。日月者，阴阳之至晶也。周游八极，寒暑相推，克天地之意，定于日月周游之道也。日出月入，在于数中。数者，一也。一者，气也。圣人得之，通天地阴阳地理，固气养神不失于道，万变始也。君子可以固穷，下士闻笑而轻命。三返在于三元，天元真气居首，灵元真气居中，本元真气居下。精者，师也。心者，王也。身者，形也。三阳循于内，久而神自朝元，故不死矣。以天道而化下方万物，受道所生，自然而然，乃大恩生。不以色欲纵其心，安其心而保其气，造化自恩生也。剪其欲，正其心，定其气，守神抱一，至静而日新，必达于源，至于神，阴阳之本也。目不视色神不移，神不移，其气内藏，至乐天真，终无所扰。

广成子曰：禽者，南方之鸟也。人能致伏真精力，久如禽飞腾太虚。不过以气而作飞仙，损有余而补不足。有余者，心。不足者，精。有余不能损，则其不足不能补。补不足者，是害也。节欲潜形，物束无味，有恩存焉，害中恩也。天地之理，圣人之机，至道之苗，万物之本，阴阳之宗，故造化无穷。圣人于至道之精，我之有也。道之勃然，万物自物，我哲耳。阴阳非胜，我之用胜之者，我神我灵。而阴阳同胜天地者，二气结而万物皆同也。哲同神气，圣人也，而异于人，故作神仙矣。

内三要

（出《黄帝阴符经》）

第一要者，头，太渊也。天，谷神所居之位是也。上应玄都，万神会集之乡。人能开此，谷神自居，真息自定，饥渴自除矣。

第二要者，心，绛宫也。人能虚心凝神，得神气俱定，息不往来，谓之大定矣。夫神者，天地之元，性命之本，日月之祖，龙虎之首，阴阳之根。每一息动四至，太上言：二十四动为一刀，二百四十动为一圭，故圣人谓之刀圭。

第三要者，在两肾之间，水火之际，谓之地户。此关有神，谓之桃康。上通九天，下通涌泉，真气聚散，皆从此关。故圣人言：

天门常开，地户永闭。人能会此三要，神气自然交结（《阴符经》曰：九窍之邪在此。三要正此意也）。

外三要

外三要者，玄牝之门也。口通五藏，出者重浊之气，属阴。一切百谷诸味，皆地之精，从口而入，与地相接，谓之地根。

鼻通六腑，出者轻清之气，属阳，接其天，此乃天根。太上言：玄牝之门，是为天根。

（鼻有两窍，口有一窍，共三窍。此是神气往来之门。阳神为玄，阴息为牝。此门中有天魂地魄，与我神气混而为一，故强名曰玄牝，二物也。）

修仙辨惑论

海南白玉蟾，自幼事陈泥丸，忽已九年。偶一日在乎岩阿松阴之下，风清月朗，夜静烟寒，因思生死事大，无常迅速，遂稽首再拜而问曰：玉蟾事师未久，自揣福薄缘浅，敢问今生有分可仙乎？

陈泥丸云：人人皆可，况于汝乎。

玉蟾曰：不避尊严之责，辄伸僭易之问。修仙有几门？炼丹有几法？愚见如玉石之未分，愿得一言点化。

陈泥丸云：尔来，吾语汝。修仙有三等，炼丹有三成。夫天仙之道，能变化飞升也，上士可以学之。以身为铅，以心为汞，以定为水，以慧为火，在片饷之间，可以凝结，十月成胎。此乃上品炼丹之法。本无卦爻，亦无斤两，其法简易，故以心传之，甚易成也。

夫水仙之道，能出入隐显也，中士可以学之。以气为铅，以神为汞，以午为火，以子为水，在百日之间，可以混合，三年成象。此乃中品炼丹之法。虽有卦爻，却无斤两，其法要妙，故以口传之，必可成也。

夫地仙之道，能留形住世，庶士可以学之。以精为铅，以血为汞，以肾为水，以心为火，在一年之间，可以融结，九年成功。此乃下品炼丹之法。既有卦爻，又有斤两，其法繁难，故以文字传之，恐难成也。

上品丹法，以精神魂魄意为药材，以行住坐卧为火候，以清净自然为运用。

中品丹法。以肝心脾肺肾为药材，以年月日时为火候，以抱元守一为运用。

下品丹法，以精血髓气液为药材，以闭咽搐摩为火候，以存想升降为运用。

大抵妙处不在乎按图索骏也。若泥象执文之士，空自傲慢，至老无成矣。

玉蟾曰：读丹书许多年，如在荆棘中行，今日尘净鉴明，云开月皎，总万法而归一，包万幻以归真，以未知正在于何处下手用功也？

陈泥丸云：善哉问也。夫炼丹之要，以身为坛炉鼎灶，以心为神室，以端坐习定为采取，以操持照顾为行火，以作止为进退，以断续不专为防堤，以运用为抽添，以真气薰蒸为沐浴，以息念为养火，以制伏身心为野战，以凝神聚气为守城，以忘机绝虑为生杀，以念头起处为玄牝，以打成一块为交结，以归根复命为丹成，以移神为换鼎，以身外有身为脱胎，以返本还源为真空，以打破虚空为了当。故能聚而成形，散则成气，去来无碍，逍遥自然矣。

玉蟾问曰：勤而不遇，必遇至人，遇而不勤，终为下鬼。若此修丹之法有何证验？

陈泥丸云：初修丹时，神清气爽，身心和畅，宿疾普消，更无梦寐，百日不食，饮酒不醉。到此地则赤血换为白血，阴气炼成阳气，身如火热，行步如飞，口中可以干水，吹气可以煮肉，对景无心，如如不动，役使鬼神，呼召雷雨，耳闻九天，目视万里，遍体纯阳，金筋玉骨，阳神现形，出入自然，此乃长生不死之道毕矣。

但恐世人执着药物火候之说，以为有形有为而不能顿悟也。夫岂知混沌未分以前，乌有年月日时；父母未生以前，乌有精血气液。道本无形，喻之为龙虎；道本无名，比之为铅汞。若是学天仙之人，须是形神俱妙，与道之合真可也，岂可被阴阳束缚在五行之中，要当跳出天地之外，方可名为得道之士矣。

或者疑曰：此法与禅法稍同。殊不知终日谈演问答，乃是乾慧；长年枯兀昏沉，乃是顽空。然天仙之学如水精盘中之珠，转漉漉地、活泼泼地，自然圆陀陀、光烁烁，所谓天仙者，此乃金仙也。夫此不可言传之妙也。人谁知之，人谁行之？人若晓得《金刚》《圆觉》二经，则金丹之义自明，何必分别老释之异同哉？

天下无二道，圣人无两心，何况人人具足，个个圆成，政所谓处处绿杨堪系马，家家门阃透长安，但取其捷径云耳。

玉蟾曰：天下学仙者纷纷然，良由学而不遇，遇而不行，行而不勤，乃至老来甘心赴死于九泉之下，岂不悲哉。今将师传口诀，锓木以传于世，惟此漏露天机甚矣，得无谴乎？

泥丸云：吾将点化天下神仙，苟获罪者，天其不天乎。经云：“我命在我，不在于天。”何谴之有？

玉蟾曰：祖师张平叔三传非人，三遭祸患，何也？

泥丸云：彼一时自无眼力，又况运心不普乎。噫，师在天涯，弟子在海角，何况尘劳中识人为甚难，今但刊此散行天下，使修仙之士可以寻文揣义，妙理昭然，是乃天授矣，何必乎笔舌以传之哉。但能凝然静定，念中无念，工夫纯粹，打成一片，终日默默如鸡抱卵，则神归气复，自然见玄关一窍。其大无外，其小无内，则是采取先天一炁，以为金丹之母，勤而行之，指日可与钟吕并驾矣。

此乃已试之效，念学仙者无所指南，谨集问答之要，名之曰《修仙辨惑论》云。

谷神不死论

谷者，天谷也。神者，一身之元神也。天之谷含造化，容虚空；地之谷容万物，载山川。人与天地同所禀也，亦有谷焉。其谷藏真一，宅元神，是以头有九宫，上应九天。中间一宫，谓之泥丸。又曰黄庭，又名昆仑，又名天谷，其名颇多。乃元神所住之宫，其空如谷，而神居之，故谓之谷神。

神存则生，神去则死。日则接于物，夜则接于梦。神不能安其居也，黄粮未熟，南柯未寤，一生之荣辱富贵，百岁之悲忧悦乐，备尝于一梦之间。使其去而不还，游而不返，则生死路隔，幽明之途绝矣。由是观之，人不能自生而神生之，人不能自死而神死之。若神居其谷而不死，人安得而死乎？然谷神所以不死者，由玄牝也。

元者，阳也，天也。牝者，阴也，地也。然则玄牝二气各有深旨，非遇至人授以口诀，不可得而知也。《灵枢内经》曰：天谷元神，守之自真。言人身中，上有天谷泥丸，藏神之府也；中有应谷绛宫，藏气之府也；下有灵谷关元，藏精之府也。天谷，元宫也，乃元神之室，灵性之所存，是神之要也。

圣人则天地之要，知变化之源，神守于元宫，气腾于牝府，神气交感，自然成真，与道为一，而入于不死不生。故曰：谷神不死，是谓玄牝也。圣人运用于玄牝之内，造化于惚恍之中，当其玄牝之气入乎其根，闲极则失于急，任之则失于荡，欲其绵绵续续，勿令间断耳。若存者，顺其自然而存之，神久自宁，息久自定，性入自然，无为妙用，未尝至于勤劳迫切。故曰用之不勤。即此而观，则玄牝为上下二源炁母升降之正道，明矣。

世人不穷其根，不究其源，便以鼻为玄，以口为牝。若以鼻口为玄牝，则玄牝之门又将何以名之，此皆不能造其妙。非大圣人，安能穷究是理哉？

阴阳升降论

天以乾道轻清而在上，地以坤道重浊而在下，元气则运行乎中而不息。在上者以阳为用，故冬至后一阳之气自地而升，积一百八十日而至天。阳极而阴生。在下者以阴为用，积一百八十日而至地。阴极而阳生。一升一降，往来无穷。人受冲和之气，以生于天地之间，与天地初无二体，天地之气一年一周，人身之气一日一周，自子至巳阳升之时，故以子时为日中之冬至，在《易》为复；自午至亥阴降之时，故以午时为日中之夏至，在易为姤。阴极阳生，阳极阴生，昼夜往来，亦犹天地之升降。人能效天地橐籥之用，冲虚湛寂一气周流于百骸，开则气出，阖则气入，气出则如地气之上升，气入则如天气之下降，自可与天地齐其长久。

若也奔骤乎纷华之域，驰骋乎是非之场，则真气耗散，而不为吾之有矣。不若虚静守中以养也。中者，天地玄牝之气会聚之处也。人能一意守之而不散，则真精自朝，元炁自聚，谷神自接，三尸自去，九虫自灭，此乃长生久视之道也。以是知真息元气乃人身性命之根，深根固蒂，乃长生久视之道。

人之有生，禀大道一元之气。在母胞系，与母同呼吸，及乎降诞之后，剪去脐蒂，一点元阳栖于丹田之中，真息出入通于天门，与天相接，上入泥丸，会于元神，下入丹田，通于元气。庄子云：“众人之气为喉，圣人之息为踵。”踵也者，深根固蒂之道，人能屏去诸念，真息自定，身入无形，与道为一，在世长年。由是观之，道之在身，岂不尊乎？岂不贵乎？

丹房法语

白玉蟾与胡胎仙

吕先生鹤颈龟腮，适有钟离之会；石居士鹿鼻鼠耳，偶逢平叔之来。叹夤缘时节之难，岂名利是非之比。金丹大药，古人以万劫一传；玉笥灵篇，学者之十迷九昧。月里乌，日里兔，颠倒坎离；水中虎，火中龙，运用复姤。采先天一气作铅中之髓，夺星象万化为汞里之精。惟弦前弦后之时，乃望缺望圆之际。知之者癸生须急采，昧之者望远不堪尝。

精半斤、气半斤，总在西南之位；砂一两，药一两，实居东北之乡。收金精木液归于黄庭，炼白雪黄芽结成紫粉。《悟真篇》所谓“华池神水知命论”，又言“地魄天魂采之炼之”。结矣成矣，如夫妇最初一点，十月成胎；似君臣共会万机，百官列职。遇日中冬至则野战，遇时中夏至则守城。都来片饷工夫，要在一日证验，九三二八算来，只在姹女金翁；七六十三穷得，无过黄婆丁老。更不用看丹经万卷，也只消得口诀一言。

子之来意甚勤，知汝积年求慕，非夙生有此丰骨，岂一旦用是身心。自采药以至结胎，从行火而及脱体，包括抽添之妙，形容沐浴之机。无金木间隔之忧，有水土同乡之庆。但须温养，都没艰辛。十二时中只一时，三百日内在半日，丹田有物，行住坐卧以无愁；紫府书名，生死轮回而不累。了然快乐，自此清闲，这工夫向闹里也堪行。

论玄妙，只顷中都交结，聚而不散，炼之尤坚。朱砂鼎、偃月炉，何难寻之有？守一坛中央釜，惟自己而求。宜识阴阳，要知玄牝。龙精满鼎，遣金童下十二层楼；凤髓盈壶，令玉女报三千世界。此时丹熟，更须慈母惜婴儿，不日云飞，方见真人朝上帝。

金丹四百字（并叙）

紫阳张真人撰

七返九还金液大丹者，七乃火数，九乃金数，以火炼金，返本还源，谓之金丹也。以身心分上下两弦，以神气别冬夏二至，以形神契坎离二卦。以东魂之木、西魄之金、南神之火、北精之水、中意之土，是为攒簇五行。以含眼光、凝耳韵、调鼻息、缄舌气，是为和合四象。以眼不视而魂在肝，耳不闻而精在肾，舌不声而神在心，鼻不香而魄在肺，四肢不动而意在脾，故名曰五气朝元。

以精化为气，以气化为神，以神化为虚，故名曰三花聚顶。以魂在肝而不从眼漏，魄在肺而不从鼻漏，神在心而不从口漏，精在肾而不从耳漏，意在脾不从四肢孔窍漏，故曰无漏。精、神、魂、魄、意，相与混融，化为一气，不可见闻，亦无名状，故曰虚无。

炼精者，炼元精，非淫佚所感之精。炼气者，炼元气，非口鼻呼吸之气。炼神者，炼元神，非心意念虑之神。故此神、气、精者，与天地同其根，与万物同其体。得之则生，失之则死。以阳火炼之则化成阳气，以阴符养之则化成金精，故曰见之不可用，用之不可见。

身者，心之宅。心者，身之主。心之猖狂如龙，身之狞恶如虎。身中有一点真阳之气，心中有一点真阴之精，故曰二物。心属乾，身属坤，故曰乾坤鼎器。阳气属离，阴精属坎，故曰乌兔药物。抱一守中，炼元养素，故曰采先天混元之气。朝屯暮蒙，昼午夜子，故曰行周天之火候。木液旺在卯，金精旺在酉，故当沐浴。震男饮西酒，兑女攀北花，巽风吹起六阳，坤土藏蓄之数，故当抽添。

夫采药之初也，动乾坤之橐籥，取离坎之刀圭。初时如云满千山，次则如月涵万水，自然如龟蛇之交合，马牛之步骤。殊不知，龙争魂，虎争魄，乌战精，兔战神，恍惚之中见真铅，杳冥之内有真汞。以黄婆媒合，守在中宫。铅见火则飞，汞见火则走，遂以无为油和之，复以无名璞镇之。铅归坤宫，汞归乾位。真土混合，含光默默。火数盛则燥，水铢多则滥。火之燥、水之滥，不可不调匀，故有斤两法度。

修炼至此，泥丸风生，绛宫月明，丹田火炽，谷海波澄。夹脊如车轮，四肢如山石。毛窍如浴之方起，骨脉如睡之正酣，精神如夫妇欢合，魂魄如子母留恋。此乃真境界也，非譬喻也。以法度炼之，则聚而不散；以斤两炼之，则结而愈坚。魂藏魄灭，精结神凝，一意冲和，肌肤爽透，随日随时，渐凝渐聚，无质生质，结成圣胎。

夫一年十有二月也，一月三十日也，一日百刻也。一月总计三千刻，十月总计三万刻。行住坐卧，绵绵若存。胎气既凝，婴儿显相。玄珠成象，太乙含真。故此三万刻之中，可以夺天上三万年之数。何也？一刻之工夫，自有一年之节候，所以三万刻可以夺三万年之数也。故一年十二月，总有三万六千之数，虽愚暗小人行之，立跻圣地，奈何百姓日用而不知也。元精丧也，元气竭也，元神杂也，是以三万刻，刻刻要调和。如有一刻差违，则药材消耗，火候亏缺，故曰：毫发差殊，不作丹也。是宜刻刻用事，用之不劳，真气凝结，元神广大。内则一年炼三万刻之丹，外则一身夺三万年之数，大则一日结一万三千五百息之胎，小则十二时行八万四千里之气。故曰夺天地一点之阳，采日月二轮之气。行真水于铅炉，运真火于汞鼎。以铅见汞，名曰华池。以汞入铅，名曰神水。不可执于无为，不可形于有作，不可泥于存想，不可著于持守，不可枯坐灰心，不可盲修瞎炼。

惟恐不识药材出处，又恐不知火候法度，要须知夫身中一窍，名曰玄牝。此窍者，非心非肾，非口鼻也，非脾胃也，非谷道也，非膀胱也，非丹田也，非泥丸也。能知此之一窍，则冬至在此矣，药物在此矣，火候亦在此矣，沐浴在此矣，结胎在此矣，脱体亦在此矣。夫此一窍，亦无边傍，更无内外，乃神气之根，虚无之谷，在身中而求，不可求于他也。此之一窍，不可以私意揣度，是必心传口授，苟或不耳，皆妄为矣。

今作此《金丹四百字》，包含造化之根基，贯穿阴阳之骨髓，使炼丹之士寻流而知源，舍妄以从真，不至乎忘本逐末也。夫金丹于无中生有，养就婴儿，岂可泥象执文而溺于旁蹊曲径。然金丹之生于无也，又不可为顽空，常知此空乃是真空，无中不无，乃真虚无。今因马自然去讲此数语，汝其味之。

真土擒真铅，真铅制真汞。铅汞归真土，身心寂不动。

解：真土者，身中之土也。铅汞者，身中之水火也。以土克水，则铅可擒矣。以水克火，则汞可制矣。铅水汞火皆为真土之擒制者，何哉？盖缘身心俱合，寂然不动，而后土、水、木三者可以混融为一，此乃是采药物归炉鼎之内也。

虚无生白雪，寂静发黄芽。玉炉火温温，鼎上飞紫霞。

解：白雪须要虚空而生，以其无中生有。黄芽须待火养而生，以其火能生土。正如天地之间，当子丑之月，阳气未萌，是物泯于无也，则白雪自天而下。及寅卯之月，阳气渐盛，是静中有动也，则黄芽自地而出矣。白雪黄芽既见发生，则玉炉之火但要温养，自然鼎上紫霞腾空而飞，若火大武，则冲散矣。

华池莲花开，神水金波静。夜深月正明，天地一轮镜。

解：华者，花也，花犹火也。神者，心也，心属火也。金丹之要，在乎神水，华池即是水火既济之理。水中有波，莹然洁静，则火里生莲，自然开花矣。若则夜半子时一阳初动，其月正明透体，金光照见天地之间，如一轮之明镜。

朱砂炼阳气，水银烹金精。金精与阳气，朱砂而水银。

解：阳气者，身中一点真阳之气。金精者，心中一点真阴之精。以阳火炼之则如朱砂，以阴符养之则如水银。朱砂水银乃外物也。以外药而比内丹，神仙不得已而语矣。

日魂玉兔脂，月魄金乌髓。掇来归鼎中，化作一泓水。

解：魂主木，木能生火，故神者魂藏之。魄主金，金能生水，故精者魄藏之。苟能吸风以养神，吸气以养精，精神混合，调和于鼎内，则化为一泓水。

药物生玄窍，火候发阳炉。龙虎交会时，宝鼎产玄珠。

解：药物者，乌肝、兔髓、红汞、黑铅也，皆生于玄窍之中。若能奋三昧之火，发阳炉之内，则龙虎交会，炼金木生黄芽，而后产一粒之玄珠。

此窍非凡物，乾坤共合成。名为神气穴，内有坎离精。

解：玄牝之窍，非凡间物。未有此身，先有此窍。不在上，不在下，不在中间，所谓先天一窍是也。方其生身之初，乾父之精，坤母之血，相共合成，乃神气之穴而藏水火之精。

木汞一点红，金铅三斤黑。铅汞结丹砂，耿耿紫金色。

解：红者，汞色，红为一点。黑者，铅也，色黑，重三斤。金中之铅，木中之汞，两者凝结便成丹头，更加九转火候，则其色如紫金。

家园景物丽，风雨正春深。犁锄不废力，大地皆黄金。

解：家园者，身中之真土也。景物者，身中之药物也。迨夫一阳来复之后，有风以吹之，有雨以润之。及至三阳交泰之时，虽犁锄不废其力，而大地皆黄芽自土中而迸出也。以黄金言之，取其黄芽之色如金也。

真铅生于坎，其用在离宫。以黑而变红，一鼎云气浓。

真汞产于离，其用却在坎。姹女过南园，手持玉橄榄。

解：真铅者，北精之水，而上升于离宫。真汞者，南神之火，而下降于坎户。铅之与汞，合而为一，近观则有红黑色，远看则如玉橄榄。姹女过南园而乘龙，婴儿往北地而骑虎，龙蟠金鼎，虎绕丹田，云从龙，风从虎，其一鼎之内，蔼然云气之薰蒸矣。

震兑非东西，坎离不南北。斗柄运周天，要人会攒簇。

解：震兑坎离，非凡间之东西南北，乃天地之卦气也。正如斗柄之指月建，一日一周天，身中之起火符，顷刻一周天。若不能攒簇五行，则何以同斗柄之运转。

火候不用时，冬至不在子。及其沐浴法，卯酉时虚比。

解：大凡火候，非子时冬至、午时夏至也。及其沐浴，非卯时春分、酉时秋分也。人之一身才起火，周天自有抽添沐浴，非可拘泥于四时也。

乌肝与兔髓，擒来归一处。一粒复一粒，从微而至著。

解：乌肝者，日魂也。兔髓者，月魄也。擒制为一处而以火炼之，日生一粒如黍米大，自微至著，积炼而成两，三十日重三十八铢四累，三百日重三百八十四铢，方圆一寸而重一斤矣。

混沌包虚空，虚空括三界。及寻其根源，一粒如黍大。

解：夫混沌者，阴阳交媾也。乃是攒簇五行，合和四象，则量同虚空，而虚空可包矣；神游三界，而三界可括矣；推究其根元之所在，则起于玄牝之门，大如一粒之黍。

天地交真液，日月含真精。会得坎离基，三界归一身。

解：心液下降，肾液上升，则天地交真液矣。魂是乌之精，魄是兔之髓，则日月含真精矣。若人晓得坎离交媾之基，则天门开，地户闭，日照昆仑，月生沧海，而三界在吾一身矣。

龙从东海来，虎向西山起。两兽战一场，化作天地髓。

解：震为青龙，来从东海。兑为白虎，起向西山。若使龙吟云起而下降，虎啸风生而上升，二兽相逢交战于黄屋之前，则风云庆会，自混合为一块髓矣。

金花开汞叶，玉蒂长铅枝。坎离不曾闲，乾坤今几时。

解：金花者，金精也，上有金花能开汞叶。玉蒂者，玉液也，下有玉蒂能长铅枝。人能使坎离之运用不至闲散，则一刻之工夫可夺天地一年之数，能要几多时候。

沐浴防危险，抽添自谨持。都来三万刻，差失恐毫厘。

解：沐浴乃超脱之法，七层宝塔、三级红楼，自下而升，要防危险。抽添乃朝元之法，阳起子初，阴生午后，若不谨持，终须有失。夫一日百刻也，一月三千刻，刻刻用事，用之不劳，则十月三万刻可夺三万之数，若毫发差殊，不作丹矣。

夫妇交会时，洞房云雨作。一载生个儿，个个会骑鹤。

解：坎宫婴儿，离宫姹女，若得黄婆媒合而结为夫妇，洞房交接，雨散云收，便成圣胎。及至一载生儿，便跨鹤自泥丸宫出矣。夫十个月怀胎，两个月沐浴，共成一载矣。

予注《金丹四百字》后，口占律诗五首，按金木水火土，四首言命基，末一首言性基。性是命之体，命是性之用，盖取其四象五行全藉土也。所谓鼎器、药物、符火、法度、抽添、沐浴、结胎、脱体，皆在其中矣。用陈瑕类句，尚赖琢磨工，是予有望于先达者也。再序。

一

人身何物是金丹，恍惚真阳向内观。
天上风吹清浪沸，地中雷起紫云蟠。
玉炉夜夜烹铅伏，金鼎时时制汞干。
息火不差七百二，泥丸霹雳觉生寒。

二

鹊桥有路透玄关，立鼎安炉自不艰。
四象合和凭藉土，三花会聚返还山。

子初运入昆仑去，午后周流沧海间。
更待玉壶点化后，顶门迸出换仙颜。

三

要识五行颠倒颠，龙居山下虎居田。
巽宫吹起乾天火，离位开通坤地泉。
复姤抽添宜谨慎，屯蒙沐浴要孜专。
若能识得生身处，十月胎完出世仙。

四

得道来来未有年，玄关上面打秋千。
金乌偏好山头宿，玉兔常居海底眠。
一气薰蒸从北起，三军搬运向东边。
吾非漏泄天机事，切恐迷人爱乱宣。

五

曹溪教外别流传，悟者何拘后与先。
性地混融成一片，心珠圆朗照三田。
释迦寂灭非真死，达摩西归亦是仙。
但愿世人明此理，同超彼岸不须船。

谢张紫阳书

白玉蟾

某稽首百拜上覆：

祖师天台悟真先生紫阳真人张君门下，即日伏以入春风雨，万象翠寒，恭惟水草谷神，天丁左右，龙精溢体，火候冲寂，满室金花，归根复命。尝闻天下无二道，圣人无两心。道之大，不可得而形容，若形容此道，则空寂虚无，妙湛渊默也。心之广不可得而比喻，若比喻此心，则清静灵明，冲和温粹也。会万化而归一道，则天下皆自化，而万物皆自如也。

会百为而归一心，则圣人自无为而百为，自无著也。推此心而与道合，此心即道也；体此道而与心会，此道即心也。道融于心，心融于道也。心外无别道，道外无别物也。所以天地本未尝乾坤，而万物自乾坤耳。日月本未尝离坎，而万物自离坎耳。

缅惟我道祖太上老君，晓天下以此道，明圣人以此心。此道之在天下，不容以物物，不容以化化。故凡物物化化之理，在天下而不在此道也。此道如如也，以此心而会此道可也。此心之在圣人，不容以知知，不容以识识之理，在圣人而不在此心也。此心如如也，以此道而会之此心可也。道此道以脉此心，心此心而髓此道。吾亦不知孰为道，孰为心也。但见恍恍惚惚，杳杳冥冥，似物非物，似象非象。以耳听之则眼闻，以眼视之则耳见，吾恐此而名之曰阴阳之髓、混沌之精、虚空之根、太极之蒂也。前辈不知，强名曰道。以今观之，虹唤虹作螮蝀也；玉指玉作碔砆也。此而非金丹乎！

今夫知金丹之妙也，夫何用泥象之安炉，著相而造鼎。谓如黄芽白雪，非可见之黄芽白雪；神水华池，非可用之神水华池。喻之为铅精汞髓，比之为金精木液，何处烹偃月之炉，何处炼朱砂之鼎，知此则曰日乌月兔也，天马地牛也。乾坤本无离坎之用，离坎亦无乾坤之体。红铅黑汞，非龙虎交媾之物乎？白金黑锡，非龟蛇交合之象乎？二八九三皆阴阳之异义，斤铢两数乃混沌之余事。要之配合而调和，抽添而运用，故此药物非金石草木之料，此火候非年月日时之数。

父母未生以前，尽有无穷活路。身心不动以后，复有无极真机。昨以夙缘，针芥枯骨更生，久侍师傍，幸沾法乳，谓：夫修炼金丹之旨，采药物于不动之中，行火候于无为之内，以神气之所沐浴，以形神之所配匹，然后知心中自有无限药材，身中自有无限火符。如是而悟之，谓丹如是而修之，谓道凿石以求玉，陶沙以取金，炼形以养神，明心以合道，皆一意也。所谓铅中取水银、砂中取汞之旨也。依而行之，夫欢妇合。以此理而质之儒书，则一也；以此理而质之佛典，则一也。所以天下无二道也。天之道既无二理，而圣人之心岂两用耶？形中以神为君，神乃形之命也；神中以性为极，性乃神之命也。自形中之神以合神中之性，此谓之归根复命也。斯道甚明矣，此心不惑矣。

如七返九还之秘，世所不传。夫七返九还者，乃返本还源之义也。七数、九数者，皆阳数也。人但能心中无心，念中无念，纯清绝点，谓之纯阳。当此之时，三尸消灭，六贼乞降，身外有身，犹未奇特，虚空粉碎，方露全身也。

流俗浅识，末学凡夫，岂知元始天尊与天仙、地仙，日日采药，用而不停，药物愈采而无穷也。又岂知山河大地与蠢动含灵，时时行火候而无暂停，火候愈行而不歇也。只此火候与药物，顺之则凡，逆之则圣。古语有云：五行颠倒，大地七宝。五行顺行，法界火坑。此义也。

先师泥丸先生、翠虚真人，出于祖师毗陵和尚薛君之门，而毗陵一线，实自祖师杏林先生石君所传也。石君承袭紫阳祖师之道，以今日单传而观，则曩者天台一夜西华之梦，无非后世蒙福，万灵幸甚耶。顷年泥丸师挈至霍童洞天，焚香端拜，杏林祖、毗陵祖，极荷呼唤，抚身持耳以还，愈增守雌抱一之意。昨到武夷见马自然，口述谆谕，出示宝翰，凡四百言。字字药石，仰认爱育，甘露洒心，毛骨豁然。比因妙道昭著，久居支提，兹来，渠以婴儿离母之故，欲到青城山省觐，偶缘道过石燕洞，遂发一念，附此尺书。但述金丹大药之体如此。至于蕉花春风之机，梧枝秋雨之秘，碧潭之夜月，青山之暮云，以此深妙，莫敢显露也。以有天机之故，祖师一点头否？杏林、毗陵、泥丸三师，想参鹤翼，自愧仙凡路隔，何日温养事毕，飞神御气，参陪飞舄之下，以备呼鸾唤鹤之役。临纸不胜依恋，涕落笔端，恍失所措。敢乞泛紫筏、驾丹梯，储积金砂，垂手群蠢。不备。

谢仙师寄书词

夫金丹者，采二八两之药，结三百日之胎。心上工夫，不在吞津咽气；先天造化，要须聚气凝神。若要行持，须凭口诀，至简至易，非色非空。无中养就婴儿，阴内炼成阳气，使金公生擒活虎，令姹女独驾赤龙。乾夫坤妇而媒假黄婆，离女坎男而结成赤子。一炉火焰炼虚空，化作微尘；万顷冰壶照世界，大如黍米。神归四大，即龟蛇交合之时；气入四肢，是乌兔郁罗之处。玉葫芦迸出黄金之液，金菡萏开成白玉之花。正当风冷月明时，谁会山青水绿意。

圣师口口，历代心心，即一言贯穿万卷仙经，但片饷工夫无穷逸乐。先明三五一，行九阳真火以炼之；后至万百千，到婴儿宝物则成矣。银山铁壁，一锥直下，打开金锁玉关，举步自然无碍。见万里是无尘之境，作千年永不死之人。海变桑田，我在逍遥游之境；衣磨劫石，同归无何有之乡。

玉蟾素志未回，初诚宿恪，自嗟蒲柳之质，几近桑榆之年。老颊犹红，如有神仙之分；嫩须再黑，始归道德之源。叹古人六十四岁将谓休，得先圣八十一章来受用。拊膺落涕，缄口扪心，从来作用功劳，捕风捉影，此日虚无诀法，点铁成金。恭惟圣师泥丸翁、翠虚真人，拓世英雄，补天手段，心传云雨深深旨，手握雷霆赫赫权。顾玉蟾三代感师恩，千年待真驭，说刀圭于癸酉秋月之夕，尽坎离于乙亥春雨之天。终身怀大宝于杳冥，永劫守玄珠于清净。先觉诏后觉，已铭感于心传；彼时同此时，愈不忘于道念。忽承鹤使，掷示鸾笺。戒回会于武夷，有身被沮溺；将捐躯于龙虎，无翅可飞行。雨卧风餐，奔归侍下。且此山瞻斗仰，甚切愚衷。擢犀角，磨象牙，当效行持之力；攀龙鳞，附凤翼，愿参冲举之云。先贡菲词，少伸素志，匪伊听谴，感激何言。大宋丙子闰七月二十四日，鹤奴白玉蟾焚香稽首再拜。

垂世八宝

西山许真君述

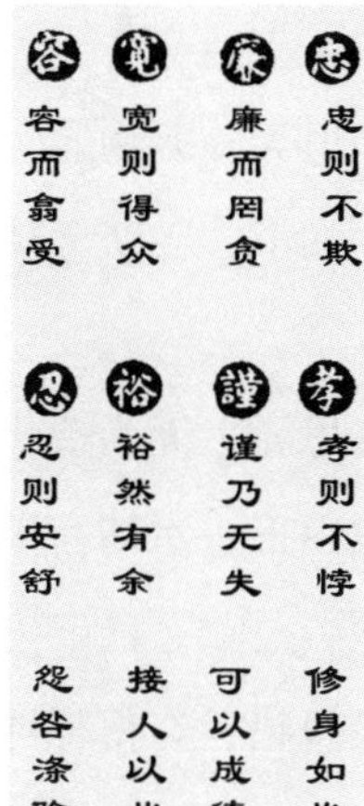

醉思仙歌

玉皇有敕分仙职，龙吐露兮凤借力。
须臾立下看华夷，仙花未遇人未识。

吾上大罗观世界，世界如同手掌大。
当时不是上升忙，一齐携向瀛洲迈。

若将此药作丹田，乌兔交加一二年。

神水才干枝万丈，早知身已属神仙。

醉思仙，醉思仙，无事闲来谒洞天。
鸾凤别来经岁月，多时不跨赤龙軿。

云思岛，鹤思天，万物通生本自然。
华池会饮颜如玉，飞跃金精脸似莲。

神思主，气思元，无为造化不可言。
玄珠阁上收白玉，水精宫里采红莲。

铅思汞，汞思铅，夺得乾坤造化权。
性命都来两个字，隐在仙经万万篇。

天思地，地思天，天地包含万象全。
鸡抱卵时须日足，无中识有几人观。

水思海，海思源，冲开牛斗要循环。
璇玑玉衡皆有绪，谁人搬运入泥丸。

心思妙，意思玄，脐间元气结成丹。
谷神不死因胎息，长生门户要绵绵。

朝思道，暮思仙，暗行阴骘万神安。

内交真气存呼吸，自然造化返童颜。

常思善，莫思冤，善恶分明在眼前。
积善之家升天去，积恶漂流苦海边。

静思哲，动思贤，若无功行岂轻传。
纯阳篇里分明说，一法传人索教难。

感上帝，谢神仙，秘传玄妙离凡缘。
三清殿里添香火，日有清风扫古坛。

桧因嫩细盘龙易，梧桐枯朽斫琴难。
藤萝引蔓成华盖，玉笋殊无半点斑。

岭上烟云风浩浩，洞前流水响潺潺。
一声长笑清云汉，步虚词彻玉京山。

龙吟凤舞红霞绕，虎啸猿啼紫雾盘。
青龙到关徐甲放，白虎西升尹喜看。

师吟道德教人悟，丹经须是口相传。
贪名贪利何年尽，争似饮酒抱琴眠。

清霄良夜月当午，又闻师训五三言。

虚度一日无一日，过了一年少一年。

浮沤浪打能长久，石中迸火岂为坚。
龙会玩珠方脱骨，蜣因饮露化为蝉。

鹤因朱顶三千岁，龟饮瑶池不计年。
露浆醖就逢人饮，仙药长供野客飧。

万物归根皆复命，为人学道不修丹。
芭蕉雨打惊仙梦，觉来海水变桑田。

人生幻化如春梦，性命随风瞬息间。
犬犹舐鼎随龙变，鸡餐大药化成鸾。

择福地，拣名山，无为清净转心闲。
符篆玉简搜神鬼，剑射牛光惨惨寒。

炉悬古镜看新火，玄霜满鼎化红莲。
大药炼时须九转，灵砂养就待三年。

纤铢分两神仙诀，抽添沐浴入寒泉。
一粒餐了天地寿，死生生死不相干。

丹成自有冲天志，惟留秘诀在人间。

顿悟醉思仙岛去，洞门微掩小童看。

鸾鹤来时升紫雾，玉皇有敕登仙路。
九玄七祖尽升天，更兼骨肉全家举。

身披六铢顶簪冠，足履升云待移步。
千年丝竹彻云霄，霓曲遍仙鸾鹤舞。

上朝三清谢圣母，久住人间度寒暑。
较量功行可真如，姓名已录仙籍簿。

丹诀歌

钟离与吕公

知君幸有英灵骨，所以教君心恍惚。
含元殿上水晶宫，分明指与神仙窟。

大丈夫，遇真诀，须要执持心猛烈。
五行匹配自刀圭，执取龟蛇颠倒诀。

三尸神，须打叠，进退天机凭六甲。
知之三要万神归，来驾火龙离九阙。

九九道至成真日，三清四御朝天节。
气翱翔兮神烜赫，蓬莱便是吾家宅。

群仙会饮乐喧喧，双童引入朝元客。
道心不退故传君，立誓盟言亲洒血。

逢人兮，莫乱说，遇友兮，不须诀。
莫怪频发此言辞，轻慢必有阴功折。

执手相别意如何，今日辞君遂作歌。
说尽千般玄妙理，未必君心信也么。
子后分明说与汝，保惜吾言上大罗。

丹髓歌

（三十四章）

薛道光

一

炼丹不用寻冬至，身中自有一阳生。
龙飞赤水波涛涌，虎啸丹山风露清。

二

初时有如云出洞，次则有如月在潭。

又似金蚕如玉笋，好将火候炼三三。

三

娇如西子离金阁，美似嫦娥下玉楼。
日日与君花下醉，更嫌何处不风流。

四

井底泥蛇舞柘枝，窗间明月照梅梨。
夜来混沌颠落地，万象森罗总不知。

五

昔日遇师亲口诀，只要凝神入气穴。
以精化气气养神，炼作黄芽并白雪。

六

一年沐浴更防危，十月调和须谨节。
服了丹砂朝玉帝，乘云跨鹤登天阙。

七

乌无影，兔无形。乌兔只是日月精，乌兔交时天地永。

八

牛无角，马无蹄。马牛只是乾坤髓，乾坤运用坎和离。

九

龟无象，蛇无迹。龟蛇只是阴阳形，二气交会混为一。

十

龙无翼，虎无牙。龙虎本来同一体，东邻即便是西家。

十一

铅非铅，汞非汞。铅汞元在身中求，要使身心寂不动。

十二

无白雪，无黄芽。白雪乃为神室水，黄芽便是气枢花。

十三

夫真夫，妇真妇。坎男离女交感时，虚空无尘天地露。

十四

真交梨，真火枣。交梨吃后四肢轻，火枣吞时万劫饱。

十五

夏至后，冬至前。阴阳不在此中取，自有神气分两弦。

十六

水真水，火真火。依前应候运周天，调和炼尽长生宝。

十七

日之魂，月之魄。身中自有真乾坤，煅炼丹一通透赤。

十八

天之尊，地之卑。便把天魂擒六贼，又将地魄制三尸。

十九

药非物，火非候。分明只是一点阳，炼作万劫无穷尽。

二十

金非兑，木非震，从来真土应五行，金木自然解交并。

二十一

黑中黑，白中白，但能守黑白自现。黑白本来无二色。

二十二

金真金，银真银。金银炼作紫金丹，自然无一斧凿痕。

二十三

偃月炉，朱砂鼎。须知抱一守冲和，不必透关提玉井。

二十四

中央釜，守一坛。金鼎常令汤用暖，玉炉不要火教寒。

二十五

玄真玄，牝真牝。玄牝都来共一窍，不在口鼻并心肾。

二十六

真神水，真华池。元气虚无难捉摸，元气恢漠本无为。

二十七

炼朱砂，炼水银。真死朱砂匮水银，水银炼作明窗尘。

二十八

真黄礜，真紫粉。分明内鼎内炉中，变化瓦石成九转。

二十九

真关锁，真河车。铁锁金关牢固守，河车运用结丹砂。

三十

真金精，真玉液。金精满鼎气归根，玉液盈壶神入室。

三十一

真金翁，真姹女。金翁姹女结亲姻，洞房深处真云雨。

三十二

真丁翁，真黄婆。丁翁运火炼金花，黄婆瓶里养金鹅。

三十三

真婴儿，真赤子，九转炼成十月胎，纯阳无阴命不死。

三十四

真阴阳，真阴阳，阴阳都只两个字，譬喻丹书几万章。

后序

夫炼金丹之士，须知冬至不在子时，沐浴亦非卯酉。铅汞二物，皆非唾涕精津气血液也。七返者，返本。九还者，还源。金精木液遇土则交，龙虎马牛总皆无相。先师《悟真篇》所谓“金丹之要，在乎神水、华池”者，即铅汞也。人能知铅之出处，则知汞之所产。既知铅与汞，则知神水、华池。既知神水、华池，则可以炼金丹。

金丹之功成于片时，不可执九载三年之日程，不可泥年月日时而运用。钟离所谓“四大一身皆属阴”也，如是则不可就身中而求，特可寻身中一点阳精可也。然此阳精在乎一窍，常人不可得而猜度也。只此一窍则是玄牝之门，正所谓神之华池也。知此则可以采取，然后交结，其次烹炼，至于沐浴以及分胎，更须温养成丹。成丹可不辨川源、知斤两、识时日者耶？泰自从得师诀以来，知此身不可死，知此丹必可成。今既大事入手，以此诏诸未来学仙者云。杏林石泰得之序。

修真十戒

一者不得阴贼潜谋，害物利己。当行阴德，普济群生。

二者不得杀害含生，以充滋味。当行慈惠，以及昆虫。

三者不得淫邪败真，秽慢灵炁。当守节操，毋使缺犯。

四者不得败人成功，交离亲族。当以道助物，令众雍和。

五者不得谗谀贤良，露才扬己。当称人之善，不自伐其功能。

六者不得饮酒过差，食肉违禁。当调气性，专务清虚。

七者不得贪婪无厌，积财不散。当行节俭，惠恤贫穷。

八者不得交游非贤，居处秽杂。当务胜己，栖集幽闲。

九者不得不忠、不孝、不仁、不信，当尽节君师，推诚万物。

十者不得轻忽言笑，举动非真。当常怀廉谨，以道德为务。凡能持此十戒，升为仙官。

卫生歌（并叙）

西山先生

世方服灵丹、饵仙果，白日而轻举者，但闻而未见也。至如运气之术，甚近养生之道。人禀气血而生，《摄生论》云："摄生之要，在去其害生者"，此明言也。予所编《去病歌》，盖采诸家养生之要而为言，能依而行之，则获安乐。若尽其要妙，亦长年之可觊。歌曰：

万物惟人为最贵，百岁光阴如旅寄。
自非留意修养中，未免病苦为心累。

何必飧霞饵火药，妄意延龄等龟鹤。
但于饮食嗜欲间，去其甚者将安乐。

食后徐徐行百步，两手摩胁并腹肚。
须臾转手摩肾堂，谓之运动水与土。

仰面仍呵三四呵，自然食毒气消磨。
醉眠饱卧俱无益，渴饮饥飧犹戒多。

食不欲粗并欲速，乍可少飧相接续。
若教一饱顿充肠，损气伤脾非尔福。

生飧粘腻筋韧物，自死牲牢皆勿食。
馒头闭气不相宜，生脍偏招脾胃疾。

鲊酱胎卵兼油腻，陈臭腌醲尽阴类。
老衰莫欲更食之，是借寇兵无以异。

炙缚之物须冷吃，不然损齿伤血脉。
晚食常宜申酉前，向夜徒劳滞胃膈。

注云：脾好音乐，夜食则脾气不磨，为音响断绝故也。《周礼》：乐以侑食。盖脾好音声丝竹耳。才闻，脾即磨矣。是以音声皆出于脾，而夏月夜短，尤宜忌之，恐难消化故也。

饮酒莫教令太醉，太醉伤神损心志。
渴来饮水兼饮茶，腰脚自兹成重膇。

注云：酒虽可以陶情性、通血脉，自然招风败肾，烂肠腐胁，莫过于此。饱食之后，尤宜戒之。饮酒不宜粗及速，恐伤破肺。肺为五藏之华盖，尤不可伤。当酒未醒，大渴之际，不可吃水及啜茶，多被酒引入肾脏，为停毒之水，遂令腰脚重坠，膀胱冷痛，兼水肿消渴挛躄之疾。大抵茶之为物，四时皆不可吃，令人下焦虚冷。唯饱食后吃一两盏不妨，盖能消食故也。饥则尤宜忌之。

常闻避风如避箭，坐卧须当预防患。

况因饮后毛孔开，风才一入成瘫痪。

注云：凡坐卧处，始觉有风，宜速避之，不可强忍。且年老之人，体竭内疏，风邪易入，始初不觉，久乃损人。故虽暑中，不可当风取凉，醉后操扇。昔有人学得寿之道于彭祖，而苦患头痛。彭祖视其寝处，有穴当其脑户，遽令塞之，后遂无患。

不问四时俱暖酒，太热又须难向口。

五味偏多不益人，恐随脏腑成殃咎。

注云：五味稍薄令人爽，稍多，随其脏腑各有损伤。故酸多伤脾，辛多伤肝。咸多伤心，苦多伤肺，甘多伤肾。此乃五行自然之理，初伤不觉，久乃成患。

视听行坐不必久，五劳七伤从此有。

注云：久视伤心损血，久坐伤脾损肉，久卧伤肺损气，久行伤肝损筋，久立伤肾损骨。孔子所谓“居必迁坐”，以是故也。

四肢亦欲得小劳，譬如户枢终不朽。

注云：人之劳倦，有生于无端，不必持重执轻，仡仡终日。惟是闲人多生此病，盖闲乐之人不多运动气力，饱食坐卧，经脉不通，血脉凝滞使然也。是以贵人貌乐而心劳，贱人心闲而貌苦。贵人嗜欲不时，或昧于忌犯，饮食珍羞便乃寝卧，故常须用力，但不至疲极。所贵荣卫通流，血脉调畅，譬如流水不腐，户枢不朽也。

卧不厌踧觉贵舒，饱则入浴饥则梳。

梳多浴少益心目，默寝暗眠神晏如。

注云：卧宜侧身屈膝，益人心气。觉宜舒展，则精神不散。盖舒卧则招魔引魅，孔子寝不尸，盖谓是欤。发多梳则去风明目，故道家晨梳常以百二十为数。浴多则损人心腹，令人倦怠。寝不言者，为五藏如钟磬然，不悬则不可发声。睡留灯烛，令人神不安。

四时惟夏难将摄，伏阴在内腹冷滑。

补肾肠药不可无，食物稍冷休哺啜。

注云：夏一季是人脱精神之时，心旺肾衰，肾化为水，至秋乃凝，及冬始坚，尤宜保惜。故夏月不问老少，悉吃暖物，至秋即不患霍乱吐泻。腹中常暖者，诸疾自然不生，盖血气壮盛也。

心旺肾衰何所忌，特忌疏通泄精气。

寝处尤宜绵密间，宴居静虑和心意。

注云：月令仲夏之月，君子斋戒处，必掩身毋躁，止声色毋或进，薄滋味毋致和，禁嗜欲定心气。

沫浴盥漱皆暖水，卧冷枕凉俱勿喜。

注云：虽盛暑冲热，若以冷水洗面手，即令人五藏干枯，少津液，况沐浴乎？凡枕冷物，大损人目。

瓜茹生菜不宜人，岂独秋来多疟痢。

注云：茹性至冷，菜瓜虽治气，又能暗人耳目。驴马食之，即日眼烂。此等之物，大抵四时皆不可食，不独夏季，老人尤宜忌之。

伏阳在内三冬月，切忌汗多阳气泄。

注云：天地闭，血气藏，纵有病亦不宜出汗。

阴雾之中无远行，暴雨震雷宜速避。

注云：昔有三人冒雾早行，一人空腹，一人食粥，一人饮酒。空腹者死，食粥者病，饮酒者健。盖酒能御霜露、辟邪气故也。路中忽遇飘风、震雷、晦暝，宜入室避之，不尔损人。当时未觉，久则成患。

道家更有颐生旨，第一令人少嗔恚。

秋冬日出始求衣，春夏鸡鸣宜早起。

注云：春夏宜早起，秋冬任晏眠。晏忌日出后，早忌难鸣前。

子后寅前睡觉来，瞑目叩齿二七回。

吸新吐故无令误，咽漱玉泉还养胎。

注云：水之在口曰华池，亦曰玉泉。《黄庭经》曰：玉泉清水灌灵根，子若修之命长存。达摩《胎息论》曰：凡服食，须半夜子后，床上瞑目盘坐，面东呵出腹内旧气三两口，然后停息，便于鼻内微纳清气数口，舌下有二穴通肾窍，用舌柱上腭，存息少时，津液自出，灌漱满口，徐徐咽下，自然灌注五藏。此为气归丹田矣。如子后丑前不及，但寅前为之亦可，卧中为之亦可。但枕不甚高可也。汉蒯京年百二十岁，日甚丁壮，言朝朝服食玉泉，扣齿二七，名曰炼精。后汉王真常漱舌下玉泉咽之，谓之胎息。孙真人曰：发宜多栉，手宜在面，齿宜数叩，津宜常咽，气宜精炼。此五者，即《黄庭经》所谓：子欲不死修昆仑尔。

热摩手心慰两眼，

注云：每慰二七遍，使人眼目自然无障翳。明目去风，无出于此，亦能补肾气也。

仍更揩擦额与面。

注云：频拭额上，谓之修天庭，连发际二七遍，面上自然光泽。鼾点者，宜频拭之。

中指时将摩鼻边，

注云：鼻茎两边揩二三十数，令表里俱热，所谓：灌溉中岳，以润于肺。

左右耳眼筌数遍。

注云：筌耳，即摩耳轮也。不拘遍数，所谓：修其城郭，以补肾气，以防聋聩也。

更能干浴遍身间，按胜时须纽两间。

纵有风劳诸冷气，何忧腰背复拘挛。

注云：大凡人坐，常以两手按胜，左右纽肩数十。

嘘呵呼嘻吹及呬，行气之人分六字。

果能依用口诀中，新旧有痾皆可治。

声色虽云属少年，稍知樽节乃无愆。

闭精息气宜闻早，莫使羽苞火中燃。

注云：古人以色欲之事，譬之凌杯以盛阳，羽苞以畜火。

有能操履长方正，于名无贪利无竞。

纵向歌中未尽行，百行周身亦无病。

注云：老子云“善摄生者，陆地不遇兕虎”，此道德之助也。

金丹大成集

《金丹大成集》，南宋萧廷芝、李道纯合著，成书于元朝。计有五卷，内容涵盖了内丹修炼的理论与实践，是气功内丹术的代表作之一。第一卷主要介绍了无极图、天心图、玄牝图等一系列图解，以及周天火候图等修炼示意图，这些图像和文字结合的方式有助于读者理解内丹修炼的过程。卷一中还包含了对天地阴阳、水火升降等宇宙原理的阐述，这些原理是内丹修炼的理论基础。后续卷次详细讨论了内丹修炼的具体方法，包括金丹问答、七言绝句等，这些内容不仅涉及理论探讨，还有实践指导，旨在帮助修炼者掌握内丹的制作和修炼技巧。此外，书中还收录了对《入药镜》和《沁园春》等古代丹经的注解，这些注解对于深入研究内丹术具有重要价值。总体来说，《金丹大成集》内容丰富，逻辑清晰，既有深厚的哲学理论基础，又有实用的修炼指南，是研究道教内丹术不可或缺的文献资源。

无极图说

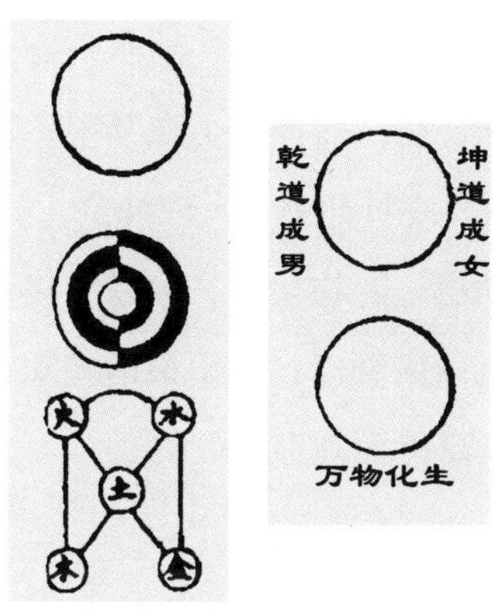

〇者，道也。形而上者谓之道，斯乃道之体也。无极而太极，◎含三为一，中具五十五数。中〇者，乃其本体也。太极一判，两仪生焉。◐之动，根乎阴也。◑之静，根乎阳也。⋈此阳变阴合而生水火土金木也。水生数一，成数六；火生数二，成数七；木生数三，成数八；金生数四，成数九；土生数五，成数十。此五行生成之数也。天一地二，天三地四，天五地六，天七地八，天九地十，天地之数，五十有五。此阳奇阴偶之数也。一阴一阳之谓道，生生不穷之谓易。

一者，奇数也。二者，偶数也。阳奇阴偶，即二以生三也。纯乾☰，性也，两乾而成坤☷，命也，犹精与气也。乾再索坤而成坎☵，坎中之阳乃元气也，所谓乾道成男是也。坤再索乾而成离☲，离中之阴乃真精也，所谓坤道成女是也。

〇乾男坤女，以气化者言也。离者，日之象也；坎者，月之象也。日月合而成[日月]（易）。易者，日用常行，易简之道也，千变万化而未尝灭焉。

然则形中之精，寂然不动，盖刚健、中正、纯粹精者存，乃性之所寄也，为命之根矣。心中之神，感而遂通，盖喜怒哀乐爱恶欲者存，乃命之所寄也，为性之枢矣。惩忿则心火下降，窒欲则肾水上升。君子黄中通理，正位居体，美在其中，畅于四肢，故修此而吉也。于是闲邪存诚，终日如愚。天理纯全，归根曰静，静曰复命，动极而静，静极复动也。万物化生，〇以形化者言也，形而下者谓之器，斯乃道之用也。南轩曰：真识根谓之知道。知此道者，则可以超出乎造化之外，卓然而独存矣。

天心图

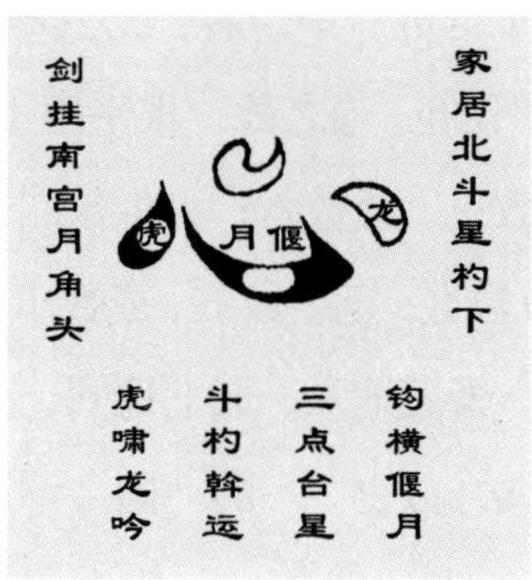

玄牝图

取将坎位中心宝
点化离宫腹里阴
牝
玄
虚元之谷天地
之根玄之又玄
众妙之门

既济鼎图

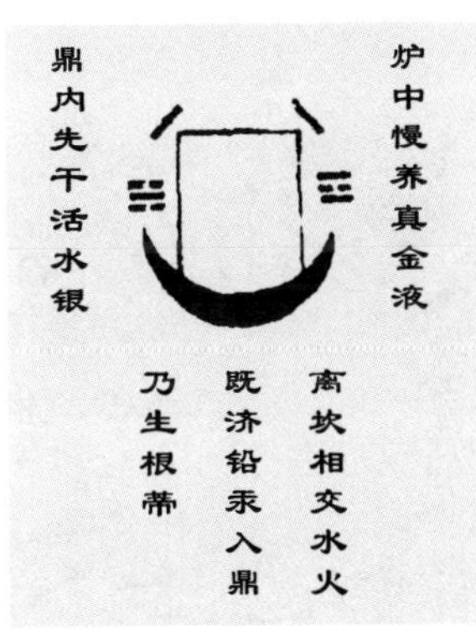
炉中慢养真金液
鼎内先干活水银
离坎相交水火
既济铅汞入鼎
乃生根蒂

河车图

周天火候图

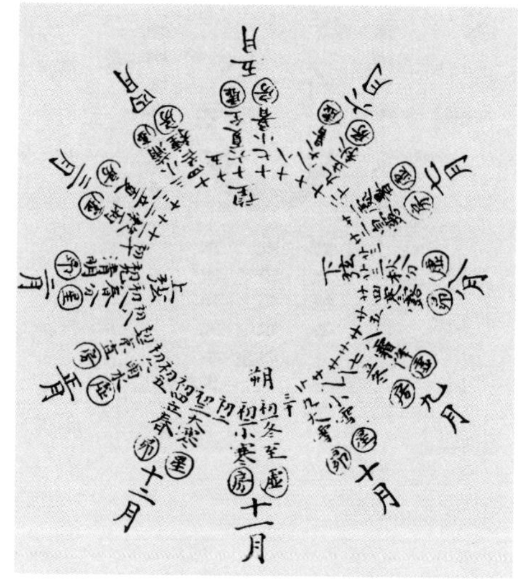

泄天符火候图

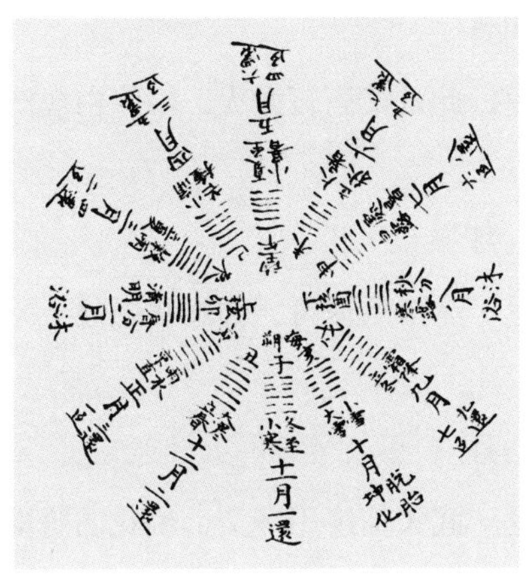

子、复卦、十一月

谓之一还。微微小火宜温养，初九潜龙不可煅。

丑、临卦、十二月

谓之二还。须逢九二见龙时，此时阴阳方顾恋。

寅、泰卦、正月

谓之三还一返。寅月屯爻方直事，始堪进火炼红铅。

卯、壮卦、二月

木液旺在卯，丹头宜沐浴。

辰、夬卦、三月

谓之四还二返。返中子细辨工夫，文后更宜加一武。

巳、乾卦、四月

谓之五还三返。此月又当行武火，牵将白虎产明珠。

午、姤卦、五月

谓之六还四返。沐浴后退符，抽添犹虑险。

未、遁卦、六月

谓之七还五返。武火临终用一文，桃花已落惟留蒂。

申、否卦、七月

谓之八还六返。两头文，中间武。

酉、观卦、八月

金精旺在酉，沐浴后养火。

戌、剥卦、九月

谓之九还七返。蒙受生成，火府于戌。

亥、坤卦、十月

脱胎吞入腹，我命不由天。功夫入坤宫，还丹道已穷。

六十卦火候图

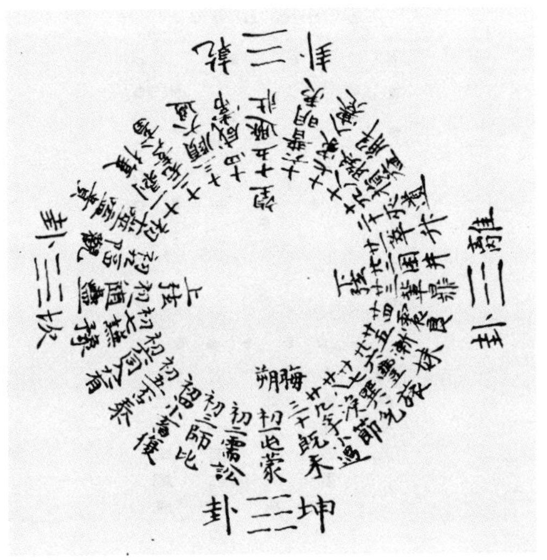

或曰：卦有六十四，止用六十，何耶？夫乾坤为门户、为鼎器；坎离为匡廓、为枢辖。象天地日月，包藏万物，不用而用之以通也。

右六十卦，计三百六十爻，并乾坤坎离四卦，共三百八十四爻，计万有一千五百二十策，以周万物之数。朝暮各用一卦，计十二爻，一爻当一时。言其小，则象一月三百六十时；言其大，则象一年三百六十日；言其运，则象周天之度数。得象忘言，其意明矣。

大衍数图

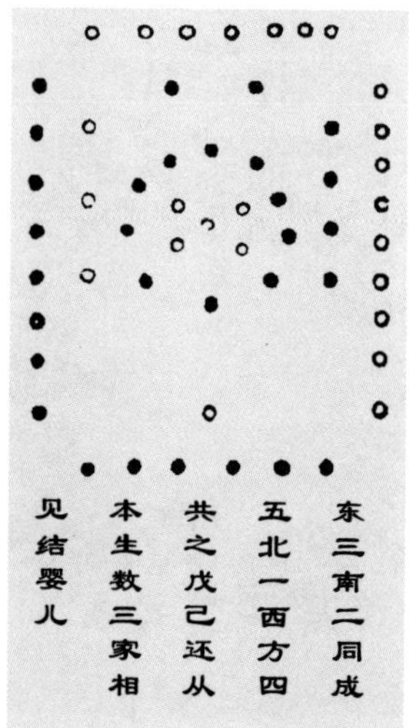

夫天地未有无用之数，故一三五七九，阳奇数也，天数二十有五。二四六八十，阴偶数也，地数三十。天地之数，总而五十有五。大衍之数五十者，去五为五行之本，其用四十有九者，又去一以象太极之不动。于此可以知其有体有用矣。《钟离传道集》曰：进火有数。

金丹橐籥图

橐籥歌

乾坤橐籥鼓有数，离坎刀圭采有时。
铅龙升兮汞虎降，龟蛇上下两相持。

天上日头地下转，海底婵娟天上飞。
乾坤日月本不运，皆因斗柄转其机。

人心若与天心合，斯倒阴阳止片时。
虎龙战罢三田静，拾取玄珠种在泥。

黄婆媒合入中宫，婴儿姹女相追随。
年中用月日用时，刻里功夫妙更奇。

暗约斗牛共欢会，天机深远少人知。
进火烹煎天地髓，开炉沐浴霞迸辉。

九还七返在片饷，真炁薰蒸达四肢。
温养婴儿惟藉母，守城野战要防危。

一时八刻一周天，十二时辰准一年。
始于复卦终于剥，朝屯暮蒙有后前。

春夏秋冬依次第，炼至坤宫始凝坚。
不须究易行卦气，身中自有一坤乾。

天地日月若交会，打破虚空只一拳。
宇宙造化在吾手，向上天机不妄传。

惟人至尊而至贵，可炼金液大还丹。
还丹口诀无多子，炼就移身谒洞天。

金液还丹赋

（金液还返，结成大丹）

求道至近，学仙岂难。采玉壶之大药，炼金液之还丹。探赤水之玄珠，龟蛇吐咽；运西方之至宝，龙虎盘旋。粤自紫府开而海峤云生，黄河翻而泥丸浪滚。虽乾坤同体，兑谓鼎器；然铅汞二物，互为根本。丹源何在，存三要以守一元；金液结成，自九还而周七返。

是丹也，恍惚无物，杳冥有精，循八卦兮合四象；聚三花兮攒五行。味出庚辛，须定志以采取；卦属艮巽，要知时而旺生。始而炼金液以交媾，终则调玉浆而养成。壶中日月之循环，须明宗祖；身里夫妻之交合，要识根茎。由是升降之际，当辨君臣；来往之间，仍分主客。凝绝耳韵，调匀鼻息。审药老嫩，明进退之寸尺；抱一孜专，守雌雄之黑白。望焉飞汞以擒魂，晦则引铅而制魄。推排符火，卷舒性内之阴阳；呼吸风云，烹炼身中之炁液。

大抵人炼乎气，须和合于四象；气纯乎阳，自消磨于众阴。东捉青龙，西捉白虎，北寻玄武，南寻赤禽。惟中宫和会以共处，以土釜封藏而必深。有动有静，有气无质，知吉知凶，知机自心。能酝就自然之酒，慢调成无韵之琴。安排既未之鼎炉，熬成白雪；鼓动乾坤之橐籥，煅作真金。

盖始者，金木间隔，孰使交并，金水混融，未归陶汰。自金井一提，水虎潜伏；迨金锁一发，火龙相会。是宜满黄金之鼎而调味固济，饵紫金之膏而凝神闭兑。周流真气以充盈，出入元神之广大。火升水降，抽添善了于屯蒙；辐凑轮成，运用默符于否泰。又当知药物调和，悟者甚易，火候消息，行之孔难。一十月工夫存渺渺绵绵之息，三万年气数在来来往往之间。所以养丹田之宝。其宝长在，夺丹鼎之珠，此珠复还。既得此超升之诀，常开其生死之关。驾动河车，离尘世尾闾之海；移归天谷，上昆仑蓬岛之山。

噫，万般仙诀、契论歌诗，一窍玄关，精神气穴。升金门，朝金阙，膺帝诏之召；严金相，证金仙，脱圣胎之结。此其饵金液之丹，成金刚之体，而性命双圆，妙难轻泄。

金液还丹诗

搬液上昆山，工夫信不难。往来敲玉洞，还返炼金丹。

西采存三药，中归守一坛。片时间下手，七返后成团。

鼓动乾坤橐，循环日月滩。玄关真一窍，直路彻天端。

金液还丹论

道以心为用也。或者疑之，至人辨焉。夫道者，心之体。心者，道之用。道融于心，心会于道，道外无余心，心外无余道也。能知运用者，以道观心，心即道也；以心贯道，道即心也。是心也，非人心之心，乃天心之心也。天之居于北极，为造化之枢机者，此心也。故斗杓一运，四时应节，五行顺序，寒暑中度，阴阳得宜矣。在人亦然。首有五宫，上应九隅，其中一宫曰天心。一曰紫府、天渊、天轮、天关、天京山、都关、昆仑顶，其名颇众。总而言之，曰玄关一窍。运用于此者，可不辨药材所产之川源，火候细微之要旨，以至温养而成丹，皆不离乎此心之为用也。

尝谓药愈采而愈多，火渐炼而渐结。其采药之初也，动乾坤之橐籥，取离坎之刀圭，凝神聚炁，调匀鼻息，呼吸应手。迨夫神气之入乎其根也，闭极则失于急，纵放则失于荡，惟使其绵绵续续，勿令间断矣。然后神久自凝，息久自定。其运火之功也，一刚一柔，一文一武，进寸而退尺，前短而后长，分宾主，立君臣，使其阴符阳火进退之得其宜也。火数太燥则汞上飞矣，水铢太滥则铅下消矣，惟使其斤两调匀，法度准确，无进火退符之昧其用也。由是依约卦爻，以十二月促于一时之内，阴阳升降，以为运火之则也。

一阳之生，始乎复也，时为子焉，微养其潜龙。临，丑也，温养其见龙。泰，寅也，火生于寅，屯之直事，故进符用武火焉。壮，卯也，阳中含阴，故沐浴焉。夬，辰也，文火以炼之。乾终，巳也，火加武焉。自子至巳，纯阳用事，乃内阴求外阳也。

一阴之生，始乎姤也，时为午焉，火旺于午，故退符用文火焉。遁，未也，时为六月，故火武焉，则不为盛夏之浓霜矣。否，申也，微火以调之。观，酉也，阴中含阳，故沐浴后养火也。剥，戌也，火库于戌，蒙受生成，火用武矣。坤终于亥，脱胎入腹以成变化也。自午至亥，纯阴用事，乃外阳附内阴也。然火生于寅，旺于午，库于戌，故抽添之妙在于屯蒙也。

噫，始复终坤，皆以卦象则之也。进退以象春夏秋冬之相代，抽添以象日月圆缺之相仍。火之未燃也，藉巽风以吹之，火之既燃也，资坤水以沃之。火功一止，气液混融，铅汞交结，姹女敛袂，婴儿仰从，守于中宫，合为一也。七返九还之秘，毕于此矣。

向使运火失宜，异证百出，金虎与木龙飞腾，坎男与离女奔逸。虽黄帝临炉，太乙执火，八公煅炼，欲结成丹，不可得也。可不谨审而调燮之？故丹经曰：既得真铅，又难真火。岂轻议哉？虽然，金丹之道皆法象也，以铅汞为体，当知铅精汞髓皆譬喻也。以离坎为名，当知坎男离女．皆虚名也。以龙虎为形，又当知火龙水虎非有形也。谓如黄芽白雪、神水华池，皆非可见可用之物乎？要之配合而调和，抽添而运用，故此丹药非金石草木之料，此火候非年月日时之数，当从本根实地而为之。炼形化炁，炼炁化神，不过夺天地一点真阳，始乎有为，而终则无为也。或者泥象以安炉，著相而造鼎，执着火候，认为顽空，则谬矣。

吁，否极则泰，动极则静，静曰复命。真精自朝，真息自定，谷神自栖，三尸自灭，心中无心，念中无念，身入无形，与道为一矣。

金丹问答

问曰：如何谓之金液还丹？

答曰：金液者，金水也。金为水母，母隐子胎，因有还丹之号也。前贤有曰：丹者，丹田也；液者，肺液也。以肺液还于丹田，故曰金液还丹。

问曰：何谓铅汞？

答曰：非凡黑锡、水银也。真一子曰：铅是天地之父母，阴阳之根基。盖圣人采天地父母之根而为大丹之基，采阴阳纯粹之精而为大丹之质，且非常物造作也。汞性好飞，遇铅乃结，以其子母相恋也。

问曰：何谓火？

答曰：火者，太阳真气，乃坎中之阳也。紫清真人曰“坎中起火”是也。

问曰：何谓候？

答曰：五日为一候，是甲子一终也。日有十二时，五日六十时，终一甲子也。紫阳曰：一刻之功夫，自有一年之节候。以起火之际，顷刻一周天。

又问：火候如何用？

答曰：年中用月，月中用日，日中用时，时中用刻也。

问曰：何谓真一？

答曰：人能将自己天真安于天谷之内，乃守真一之道也。金洞主云：真一者，在于北极太渊之中也。

问曰：何谓动静？

答曰：阳主动，阴主静。翠虚曰：动中求静，静中有为，动静有作，口口传之。

问曰：何谓九还？

答曰：金生四，成数九。还者自上而还下，九乃老阳之数。阴真君曰：从子至申为九还，亦顺下也。

问曰：何谓七返？

答曰：火生二，成数七。返者自下而返上，七乃少阳之数。阴真君曰：从寅至申为七，返亦逆上也。

问曰：何谓炉？

答曰：上品丹法，以神为炉，以性为药，以定为水，以慧为火。中品丹法，以神为炉，以气为药，以日为火，以月为水。下品丹法，以身为炉，以气为药，以心为火，以肾为水。又有偃月炉、玉炉。

问曰：何谓鼎？

答曰：鲍真人云：金鼎近泥丸。黄帝铸九鼎是也。

问曰：何谓药物？

答曰：即此药物，顺即成人，逆则成丹。五行颠倒，大地七宝；五行顺行，法界火坑。百姓日用而不知也。紫清曰“采药物于不动之中”是也。

问曰：神水华池何也？

答曰：李筌云：还丹之要，在于神水华池。紫阳曰：以铅入汞名曰神水，以汞投铅名曰华池。海蟾曰：从来神水出高源。紫清曰：

华池正在气海内。

问曰：何谓三关？

答曰：头为天关，足为地关，手为人关。

问曰：何谓内三要？

答曰：第一要，大渊池也。第二要，绛宫也。第三要，地户也。

问曰：何谓外三要？

答曰：口之与鼻，共三窍，是神气往来之门户。下功之际，调鼻息，缄舌气，闭兑也。

问曰：何谓兑？

答曰：真一子云：兑，口也。

问曰：婴儿姹女正在何处？

答曰：婴儿在肾，姹女在心。

问曰：肾属水为阴，婴儿属阳，心属火为阳，姹女属阴，何缘居此？

答曰：肾属坎☵，阴中有阳，乃真阳也，心属离☲，阳中有阴，乃真阴也。

问曰：泥丸宫正在何处？

答曰：头有九宫，中曰泥丸。

问曰：何谓金公？

答曰：金边著公，乃铅也。紫阳曰：要能制伏觅金公。

问曰：何谓黄婆？

答曰：黄乃土之色，位属坤，因取名焉。紫清曰：金公无言姹女死，黄婆不老犹怀胎。

问曰：呼吸何如？

答曰：呼出心与肺，吸入肾与肝。呼则接天根，吸则接地根。呼则龙吟云起，吸则虎啸风生。呼吸风云，凝成金液。

问曰：何谓琼浆玉液？

答曰：皆神水也。

问曰：何谓神气？

答曰：神是火，火属心，气是药，药属身。神气，子母也。虚靖天师云：气者，生之元也；神者，生之制。持满驭神，专气抱一，神依气住，神气相合乃可长生。三茅真君曰：气是添年药，心为使气神，若知行气主，便是得仙人。

问曰：何谓十二楼？

答曰：人之喉咙管有十二节是也。

问曰：何谓帘帏？

答曰：眼是也。下功之际，含光云房，曰闭户垂帘，默默窥也。

问曰：何谓子午？

答曰：子午乃天地之中也。在天为日月，在人为心肾，在时为子午，在卦为坎离，在方为南北。

问曰：何谓五位相得而各有合？

答曰：天地五十五数，故乾得一，九合而成十；坤得四，六合而成十；巽兑得二，八合而成十；震艮得三，七合而成十；离得五，坎得十，坎离无偶，所以自合也。以数言之，则得天地之中数。以爻言之，则得天地之中爻。以位言之，则得天地之中位。坎离为用，不以大乎？

问曰：何谓五岳？

答曰：《五岳真形图》曰：在人之头。紫清以有“巾藏五岳冠”之句。

问曰：何谓玄牝？

答曰：在上曰玄，在下曰牝。玄关一窍，左曰玄，右曰牝。

问曰：何谓玄牝之门？

答曰：鼻通天气曰玄门，口通地气曰牝户。口鼻乃玄牝门户也。

问曰：何谓三男三女？

答曰：乾道索坤，长男曰震，中男曰坎，少男曰艮。坤道索乾，长女曰巽，中女曰离，少女曰兑。

问曰：何谓火龙水虎？

答曰：虎，西方金也。金生水，反藏形于水。龙，东方木也。木生火，反受克于火。太白真君曰“五行不顺行，虎向水中生，五行颠倒术，龙从火里出”是也。

问曰：何谓分至？

答曰：子时象冬至，阴极而阳生；午时象夏至，阳极而阴生；卯时象春分，阳中含阴；酉时象秋分，阴中含阳。人身亦有分至。紫阳曰：以身心分上下两弦，以神气别冬夏二至。

问曰：何谓沐浴？

答曰：真气薰蒸，神水灌溉为沐浴。太上曰：灌以甘泉，涤其垢污，出自华池，后归坤户。杏林曰“沐浴资神水”是也。

问曰：何谓抽添？

答曰：既抽铅于肘后，须添汞于中黄。《传道集》曰“可抽之时，不可不添”是也。

问曰：何谓搬运？

答曰：搬金精于肘后，运玉液于泥丸，下手工夫，口诀存焉。

问曰：何谓三田？

答曰：脑为上田，心为中田，气海为下田。若得斗柄之机斡运，则上下循环，如天河之流转也。

问背后三关。

答曰：脑后曰玉枕关，夹脊曰辘轳关，水火之际曰尾闾关。

问曰：何谓神室？

答曰：元神所居之室也。朗然子曰：未明神室千般挠，达了心田万事闲。

问三花聚顶。

答曰：神气精混而为一也。玄关一窍，乃神气精之穴也。

问五气朝元。

答曰：五藏真气，上朝于天元也。

问和合四象。

答曰：眼不视而魂在肝，耳不闻而精在肾，舌不动而神在心，鼻不嗅而魄在肺，精神魂魄聚于意土也。

问曰：马牙、真主人、神符、白雪。

答曰：皆铅汞之总名也。

问河车。

答曰：北方正气，名曰河车。左曰日轮，右曰月轮。搬负正气，运藏元阳，应节顺行，下手无非此车之力。

问曰：老嫩何也？

答曰：采药之时，审其老嫩。彭鹤林曰：嫩时须采老时枯。紫阳曰“铅见癸生须急采，金逢望远不堪尝”是也。

问浮沉。

答曰：铅浮而银沉也。

问清浊。

答曰：阳清而阴浊也。清者浮之于上，浊者沉之于下。修丹者留清去浊，盖清属阳，而浊属阴也。

问五行相克。

答曰：《金碧经》云：金木相伐，水火相克，土旺金乡，三物俱丧，四海辐凑，以致太平。并由中宫土德之功也。

问曰：往来何也？

答曰：子往午来。阴符阳火自子进符至辰巳，自午退符至戌亥，始复终坤，皆以卦象则之。一消一长，一往一来，以成其变化。《易》

曰：阖户谓之坤，辟户谓之乾，一阖一辟谓之变，往来不穷谓之通也。

问雌雄。

答曰：雌阴雄阳也。一阴一阳谓之道，孤阴寡阳不能自生。《参同契》曰：雌雄相错，以类相求。注曰：雄，金砂也。雌，火汞也。相须含吐，类聚生成，以为神药也。

问防危。

答曰：防火候之差失，忌梦寐之昏迷。翠虚曰：精生有时，时至神知，百刻之中，切忌昏迷。

问交合。

答曰：磁石吸铁，隔碍潜通。

问有无。

答曰：《金碧经》曰：有无互相制，上有青龙居，两无宗一有，灵化妙难窥。

问刑德。

答曰：阳为德，德出则万物生；阴为刑，刑出则万物死。故二月阳中含阴而榆荚落，象金砂随阴气动静，落在胎中，故曰归根也。八月阴中含阳而荠麦生，象金水随阳气滋液于鼎内。故卯酉乃刑德相负，阴阳两停，故息符火也。

问黑白。

答曰：《参同契》曰：知白守黑，神明自来。白者，金也。黑者，水也。以金水之根而为药基矣。

问寒暑。

答曰：真一子曰：不应刻漏，风雨不调，水旱相伐。或阳火过刻，或阴符失节。凝冬变为大暑，盛夏反作浓霜。火候过差，灵汞飞走，运火之士，可不谨之。

问晦朔。

答曰：《参同契》曰：晦朔之间，合符中行。乃金水符合之际也。

问固济。

答曰：太白真人曰：固济胎不泄，变化在须臾。言其水火既济，闭固神室而不可使之泄漏。

问圣胎。

答曰：无质生质，结成圣胎，辛勤保护十月，如幼女之初怀孕，似小龙之乍养珠。盖神气始凝结，极易疏失也。

问四正。

答曰：子午卯酉为四正。玄关一窍，四正宫也。

问：黄庭正在何处？

答曰：在膀胱之上，脾之下，肾之前，肝之左，肺之右也。

问金乌玉兔。

答曰：日中乌，比心中之液也；月中兔，比肾中之气也。

问炼形。

答曰：炼形化气，炼气化神，炼神合道也。金洞主曰：以精炼形，非凡砂石。

问：紫阳谓心肾，非坎离，何也？

答曰：心肾特坎离之体耳，有体有用。

问：所用者何也？

答曰：天心乃心之用也，属离。形，乃肾之用也，属坎。交媾之际，运用于此矣。

问功夫。

答曰：知时而交媾，进火而防危，阳生而野战，刑德而沐浴，以至温养成丹也。

问野战。

答曰：《龙虎经》曰：文以怀柔，武以讨叛。紫阳曰：守城野战知凶吉，增得灵砂满鼎红。

问温养。

答曰：杏林曰：温养象周星。毗陵曰“金鼎常留汤用暖，玉炉不要火教寒”是也。

问烹炼。

答曰：烹金鼎，炼玉炉，口诀存焉。

问赏罚。

答曰：春气发生谓之赏，乃巳前阳火之候也。秋气杀物谓之罚，乃午后阴符之候也。

问守城。

答曰：抱元守一而凝神聚气也。

问隄防。

答曰：驱除杂念而专心不二也。

问：神庐者何也?

答曰：鼻也，乃神气出入之门。《黄庭经》曰：神庐之中当修治，呼吸庐间入丹田。

问太一含真。

答曰：守真一于天谷，气入玄元，即达本来天真。

答上曰：真道养神若能守，我在死气之关，令七祖枯骨，皆有生气。生我者道，活我者神。将神守道，以道养神是也。

问三尸。

答曰：《中黄经》曰：一者，上虫，居脑中。二者，中虫，居明堂。三者，下虫，居腹胃。名曰彭琚、彭质、彭矫也。恶人进道，喜人退志。上田乃元神所居之宫，惟人不能开此关，被尸虫居之，生死轮回，无有了期。若能握元神栖于本宫，则尸虫自灭，真息自定。所谓一窍开而百窍齐开，大关通而百骸尽通，则天真降灵，不神之神所以神也。

问胎息。

答曰：能守真一则息不往来，如在母胞胎之中，谓之大定也。

问玉池。

答曰：口也。《黄庭经》曰“玉池清水灌灵根”是也。

问橐籥。

答曰：橐乃无底囊，籥乃三孔笛。又是铁匠手中所弄鼓风之物也。老子曰：天地之间，其犹橐籥乎？《升降论》曰：人能效天地橐籥之用，开则气出，阖则气入；出则如地气之上升，入则如天气之下降。一升一降，自可与天地齐其长久矣。

问五芽。

答曰：乃五藏之真气。《中黄经》曰：子能守之三虫弃，得见五芽九真气。

问屯蒙。

答曰：《道枢》曰：坎者，水也。一变为水泽之节，再变为水雷之屯。其爻居寅。离者，火也。一变为火山之旅，再变为火风之鼎，三变为山水之蒙，其爻居戌。抽添水火，在于寅戌，十二卦气，在于屯蒙运用。

问采日精月华。

答曰：非外之日月也，采心中真液，肾中真气也。

问内外八卦。

答曰：头为乾，足为坤，膀胱为艮，胆为巽，肾为坎，心为离，肝为震，肺为兑也。

问修炼待时，然后下手。

答曰：有时中之功夫，有刻中之功夫。毗陵曰：炼丹不用寻冬至，身中自有一阳生。马自然曰：不择时中分子午，无爻卦内别乾坤。此皆刻中之功夫也。

问：金丹形像如何？

答曰：形若弹丸，色同朱橘。《抱朴子》曰：大如弹丸黄如橘，中有嘉味甘如蜜，沙门得之以禅定，黄衣得之即超逸，审之行之天地毕。《元枢歌》曰：君不见，一粒金丹何赫赤，大如弹丸黄如橘，人人分上本圆成，夜夜灵光常满室。盖人人具足，个个圆成，当知非有形之物也。吕公曰：还丹本质也。

问：玄关一窍正在何处?

答曰：在人之首。功夫容易，下手的难寻。若不遇真师摩顶授记，皆妄为矣。

问真空。

答曰：返本还元为真空。杏林曰：不知丹诀妙，终日玩真空。

问作用。

答曰：螟蛉咒子，传精送神。

问出神。

答曰：能守真一，真炁自凝，阳神自聚。盖以一心运诸气，气住则神住，真积力久，功成行满，然后调神出壳也。

问超脱。

答曰：超者，出也，是出神也。脱者，脱换凡躯也，皆天门出。前圣有脱壳之验，六祖七层宝塔出，钟吕三级红楼出，海蟾公鹤冲天门出。诗曰：功成须是出神京，内院繁华勿累身。会取五仙超脱法，炼成仙质离凡尘。

问尸解。

答曰：尸解有五，金木水火土也。又有积功累行而白日飞升者，徽宗皇帝《尊道篇》末曰：亘古迨今飞升者，千有余人，拔宅者八十余家（出《真诰》）。

问：金丹之道不亦难乎？

答曰：是不难也。紫阳曰：悟者惟简惟易，迷者愈繁愈难。杏林曰：简易之语，不过半句，证验之效，只在片时。翠虚曰：药之不远采不难。毗陵曰：至道不繁人自昧。紫清曰：只一言贯穿万卷仙经，但片饷工夫无穷逸乐。师曰：下手功夫容易，坚心守道为难也。

七言绝句

（八十一首）

一

老子明开众妙门，一开一阖应乾坤。
果于罔象无形处，有个长生不死根。

二

得道那堪正少年，玉炉养火不曾闲。
昆仑山上黄华路，时引元神去复还。

三

大道元来一也无，若能守一我神居。

此心莹若潭心月，不滞丝毫真自如。

四

妙宝无过汞与铅，依时采取自烹煎。
从来至道无多事，自是时人识不全。

五

妙运三田须上下，自知一体合西东。
几回笑指昆山上，夹脊分明有路通。

六

拨动天轮旋日月，须臾海峤起云雷。
风涛汹涌波澄后，散作甘泉润九垓。

七

一诀分明说与贤，动中求静妙中玄。
我家活计从来别，夜夜栽培火里莲。

八

此道玄中妙更玄，古今父子不相传。
莫将火候为儿戏，须共真师子细研。

九

大药三般精气神，天然子母互相亲。
回风混合归真体，煅炼功夫日日新。

十

水火从来一处居，看时似有觅时无。
细心调燮文兼武，片饷教君结玉酥。

十一

微微小火养潜龙，见在田时也一同。
交得三阳逢泰卦，始堪进火法神功。

十二

弦前弦后辨屯蒙，进退抽添运火功。
虑险防危须沐浴，还丹脱体入坤宫。

十三

木液金精居卯酉，只宜沐浴大丹头。
三三灌溉资神水，不用工夫运火牛。

十四

以时易日法神功，子细穷推总一同。
九朔九回为九转，金丹还返入坤宫。

十五

一时辰内还丹结，夺得乾坤大造功。
金液余残收拾取，莫教随雨更随风。

十六

木金间隔要相交，白雪黄芽共一苞。

定意如如行火候，便从复卦运初爻。

十七

云收雨散丹凝后，琴瑟谐和了当时。
切忌不须行火候，不知止足必倾危。

十八

铅炉汞鼎少人知，木液金精旺有时。
野战更须行火候，抽添运用莫令迟。

十九

二八门中达者稀，弦前弦后正当时。
细心调燮文兼武，端的无中养就儿。

二十

金乌夜夜宿西川，离坎交时妙更玄。
温养婴儿惟藉母，外炉增减象周天。

二十一

身中阳复为冬至，便好临炉炼大丹。
托仗黄婆与媒合，夫妻共室镇同欢。

二十二

恰恰相当妙绝奇，中秋天上月圆时。
阳生急采毋令缓，进火功夫要虑危。

二十三

炼丹子细辨功夫，昼夜殷勤守药炉。
若遇一阳才起复，嫩时须采老时枯。

二十四

生铅生汞为丹祖，聘作夫妻共一心。
从此抽添方进火，玉炉炼作一团金。

二十五

阴阳还返结成丹，九转无亏火力全。
若到坤宫受气足，只须沐浴任天然。

二十六

依时进火要孜专，勿遣猿猿取次攀。
花露初开须忌触，锁居土釜莫抽关。

二十七

上下三宫三寸田，自耕自种自烹煎。
依时采取须教密，进退抽添象缺圆。

二十八

阆苑蟠桃自熟时，摘来服饵莫教迟。
几回下手潜偷处，无限神仙总不知。

二十九

熟铅熟汞最堪烹，谁道金丹结不成。

若也学人常得饵，伫看白日羽翰生。

三十

学人若要觅黄芽，两处根源共一家。
七返九还须识主，功夫毫发不容差。

三十一

阴居于上阳居下，阳气先升阴后随。
配合虎龙交媾处，此时如过小桥时。

三十二

调和铅汞不终朝，密固根源养圣胞。
先使日魂擒月魄，阴文阳武运初爻。

三十三

初九潜龙回一阳，分明变化在中央。
巽风呼吸吹乾火，炼得炉中胜似霜。

三十四

玉炉炼就长生药，金鼎烧成不死丹。
颠倒坎离由戊己，分朋我命不由天。

三十五

夜来酒醒已三更，自觉情浓意转深。
玉洞试将灵剑击，便教虎啸与龙吟。

三十六

河车搬运上昆山，不动纤毫到玉关。
妙在八门牢闭锁，阴阳一气自循环。

三十七

酒是良朋伴是花，岭头时驾紫河车。
可怜金虎一声啸，吹散青天五彩霞。

三十八

西川岸上抬头望，无限蟾光蘸碧波。
便好下功修二八，更须子细托黄婆。

三十九

玉炉金鼎药争光，紫雾红霞映洞房。
便向此时勤采取，元神归室不飞扬。

四十

朱砂鼎里绽黄花，偃月炉中发玉葩。
进退短长勤采摘，一时收拾入黄家。

四十一

无功功里要勤功，功外无功合圣功。
炼得丹田成至宝，任他乌兔走西东。

四十二

泝流一直上蓬莱，散作甘泉润九垓。

从此丹田沾润泽，黄芽遍地一齐开。

四十三

玄珠搬运上昆山，两扇朱门日月闲。
捉取四蛇并二鼠，虎龙交媾一时间。

四十四

元君端拱座玄都，三叠胎仙舞八隅。
变化一阳天地震，太平因此妙工夫。

四十五

两枝剑挂南宫角，自在元神谒玉皇。
从此天宫相见后，玉阶来往是寻常。

四十六

霭霭烟笼十二楼，绛宫清静万神游。
有人问我家何处，占得风光最上头。

四十七

几回抖擞上昆仑，运动璇玑造化分。
昼夜周而还复始，婴儿从此命长存。

四十八

玉炉霭霭腾云气，金谷蒙蒙长紫芝。
神水时时勤灌溉，留连毋使火龙飞。

四十九

西山白虎放颠狂，东海青龙不可当。
坤母若来相制伏，一齐捉入洞中藏。

五十

外道邪魔忽逞威，七星宝剑向前挥。
果于鬼窟交锋处，夺得明珠一颗归。

五十一

自然宗祖一灵台，内有长生不死胎。
妙运阴阳还返后，周回卦气八门开。

五十二

身中一窍名玄牝，的在三关要路头。
若也知时能运用，木金交并自沉浮。

五十三

擘开玄牝露双关，煅炼功夫不等闲。
学者要知端的处，直须北斗面南看。

五十四

大道根茎识者稀，常人日用孰能知。
为君指出神仙窟，一窍弯弯似月眉。

五十五

几回抖擞上昆仑，足蹑玄关众妙门。

仗剑擘开天地锁，金乌玉兔自相吞。

五十六

昨宵姹女启灵扉，窥见神仙会紫微。
北斗南辰前后布，两轮日月往来飞。

五十七

子细思量是妙哉，朝朝满劝九霞杯。
能教地魄搬精转，自有天魂祝寿来。

五十八

炼己修心义最深，修心须要识天心。
神仙妙诀无多子，炼就阳神消众阴。

五十九

昆仑一直至泥丸，镇日追攀自往还。
若要长生兼出世，到头不离自身间。

六十

小小壶中别一天，铁牛耕地种金莲。
这般景象家家有，因甚时人不学仙。

六十一

碧潭深处捉明珠，翻手抛来上太虚。
托仗黄婆收拾得，化为金液结凝酥。

六十二

修丹须要觅根源，产在先天与后天。
若得谷神长不死，此身何患不为仙。

六十三

执文泥象皆非实，得象忘言始合真。
大抵修丹皆法象，由来万化在人身。

六十四

仙经万卷重重说，道在常人日用间。
若也自能颠倒运，不劳万水与千山。

六十五

求仙恼乱几多人，为爱修真未识真。
若得红铅并黑汞，炼成至宝出嚣尘。

六十六

虽然小小一壶中，上下乾坤法象同。
若也知时能运用，金乌玉兔自西东。

六十七

得悟无为是有为，潜修妙理乐希夷。
几回日月滩头立，直把丝纶钓黑龟。

六十八

玉京元始座瑶台，紫气凝空殿阙开。

西阁洞门三四叩，九天仙子一齐来。

六十九

恍惚之中有至精，龙吟虎啸最堪听。
玄珠飞趁昆仑过，昼夜河车不暂停。

七十

独步仑山望杳冥，龙吟虎啸甚分明。
玉池常滴阴阳髓，金鼎时烹日月精。

七十一

自家精气自家身，何必区区问别人。
下手速修尤大晚，劝君回首莫因循。

七十二

心酸世上几多人，不解修真自损真。
精漏气凋神丧去，透灵别壳入迷津。

七十三

先天先地最玄机，福浅焉能得遇之。
采得真铅须急炼，劝君切莫更迟疑。

七十四

学人不识水中金，护向诸般取次寻。
只是黑铅为至宝，本居兑位寄于壬。

七十五

学人不识水乡铅，颠倒阴阳位属乾。
彷佛本居于坎位，分明寄产兑宫边。

七十六

初炼还丹须入室，妇人怀孕更无殊。
圣胎凝结圆成后，出入行藏岂有拘。

七十七

露心剖腹不相诬，急急躬亲大药炉。
六十甲中寻甲子，三千日内著功夫。

七十八

一等傍门性好淫，强阳复去采他阴。
口含天癸称为药，似恁淤沮枉用心。

七十九

指闭尾闾称是道，何曾虎啸更龙吟。
元阳摇动无墙壁，错认黄泥唤作金。

八十

金丹大药最通玄，向上天机不妄传。
为报近来修道者，炼精不住亦徒然。

八十一

自得仙师真口诀，敢将鄙句泄玄微。

学人于此详穷究，诗内篇篇露尽机。

乐道歌

舍妄归真隐市廛，炼铅烹汞结还丹。
时人不慕长生道，声色萦心一梦间。

了真子，惟乐道，奇哉妙在回心早。
浮名浮利总虚华，世间惟有修真好。
说修真，人最多，穷通表里无一个。
因到丹山遇至人，一言与我都诀破。
得诀归来试炼看，龙争虎战片时间。
云收雨散万籁寂，彻夜风雨撼万山。
辟地诛茅筑神室，闭关绝俗及腥膻。
兀坐茅庐惟守一，玉炉养火不曾闲。
从今踏破生死户，翻身跳出鬼门关。
昆仑顶上堪来往，时引元神去又还。

惟乐道，炼金丹，五气调元玉洞宽。
拍手笑吹无孔笛，玩弄玄珠九曲湾。
铅龙汞虎交媾时，一霎火焰飞烧天。
调燮火工宜子细，刚柔文武莫纵意。
朝暮屯蒙有君臣，知足常足归本位。

前行须短退须长，春夏秋冬依次第。
二十八宿归一炉，水火要分前后队。
复临二卦宜温养，壮观沐浴须回避。
还返工夫入坤宫，炼得坚凝成一块。
这般手段出作家，试问时人会不会。

了真子，惟乐道，奇哉妙在回心早。
垢面蓬头任所宜，寂寞无人相聒恼。
渴饮金浆与玉浆，饥飡交梨并火枣。
两轮日月任西东，仰窥造化工夫巧。
西边兑金位属酉，东边震木位属卯。
灵台皎洁无人修，玄坛寂静无人扫。
炼精化气气化神，大都神气精为宝。
金木自然会交并，水怕滥兮火怕燥。
如龙养珠常自顾，如鸡养卵常自抱。
金液还丹在眼前，迷者多而悟者少。
有人日夜炼来飡，味胜醍醐真个好。
问我日下用工夫，不离顶门真一窍。
出自虚无缥缈间，先天先地为大道。

学人得悟大还丹，于此歌中细寻讨。
我若分毫误学人，万劫风刀当受考。

茅庐得意歌

茅庐七尺高，横过九尺阔。
清闲一主人，怕客来恼聒。
饥则淡饭三五匙，困则和衣睡一歇。
为爱此清闲，万事都摆脱。
夜夜曲江头，掬水弄明月。

两脚翻来拗乾斗，定息凝神入气穴。
琼浆醞就从天降，流遍舌端甘似蜜。
九杯饮罢又九杯，清复浓兮时自啜。
这境界，甚奇绝，醉抱杨妃共欢悦。

自家身里有夫妻，子母同形活泼泼。
如龙养珠心不忘，如鸡抱卵气不绝。
犹如寒蝉吸晓风，又如老蚌含秋月。
醉里高歌喝一声，虚空粉碎秋毫末。

真得意，少人知，恍恍惚惚恰如痴。
仰观造化工夫妙，日还东出月还西。
捉得日魂并月魄，一浮一沉珠自飞。
默运乾坤一否泰，屯蒙抽添进退机。

金木自然解交并，相生相克有幽微。
临炉施条莫纵意，神水沐浴要防危。
大都一年十二月，木液金精忌兔鸡。
十月脱胎吞入腹，九转工夫在一时。

莫将火候为儿戏，须共神仙子细推。
返中若也差毫发，汞走铅飞不交结。
学人于此善推详，七七从来四十八。
天地之间不逃数，此是玄玄真口诀。

银河若也会斗牛，密密固炉勿轻泄。
下手不教神鬼见，烹炼玉炉成白雪。
水银元是黑龟肝，朱砂乃是赤凤血。
有文有武有刚柔，进退往来细分别。

温养婴儿并野战，刻里工夫须口说。
真得意，少人知，茅芦野僻人迹稀。
垢面蓬头惟乐道，如鱼饮水自家知。
云间独酌逡巡酒，松下闲吟无韵诗。

五岳秋高飞白凤，九泉春暖养乌龟。
自己阳神皆踊跃，从他阴鬼暗愁悲。
元精每运无穷数，玉液常飡不暂离。
我家活计工夫别，未与常人话此规。

少人知，真得意，自得天机常似醉。
醉弹一曲无弦琴，琴里声声教子细。
勉贤能，休贪鄙，火急寻师觅玄指。
今生若不悟修真，未必来生得恁地。
回头恁取紫金丹，炼来便是神仙位。

剑歌

两枝慧剑埋真土，出匣哮吼惊风雨。
修丹若无此器械，学者千人万人误。
惟有小心得剑诀，用之精英动千古。
知时飞入太霄间，分明寻得阴阳路。
捉住玉兔不敢行，炉内丹砂方定所。
审其老嫩辨浮沉，进退来往分宾主。

一霎火焰飞烧天，煅炼玄精妙难睹。
唬唬虽则声悲苦，终是依依恋慈母。
若要制伏火龙儿，却去北方寻水虎。
龙见虎，互盘旋，恍恍惚惚结成团。
河车搬入昆仑顶，锁居土釜勿抽关。
息息丝丝无间断，抱元守一要精专。
琼浆酝就从天降，馥郁甘甜遍舌端。

炼之饵之入五内，只此号曰大还丹。
宿疾普消神气爽，四肢和畅身康安。
从来真火生于木，不会调匀莫强钻。
玉炉火候须消息，火怕寒兮水怕乾。
若得先师真剑诀，下手修炼夫何难。

悬崖铁壁挂残雪，玉匣藏处老龙蟠。
华池神水磨莹净，知时提挈自挥弹。
若遇有雠须急报，外道邪魔丧胆寒。
破鸿濛，凿混沌，自使来来无缺损。
专心定志不须忙，左右用之在款款。
此歌寄语逢剑人，著意推穷可为准。

赠谌高士辞往武夷歌

剥啄叩关辞我去，启扉少款片时间。
道在自身休外觅，徒劳万水与千山。
君且听，我试说，语无多，真妙诀。
夜深龙吟虎啸时，急驾河车无暂歇。
须臾搬入泥丸顶，进火玉炉烹似雪。
华池神水湛澄澄，浇灌黄芽应时节。
琼浆玉液频吞咽，四体薰蒸颜色别。
傍门小法几千般，惟有此道最直截。

在外即非砂与硫，在内亦非精与血。
圆陀陀地镇相随，赤洒洒兮光皎洁。
知时下手采将来，固济神炉勿轻泄。
九还七返片时功，橐籥吹嘘藉晓风。
要识玄关端的处，儿女笑指最高峰。
最高峰，秀且奇，彼岸濛濛生紫芝。
只此便是长生草，无限修行人不知。

纵笔书数句，可谓泄天机。君兜芒鞋去，毕竟几时归。
传语众仙休拟议，待我工夫彻到头，换骨定是来武夷。

赠邹峄山歌

荷君与我剔图书，捉摸虚空样也无。
机在心兮巧在手，也是无中生出有。
了真子，雌雄剑，飞太空，掣雷电。
　　半夜哮吼时，指破阴魔脸。
　　夺得明珠还，不与常人见。
一阵交锋定太平，元君端坐三清殿。
娇姹女，嫁金公，洞房深处云雨浓。
白面郎君骑白虎，青衣女子跨青龙。
牛斗河边相见后，一时关锁在中宫。
运动天然真火候，掀天煅炼一炉红。

金公无言姹女死，九还七返片时功。
若非欧冶传剑诀，安得青霄有路通。
生涯只此雌雄剑，吹毛利水快如风。
君苦问，此剑诀，天机未敢分明泄。
青龙项下剜明珠，白虎头边歃鲜血。
有时飞入昆仑顶，交加千里冲妙穴。
雌雄飞逐不曾闲，来往已手自提挈。
出匣光射透天罡，照耀锋芒何凛冽。
学人要觅真剑方，为言不是寻常铁。

西江月

（十二首）

一

两手擘开混沌，坦然直露丹宗。日魂月魄自西东，牢捉莫轻放纵。
外道邪魔缩项，相将结宝中宫。九还七返片时功，皆赖黄婆相送。

二

默运乾坤否泰，抽添妙在屯蒙。起于复卦剥于终，温养两般作用。
沐浴要防危险，吹嘘全藉离风。工夫还返入坤宫，火足不宜轻弄。

三

要识真铅真汞，都来只一根源。烹煎火候妙中玄，不是知音难辨。
采取莫差时日，仍分弦后弦前。玉炉一霎火烧天，无位真人出现。

四

莫问九三二八，无过阴偶阳奇。大都离坎结夫妻，要识屯蒙既未。
若遇一阳起复，便堪进火无迟。只因差失在毫厘，野战更宜子细。

五

鼎器法天象地，坎离运用无差。夫妻相会入黄家，共说无生妙话。
雨意云情了当，领头驾动河车。搬归顶上结三花，牢闭玉关金锁。

六

拨动顶门关棙，自然虎啸龙吟。九还七返义幽深，出入不离玄牝。
运用玉炉火候，鼎中炼就真金。强兵战胜便收心，妙在无伤无损。

七

一二复临养火，兔鸡沐浴潜藏。分明变化在中央，结就玄珠片饷。
还返归根脱体，守城抱一隄防。黄庭来往是寻常，恍惚之中纵放。

八

夹脊双关透顶，此为大道玄门。金丹只是此宗根，大要知时搬运。
温养守城野战，华池玉液频吞。玉炉常使火温温，采药审他老嫩。

九

调燮火工非小，差殊只在毫厘。鼎炉汞走黑铅飞，从此恐君丧志。
须共真师细论，无令妄动轻为。幽微玄妙最深机，言语仍须避忌。

十

九曲江头逆浪，霎时冲过天心。昆仑顶上水澄澄，醞就琼浆自饮。

便向此时采取，河车搬运无停。阴阳一炁自浮沉，锁闭玉关牢稳。

十一

药产西南坤地，金丹只此根宗。学人著意细推穷，妙绝无过真种。了一万般皆毕，休分南北西东。执文泥象岂能通，恰似哑人谈梦。

十二

金液还丹大道，古人万劫一传。倾心剖腹露诸篇，接引直超道岸。莫怪天机泄尽，此玄玄外无玄。留传万代与名贤，有目分明观见。

南乡子

（十二首，西南乃产药之所，因此故为名）

一

真汞与真铅，产在先天与后天。大要知时勤采取，玄玄，得穴何愁不作仙。

进火要精专，审究前弦与后弦。屯卦抽添蒙卦止，难传，毫发差殊不结丹。

二

两手擘鸿濛，慧剑飞来第一峰。外道修罗惊缩项，神通，造化元来在掌中。

煅炼玉炉红，橐籥吹嘘藉巽风。十月脱胎吞入腹，坤宫，立见三清太上翁。

（老子曰：自己三清，何劳上望。）

三

温养象周天，须要微微火力全。爱护婴儿惟藉母，三年，运用抽添象缺圆。

牛斗会河边，舍取玄珠种玉田。定意如如行火候，精专，剖腹分明说与贤。

四

生甲更生庚，此是丹头切要明。药嫩采来归土釜，煎烹，文武刚柔次第行。

片饷结丹成，沐浴防危更守城。到此不须行火候，持盈，火若加临必定倾。

五

木兔与金鸡，刑德临门有偶奇。炉内丹砂宜沐浴，防危，神水溶溶满玉池。

年月日并时，刻里功夫一例推。著意研穷丹造次，毫厘，十月殷勤自保持。

六

鼎器法乾坤，上是天元下地元。若也更能颠倒运，交番，阖辟循环在八门。

搬运上昆仑，龟与蛇儿自吐吞。百尺竿头牢把线，掀援，从此元神命永存。

七

关锁自周天，升降循环三寸田。不在嘘呵并数息，天然，九转无亏火力全。

胎息谩流传，要在阴阳不可偏。呼吸吹嘘皆赖巽，绵绵，妙在前弦与后弦。

八

复卦起潜龙，戊己微调未可攻。九二见龙临卦主，神通，从此炉中次第红。

泰卦恰相逢，猛火烧乾藉巽风。炼就黄芽并白雪，奇功，还返归坤道始穷。

九

识得水中金，煅炼烹煎理更深。进退抽添须九转，浮沉，温养潜龙复与临。

妙运自天心，托仗黄婆配丙壬。酝就醍醐山顶降，频斟，慢拨无弦一曲琴。

十

长子到西方，少女归乾变六阳。便好下功修二八，隄防，至九方知道自昌。

牛斗共商量，巧夺天工妙莫量。离坎夫妻交媾后，难忘，始觉壶中日月长。

十一

白雪与黄芽，两味精华共一家。采摘辨时衰与旺，堪夸，火候毫厘不可差。

顶上结三花，驾动羊车与鹿车。乌兔往来南北面，交加，从此天河稳泛槎。

十二

尽净露天机，只恐时人自执迷。颔下藏珠当猛取，休迟，道在身中更问谁。

尘网急抛离，百岁年华七十稀。莫待老来铅汞少，堪悲，业报前途难自欺。

读《参同契》作

气含太极，道立玄门。日抟月而易行其中，月持日而易藏其用。水腾浮作离中汞，火降沉为坎里铅。坎纳戊兮月魄乌飞，离纳己兮日魂兔走。戊己为炉而烹煎日月，坎离为药而点化魂魄。日合五行，月随六律。门通子午，数运寅申。复临泰壮夬乾兮六阳左旋，姤遁否观剥坤兮六阴右转。百八十阳兮日宫春色，百八十阴兮月殿秋光。月不自明，由日以受其明；日之有耀，因月以发其元。互为室宅，交显精神，长教玉树气回根，不使金花精脱蒂。姹女捉乌吞玉兔，婴儿驱兔吸金乌。自震庚兑丁而乾纳甲壬，由巽辛艮丙而坤藏乙癸。

上弦数八兮砂中取汞，下弦数八兮水内淘金。青龙是木，木产火中，白虎是金，金生水内。七八十五兮坎离交，九六十五兮乾坤合。自子至巳先进阳火，自午至亥后退阴符。七八者少阳少阴之数存，九六者老阳老阴之数寓。二八十六两兮中全卦炁，五六三十日兮妙运天轮。屯蒙常起于朝昏，既未无愆于晦朔。恍惚水中金不定，飞扬火里木难收。金木间隔既殊途，水火调和归一性。七返返上，九还还元，结就玄珠，炼成至宝。不神之神所以神，减息定息至无息。二十四气体天之消息，七十二候随时而卷舒。惟能得象忘言，不在执文泥象。悟之者简而且易，迷之者繁而愈难。即周易象而参考之，自然契合；独魏伯阳之著详矣，宜究精微。

解注崔公《入药镜》

先天炁，后天炁。

解：先天炁乃天元一气也，在天枢之上注之。后天炁乃地元一气也，在地枢之下注之。人若得斗柄之机斡运，则升降往来周而复始，与天同运矣。元和子曰：人身大抵同天地也。

得之者常似醉。

解：人能得斗柄之机，斡运阴阳之气，则恍恍惚惚、杳杳冥冥，自然身心和畅，如痴如醉，肌肤爽透，美在其中。

日有合，月有合。

解：夫月因日以受其明，晦朔合璧之后，魄中生魂，以阳变阴。月晦象年终，月朔象岁首。自朔日受日辰之符，因水生银，至月晦阳气消尽，即金水两物，情性自相包裹。《参同契》云：月晦日相包，隐藏其垣廊。

穷戊己，定庚甲。

解：金液还丹，非土则不能造化，当穷究其真土。古歌曰：五行处处有，何处为真土。紫阳诗曰：离坎若还无戊己，虽含四象不成丹。庚，西方金也。甲，东方木也。二物间隔，木能交并，须仗黄婆媒合。金始生水，木始生火，水火既旺，则金木交并矣。刘真人《象先歌》曰：庚要生，甲要生，生甲生庚道始明。西华圣母曰：生甲生庚，堪为大丹之祖。真土者，坤位是也。

上鹊桥，下鹊桥。

解：此崔公复指上下二源。鹊桥，乃天河也。人能运用若天河之流转，上下无穷也。

天应星，地应潮。

解：在天应星，如斗柄之运斡。在地应潮，如日月之盈亏。《元枢歌》曰“地下海潮天上月”是也。

起巽风，运坤火。

解：息者，风也。火不能自炎，须假风以吹之。钟离丹诀云：陈药凭巽风。杏林诗曰：吹嘘藉巽风。运者，动也。坤乃西南之地，水火聚会之源也。

入黄房，成至宝。

解：既经起火符之后，则运入黄房之中，结成至宝矣。黄房，亦曰黄华、玄关一窍，乃真土，故曰黄房也。

水怕乾，火怕寒。

解：修炼金丹，全藉火工调燮。添水之时，以救其火之燥也；

运火之时，又恐其火之寒也。故水亦怕滥、亦怕乾，火亦怕燥、亦怕寒。故有斤两法度须要调匀，使其不致于太过，亦不致于不及也。

差毫发，不成丹。

解：运火之际，细意调燮，毫发之差，则天地悬隔矣。紫阳诗曰：毫发差殊不作丹。

铅龙升，汞虎降。

解：铅，火也，龙也，沉而在下。汞，水也，虎也，浮而在上。太白真人歌曰：五行不顺行，虎向水中生，五行颠倒术，龙从火里出。以法制之则自然升降矣。

驱二物，勿纵放。

解：当其龙虎升降之时，须要把捉，不可纵放也。紫阳诗曰：既驱二物归黄道，怎得灵砂不解生。

产在坤，种在乾。

解：药产西南，西南乃坤地也。产于坤地，则移种于乾宫也。上下二源，其理明矣。

但至诚，法自然。

解：真一子云：至诚修炼此药，乃白日飞升之道也。阴真君曰：不得地，莫妄为，须隐密，审护持，善保守，莫失天地机。

盗天地，夺造化。

解：修炼莫不盗天地之机，夺造化之妙。运用则符乾坤否泰，抽添则象日月亏盈。定刻漏，分二弦，隔子午，接阴阳，通晦朔，合龙虎，依天地之大数，叶阴阳之化机。阴符阳火，依约卦爻，周而复始，循环互用，不失其时。一鼎之中，造化分明，象天地运动，发生万物也。偿或火候失时，抽添过度，寒暑不应，进退差殊，即令天地之间，凭何而生万物哉？阴阳之气，凭何而生龙虎也？

攒五行，会八卦。

解：五方以中为主，五行以土为主。位居于中而有土德之尊，故水得土则潜其形，火得土则隐其明，金得土而增其色，木得土而益其润。土无正形，挨排四象，五行既聚，则八卦自然相会矣。

水真水，火真火。

解：离中有阴，则心中之液乃真水也。坎中有阳，则肾中之炁乃真火也。此一身之真水火。

水火交，永不老。

解：夫地之炁，上腾而为雾；天之炁，下降而为露。阴阳相交而成膏雨，滋荣万物者也。一身之阴阳，相交而成真液，滋荣五藏六府，复归于下田，结而为丹。故万物无阴阳，气不生，五藏六府无津液，则病矣。

水能流，火能焰。

解：水在上故能流下，火居下故能炎上。《参同契》云“水流不炎上，火烈不润下”是此意也。

在身中，自可验。

解：真水真火，在人一身之中，于修炼之际自可验也。

是性命，非神气。

解：左为性，性属离。右为命，命属坎。坤之中阴入乾而成离，乾之中阳入坤而成坎，当知离坎是性命，神气之穴也。

水乡铅，只一味。

解：水乃坎也，铅乃金也。亦曰水中金。《云房丹诀》曰：铅铅水乡，灵源庚辛，室位属乾，常居坎户，隐在兑边。刘海蟾诗曰：

炼丹须是水乡铅。只此一味，乃还丹之根蒂也。

归根窍，复命根。

解：既得上下二源，乃归根复命之根窍也。

贯尾闾，通泥丸。

解：上通泥丸宫，下贯尾闾门，言其一气上下循环而无穷也。

真橐籥，真鼎炉。

解：《升降论》曰：人能效天地橐籥之用，开则气出，阖则气入。气出如地气之上升，气入如天气之下降。一气周流，自可与天地齐其长久矣。上曰金鼎，下曰玉炉，然皆人身之真造化也。

无中有，有中无。

解：《金碧经》曰：有无互相制，上有青龙居，两无宗一有，灵化妙难窥。《参同契》曰：上闭即称有，下空即称无。无者以奉上，上有神德居。此两孔经法，喻有无相须。

托黄婆，媒姹女。

解：姹女在离宫也，坎男不能与之交会，须托黄婆而媒合之。黄婆乃坤土也。

轻轻地，默默举。

解：进火之际，当轻轻然运，默默然举也。杏林诗曰“如如行火候，默默运初爻”是也。

一日内，十二辰。

解：年中用月，以一月三百六十时准一年。月中取日，则一日十二辰准一月。日中用时，时中用刻，到此微妙莫非口诀。

意所到，皆可为。

解：一日十二辰内，遇一阳动，皆可下手也。紫阳曰：一刻之工夫，自有一年之节候。此乃顷刻之周天也。马自然诗曰：不刻时中分子午，无爻卦内别乾坤。

饮刀圭，窥天巧。

解：飞剑自土金采而饮之，故曰“饮刀圭”也。上下二源，皆真土也。窥者，观也。《阴符经》曰“观天之道，执天之行”，尽矣。

辨朔望，知昏晓。

解：可辨明一身之朔望也。昏晓乃朝屯暮蒙二卦也。

识浮沉，明主客。

解：铅沉而银浮，铅沉而在下，银浮而在上。既识浮沉，须明主客。紫阳诗云：饶他为主我为宾。无他，此乃先升后降之理也。

要聚会，莫间隔。

解：水火常要聚会，莫使之间隔也。

采药时，调火功。

解：采药之时，全藉调燮火功。一刚一柔，一文一武，二八封门，六一固济。循卦文，沿刻漏，分二弦，隔子午，始复而终于坤也。《参同契》曰：铅得真铅，又难真火。可不细意调燮而使之？无太过不及之患也。

受气吉，防成凶。

解：紫阳诗曰：受气之初容易得，抽添火候要防危。受气之初，使金木交并，水火同乡，若可喜也。及其脱体归坤，沐浴以防其凶，守城以虑其险也。

火候足，莫伤丹。

解：九转火足，当息符火，不知止足，必致灵汞飞走矣。

天地灵，造化怪。

解：此乃言其悭吝不可纵意也。

初结胎，看本命。

解：初结圣胎，则看受气之初。初，本命也。

终脱胎，看四正。

解：终脱胎则看四正宫，乃玄关也。

密密行，句句应。

解：能依此密密而行，则句句应验矣。吕公诗云：因看崔公入药镜，令人心地转分明。

解注吕公《沁园春》

七返还丹。

解：火生二，成数七。返者，自下而返上。还者，自上而还下。或曰木三金四合成七数，故曰七返，其说亦妙。盖金木乃水火之父母，五行之宗祖，还丹之根基也。苟以涕、唾、津、精、气、血、液为七返，谬之甚矣。《云房诗》曰：七般之物尽为阴，若将此物为丹种，怎得飞升上玉京。《紫阳经》曰：七件阴物何取焉？还丹之名不一，或曰大丹、内丹、玉壶丹、绛雪丹。赤赫金丹、龙虎太药、九转神丹、宇宙之主神丹，白雪、龟精、凤血、兔髓、乌肝、先天地精，皆不过真铅真汞交结而成，固非凡铅汞、金石、草木有质之药。汞是九转真汞，铅是七返真铅。惟兹一味，是天地之真气，日月之至精。于外配则明象乾坤，于内配则符合造化。有生有杀，为虎为龙，蕴情义而遣作夫妻，维祖宗而故称母子。二味既晓，两性须知。因媒而男女和谐，赖母而子孙成长。圣人至秘，玄之又玄，修丹之士，当反求诸己而已矣。

在人先须炼己待时。

解：道不远人，百姓日用而不知也。炼己，乃炼形之道。莫不擘裂鸿濛，凿开混沌，采真一之精，抱先天之炁，而为丹基也。不可以非类而造化。故《参同契》云：燕雀不生凤，狐兔不乳马。同类易施功，非程难为巧。金华洞主答太室山人曰：积其阳魂，消其阴魄，以其阳兵战退阴贼。八卦相荡，五行相克，归根复命，还丹烜赫。以精炼形，非凡砂石。或者以炼己为炼土，其说亦妙。盖药产西南坤地也。大要知时，苟失其时，天地之间凭何节候而生万物阴阳之炁？凭何而生龙虎哉？弦后弦前，乃时中之造化；坎离交处，乃刻里之功夫。到此微妙，莫非口诀。

正一阳初动，中宵漏永。

解：宇宙在乎手，万化在乎身。毗陵师曰：炼丹不用寻冬至，身中自有一阳生。时中有时之功夫，刻中有刻之功夫。

温温铅鼎，光透帘帏。

解：铅鼎，即造铅鼎也。温温，谓火力。不可使之亏欠，必也温养而成丹。毗陵师曰“金鼎常留汤火暖，玉炉不要火教寒”是也。帘帏，曰眼也。云房有“闲户垂帘默默窥”之句，下功夫处，神光晃耀，透彻帘帏也。

造化争驰，龙虎交会。

解：夫造化之争驰也，龙吟云起，虎啸风生。必也使水虎、擒火龙，互相交会。《入药镜》曰：铅龙升，汞虎降，驰二物，勿纵放。苟运火失时，则龙虎不交，铅汞飞走矣。紫阳诗曰：西山白虎性猖狂，东海青龙不可当，两手捉来临死斗，化成一块紫金霜。两手捉来，不过要其交会，方能凝结成宝也。

进火工夫牛斗危。

解：夫火者，太阳之真精，有名而无形。故《参同契》曰：既得真铅，又难真火。岂轻议哉？盖火起于水中，何者？坎属水，坎中有真阳，乃真火也。龙虎会合，金木交并，则真火炎其中矣。进火之工也，有刚柔、文武、斤两、法度，二八封门，六一固济，循卦爻，沿刻漏，了屯蒙，明否泰，分二弦，辨晦朔，始复终坤，起晨止晦，则阴阳舒卷，金汞调和。如或火候失时，霖旱不节，隆冬大暑，盛夏严霜，金宫既砂汞不调，玉鼎乃蝗虫竞起，金母木龙腾沸，坎男离女奔逸，此皆运火过差，灵汞飞走。所谓纤芥不正，悔吝为贼，毫发差殊不作丹是也。可不慎之？牛斗危者，当牛斗值时，下功也。

曲江上见月华莹净，有个乌飞。

解：人之小肠，九盘十二曲，谓之曲江也。月乃药之用，言其莹净无瑕，乃至宝也。有个乌飞，乃阴中含阳也。刘海蟾诗曰：几度为飞宿桂柯。又曰：乌飞兔不惊。古诗曰：有个乌飞入兔宫。皆此意也。

当时自饮刀圭。

解：当行功交会之时下手，自土釜采而饮之。故《入药镜》曰“饮刀圭，识土釜”者，可与语刀圭之妙。

又谁信无中养就儿。

解：还丹之道，乃无中生有，渐采渐炼，结成圣胎，无质生质，养就婴儿。故紫清先生诗曰：世事教人笑几回，男儿曾也会怀胎，自家精血自交媾，身里夫妻是妙哉。

辨水源清浊，

解：《清静经》云：天清地浊，男清女浊。清者，浊之源，无他，阳清而阴浊也。轻清者浮而在上，真水银是也。重浊者沉而在下，真铅是也。二物两用，可不辨明清浊升降之道乎？

木金间隔。

解：木居东方甲乙，在象为青龙，在卦为震。乾之长男也，火之母也，金之妻也，青衣女子也，碧眼胡儿也，东海青龙也，木液也。金居西方庚辛，在象为白虎，在卦为兑。坤之少女也，水之母也，木之夫也，素练郎君也，白头老子也，西山白虎也，金精也。隔居卯酉，无由聚会，须托黄婆媒合而为一也。紫阳曰“木金间隔会无因”，须仗媒人勾引，然后木生火，金生水，水火同乡，则金木交并矣。

不因师指，此事难知。

解：金丹大药，古人以万劫一传。玉笥灵篇，学者之十迷九八，圣师口口，历代心心，若非心传口授，纵使三杰之才，十哲之智，百端揣度，亦终不能下手结就圣胎矣。所谓：饶君聪慧过颜闵，不遇明师莫强猜，只为金丹无口诀，教君何处结灵胎。刘海蟾诗曰：此道迥昭彰，如何乱揣量。金丹之道，若不遇真师，实难知之矣。

道要玄微，天机深远，

解：大道无形，生育天地。大道无情，运行日月。大道无名，长养万物。吾不知其名，强名曰道。杳杳冥冥，其中有精，恍恍惚惚，其中有物。视之不见，听之不闻，抟之不得，无中生有，天机深远，玄妙难测。《阴符经》曰：天有五贼，见之者昌，知之修炼，谓之圣人。苟非洞晓阴阳，深达造化，安能凿开混沌，采天地父母之根，而为丹基；擘裂鸿濛，取阴阳纯粹之精，而为大丹之质。攒簇五行，和合四象。三花聚顶，令一气不昏；五气朝元，使阳魂不乱。放纵于杳冥之中，往来于恍惚之内。搬运出入，移神阳舍，功成行满，位证天仙也？况金液还丹，惟有一门，岂可与傍门小法，并日而语耶？

下手速修犹太迟。

解：千经万论，皆不言下手功夫，惟传之口诀。夫下手之初也，动乾坤之橐籥，采坎离之刀圭，摄一身之神，归于天谷穴中。吞而养之，则神炁归根，名曰回风混合。密固根源，此乃守真一之道也。《龙虎经》曰：神室上下釜，变化在手中。所以正一真人论青蛇之剑，西蜀老翁得金锤之妙，吕公喻之为火杖，青城空角谓之剑不是道。此皆穷尽踪迹，擘划元根，若无下手，徒论金丹，万无一成矣。古歌云：圣人识得造化意，手抟日月安炉里。《阴符经》云：宇宙在乎手，万化生乎身。夫学而不遇，必遇至人，遇而不勤，终为下鬼。老子曰：上士闻道，勤而行之。仙道惟人可以修。古云：神仙只是凡人做。当知轮回事道，业报难逃，富贵荣华，殆非久计，下手速修，犹恐太迟也。

蓬莱路，仗三千行满，独步云归。

解：蓬莱三岛，乃海上仙山也。在人一身，亦有蓬莱三岛。顶曰上岛，心曰中岛，肾曰下岛。紫清先生诗曰“人身自有一蓬莱”是也。三千功行，乃九年抱一之数也。九年功满，或分形散景，或出有入无，或轻举远游，隐显莫测。或换骨升仙，遨游蓬岛，或太一见召，移居中丹，各随其功行之浅深也。《窑头坏》曰：九年功满都经过，留形住世不知春，忽日天门顶中破，真人出现大神通，从此天仙可相贺。《参同契》曰：道成德就，潜伏候时。太乙乃召，移居中丹。功满上升，膺图受箓。彭真人注曰：太乙真君，乃内炼之主司也。世人初得道，镂名金简，于此丹，膺图受箓，乃获上升也。

钟吕传道集

《钟吕传道集》三卷，五代道士施肩吾传。全书以钟离权与吕洞宾师徒问答的形式，论述了内丹术的要义。这部著作共分为三卷，涉及真仙、大道、天地、日月、四时、五行、水火、龙虎、丹药、铅汞、抽添、河车、还丹、练形、朝元、内观、磨难、征验等多个方面，构建了钟吕派内丹体系。书中的修炼法门和哲学思想，不仅是道教文化遗产的重要组成部分，也为现代人提供了一种探索身心和谐与自我提升的途径。

论真仙第一

吕曰：人之生也，安而不病，壮而不老，生而不死，何道可致如此？

钟曰：人之生，自父母交会而二气相合，即精血为胎胞。于太初之后而有太质，阴承阳生，气随胎化，三百日形圆，灵光入体，与母分离。自太素之后，已有升降而长黄芽，五千日气足其数，自满八十一丈，方当十五，乃曰童男。是时阴中阳半，可比東日之光。过此以往，走失元阳，耗散真气，气弱则病老死绝矣。

平生愚昧，自损灵光，一世凶顽，暗除寿数，所以来生而身有等殊，寿有长短。既生复灭，既灭复生，转转不悟而世世堕落，则失身于异类，透灵于别壳，至真之根性，不复于人，傍道轮回，永无解脱。或遇真仙至人，与消其罪报，除皮脱壳，再得人身，方在痴痞愚昧之中，积行百劫，升在福地，犹不免饥寒残患，迤逦升迁，渐得完全形貌，尚居奴婢卑贱之中。苟或复作前孽，如立板走丸，再入傍道轮回。

吕曰：生于中国，幸遇太平，衣食稍足而岁月未迟，爱者安而嫌者病，贪者生而怕者死。今日得面尊师，再拜再告，念以生死事大，敢望开陈不病不死之理，指教于贫儒者乎？

钟曰：人生欲免轮回，不入于异类躯壳，尝使其身无病老死苦，顶天立地，负阴抱阳而为人也。为人勿使为鬼，人中修取仙，仙中升取天矣。

吕曰：人死为鬼，道成为仙，仙一等也，何以仙中升取天乎？

钟曰：仙非一也。纯阴而无阳者，鬼也。纯阳而无阴者，仙也。阴阳相杂者，人也。惟人可以为鬼，可以为仙。少年不修，恣情纵意，病死而为鬼也。知之修炼，超凡入圣，而脱质为仙也。仙有五等，法有三成，修持在人，而功成随分者也。

吕曰：法有三成，而仙有五等者，何也？

钟曰：法有三成者，小成、中成、大成之不同也。仙有五等者，鬼仙、人仙、地仙、神仙、天仙之不等，皆是仙也。鬼仙不离于鬼，人仙不离于人，地仙不离于地，神仙不离于神，天仙不离于天。

吕曰：所谓鬼仙者何也？

钟曰：鬼仙者，五仙之下一也。阴中超脱，神像不明，鬼关无姓，三山无名。虽不入输回，又难返蓬瀛，终无所归，止于投胎就舍而已。

吕曰：此是鬼仙，行何术用何功而致如此？

钟曰：修持之人，始也不悟大道，而欲于速成，形如槁木，心若死灰，神识内守，一志不散，定中以出阴神，乃清灵之鬼，非纯阳之仙。以其一志，阴灵不散，故曰鬼仙。虽曰仙，其实鬼也。古今崇释之徒，用功到此，乃曰得道，诚可笑也。

吕曰：所谓人仙者何也？

钟曰：人仙者，五仙之下二也。修真之士不悟大道，道中得一法，法中得一术，信心若志，终世不移。五行之气悮交悮合，形质且固，八邪之疫不能为害，多安少病，乃曰人仙。

吕曰：是此人仙，何术何功而致如此？

钟曰：修持之人，始也或闻大道，业重福薄，一切魔难而改初心，止于小成法有功，终身不能改移，四时不能变换。如绝五味者，岂知有六气；忘七情者，岂知有十戒；行漱咽者，哈吐纳之为错；著采补者，笑清净以为愚，好即物以夺天地之气者，不肯休粮；好存想而采日月之精者，不肯导引，孤坐闭息，安知有自然，屈体劳形，不识于无为。采阴取妇人之气与缩金龟者不同，养阳食女子之乳与炼丹者不同。以类推究，不可胜数，然而皆是道也。不能全于大道，止于大道中一法一术功成，安乐延年而已，故曰人仙。更有一等，悦于须臾而厌于持久，用功不谨，错时乱日，反成疾病而不得延年者，世亦多矣。

吕曰：所谓地仙者何也？

钟曰：天仙者，天地之半，神仙之才，不悟大道，止于小成之法。不可见功，唯以长生住世，而不死于人间者也。

吕曰：其地仙如何下手？

钟曰：始也法天地升降之理，取日月生成之数，身中用年月，日中用时刻，先要识龙虎，次要配坎离，辨水源清浊，分气候早晚。收真一，察二仪，列三才，分四象，别五运，定六气，聚七宝，序八卦，行九州。五行颠倒，气传子母，而液行夫妇也。三田反覆，烧成丹药，永镇下田。炼形住世，而得长生不死，以作陆地神仙，故曰地仙。

吕曰：所谓神仙者何也？

钟曰：神仙者，以地仙厌居尘世，用功不已，关节相连。抽铅添汞，而金精炼顶，玉液还丹。炼形成气，而五气朝元，三阳聚顶，功满忘形，胎仙自化，阴尽阳纯，身外有身，脱质升仙，超凡入圣，谢绝尘俗，以返三山，乃曰神仙。

吕曰：所谓天仙者何也？

钟曰：地仙厌居尘境，用功不已，而得超脱，乃曰神仙，神仙厌居三岛而传道人间，道上有功而人间有行，功行满足。受天书以返洞天，是曰天仙。既为天仙，若以厌居洞天，效职以为仙官，下曰水官，中曰地官，上曰天官。于天地有大功，于今古有大行，官官升迁。历任三十六洞天，而返八十一阳天，历任八十一阳天，而返三清虚无自然之界。

吕曰：鬼仙固不可求矣，天仙亦未敢望矣，所谓人仙地仙神仙之法，可得闻乎？

钟曰：人仙不出小成法，凡地仙不出中成法，凡神仙不出大成法。此是三成之数，其实一也。用法求道，道固不难，以道求仙，仙亦甚易。

吕曰：古今养命之士，非不求长生也，非不求升仙也，然而不得长生，为升仙者，何也？

钟曰：法不合道，以多闻强识。自生小法傍门，不免于疾病死亡，犹称尸解迷惑世人，互相推举，致使不闻大道。虽有信心苦志之人，行持已久，终不见功，节序而入于泉下。呜呼。

论大道第二

吕曰：所谓大道者何也？

钟曰：大道无形无名，无问无应，其大无外，其小无内，莫可得而知也，莫可得而行也。

吕曰：古今达士，始也学道，次以有道，次以得道，次以道成。而于尘世入蓬岛，升于洞天，升于阳天，而升三清，是皆道成之士。今日尊师独言道不可得而知，不可得而行，然于道也独得隐乎？

钟曰：仆于道也固无隐尔，盖举世奉道之士，止有好道之名，使闻大道而无信心，虽有信心而无苦志。朝为而夕改，坐作而立忘，始乎忧勤，终则懈怠。仆以是言大道难知难行也。

吕曰：大道难知难行之理如何？

钟曰：以傍门小法易为见功，而俗流多得互相传授，至死不悟，遂成风俗而败坏大道。有斋戒者，有休粮者，有采气者，有漱咽者，有离妻者，有断味者，有禅定者，有不语者，有存想者，有采阴者，有服气者，有持净者，有息心者，有绝累者，有开顶者，有缩龟者，有绝迹者，有看读者，有烧炼者，有定息者，有导引者，有吐纳者，有采补者，有布施者，有供养者，有救济者，有入山者，有识性者，有不动者，有授持者。傍门小法，不可备陈。至如采日月之华，夺天地之气，心思意想，望结丹砂，屈体劳形，欲求超脱，多入少出，攻病可也。认为真胎息、绝念忘言，养性可也。指作太一含真气，金枪不倒，黄河逆流，养命之下法。形如槁木，心若死灰，集神之小术。奈何古今奉道之士，苦苦留心，往往挂意。以咽津为药，如何得造化？聚气为丹，如何得停留？指肝为龙而肺为虎，如何得交合？认坎为铅而离为汞，如何得抽添？四时浇灌，望长黄芽，一意不散，欲求大药，差年错月，废日乱时，不识五行根蒂，安知三才造化。寻枝摘叶，迷惑后人，致使大道日远日疏，异端并起，而成风俗，以失先师之本意者，良由道听涂说，口耳之学，而指诀于无知之徒，递相训式，节序而入于泉下，令人寒心。非不欲开陈大道，盖世人业重福薄，不信天机，重财轻命，愿为下鬼。

吕曰：小法傍门既已知矣，其于大道可得闻乎？

钟曰：道本无问，问本无应，及乎真原一判，大朴已散。道生一，一生二，二生三。一为体，二为用，三为造化。体用不出于阴阳，造化皆因于交媾。上中下列为三才，天地人共得于一道。道生二气，二气生三才，三才生五行，五行生万物。万物之中，最灵最贵者人也。惟人也，穷万物之理，尽一己之性，穷理尽性以至于命。全命保生以合于道，当与天地齐其坚固而同得长久。

吕曰：天长地久，一亘千古以无穷，人寿百岁，至七十而尚稀，何道之独在于天地而远于人乎？

钟曰：道不远于人而人自远于道矣。所以远于道者，养命不知法。所以不知法者，下功不识时。所以不识时者，不远天地之机也。

论天地第三

吕曰：所谓天地之机可得闻乎？

钟曰：天地之机，乃天地运用大道，而上下往来，行持不倦以得长久坚固，未尝轻泄于人也。

吕曰：天地之于道也，如何谓之运用之机？如何谓之行持之机？运用如何起首？行持如何见功？

钟曰：大道既判而有形，因形而有数。天得乾道，以一为体，轻清而在上，所用者阳也。地得坤道，以二为体，重浊而在下，所用者阴也。阳升阴降，互相交合，乾坤作用，不失于道。而起首有时，见功有日。

吕曰：天得乾道，所用者阳也，阳主升，何以交于地？地得坤道，所用者阴也，阴主降，何以交于天？天地不交，阴阳如何得合？阴阳不合，乾坤如何作用？乾坤既无作用，虽有起首之时，见功之日，大道如何可得也？

钟曰：天道以乾为体，阳为用，积气在上。地道以坤为体，阴为用，积水在下。天以行道，以乾索于坤，一索之而为长男，长男曰震；再索之而为中男，中男曰坎；三索之而为少男，少男曰艮。是此天交于地。以地道索坤道，而生三阳。及乎地以行道，以坤索于乾，一索之而为长女，长女曰巽；再索之而为中女，中女曰离；三索之而为少女，少女曰兑。是此地交于天。以坤道索乾道，而生三阴。三阳交合于三阴，而万物生，三阴交合于三阳，而万物成。天地交合，本以乾坤相索而运行于道。乾坤相索而生六气，六气交合而分五行，五行交合而生成万物。方其乾道下行，三索既终，其阳复升，阳中藏阴，上还于天。坤道上行，三索既终，其阴复降，阴中藏阳，下还于地。阳中藏阴，其阴不消，乃曰真阴。真阴到天，因阳而生，所以阴自天降，阴中能无阳乎？阴中藏阳，其阳不灭，乃曰真阳。真阳到地，因阴而发，所以阳自地升，阳中能无阴乎？阳中藏阴，其阴不消，复到于地，阴中藏阳，其阳不灭，复到于天。周而复始，运行不已，交合不失于道，所以长久坚固者如此。

吕曰：天地之机，运行于道而得长久，乃天地作用之功也。惟人也虽有聪明之性，留心于清静，欲以奉行大道，小则安乐延年，中则长生不死，大则脱质升仙，如何作用，运行大道，法动天机而亦得长久坚固，浩劫常存？

钟曰：大道无形，因彼之所得而为形。大道无名，因彼之所有而为名。天地得之而曰乾道坤道，日月得之而曰阴道阳道，人若得之朝廷，则曰君臣之道，闺门则曰夫妇之道，乡党则曰长幼之道，庠序则曰朋友之道，室家则曰父子之道。是此见于外者，莫不有道也。

至如父母交会，其父则阳先进而阴后行，以真气投真水，心火与肾水相交炼为精华，精华既出，逢母之阴，先进以水涤荡于无用之处，逢母之阳，先进以血承受于子宫之前，精血为胞胎胞舍，真气而入母子宫，积日累月，真气造化成人。如天地行道，乾坤相索而生三阴三阳，真气为阳，真水为阴，阳藏水中，阴藏气中。气主于升，气中有真水，水主于降，水中有真气。真水乃真阴也，真气乃真阳也，真阳随水下行，如乾索于坤，上曰震，中曰坎，下曰艮。以人比之，以中为度，自上而下，震为肝，坎为肾，艮为膀胱。真阴随气上行，如坤索于乾，下曰巽，中曰离，上曰兑。以人比之，以中为度，自下而上，巽为胆，离为心，兑为肺。形像既备，数足离母。既生之后，元阳在肾，因元阳而生真气，真气朝心；因真气而生真液，真液还元。上下往复，若无亏损，自可延年。如知时候无差，抽添有度，自可长生。

若以造作无倦，修持不已，阴尽阳纯，自可超凡入圣。此乃天机深造之理，古今不传之事，公若信心而无犹豫，以名利若枷杻，恩爱如寇雠，避疾病若怕死亡之难，防失身于别壳，虑透灵于异类，委有清静之志，当且壮其根源，无使走失元阳，耗散真气。气盛而魂中无阴，阳壮而魄中有气，一升一降，取法无出天地，一盛一衰，其来亦似日月。

论日月第四

吕曰：天地之理亦粗知矣，其日月之缠度交合，于人可得比乎？愿闻其说。

钟曰：大道无形，生育天地。大道无名，运行日月。日月者，太阴太阳之精，默纪天地交合之度，助行生成万物之功，东西出没以分昼夜，南北往来以定寒暑。昼夜不息，寒暑相催，而魄中生魂，魂中生魄。进退有时，不失乾坤之数；往来有度，无差天地之期。

吕曰：东西出没以分昼夜，何也？

钟曰：混沌初分，玄黄定位，天地之状其形如卵，六合于中，其圆如球。日月出没，运行于一天之上，一地之下，上下东西，周行如输。凡日之东出而西未没为昼，西没而东未出为夜，是此日之出没以分昼夜也。若月之出没，不同于日，载魄于西，受魂于东，光照于夜，而魂藏于昼，积日累时，或出或没，自西而东。其始也魄中生魂，状若弯弓，初夜而光照于西。其次也魄中魂半，时应上弦，初夜而光照于南。其次魄中魂满，与日相望，初夜而光照于东。其次也魂中生魄，状如缺镜，初昼而魂藏于西。其次也魂中魄半，时应下弦，初昼而魂藏于南。其次也魂中魄满，与日相背，初昼而魂藏于东。是此月之出没，以分昼夜也。

吕曰：南北往来以定寒暑者何也？

钟曰：冬至之后，日出辰初五十分，日没申末五十分，过此以往，出没自南而北，以夏至为期。夏至之后，日出寅末五十分，日没戌初五十分，过此以往，出没自北而南，以冬至为期。自南而北，以冬至夏，乃寒为暑也；自北而南，以夏至冬，乃暑为寒也。夏之日乃冬之夜也，冬之日乃夏之夜也。冬至之后，月出自北而南，比于夏之日也，夏至之后，月出自南而北，比于冬之日也。是此日月之往来以定寒暑者也。

吕曰：天地之机，阴阳升降，正与人之行持无二等，若此日月之出没往来，交合躔度，于人可得比乎？

钟曰：天地之机，在于阴阳之升降。一升一降，太极相生，相生相成，周而复始，不失于道而得长久。修持之士，若以取法于天地，自可长生而不死。若比日月之躔度往来交合，止于月受日魂，以阳变阴，阴尽阳纯，月华莹净，消除暗魄，如日之光辉，照耀于下土。当此时，如人之修炼，以气成神，脱质升仙，炼就纯阳之体也。

吕曰：修真奉道之士，其于天地阴阳升降之理，日月精华交合之度，下手用功，而于二者何先？

钟曰：始也法效天机，明阴阳升降之理，使真水真火合而为一，炼成大药，永镇丹田，浩劫不死而寿齐天地。如厌居尘世，用功不已，当取日月之交会，以阳炼阴，使阴不生，以气养神，使神不散，五气朝元，三花聚顶，谢绝俗流，以归三岛。

吕曰：若此之功验，深达旨趣，所患不知时节矣。

钟曰：天地之阴阳升降，一年一交合；日月之精华往来，一月一交合；人之气液，一昼一夜一交合矣。

论四时第五

吕曰：天地日月之交合年月日时，可得闻乎？

钟曰：凡时有四等：人寿百岁，一岁至三十乃少壮之时，三十至六十乃长大之时，六十至九十乃老耄之时，九十至百岁或百二十岁，乃衰败之时也。是此则曰身中之时，一等也。

若以十二辰为一日，五日为一候，三候为一气，三气为一节，二节为一时，时有春夏秋冬。时当春也，阴中阳半，其气变寒为温，乃春之时也。时当夏也，阳中有阳，其气变温为热，乃夏之时也。时当秋也，阳中阴半，其气变热为凉，乃秋之时也。时当冬也，阴中有阴，其气变凉为寒，乃冬之时也。是此则曰年中之时，二等也。

若以律中起吕，吕中起律，凡一月三十日，三百六十辰，三千刻一十八万分，月旦至上弦，阴中阳半，自上弦至月望，阳中阳，自月望至下弦，阳中阴半，自下弦至晦朔，阴中阴，是此日月中之时，三等也。

若以六十分为一刻，八刻二十分为一时，一时半为一卦，言其卦定八方，论其正分四位，自子至卯，阴中阳半，以太阴中起少阳；自卯至午，阳中有阳，纯少阳而起太阳；自午至酉，阳中阴半，以太阳中起少阴；自酉至子，阴中有阴，纯少阴而起太阴。是此则曰日中之时，四等也。

迅难得而易失者，身中之时也。去速而来迟者，年中之月也。急若电光、速如石火者，日中之辰也。积日为月，积月为岁，岁月蹉跎，年光迅速。贪名求利，而妄心未除；爱子怜孙，而恩情又起。纵得回心向道，争奈年老气衰。如春雪秋花，止有时间之景；夕阳晓月，应无久远之光。

奉道之士，难得者身中之时矣。艳阳媚景，百卉芬芳，水榭危楼，清风快意，月夜闲谈，雪天对饮，恣纵无穷之乐，消磨有限之时，纵得回心向道，须是疾病缠身。如破舟未济，谁无求救之心，漏屋重完，忍绝再修之意。

奉道之士，虚过少年中之时也。邻鸡未唱而出户嫌迟，街鼓遍闻而归家恨早，贪痴争肯暂休，妄想惟忧不足。满堂金玉，病来著甚抵当？一眼儿孙，气断谁能替换？晓夜不停，世人莫悟。奉道之士，可惜者日中时也。

吕曰：身中之时，年中之时，月中之时，日中之时，皆是时也。尊师独于身中之时为难得，又于日中之时为可惜者，何也？

钟曰：奉道者难得少年，少年修持根元完固，凡事易为见功，止于千日而可大成也。奉道者又难得中年，中年修持，先补之完备，次下手进功，始也返老还童，后即入圣超凡也。奉道者少年不悟，中年不省，或因灾难而留心清静，或因疾病而志在希夷。晚年修持，先论救护，次说补益，然后自小成法积功以至中成，中成法积功止于返老还童，炼形住世。而五气不能朝元，三阳难为聚顶，脱质升仙无缘而得成。是难得者身中之时也。

吕曰：身中之时固知难得矣，而日中之时可惜者何也？

钟曰：人之一日，如日月之一月，如天地之一年。大道生育天地，天地分位上下，相去八万四千里。冬至之后地中阳升，凡一气十五日，上进七千里，计一百八十日阳升到天，太极生阴。夏至之后，天中阴降，凡一气十五日，下进七千里，计一百八十日阴降到地，太极复生阳。周而复始，运行不已，而不失于道，所以长久。运行日月，日月成形，周围各得八百四十里。月旦之后，六中起九，凡一日计十二时，魄中魂进七十里；凡十五日，计一百八十时，魄中魂进八百四十里。月望之后，九中起六，凡一日计十二时，魂中魄进七十里；凡十五日，计一百八十时，魂中魄进八百四十里。周而复始，运行不已，而不失于道，所以坚固。

大道长养万物，万物之中最灵最贵者人也。人之心肾，上下相远八寸四分，阴阳升降，与天地无二等。气中生液，液中生气，气液相生，与日月可同途。天地以乾坤相索而阴阳升降，一年一交合，不失于道，一年之后有一年。日月以魂魄相生，而精华往来一月一交合，交合不失于道，一月之后有一月。人之交合，虽在一昼一夜，不知交合之时，又无采取之法，损时又不解补，益时又不解收？阴交时不解养阳，阳交时不解炼阴，月中不知损益，日中又无行持，过了一年无一年，过了一日无一日。当风卧湿、冒暑涉寒，不肯修持而甘心受病，虚过时光而端坐候死。

吕曰：奉道之人非不知年光虚度，岁月蹉跎，而疾病缠身，死限将至。盖以修炼不知法，行持不知时，是致阴阳交合有差，时月行持无准。

钟曰：身中用年，年中用月，月中用日，日中用时。盖以五藏之气，月上有盛衰，日上有进退，时上有交合。运行五度而气传六候，金木水火土分列无差，东西南北中生成有数。炼精生真气，炼气合阳神，炼神合大道。

论五行第六

吕曰：所谓五藏之气而曰金木水火土，所谓五行之位而曰东西南北中，若此如何得相生相成，而交合有时乎？采取有时乎？愿闻其说。

钟曰：大道既判而生天地，天地既分而列五帝。东曰青帝，而行春令，于阴中起阳，使万物生。南曰赤帝，而行夏令，于阳中生阳，使万物长。西曰白帝，而行秋令，于阳中起阴，使万物成。北曰黑帝，而行冬令，于阴中进阴，使万物死。四时各九十日。每时下十八日，黄帝主之。若于春时，助成青帝而发生；若于夏时，接序赤帝而长育；若于秋时，资益白帝而结立；若于冬时，制摄黑帝而严凛。五帝分治，各主七十二日，合而三百六十日，而为一岁，辅弼天地，以行于道。

青帝生子而曰甲乙，甲乙东方木。赤帝生子而曰丙丁，丙丁南方火，黄帝生子而曰戊己，戊己中央土。白帝生子而曰庚辛，庚辛西方金。黑帝生子而曰壬癸，壬癸北方水。见于时而为象者，木为青龙，火为朱雀，土为勾陈，金为白虎，水为玄武。见于时而生物者，乙与庚合，春则有榆，青而白，不失金木之色。辛与丙合，秋则有枣，白而赤，不失金火之色。己与庚合，夏末秋初有瓜，青而黄，不失土木之色。丁与壬合，夏则有椹，赤而黑，不失水火之色。

癸与戊合冬则有橘，黑而黄，不失水土之色。以类推求，五帝相交而见于时者，生在物者，不可胜数。

吕曰：五行在时若此，五行在人如何？

钟曰：惟人也头圆足方，有天地之象，阴降阳升，又有天地之机。而肾为水，心为火，肝为木，肺为金，脾为土。若以五行相生，则水生木，木生火，火生土，土生金，金生水。生者为母，受生者为子。若以五行相克，则水克火，火克金，金克木，木克土，土克水。克者为夫，受克者为妻。以子母言之，肾气生肝气，肝气生心气，心气生脾气，脾气生肺气，肺气生肾气。以夫妻言之，肾气克心气，心气克肺气，肺气克肝气，肝气克脾气，脾气克肾气。肾者，心之夫，肝之母，脾之妻，肺之子。肝者，脾之夫，心之母，肺之妻，肾之子。心者，肺之夫，脾之母，肾之妻，肝之子。肺者，肝之夫，肾之母，心之妻，脾之子。脾者，肾之夫，肺之母，肝之妻，心之子。

心之见于内者为脉，见于外者为色，以寄舌为门户。受肾之制伏，而驱用于肺，盖以夫妇之理如此；得肝则盛，见脾则减，盖以子母之理如此。肾之见于内者为骨见于外者为发，而两耳为门户。受脾之制伏，而驱用于心，盖以夫妇之理如此；得肺则盛，见肝则减，盖以子母之理如此。肝之见于内者为筋，见于外者为爪，以眼目为门户。受肺之制伏而驱用于脾，盖以夫妇之理如此；见肾则盛，见心则减，盖以子母之理如此。肺之见于内者为肤，见于外者为毛，以鼻穴为门户，受心之制伏，而驱用于肝，盖以夫妇之理如此；得脾则盛，见肾则减，盖以子母之理如此。脾之见于内者为藏，均养心肾肝肺。见于外者为肉，以唇口为门户。呼吸定往来，受肝之制伏，而驱用于肾，盖以夫妇之理如此；得心则盛，见肺则减，盖以子母之理如此。此是人之五行，相生相克，而为夫妇子母传气，衰旺见于此矣。

吕曰：心，火也，如何得火下行？肾，水也，如何得水上升？脾，土也。土在中，而承火则盛，莫不下克于水乎？肺，金也。金在上，而下接火则损，安得有生于水乎？相生者递相间隔，相克者亲近难移。是此五行自相损克，为之奈何？

钟曰：五行归原，一气接引。元阳升举而生真水，真水造化而生真气，真气造化而生阳神。始以五行定位，而有一夫一妇。肾，水也。水中有金。金本生水，下手时要识水中金。水本嫌土，采药后须得土归水。龙乃肝之象，虎本肺之神。阳龙出于离宫，阴虎生于坎位。五行逆行。气传子母。自子至午，乃曰阳时生阳，五行颠倒，液行夫妇。自午至子，乃曰阴中炼阳。阳不得阴不成，到底无阴而不死。阴不得阳不生，到底阴绝而寿长。

吕曰：五行本于阴阳一气。所谓一气者，何也？

钟曰：一气者，昔父与母交，即以精血造化成形。肾生脾，脾生肝，肝生肺，肺生心，心生小肠，小肠生大肠，大肠生胆，胆生胃，胃生膀胱。是此阴以精血造化成形，其阳止在起首始生之处，一点元阳而在二肾。且肾，水也，水中有火，升之为气，因气上升以朝于心。心，阳也，以阳合阳，太极生阴，乃积气生液，液自心降，因液下降以还于肾。肝本心之母、肾之子，传导其肾气以至于心矣。肺本心之妻，肾之母，传导其心液以至于肾矣，气液升降如天地之阴阳。肝肺传导若日月之往复。五行名之数也。

论其交合生成，乃元阳一气为本。气中生液，液中生气。肾为气之根，心为液之源。灵根坚固，恍恍惚惚，气中自生真水。心源清洁，杳杳冥冥，液中自有真火。火中识取真龙，水中认取真虎。龙虎相交而变为黄芽，合就黄芽而结成大药，乃曰金丹。金丹既就，乃曰神仙。

吕曰：金丹就而脱质升仙，以返十州，固可知矣。如何谓之黄芽？

钟曰：真龙，真虎者是也。

吕曰：龙虎者，何也？

钟曰：龙非肝也，乃阳龙，阳龙出在离宫真水之中。虎非肺也，乃阴虎，阴虎出在坎位真火之中。

论水火第七

吕曰：人之长生者，炼就金丹。欲炼金丹，先采黄芽。欲得黄芽，须得龙虎。所谓真龙出于离宫，真虎生于坎位。离坎之中有水火。水火者，何也？

钟曰：凡身中以水言者，四海、五湖、九江、三岛、华池、瑶池、凤池、天池、王池、昆池、元潭、阆苑、神水、金波、琼液、玉泉、阳酥、白雪……若此名号，不可备陈。凡身中以火言者，君火、臣火、民火而已。三火以元阳为本，而生真气，真气聚而得安，真气弱而成病。若以耗散真气而走失元阳，元阳尽，纯阳成，元神离体，乃曰死矣。

吕曰：人身之中，以一点元阳而兴举三火。三火起于群水众阴之中，易为耗散而难炎炽。若此阳弱阴盛，火少水多，令人速于衰败而不得长生，为之奈何也？

钟曰：心为血海，肾为气海，脑为髓海，脾胃乃水谷之海，是此四海者如此。五藏各有液，所主之位东西南北中，是此五湖者如此。小肠二丈四尺而上下九曲，乃曰九江，小肠之下元潭之说如此。顶曰上岛，心曰中岛，肾曰下岛。三岛之内，根源、阆苑之说如此。华池在黄庭之下，瑶池出丹阙之前，昆池上接玉京，天池正冲内院，凤池乃心肺之间，玉池在唇齿之内。神水生于气中，金波降于天上。赤龙住处，自有琼液玉泉。凡胎换后，方见白雪阳酥。浇灌有时，以沃炎盛，先曰玉液，次曰金液，皆可以还丹。油添有度，以应沐浴。先曰中田，次曰下田，皆可以炼形。玉药金花变就黄白之体，醍醐甘露炼成奇异之香。若此水之功效。及夫民火上升，助肾气以生真水；肾水上升，交心液而生真气。小则降魔除病，大则炼质烧丹。用周天则火起焚身，勒阳关则还元炼药。别九州之势以养阳神，烧三尸之累以除阴鬼。上行则一撞三关，下运则消磨七魄。炼形成气而轻举如飞，炼气成神而脱胎如蜕。若此皆火之功效也。

吕曰：始也闻命，所患者火少水多而易衰败。次听高论，水火有如此之功验。毕竟如何造化，使少者可以胜多，弱者可以致强？

钟曰：二八阴消，九三阳长，赫赤金丹，指日可成，七返九还而胎仙自化者也。真气在心，心是液之源。元阳在肾，肾是气之海。膀胱为民火，不止于民火，不能为用，而膀胱又为津液之府。若以不达天机，罔测玄理，奉道之士难为造化，不免于疾病死亡者矣。

吕曰：所谓造化，使阳长阴消，金丹可成而胎仙自化者，何也？

钟曰：人之心肾相去八寸四分，乃天地定位之比也。气液太极相生，乃阴阳交合之比也。一日十二时，乃一年十二月之比也。心生液，非自生也，因肺液降于心液行。液行夫妇，自上而下，以还下田，乃曰妇还夫宫。肾生气，非自生也，因膀胱气升而肾气行。气行子母，自下而上以朝中元，乃曰夫返妇室。肝气导引肾气，自下而上以至于心。心，火也，二气相交薰蒸于肺，肺液下降，自心而来皆曰心生液，以液生于心而不耗散，故曰真火也。肺液传送心液，自上而下以至于肾。肾，水也，二水相交，浸润于膀胱，膀胱气上升，自肾而起皆曰生气，肾以气生于肾而不消磨，故曰真火也。真火出于水中，恍恍惚惚，其中有物。视之不可见，取之不可得也。真水出于火中，杳杳冥冥，其中有精。见之不能留，留之不能住也。

吕曰：肾，水也，水中生气，名曰真火，火中何者为物？心，火也，火中生液，名曰真水，水中何者为精？火中之物，水中之精既无形状可求纵求之而又难得，纵得之而又何用？

钟曰：前古上圣道成，不离于此二物，交媾而变黄芽，数足胎完以成大药，乃真龙、真虎者也。

论龙虎第八

吕曰：龙本肝之象，虎乃肺之神。是此心火之中而生液，液为真水。水之中杳杳冥冥而隐真龙。龙不在肝，而出自离宫者，何也？是此肾水之中而生气，气为真火。火之中恍恍惚惚而藏真虎。虎不在肺而生于坎位者，何也？

钟曰：龙，阳物也。升飞在天，吟而云起，得泽而济万物。在象为青龙，在方为甲乙，在物为木，在时为春，在道为仁，在卦为震，在人身中五藏之内为肝。虎，阴物也。奔走于地，啸而风生，得山而威制百虫。在象为白虎，在方为庚辛，在物为金，在时为秋，在道为义，在卦为兑，在人身中五藏之内为肺。

且肝，阳也，而在阴位之中。所以肾气传肝气，气行子母，以水生水。肾气足而肝气生，肝气既生以绝肾之余阴而纯阳之气上升者也。且肺，阴也，而在阳位之中。所以心液传肺液，液行夫妇，以火克金。心液到而肺液生，肺液既生以绝心之余阳，而纯阴之液下降者也。

以其肝属阳，以绝肾之余阴，是以知气过肝时即为纯阳。纯阳气中包藏真一之水，恍惚无形，名曰阳龙。以其肺属阴，以绝心之余阳，是知液到肺时即为纯阴。纯阴液中负载正阳之炁，杳冥不见，名曰阴虎也。气升液降，本不能相交，奈何气中真一之水见液相合，液中正阳之气见气自聚。若也传行之时以法制之，使肾气不走失，气中收取真一之水；心液不耗散，液中采取正阳之炁。子母相逢，互相顾恋，日得黍米之大。百日无差，药力全。二百日圣胞坚，三百日胎仙完。形若弹丸，色同朱橘，名曰丹药，永镇下田。留形住世，浩劫长生，以作陆地神仙。

吕曰：肾水生气，气中有真一之水，名曰阴虎，虎见液相合也。心火生液，液中有正阳之气，名曰阳龙，龙见气相合也。方以类聚，物以群分，理当然也。气生时，液亦降，气中真一之水莫不随液而下传于五藏乎？液生时，气亦升。液中正阳之气莫不随气而出于重楼乎？真水随液下行，虎不能交龙。真阳随气上升龙不能交虎。龙虎不交，安得黄芽？黄芽既无，安得大药？

钟曰：肾气既生，如太阳之出海，雾露不能蔽其光。液下如疏廉，安足以胜其气？气壮则真一之水自盛矣。心液既生，如严天之杀物，呼呵不能敌其寒。气升如翠幕，安足以胜其液？液盛则正阳之气或强或弱，未可必也。

吕曰：气生液生各有时。时生气也，气盛则真一之水亦盛。时生液也，液盛则正阳之气亦盛。盛衰未保，何也？

钟曰：肾气易为耗散，难得者，真虎。心液难为积聚，易失者，真龙。丹经万卷，议论不出阴阳。阴阳两事，精粹无非龙虎。奉道之士，万中识者一二，或以多闻广记，虽知龙虎之理，不识交合之时，不知采取之法。所以今古达士，皓首修持，止于小成。累代延年，不闻超脱。盖以不能交媾于龙虎，采黄芽而成丹药。

论丹药第九

吕曰：龙虎之理既已知矣，所谓金丹大药可得闻乎？

钟曰：所谓药者，可以疗病。凡病有三等。当风卧湿、冒暑涉寒，劳逸过度，饥饱失时，非次不安，则曰患矣，患为时病。及夫不肯修持，恣情纵意，散失元阳，耗损真炁，年高憔悴，则曰老矣，老为年病。及夫气尽体空，魂消神散，长吁一声四大无主。体卧荒郊，则曰死矣，死为身病。

且以时之有病，以春夏秋冬运行于寒暑温凉。阳大过而阴不足，当以凉治之也。阴大过而阳不足，当以温治之也。老者多冷而幼者多热，肥者足涎而羸者多积。男子病生于气，妇人患本于血。补其虚而取其实，保其弱而损其余。小则针灸，甚者药饵。虽有非次不安，而时之有患，委于明士良医，对病服食，悉得保愈。然而老病如何医？死病如何治？洗肠补肉，古之善医者也面皱发白以返童颜，无人得会。换顶续肢，古之善医者也，留形住世，以得长生，无人得会。

吕曰：非次不安因时成病，良医名药固可治矣。虚败年老之病，气尽命终之苦，如何治之，莫有药乎？

钟曰：凡病有三等。时病以草木之药疗之自愈。身病、年病，所治之药而有二等：一曰内丹，次曰外丹。

吕曰：外丹者，何也。

钟曰：昔高上元君传道于人间，指喻天地升降之理，日月往复之宜。自尔丹经满世，世人得闻大道。广成子以教黄帝，黄帝政治之暇依法行持，久而不见功。广成子以心肾之间而有真气真水，气水之间而有真阴真阳，配合为大药，可比于金石之中，而隐至宝。乃于崆峒山中以内事为法而炼大丹。八石之中惟用朱砂，砂中取汞。五金之中惟用黑铅，铅中取银。汞比阳龙，银为阴虎。以心火如砂之红，肾水如铅之黑。年火随时，不失乾坤之策；月火抽添，自分文武之宜。卓三层之炉，各高九寸，外方内圆。取八方之气，应四时之候。金鼎之象，包藏铅汞，无异于肺液。硫磺为药，合和灵砂，可比于黄婆，三年小成，服之可绝百病。六年中成，服之自可延年。九年大成，服之而升举自如。壮士展臂，可千里万里。虽不能返于蓬莱，亦于人世浩劫不死也。

吕曰：历古已来，炼丹者多矣，而见功者少，何也？

钟曰：炼丹不成者，有三也：不辨药材真伪，不知火候抽添，将至宝之物一旦消散于烟焰之中而为灰尘，废时乱日，终无所成者，一也。药材虽美，不知火候。火候虽知，而乏药材，两不契合，终无所成者，二也。药材可美，火候合宜，年中不差月，月中不错日，加减有数，进退有时，气足丹成。而外行不备，化玄鹤而凌空，无缘而得饵，此不成者，三也。

又况药材本天地秀气结实之物，火候乃神仙修持得道之术。三皇之时，黄帝炼丹，九转方成，五帝之后，混元炼丹，三年才就。迨夫战国，凶气凝空，流尸满野，物不能受天地之秀气而世乏药材，当得法之人而逃难老死岩谷，丹方仙法，或有竹帛可纪者，久而朽坏，人世不复有矣。若以尘世有药材，秦始皇不求于海岛。若以尘世有丹方，魏伯阳不参于《周易》或而多闻强识，迷惑后人，万万破家并无一成，以外求之，亦为误矣。

吕曰：外丹之理，出自广成子。以内事为法则，纵有成就，九年方毕。又况药材难求丹方难得，到底止能升腾，不见超凡入圣而返十洲者矣。敢告内药者可得闻乎。

钟曰：外药非不可用也。奉道之人，晚年觉悟，根源不甚坚固。肾者气之根。根不深则叶不茂矣，心者，液之源，源不清则流不长矣。必也假其五金八石，积日累月，炼成三品。每品三等乃曰九品。龙虎大丹，助接其真气，炼形住世轻举如飞。若以修持内事，识交合之时，知采取之法。胎仙既就，指日而得超脱。彼人不悟，执在外丹，进火加日，服之欲得上升天界，诚可笑也。彼既不究外药之源，当以详陈内丹之理，内丹之药材出于心肾，是人皆有也。内丹之药材本在天地。天地常日得见也。火候取日月往复之数，修合效夫妇交接之宜。圣胎就而真气生。气中有气，如龙养珠。大药成而阳神出，身外有身，似蝉脱蜕。是此药内本于龙虎交而变黄芽，黄芽就而分铅汞。

论铅汞第十

吕曰：内药不出龙虎也。虎出于坎宫，气中之水是也。龙出于离宫，水中之气是也。外药取砂中之汞，比于阳龙。用铅中之银，比于阴虎。而铅汞外药也，何以龙虎交而变黄芽，黄芽就而分铅汞？所谓内药之中铅汞者，何也？

钟曰：抱天一之质而为五金之首者，黑铅也。铅以生银，铅乃银之母。感太阳之气而为众石之首者，朱砂也。砂以生汞，汞乃砂之子。难取者铅中之银，易失者砂中之汞。银汞若相合，煅炼自成至宝。此铅汞之理见于外者如此。若以内事言之，见于人者，今古议论，差别有殊，取其玄妙之说。本自父母交通之际，精血相合，包藏真气，寄质于母之纯阴之宫，藏神在阴阳未判之内。三百日胎完，五千日气足。以五行言之，人身本是精与血，先有水也。以五藏言之，精血为形像，先生肾也。肾水之中，伏藏于受胎之初父母之真气，真气隐于人之内肾，所谓铅者，此也。肾中正气，气中真一之水名曰真虎，所谓铅中银者，此也。肾气传肝气，肝气传心气，心气太极而生液，液中有正阳之气。所谓朱砂者，心液也。所谓汞者，心液之中正阳之气是也，以气中真一之水顾恋和合于液中正阳之气。积气液为胎胞，传送在黄庭之内。进火无差，胎仙自化，乃此铅银合汞，煅炼成宝者也。

吕曰：在五金之中，铅中取银。于八石之内，砂中出汞。置之鼎器，配之药饵，汞自为砂而银自为宝。然而在人之铅，如何取银？在人之砂，如何取汞？汞如何作砂？银如何作宝也？

钟曰：铅本父母之真气合而为一，纯粹而不离。既成形之后而藏在肾中。二肾相对，同升于气，乃曰元阳之气。气中有水，乃曰真一之水。水随气升，气住水住，气散水散。其水与气，如子母之不相离。善视者，止见于气不见于水。若以此真一之水，合于心之正阳之气，乃曰龙虎交媾而变黄芽，以黄芽而为大药，大药之材，本以真一之水为胎，内包正阳之气，如昔日父母之真气，即精血为胞胎。造化三百日，胎完气足而形备神来，与母分离。形外既合，合则形生形矣。奉道之人，肾气交心气，气中藏真一之水负载正阳之气，以气交气水为胞胎，状同黍米，温养无亏。始即阴留阳，次以用阳炼阴。气变为精，精变为汞，汞变为朱，朱变为砂，砂变为金丹。金丹既就，真气自生，炼气成神而得超脱。化火龙而出昏衢，骖玄鹤而入蓬岛。

吕曰：以形交形，形合生形。以气合气，气合生气，数不出三百日。分形之后，男女形状之不同，自己丹砂色泽之何似也？

钟曰：父母之形交，父精先进而母血后行，血包于精而为女。女者，内阳而外阴，以象母，盖以血在外也。若以母血先进而父精后行，精包于血而为男。男者，内阴而外阳，以象父，盖以精在外也。所谓血者，本生于心而无正阳之气。所谓精者，本生于肾而有正阳之气。正阳之气乃汞之本也，即真一之水和合而入黄庭之中，汞用铅汤煮，铅以汞火煎。铅不得汞，不能发举真一之水。汞不得铅，不能变化纯阳之气。

吕曰：铅在肾中而生元阳之气，气中有真一之水，视之不可见也。铅以得汞，汞在正阳之气。以正阳之气烧炼于铅，铅生气盛，而发举于真一之水，可以上升。然而汞本正阳之气，即真一之水，而为胎胞，保送黄庭之中，已是龙虎交媾，阴阳两停，亦以铅汤煮之，莫不阴太过，耗散真阳，安得成大药而气中生气也？

钟曰：肾气投心气，气极生液。液中有正阳之气，配合真一之水，名曰龙虎交媾。日得之黍米之大，名曰金丹大药，保送黄庭之中。且黄庭者，脾胃之下，膀胱之上，心之北而肾之南，肝之西而肺之东，上清下浊，外应四色，量容二升，路通八水。所得之药，昼夜在其中。若以采药不进火，药必耗散而不能住。若以进火不采药，阴中阳不能住，止于发举肾气而壮暖下元而已。若以采药有时而进火有数，必先于铅中作，借气进火，使大药坚固，永镇下田，名曰采补之法。而炼汞补丹田，延年而益寿，可为地仙。若以采药而以元铅抽之，于肘后飞金精。既抽铅，须添汞。不添汞，徒以还精补脑，而真气如何得生？真气不生，阳神如何得就也？既添汞须抽铅，不抽铅，徒以炼汞补丹田，如何变砂？砂既不变，而金丹如何得就？

论抽添第十一

吕曰：采药必赖气中之水，进火须借铅中之气，到底抽铅成大药。若以添汞，上可以补丹田。所谓抽添之理，何也？

钟曰：昔者上圣传道于人间，以太古之民淳而复朴，冥然无知，不可得闻大道。天地指喻阴阳升降之宜，交换于温、凉、寒、暑之气，而节候有期。一年数足，周而复始，不失于道，天地所以长久。不虑人之不知而暗于大理，蔽在一隅。比说于日、月精华往来之理，进退在旦望弦朔之时，而出没无差。一月数足，运行不已，不失于道，日月所以长久。奈何寒来暑往，暑往寒来，世人不悟天地升降之宜，月圆复缺，月缺复圆，世人不悟日月往来之理，恣纵无穷之欲，消磨有限之时。富贵奢华，算来只中装点浮生之梦，恩爱愁烦，到底做下来生之债。歌声未绝而苦恼早来，名利正浓而红颜已去。贪财贪货，将谓万劫长存。爱子怜孙，显望永生同聚，贪痴不息，妄想长生，而耗散元阳，走失真气。直待恶病缠身，方是歇心之日。大限临头，才为了首之时。

真仙上圣，悯其如此轮回，已而归堕落，深欲世人明悟大道，比于天地、日月之长久。始也备说天地、阴阳升降之理，次以比喻日月精华往来之理。彼以不达天机，罔测玄妙。以内药比外药，以无情说有情。无情者，金石。金石者，外药也。有情者，气液。气液者，内药也。大之天地，明之日月，外之金石，内之气液。既采须添，既添须抽。抽添之理，乃造化之本也。且冬至之后，阳升于地，地抽其阴。太阴抽而为厥阴，少阳添而为阳明。厥阴抽而为少阴，阳明添而为太阳。不然，无寒而变温温而变热者也。夏至之后，阴降于天，天抽其阳。太阳抽而为阳明，少阴添而为厥阴。阳明抽而为少阳，厥阴添而为太阴。不然，无热而为变凉，凉而变寒也。是以天地阴阳升降而变六气，其抽添之验也。

若以月受日魂，日变月魄，前十五日，月抽其魄而日添其魂，精华已满，光照下土。不然，无初生而变上弦，上弦而变月望者也。若以月还阴魄，日收阳精，后十五日，日抽其魂而月添其魄，光照已谢，阴魄已足。不然，无月望而变下弦，下弦而变晦朔者也。是此日月往复而变九六，其抽添之验也。

世人不达天机，罔测玄理。真仙上圣以人心所爱者无病长生，将金石炼大丹。以人心所好者，黄金白银，将铅汞成至宝。本意欲世人悟其大理。无情之金石，火候无差，抽添有数，尚可延年益寿。

若以己身有情之正阳之气，真一之水，知交合之时，明采取之法，积日累月，气中有气，炼气成神，以得超脱，莫不为今古难得之事。

人间天上少得解悟，当以志心行持而弃绝外事，效天地日月长久，诱劝迷徒，留心于道，故有外药之说。今古圣贤，或而陈说，得闻于世。世人又且不悟，欺已罔人，以失先师之本意。将砂取汞，以汞点铅，即铅乾汞。用汞变铜。不顾身命，狂求财货。互相推举，以好道为名，其实好利，而志在黄白之术。先圣上仙不得已而随缘设化，对物教人而有铅汞之说，比喻于内事。且铅汞自出金石，金石无情之物，尚有造化而成宝。若以有情自己所出之物，如铅汞之作用，莫不亦有造化，既有造化，莫不胜彼黄白之物也。奉道之士，当以深究之而勿执在外丹与丹灶之术。且夫人之铅也，乃天地之始，因太始而有太质，为万物之母。因太质而有太素。其体也，为水中之金；其用也，为火中之水。五行之祖而大道之本也。

既以采药为添汞，添汞须抽铅，所以抽铅非在外也。自下田入上田，名曰肘后飞金晶，又曰起河车而走龙虎，又曰还精补脑而长生不死。铅既后抽，汞自中降，以中田还下田。始以龙虎交媾而变黄芽，是五行颠倒，此以抽铅添汞而养胎仙，是三田返复。五行不颠倒，龙虎不交媾。三田不返复，胎仙不气足。抽铅添汞，一百日药力全，二百日圣胎坚，三百日胎仙完而真气生。真气既生，炼气成神。功满忘形而胎仙自化，乃曰神仙。

吕曰：出于金石者：外铅、外汞，抽添可以为宝。出于己肾中所藏父母之真气而为铅，真一、正阳所合之药变而为汞。抽添可以生神。所谓真铅，真汞亦有抽添乎？

钟曰：始也得汞须用铅，用铅终是错。故以抽之而入上宫，元气不传，还精入脑，日得之汞，阴尽阳纯。精变为砂，而砂变为金，乃曰真铅。真铅者自身之真气合而得之也。真铅生真气之中、炁中真一之水。五气朝元而三阳聚顶。昔者金精下入丹田，升之炼形而体骨金色。此者真铅升之内府而体出白光。自下而上，自上而下，还丹炼形，皆金精往复之功也。自前而后，自后而前，焚身合气，皆真气造化之功也。若以不抽不添，止于日用，采药进火安有如此之功验？

吕曰：凡抽之添之，如何得上下有度，前后无差？

钟曰：可升之时不可降，可抽之时不可添，上下往来，无差毫厘，河车之力也。

论河车第十二

吕曰：所谓河车者，何也？

钟曰：昔有志智人，观浮云蔽日可以取阴而作盖，观落叶浮波可以载物而作舟，观飘蓬随风往来运转而不已，退而作车。且车之为物，盖轸有天地之象，转毂如日月之比。高道之士，取喻于车，且车行于地而转于陆。

今以河车者，亦有说矣。盖人身之中，阳少阴多，言水之处甚众。车则取意于般运，河乃主象于多阴，故此河车，不行于地而行于水。自上而下，或前或后，驾在于八琼之内，驱驰于四海之中。

升天，则上入昆仑。既济，则下奔凤阙。运载元阳，直入于离宫；般负真气，曲归于寿府。往来九州，而无暂停；巡历三田，何时休息。龙虎既交，令黄婆驾入黄庭；铅汞才分，委金男般入金阙。玉泉千派，运时止半日工夫；金液一壶，般过只时间功迹。五行非此车般运也，难得生成二气。非此车般运也，岂能交会？应节顺时而下功，必假此车而般之，方能有验。养阳炼阴而立事，必假此车而般之，始得无差。乾坤未纯，其或阴阳而往来之，是此车之功也。宇宙未周，其或血气而交通之，是此车之功也。自外而内，运天地纯粹之气，而接引本宫之元阳。自凡而圣，运阴阳真正之气，而补炼本身之元神，其功不可以备纪。

吕曰：河车如此之妙用，敢问河车之理。必竟人身之中，何物而为之？既得之，而如何运用？

钟曰：河车者，起于北方正水之中，肾藏真气，真气之所生之正气，乃曰河车。河车作用，今古罕闻，真仙秘而不说者也。如乾再索坤而生坎，坎本水也，水乃阴之精。阳既索于阴，阳返负阴而还位，所过者艮、震、巽。以阳索阴，因阴取阴，般运入离，承阳而生，是此河车般阴入于阳宫，及夫坤再索于乾而生离，离本火也，火乃阳之精。阴既索于阳，阴返抱阳而还位，所过者坤、兑、乾，以阴索阳，因阴取阳，般运入坎，承阴而生。是此河车运阳于阴宫。及夫采药于九宫之上，得之而下入黄庭。抽铅于曲江之下，般之而上升内院。玉液、金液本还丹，般运可以炼形，而使水上行。君火、民火本炼形，般运可以烧丹，而使火下进。五气朝元，般运各有时。三花聚顶，般运各有日。神聚多魔，般运真火以焚身，则三尸绝迹。

药就海枯，般运霞浆而沐浴，而入水无波。若此河车之作用也。

吕曰：河车本北方之正气，运转无穷。而负载阴阳，各有成就，所用工不一也，尊师当为细说。

钟曰：五行循环，周而复始，默契颠倒之术，以龙虎相交而变黄芽者，小河车也。肘后飞金精，还精入泥丸，抽铅添汞而成大药者，大河车也。若以龙虎交而变黄芽，铅汞交而成大药。真气生而五气朝中元阳神就而三神超内院。紫金丹成，常如玄鹤对飞；白玉汞就，镇似火龙涌起。金光万道，罩俗骨以光辉；琪树一株，现鲜葩而灿烂。或出或入，出入自如，或去或来，往来无碍。般神入体，且混时流，化圣离俗，以为羽客。乃曰紫河车也。是此三车之名，而分上、中、下三成。故曰三成者，言其功之验证，非比夫释教之三乘车，而曰羊车，鹿车，大牛车也。以道言之，河车之后更有三车：凡聚火而心行意使，以攻疾病，而曰使者车，凡既济自上而下，阴阳正合，水火共处，静中闻雷霆之声，而曰雷车。若以心为境役，性以情牵，感物而散于真阳之气，自内而外，不知休息，久而气弱体虚，以成衰老。或而八邪五疫，返以般入真气，元阳难为抵挡，既老且病而死者，曰破车。

吕曰：五行颠倒而龙虎相交，则小河车已行矣。三田返复而肘后飞金精，则大河车将行矣。然而紫河车何日得行焉？

钟曰：修真之士，既闻大道，得遇明师，晓达天地升降之理，日月往来之数。始也匹配阴阳，次则聚散水火。然后采药进火，添汞抽铅，则小河车当行矣。及夫肘后飞金精入顶，黄庭大药渐成，一撞三关，直超内院，后起前收，上补下炼，则大河车固当行矣，及夫金液、玉液还丹，而后炼形，炼形而后炼气，炼气而后炼神，炼神合道，方曰道成。以出凡类入仙品，当时乃曰紫河车也。

论还丹第十三

吕曰：炼形成气，炼气成神，炼神合道，未敢闻命。所谓还丹者，何也?

钟曰：所谓丹者，非色也，红黄不可以致之。所谓丹者，非味也，甘和不可以合之。丹乃丹田也。丹田有三：上田神舍、中田气府、下田精区。精中生气，气在中丹。气中生神，神在上丹。真水真气合而成精，精在下丹。奉道之士莫不有三丹。然而气生于肾，未朝于中元；神藏于心，未超于上院。所谓精华不能返合，虽三丹终成无用。

吕曰：玄中有玄，一切之人莫不有命。命中无精，非我之气也，乃父母之元阳。无精则无气，非我之神也，乃父母之元神。所谓精、气、神乃三田之宝，如何可得而常在于上、中、下三宫也?

钟曰：肾中生气，气中有真一之水。使水复还于下丹。则精养灵根，气自生矣。心中生液，液中有正阳之气。使气复还于中丹，则气养灵源，神自生矣。集灵为神，合神入道，以还上丹，而后超脱。

吕曰：丹田有上、中、下，还者既往而有所归曰还丹。还丹之理，奥旨渊微，敢告细说。

钟曰：有小还丹、有大还丹、有七返还丹、有九转还丹、有金液还丹、有玉液还丹、有以下丹还上丹、有以上丹还中丹、有以中丹还下丹，有以阳还阴丹，有以阴还阳丹，不止于名号不同，亦以时候差别，而下手处各异也。

吕曰：小还丹者，何也？

钟曰：小还丹者，本自下元。下元者，五藏之主，三田之本。以水生木，木生火，火生土，土生金，金生水。既相生也，不差时候，当生而引未生，如子母之相爱也。以火克金，金克木，木克土，土克水，水克火。既相克也，不失分度，当克而补，未克如夫妇之相合也。气液转行，周而复始，自子至午，阴阳当生；自卯至酉，阴阳当停。凡一昼一夜，复还下丹，循环一次，而曰小还丹也。奉道之士，于中采药，进火以面下丹，良由此矣。

吕曰：小还丹既已知矣。所谓大还丹者，何也？

钟曰：龙虎相交而变黄芽，抽铅添汞而成大药。玄武宫中而金精才起，玉京山下而真气方升。走河车于岭上。灌玉液于中衢，自下田入上田，自上田复下田，后起前来，循环已满，而曰大还丹也。奉道之士，于中起龙虎而飞金精，养胎仙而生真炁，以成中丹，良由此矣。

吕曰：大还丹既已知矣，所谓七返还丹而九转还丹者，何也？

钟曰：五行生成之数，五十有五，天一地二，天三地四，天五地六，天七地八，天九地十。一、三、五、七、九阳也，共二十五。二、四、六、八、十阴也，共三十，自肾为始，水一、火二、木三、金四、土五，此则五行生之数也，三阳而二阴。自肾为始，水六、火七、木八、金九、土十，此则五行成之数也，三阴而二阳。

人身之中共有五行生成之道：水为肾，而肾得一与六也；火为心，而心得二与七矣；木为肝，而肝得三与八矣；金为肺，而肺得四与九矣；土为脾，而脾得五与十矣。每藏各有阴阳。阴以八极而二盛，所以，气到肝，而肾之余阴绝矣。气到心，太极而生阴，以二在心而八在肝也。阳以九尽而一盛，所以液到肺，而心之余阳绝矣。液到肾，太极而生阳，以一在肾而九在肺也。

奉道之士，始也交媾龙虎，而采心之正阳之气。正阳之气乃心之七也，七返中元而入下田，养就胎仙复还于心，乃曰七返还丹者也。二八阴消，真气生而心无阴，以绝二也。大药就而肝无阴，以绝八也。既二八阴消而九三阳可长矣。肝以绝阳助于心，则三之肝气盛矣。七既还心，以绝肺液，而肺之九转。而助心，则九三之阳长，九转还丹也。

吕曰：七返者，以其心之阳复还于心而在中丹。九转者，以其肺之阳本自心生，转而复还于心，亦在中丹。七返、九转既已知矣，所谓金液、玉液，上、中、下相交，阴与阳往复而还丹者，何也?

钟曰：前贤往圣多以肺液入下田而曰金液还丹，心液入下田而曰玉液还丹。此论非不妙矣，然而未尽玄机。盖夫肺生肾，以金生水，金入水中，何得谓之还丹？肾克心，以水克火，水入火中，何得谓之还丹？金液乃肺液也，肺液为胎胞，含龙虎，保送在黄庭之中。大药将成，抽之肘后，飞起其肺液以入上宫，而下还中丹。自中丹而还下田，故曰金液还丹也、玉液乃肾液也，肾液随元气以上升而朝于心，积之而为金水、举之而满玉池、散而为琼花、炼而为白雪。若以纳之，自中田而入下田，有药则沐浴胎仙。若以升之，自中田而入四支炼形，则更迁尘骨。不升不纳，周而复还，故曰玉液还丹者也。阴极阳生，阳中有真一之水，其水随阳上升，是阴还阳丹者也。阳极生阴，阴中有正阳之气，真气随阴下降，是阳还阴丹者也。补脑炼顶，以下还上。既济浇灌以上还中。烧丹进火，以中还下。炼质焚身，以下还中。五行颠倒，三田返复，互相交换。以至炼形化气，炼气成神。自下田迁而至中田，自中田迁而至上田，自上田迁而出天门。弃下凡躯，以入圣流仙品，方为三迁功成。自下而上，不复更有还矣。

论炼形第十四

吕曰：还丹既已知矣，所谓炼形之理，可得闻乎？

钟曰：人之生也，形与神为表里。神者，形之主。形者，神之舍。形中之精以生气，气以生神。液中生气，气中生液，乃形中之子母也。水以生木，木以生火，火以生土，土以生金，金以生水。气传子母而液行夫妇，乃形中之阴阳也。水化为液，液化为血，血化为津，以阴得阳而生也。

若以阴阳失宜，则涕、泪、涎、汗横出，而阴失其生矣。气化为精，精化为珠，珠化为汞，汞化为砂，以阳得阴而成也。若以阴阳失宜，则病、老、死、苦，而阳不得成矣。阴不得阳不生，阳不得阴不成。奉道之士，修阳而不修阴，炼己而不炼物。以己身受气之初，乃父母真气两停，而即精血为胎胞，寄质在母纯阴之宫。阴中生阴，因形造形。胎完气足，而堂堂六尺之躯皆属阴也，所有一点元阳而已。必欲长生不死，以炼形住世而劫劫长存。必欲超凡入圣，以炼形化气而身外有身。

吕曰：形象，阴也，阴则有体。以有为无，使形化气而超凡躯，以入圣品，乃炼之上法也。因形留气，以气养形，小则安乐延年，大则留形住世。既老者，返老还童。未老者，定颜长寿。以三百六十年为一岁，三万六千岁为一劫，三万六千劫为一浩劫。浩浩之劫，不知岁月之几何，而与天地长久，乃炼形验证也如此。然而炼形之理、造化之机而有如此之验，可得闻乎？

钟曰：人之成形，三百日胎完。既生之后，五千日气足。五尺五寸为本躯，以应五行生成之数。或有大小之形而不齐者，以寸定尺，长短合宜。心之上为九天，肾之下为九地。肾到心，八寸四分。心到重楼第一环，八寸四分。重楼第一环到顶。八寸四分。自肾到顶，凡三尺五寸二分。而元气一日一夜盈满者，三百二十度。每度二尺五寸二分，计八十一丈。元气以应九九纯阳之数，心肾相去以合天地悬隔之宜。自肾到顶，共二尺五寸。又按五行五五纯阳之数，故元气随呼而出。既出也，荣卫皆通，天地之正气。应时顺节，或交或离，丈尺无穷。随吸而入，既入也，经络皆辟。一呼一吸，天、地、人三才之真气往来于十二楼前。一往一来，是日一息。昼夜之间，人有一万三千五百息。分而言之：一万三千五百呼，所呼者，自己之元气从中而出；一万三千五百吸，所吸者，天地之正气自外而入。根源牢固，元气不损，呼吸之间，可以夺天地之正气。以气炼气，散满四大，清者荣而浊者卫，悉皆流通。纵者经而横者络，尽得舒畅。寒暑不能为害，劳苦不能为虞，体轻骨健，气爽神清，永保无疆之寿，长为不老之人。苟或根源不固，精竭气弱，上则无气已泄，下则本宫无补。所吸天地之气浩浩而出，八十一丈元气九九而损。不为己之所有，反为天地所取，何能夺于天地之正气？积而阴盛阳衰，气弱而病，气尽而死，复入轮回。

吕曰：元气如何不走失，以炼形质可夺天地之正气，而留浩劫长存者也？

钟曰：欲战胜者，在兵强。欲民安者，在国富。所谓兵者，元气也。其兵在内，消形质之阴；其兵在外，夺天地之气。所谓国者，本身也。其身之有象者，丰足而常有余。其身之无形者，坚固而无不足。万户长开，而无一失之虞，一马误行，而有多多之得。或前或后，乃所以炼质焚身。或上或下，乃所以养阳消阴。烧乾坤自有时辰，煅气液能无日候？以玉液炼形，仗甲龙以升飞，而白雪满于尘肌。以金液炼形，逐雷车而下降，则金光盈于卧室。

吕曰：炼形之理，亦粗知矣。金液、玉液者，何也？

钟曰：金液炼形，则骨朝金色而体出金光，金花片片而空中自现，乃五气朝元，三阳聚顶，欲超凡体之时，而金丹大就之日。若以玉液炼形，则肌泛阳酥而形如琪树、琼花、玉藻。更改凡体而光彩射人，乘风而飞腾自如，形将为气者也。奉道之士，虽知还丹之法，而炼形之功亦不为小矣。当玉液还丹，以沐浴胎仙，而升之上行，以河车般于四大。始于肝也，肝受之则光盈于目，而目如点漆。次于心也，心受之口生灵液，而液为白雪。次于脾也，脾受之则肌若凝脂，而瘢痕尽除。次于肺也，肺受之则鼻闻天香，而颜复少年。次于肾也，肾受之则再还本府。耳中常闻弦管之音，鬓畔永绝斑白之色。若此玉液之炼形也。

及夫金液炼形，不得比此。始还丹而未还，与君火相见，而曰既济。既还丹而复起，与真阴相敌，而曰炼质。土本克水也，若金液在土，使黄帝回光，以合于太阴。火本克金也，若金液在火，使赤子同炉，而自生于紫气。于水中起火，在阳里消阴。变金丹于黄庭之内，炼阳神在五气之中。于肝则青气冲，于肺则白气出，于心则赤光现，于肾则黑气升，于脾则黄色起。五气朝于中元，从君火以超内院。下元阴中之阳，其阳无阴，升而聚在神宫。中元阳中之阳，其阳无生，升而聚在神宫。黄庭大药，阴尽纯阳，升而聚在神宫。五液朝于下元，五气朝于中元，三阳朝于上元。朝元既毕，功满三千，或而鹤舞顶中，或而龙飞身内。但闻嘹亮乐声，又睹仙花乱坠，紫庭盘桓，真香馥郁。三千功满，不为尘世之人；一炷香消，已作蓬瀛之客，乃曰超凡入圣而脱质升仙者也。

论朝元第十五

吕曰：炼形之理，既已知矣。所谓朝元者，可得闻乎？

钟曰：大药将就，玉液还丹而沐浴胎仙。真气既生，以冲玉液，上升而更改尘骨，而曰玉液炼形。及夫肘后飞起金精，河车以入内院，自上而中，自中而下。金液还丹以炼金砂，而五气朝元，三阳聚顶，乃炼气成神，非止于炼形住世而已。所谓朝元，今古少知。苟或知之，圣贤不说。盖以是真仙大成之法，默藏天地不测之机，诚为三情隐秘之事，忘言忘象之玄旨，无问无应之妙理。恐子之志不笃而学不专，心不宁而问不切。轻言易语，反我以漏泄圣机之愆，彼此各为无益。

吕曰：始也悟真仙而识大道，次以知时候而达天机。辨水火真原，知龙虎不生肝肺。察抽添大理，审铅汞非是坎离。五行颠倒之术，已蒙指教，三田反复之机，及谢敷陈熟晓还丹炼形之理，深知长生不死之术。然而脱凡入圣之原，脱质升仙之道，本于炼气而朝元。所谓朝元，敢告略为指诀。

钟曰：道本无形，及乎大原示朴，上清下浊，合而为一。大朴既分，混沌初判而为天地，天地之内，东西南北而列五方。每方各有一帝，每帝各有二子：一为阳而一为阴。乃曰二气相生相成而分五行，五行相生相成而定六气，乃曰三阴三阳。以此推之，如人之受胎之初，精气为一，及精气既分，而先生二肾。一肾在左，左为玄，玄以升气而上传于肝。一肾在右，右为牝，牝以纳液而下传膀胱。玄牝本乎无中来，以无为有。乃父母之真气。纳于纯阴之地，故曰谷神不死，是谓玄牝，玄牝之门，可比天地之根。

玄牝，二肾也，自肾而生，五藏六府全焉。其中肝为木，曰甲乙，可比于东方青帝。心为火，曰丙丁，可比于南方赤帝。肺为金，曰庚辛，可比于西方白帝。脾为土，曰戊己，可比于中央黄帝。肾为水，曰壬癸，可比于北方黑帝。人之初生，故无形象，止于一阴一阳。及其胎完，而有肠胃，乃分六气，三男三女而已。一气运五行，五行运六气。先识者阴与阳，阳有阴中阳，阴有阳中阴。次识者金木水火土，而有水中火，火中水，水中金，金中木，木中火，火中土。在人者互相交合，所以二气分而为六气，大道散而为五行。如冬至之后，一阳生五方之地，而阳皆生也。

一帝当其行令，而四帝助之。若以春令既行，黑帝不收其令，则寒不能变温。赤帝不备其令，则温不能变热。及夫夏至之后，一阴生五方之天，而阴皆降也。一帝当其行令，而四帝助之。若以秋令既行，赤帝不收其令，则热不能变凉。黑帝不备其令，则凉不能变寒。冬至阳生于地，以朝气于天也。夏至阳生于天，以朝气于地也。奉道之士，当深究此理。而日月之间，一阳始生，而五藏之气朝于中元，一阴始生，而五藏之液，朝于下元。阴中之阳，阳中之阳，阴阳中之阳，三阳上朝内院，心神以返天宫。是皆朝元者也。

吕曰：阳生之时，而五气朝于中元。阴生之时，而五液朝于下元。使阳中之阳，阴中之阳，阴阳之中之阳以朝上元。若此修持，寻[①]常之士亦有知者，如何得超脱以出尘俗？

钟曰：若以元阳之气，以一阳始生之时，上朝中元，是人皆如此。若以积气生液，以一阴始生之时，下朝下元，是人皆如此。若此行持，故不能超脱，然而欲超凡入圣，脱质升仙，当先龙虎交媾

① 寻：原刻作“常”，依手本改。

而成大药。大药既成而生真气。真气既生，于年中用月，月上定兴衰。月中用日，日上数直事。日中用时，时上定息数。以阳养阳。阳中不得留阴。以阳炼阴，阴中不得散阳。凡春则肝旺而脾弱，夏则心旺而肺弱，秋则肺旺而肝弱，冬则肾旺而心弱。

人以肾为根本。每时一季脾旺而肾弱，独肾于四时有损。人之多疾病者，此也。凡以甲乙在肝直事，防脾气不行。丙丁在心直事，防肺气不行。戊已在脾直事，防肾气不行。庚辛在肺直事，防肝气不行。壬癸在肾直事，防心气不行。一气盛而一气弱，一藏旺而一藏衰。人之多疾病者，此也。

凡以心气萌于亥而生于寅，旺于巳而弱于申。肝气萌于申而生于亥，旺于寅而弱于巳。肺气萌于寅而生于巳，旺于申弱于亥。肾气萌于巳而生于申，旺于亥而弱于寅。脾气春随肝，而夏则随心，秋随肺而冬则随肾。人之不知日用，莫晓生旺强弱之时，所以多疾病者，此也。

若此日、月、时三阳既聚，当炼阳而使阴不生，若此月、日、时三阴既聚，当养阳而使阳不散。又况真气既生以纯阳之气，炼五藏之气不息，而出本色，一举而到天池。始以肾之无阴而九江无浪，次以肝之无阴而八关永闭，次以肺之无阴而金火同炉，次以脾之无阴而玉户不开，次以真气上升，四炁聚而为一。纵有金液下降，杯水不能胜舆薪之火。水火相包而合之为一，以入神宫，定息内观。一意不散，神识俱妙。静中常闻乐声，如梦非梦，若在虚无之境。风光景物不比尘俗，繁华美丽胜及人世。楼台宫阙，碧瓦凝烟。珠翠绮罗，馨香成阵。当此之时，乃曰超内院，而阳神方得聚会而还上丹，炼神成仙以合大道。一撞天门，金光影里以现法身，闹花深处而坐凡体。乘空如履平川，万里若同展臂若也。复回再入本躯，神与形合，天地齐其长久若也。厌居尘世，寄下凡胎而返十洲。于紫府太微真君处，契勘乡原，对会名姓，校量功行之高下，得居于三岛，而遨游永在于风尘之外，名曰超尘脱凡。

吕曰：炼形止于住世，炼气方可升仙。世人不达玄机，无药而先行胎息。强留在腹，或积冷气而成病，或发虚阳而作疾。修行本望长生，似此执迷，尚不免于疾病。殊不知胎仙就而真气生，真气生而自然胎息。胎息以炼气，炼气以成神。然而炼气，必审年中之月，月中之日，日中之时。端居静室，忘机绝迹，当此之时，心境未除者，悉以除之，或而妄想不已，智识有漏，志在升仙而心神不定，为之奈何？

钟曰：交合各有时，行持各有法。依时行法，即法求道，指日成功，易如反掌。古今达士，闭目冥心以入希夷之域，良以内观而神识自在矣。

论内观第十六

吕曰：所谓内观之理，可得闻乎？

钟曰：内观、坐忘、存想之法，先贤后圣有取而有不取者。虑其心猿意马，无所停留。恐因物而丧志，而无中立象。使耳不闻而目不见，心不狂而意不乱。存想事物，而内观坐忘，不可无矣。奈何少学无知之徒，不知交合之时，又不晓行持之法，必望存想而决要成功。意内成丹，想中取药。鼻搐口咽，望有形之日月，无为之天地，留止腹中，可谓儿戏。所以达士奇人，而于坐忘存想一旦毁之，乃曰梦里得财，安能济用？画地为饼，岂可充饥？空中又空，如镜花水月，终难成事。

然而有可取者。盖以易动者片心，难伏者一意。好日良时，可采可取也。虽知清静之地，奈何心为事役，志以情移。时比电光，寸阴可惜，毫末有差，而天地悬隔、积年累月而不见功，其失在心乱而意狂也。善视者，志在丹青之美，而不见泰华。善听者，志在丝竹之音，而不闻雷霆。耳目之用小矣，尚以如此，况一心之纵横六合，而无不赅，得时用法之际，能不以存想内观而致之乎？

吕曰：所谓存想、内观，大略如何？

钟曰：如阳升也，多想为男、为龙、为火、为天、为云、为鹤、为日、为马、为烟、为霞、为车、为驾、为花、为气。若此之类，皆内观存想，如是以应阳升之象也。如阴降也，多想为女、为虎、为水、为地、为雨、为龟、为月、为牛、为泉、为泥、为船、为叶。若此之类，皆内观存想，如是以应阴降之象也。青龙、白虎、朱雀、玄武，既有此名，须有此象。五岳、九州、四海、三岛、金男、玉女、河车、重楼，呼名比类，不可具述，皆以无中立象以定神识。未得鱼则筌不可失矣，未获兔则蹄不可无矣。

后车将动，必履前车之迹。大器已成，必为后器之模。则内观之法行持不可阙矣。亦不可执之于悠久，绝之于斯须，皆不可也。若以绝念无想，是为真念，真念是为真空。真空一境，乃朝真迁化而出昏衢，超脱之渐也。开基创始，指日进功，则存想可用。况当为道日损，以入希夷之域，法自减省，全在内观者矣。

吕曰：若以龙虎交媾而匹配阴阳，其想也何似？

钟曰：初以交合配阴阳而定坎离，其想也，九皇真人引一朱衣小儿上升，九皇真母引一皂衣小女下降，相见于黄屋之前。有一黄衣老妪接引，如人间夫妇之礼，尽时欢悦。女子下降，儿子上升，如人间分离之事。既毕，黄妪抱一物，形若朱橘，下抛入黄屋，以金器盛留。然此儿者，是乾索于坤，其阳复还本位，以阳负阴而会本乡。是此女者，是坤索于乾，其阴复还本位，以阴抱阳而会本乡。是曰坎离相交，而匹配阴阳者也。若以炎炎火中，见一黑虎而上升。滔滔浪里见一赤龙而下降。二兽相逢，交战在楼阁之前。朱门大启，悖悖烟焰之中，有王者指顾于大火焚天，而上有万丈波涛，火起复落，烟焰满于天地。龙虎一盘一绕，而入一金器之中。下入黄屋之间，似置在笼柜之中。若此龙虎交媾而变黄芽之想也。

吕曰：匹配阴阳而龙虎交媾、内观、存想既已知之矣，所谓进火烧炼丹药者，所想如何？

钟曰：其想也，一器如鼎如釜，或黄或黑。形如车轮，左青龙而右白虎，前朱雀而后玄武。傍有二臣，衣紫袍，躬身执圭而立。次有仆吏之类，执薪燃火于器。次有一朱衣王者，乘赤马，驾火云，自空而来，举鞭指呼，唯恐火小焰发。炎炎亘空，撞天欲出。天关不开，烟焰复下，周围四匝。人物、器釜、王者、大臣，尽在红焰之中，互相指呼，争要进火。器中之水，无气而似凝结。水中之珠，无暗而似光彩。若此进火烧丹药之想也。

吕曰：内观存想，止于采药进火而有邪？逐法逐事而有邪？

钟曰：云雷下降，烟焰上起。或而天雨奇花，祥风瑞气起于殿庭之下。或而仙娥玉女，乘彩凤祥鸾自青霄而来金盘中，捧玉露霞浆，而下献于王者，若此乃金液还丹而既济之想也。若以龙虎曳车于火中，上冲三关，三关各有兵吏，不计几何。器仗戈甲，恐惧于人。先以龙虎撞之不开，次以大火烧之方启，以至昆仑不住，及到天池方止。或而三鹤冲三天，或而双蝶入三宫，或而五彩云中，捧朱衣小儿而过天门。或而金车玉辂，载王者而超三界。若此，肘后飞金精，而大河车之想也。及夫朱衣使者乘车循行，自冀州入兖州，自兖州入青州，自青州入徐州，自徐州入扬州，自扬州入荆州，自荆州入梁州，自梁州入雍州，自雍州复还冀州。东、西、南、北，毕于豫州停留，而后循行。所得之物金玉，所干之事凝滞。一吏传命，而九州通和。周而复始，运行不已。或而游五岳，自恒山为始。或而泛五湖，自北沼为始。或而天符敕五帝，或而王命昭五侯。若此还丹之想也。及夫珠玉散掷于地，或而雨露济泽于物，或而海潮泛满百川，或而阴生以发万汇，或而火发以通天地，或而烟雾而充宇宙。若此，炼形之想也。及夫或如鹤之辞巢，或如龙之出穴，或而五帝朝天，或而五色云起，或而跨丹凤而冲碧落，或如梦寐中而上天衢，或而天花乱坠，仙乐嘈杂，而金光缭绕以入宫殿，繁华之处若此，皆朝元之想也。朝元之后，不复存想，方号内观。

吕曰：内视玄理，不比前法，可得闻乎？

钟曰：古今修道之士不达天机，始也不解，依法行持，欲以速求超脱，多入少出而为胎息，冥心闭目以行内观。止于定中以出阴神，乃作清灵之鬼，非为纯阳之仙。真仙上圣，所以采药进火抽铅添汞，还丹炼形，朝元合炁。苦语详言而深说，惟恐世人不悟，而于内观，未甚留意。殊不知内观之法，乃阴阳变换之法，仙凡改易之时。奉道之士，勿得轻示而小用之矣。且以前项之事，交会有时日，行持有法则，凡所谨节信心，依时行法，不差毫末，而指日见功。若此内观，一无时日，二无法则。所居深静之室，昼夜端拱，识认阳神，赶逐阴鬼。达摩面壁九年，方超内院；世尊冥心六载，始出凡笼。故于内观，成为难事。始也自上而下，紫河车搬入天宫。天宫富贵，孰不钦羡？或往或来，繁华奢侈，人所不得见者，悉皆有之。奉道之士，平日清净而守于潇洒，寂寞既已久矣，功到数足，辄受快乐。楼台珠翠，女乐笙簧，珍馐异馔，异草奇花，景物风光，触目如昼。彼人不悟，将谓实到天宫。不知自身内院，认作真境。因循而不出入，乃曰因在昏衢，而留形住世，不得脱质以为神仙。未到天宫，方在内观。阴鬼外魔，因意生像，因像生境，以为魔军。奉道之人，因而狂荡而入于邪中。或而失身于外道，终不能成仙。盖以三尸七魄，唯愿人死而自身快乐。九虫六赋，苦以人安，则存留无处。

论魔难第十七

吕曰：内观以聚阳神，炼神以超内院，上涌以出天门，直超而入圣品。既出既入，而来往无差。或来或往，而远近不错。欲住世，则神与形合。欲升仙，则远游蓬岛。若此功满三千，而自内观以得超脱。不知阴鬼邪魔如何制使，奉道之人不得升神仙者也。

钟曰：奉道之士，始有信心，以恩、爱、利、名一切尘劳之事，不可变其大志。次发苦志，以勤劳、寂寞一切清虚之境不可改其初心苦志，必欲了于大成，止于中成而已；必欲了于中成，止于小成而已。又况不识大道，难晓天机。所习小法，而多好异端。岁月磋跎，不见其功。晚年衰老，复入轮回。致使后来好道之士，以长生为妄说，超脱为虚言。往往闻道而不信，心纵信之而无苦志。对境生心，以物丧志，终不能出于十魔、九难之中矣。

吕曰：所谓九难者，何也?

钟曰：大药未成，而难当寒暑，于一年之内，四季要衣。真气未生，而尚有饥渴，于一日之间，三餐要食。奉道之士所患者，衣食逼迫，一难也。及夫宿缘孽重，流于今世填还。忙里偷闲，犹为尊长约束。于尊亲曰不忍逃离，一向清闲而难得暇。奉道之士，所患者，尊长邀拦，此二难也。及夫爱者妻儿，惜者父母，恩枷情杻，每日增添。火院愁车，无时休歇。纵有清净之心，难敌愁烦之境。奉道之士所患者，恩爱牵缠，三难也。及夫富兼万户，贵极三公。妄心不肯暂休，贪者惟忧不足。奉道之士所患者，名利萦绊，四难也。及夫少年不肯修持，一以气弱成病，顽心绝无省悟，一以阴报成灾，见世一身受苦，而与后人为诫。奉道之士所患者，灾祸横生，五难也。及夫人以生死事大，急于求师之人，不择真伪。或师于辨辞利口，或师于道貌古颜。始也自谓得遇神仙，终久方知好利之辈。奉道之士所患者，盲师约束，六难也。及夫盲师狂友妄指傍门，寻枝摘叶而终无契合，小法异端而互相指诀。殊不知日月不出，出则大明，使有目者皆见，雷霆不震，震则大惊，使有耳者皆闻。彼以爝火之光，井蛙之语，荧荧唧唧，而岂有合同？奉道之士所患者，议论差别，七难也。及夫朝为而夕改，坐作而立忘，悦于须臾而厌为持久，始于忧勤而终于懈怠。奉道之士所患者，志意懈怠，八难也。及夫身中失年，年中失月，月中失日，日中失时。少时名利不忘于心，老而儿孙常在于意。年光有限，勿谓今年已过以待明年。人事无涯，勿谓今日已过以待明日。今日尚不保明日，老年争却得少年？奉道之士所患者，岁月蹉跎，九难也。免此九难，方可奉道。九难之中，或有一二不可行持，但以徒劳而不能成功者也。

吕曰：九难既已知矣。所谓十魔者可得闻乎？

钟曰：所谓十魔者，凡有三等。一曰身外见在，二曰梦寐，三曰内观。如满目花芳，满耳笙簧。舌于甘味，鼻好异香，情思舒荡，意气洋洋。如见，不得认，是六贼魔也。如琼楼宝阁，画栋雕梁，珠廉绣幕，蕙帐兰房，珊瑚遍地，金玉满堂。如见，不得认，是富魔也。如金鞍宝马，重盖昂昂，侯封万户，使节旌幢，满门青紫，鞭笏盈床。如见，不得认，是贵魔也。如轻烟荡漾，暖日舒长，暴风大雨，雷震电光，笙簧嘹亮，哭泣悲伤。如见，不得认，是六情魔也。如亲戚患难，眷属灾伤，儿女疾病，父母丧亡，兄弟离散，妻妾分张。如见，不得认，是恩爱魔也。如失身火镬，堕落高冈，恶虫为害，毒药所伤。路逢凶党，犯法身亡。如见，不得认，是患难魔也。如十地当阳，三清玉皇，四神七曜，五岳八王，威仪节制，往复翱翔。如见，不得认，是圣贤魔也。如云屯士马，兵刃如霜，戈矛斗举，弓箭齐张，争来杀害，骤捷难当。如见，不得认，是刀兵魔也。如仙娥玉女，罗列成行，笙簧嘹亮，齐举霓裳，双双红袖，争献金觞。如见，不得认，是女乐魔。如几多姝丽，艳质浓妆，兰台夜饮，玉体轻裳，殆人骄态，争要成双。如见，不得认，是女色魔也。是此十魔，难有不认者是也。既认则著，既著则执，所以不成道者，良以此也。

若以奉道之人，身外见在而不认不执，则心不退而志不移。梦寐之间不认不著，则神不迷而魂不散。内观之时，若见如是，当审其虚实，辨其真伪，不可随波逐浪，认贼为子。急起三昧真火以焚身，一挥群魔自散。用紫河车搬运自己之阳神，超内院而返天宫，然后以求超脱。今古好道之流，有清净之心，对境改志，往往难逃于十魔九难。空有好道之虚名，终不见得道之实迹。或而出离尘劳，幽居绝迹而志在玄门。于九难不能尽除，在十魔或著一二。非不得道也，而于道中或得中成，或得小成。而于仙中，或为人仙，或为地仙。若以尽除魔难，序证验而节节升迁，以内观合就阳神，指日而归三岛。

论证验第十八

吕曰：嫌者病，而好道之人求无病而长安。怕者死，而好道之人欲不死而长生。举世人在世中，而好道之人欲升仙游物外。举世人在地上，而好道之人欲超凡而入洞天。所以甘于劳苦而守于贫贱，游心在清淡潇洒之中，潜迹于旷野荒僻之地。一向行持，不知功之深浅，法之交换，难测改易之早晚。所谓下功之后，而证验次序如何？

钟曰：苦志行持，终不见功者，非道负人。盖奉道之人，不从明师，而所受非法。依法行持，终不见功者，非道负人。盖奉道之人不知时候，而以不成。若已遇明师而得法，行大法以依时，何患验证而不有也。

吕曰：所谓法者，有数乎？所谓时者，有数乎？

钟曰：法有十二科：匹配阴阳第一、聚散水火第二、交媾龙虎第三、烧炼丹药第四、肘后飞金精第五、玉液还丹第六、玉液炼形第七、金液还丹第八、金液炼形第九、朝元炼炁第十、内观交换第十一、超脱分形第十二。其时，则年中法天地阴阳升降之宜，月中法日月往来之数。日中有四正、八卦、十干[①]、十二支、一百刻、六十分。依法区分，自一日之后，证验次序，以至脱质升仙，无差毫末。

始也淫邪尽罢，而外行兼修，凡采药之次而金精充满，心境自除，以煞阴鬼。

次心经上涌，口有甘液。

次阴阳击搏，时时腹中闻风雷之声。

次魂魄不定，梦寐多有恐悸之境。

次六府四肢或生微疾小病，不疗自愈。次丹田夜则自暖，形容昼则清秀。

次居暗室而目有神光自现。

次梦中雄勇，物不能害，而人不能欺，或若抱得婴儿归。

---

① 干：原刻作“千”，误。

次金关玉锁封固，以绝梦泄遗漏。

次鸣雷一声，关节通连而惊汗四溢。

次玉液烹漱以成凝酥。

次灵液成膏，渐畏腥膻，以充口腹。

次尘骨将轻而变神室，步趁奔马，行止如飞。

次对境无心，而绝嗜欲。

次真气入物，可以疗人疾病。

次内观明朗而不暗昧。

次双目童人如点漆，皱脸重舒而绀发再生，已少者永驻童颜。

次真气渐足而似常饱，所食不多而饮酒无量，终不见醉。

次身体光泽神气秀媚，圣丹生味。灵液透香，真香异味，常在口鼻之间，人或知之而闻之。

次以目视百步而见秋毫。

次身体之间，旧痕残靥，自然消除，涕泪涎汗亦不见有。

次胎完气足以绝饮食。

次内志清高，以合太虚，凡情凡爱，心境自绝。下尽九虫，上死三尸。

次魂魄不游，以绝梦寐。神彩精爽，更无昼夜。

次阳精成体，神府坚固，四体不畏寒暑。

次生死不能相干，而坐忘内观以游华胥。神仙之国，女乐楼台，繁华美丽，殆非人世所有也。

次功满行足，阴功报应，密授三清真箓。阴阳变化，可能预知人事举止，先见灾福。

次触目尘冗，以厌往还，洁身静处，胎仙可现，身外有身，是为神圣。

次真气纯阳，吁呵可干外汞。

次胎仙常欲腾飞，祥光生于卧室。

次静中时闻乐声。

次常人对面，虽彼富贵之徒，亦闻腥秽，盖凡骨俗体也。

次神彩自可变移，密仪成而仙姿，可比玉树，异骨透出金色。

次行止去处，常有神祇自来朝现，驱用指呼，一如己意。

次静中外观，紫霞满目，顶外下视金光罩体。

次身中忽化火龙飞，或而玄鹤起，便是神灵以脱凡骨而超出俗流，乃曰超脱。

次超脱之后，彩云缭绕，瑞气纷纭，天雨奇花，玄鹤对飞。异香散而玉女下降，授天书紫诏既毕，而仙冠、仙衣之属具备。节制威仪，前后左右不可胜纪。相迎相引，以返蓬莱，而于紫府朝见太微真君。契勘乡原名姓，校量功行等殊，而于三岛安居，乃曰真人仙子。

吕曰：今日特蒙尊师开说希夷大理、天地玄机。不止于耳目清明而精神秀媚。残躯有托终，不与粪壤同类。然而知之者未必能行，行之者未必能得。念以生死事大而时光迅速，虽知妙理，未得行持，终不成功，与不知无异，敢告指教以交会之时，行持之法，如何下手，如何用功？

钟曰：仆有《灵宝毕法》凡十卷一十二科。中有六义：一曰金诰、二曰玉书、三曰真原、四曰比喻、五曰真诀、六曰道要。包罗大道，引喻三清。指天地阴阳之升降为范模，将日月精华之往来为法则，实五仙之旨趣，乃三成之规式，当择日而授于足下。

杂著捷径

《杂著捷径》五卷，收录内丹炼养著作十余种，其作者有烟萝子、曾糙、陈楠、林屋逸人等。《杂著捷径》涵盖了内丹修炼的理论与实践，内容涉及三丹三田论、心脏总论、肝脏总论等。这些内容反映了道教内丹修炼中对人体精、气、神的理解和调控方法，以及修炼过程中对心、肝、脾、肺等脏腑功能的描述。《杂著捷径》为后来的修炼者提供了丰富的学习资源，其影响力和研究价值不容小觑。

翠虚篇

泥丸先生陈朴传

九转金丹秘诀

一转降丹

二转交媾

三转养阳

四转养阴

五转换骨

六转换肉

七转换（五藏六府）

八转育火

九转飞升。

第一转（舌下四窍：两窍通心，两窍通液。）

一转之功似宝珠，山河宇宙透灵躯。

红莲叶下藏丹穴，赤水流通九候珠。

解曰：内丹之功，起于一而成于九。一者，万物之所生也。天一生水，地二生火，天三生木，地四生金，天五生土，五行之序起于一，故内丹之功亦起于一。转而成于九者，九为阳数之极，数至于九，则道果成矣。

似宝珠者言：天一真水藏于胆，阴阳和合降而成丹，初降之状，如露一颗明珠。珠者，珍敬其丹也。且人之有身，父精母血交媾而成，此形交也；丹之所降，心火肾水交媾而成，此气交也。故曰“形交则生人，气交则成丹”，言其丹降之后，神游方外，阴阳太和，坐忘其形，天地山河，六合万物，皆在我身之内。我身在天地万物之外，只觉心中一点光明，乃是丹降也。故曰：山河宇宙透灵躯。躯者，身也，山河包藏我身之内也。

所谓红莲者，舌是也，自两窍通心，两窍通液。人有病者则舌下津液干，而其真气耗，一转之首以舌闭其两窍，使真气不泄于外，以通其神水也。

所谓赤水者，心之液是也。九转之首，每遇九日纳息九次，每一次纳息九口，自然津液通流，自舌下而生，以灌五藏，故曰九候珠也。

望江南（闭舌下窍，通胆气。）

黄中宝，须向胆中求。春气令人生万物，乾坤膝下与吾俦，百脉自通流。

施造化，左右火双抽。浩浩腾腾光宇宙，苦烟烟上霭环楼，夫妇渐相谋。

解曰：天一生气，名曰中黄。其气藏之于胆，以为性命之根，其味苦，故人之胆气味亦苦，如草木之根华，其味亦苦，乃知万物非生气不能生也。内丹之药，先闭舌下之窍，内通胆中生气，至喉舌之间，微觉味苦，是丹气流通，然后汞水凝结而成丹也。

天地生气，萌之于春，万物得生气，然后能生，人之得生气，藏之于胆，人能通胆之气，然后内丹成就。一转之功，如四时之春也，生气上行，其中觉苦，阴阳太和，神居天外，则天地四海亦在吾膝下，浩然之气，塞乎天地，百脉通流，万窍施张，内丹降也。

造化言者，其下手之初也。先闭舌下两窍，不令气泄，于外其左边之气，贯于左太阳而入脑，右边之气贯于右太阴而入脑，左右俱过脑而入顶泥丸宫，合成一处，下重楼十二环入心经传入胆，冲开胆窍，使胆中生气，上行随心胆之脉贯于舌窍，觉舌有苦味，乃是生气注，将欲降丹也。然后闭定舌窍，左右之气上行，故有腾腾之状也。胆窍既闭，则生气臯臯上重楼十二环，自舌下之窍而升，满口觉苦，乃是生气流通也。

夫妇者，阴阳也，夫者，阳也；妇者，阴也。生气流通，则阴阳大和，心肾交媾，故曰渐相谋也。

口诀

行持下手之初，先须饮食以和五藏，不可饥不可饱，心田安静无忧无虑，乃可入道。凡于二更尽、三更初当洗漱，定神入室，烧香盘膝而坐，闭目存神，候息出入调匀，以舌先倒卷定舌根两窍闭息。渐觉左右太阳经有两道气大牙根冲上，贯二太阳，次入顶门，觉二气交合即为一次。却闭眼良久，亦闭目依前卷舌，候至泥丸宫止，如此每夜行三次即止。行至数夜或数日之间，渐觉泥丸宫次流入脑，下重楼十二环，透夹脊串尾闾，复次前冲心贯胆，脐胸中温温，微觉意思和畅，乃真降也。如此后则数夜渐觉气到心，次微觉温温或心头气渐动，却有温气从心而上，过重楼口觉微苦。是中黄气自胆而出阴阳大和，将有降丹之象。如此之后，每夜行持之初，令一人在门外，栏人进入及猫狗等，恐忽然相惊。至每夜行三两次时，于坐前横一几，忽然气冲，觉身体渐大，精神腾腾，渐见屋舍、人物、山河、皆在我身之内。手足皆不知所在，次急以手按几，闭目大觉，心头微一块光明，团圆如日，忽然坠下丹田，此乃降丹也，丹降之后，未得便开眼，且渐渐收拾精神归定。四体复旧，或手足觉麻痹，次候定醒，然后开眼，次吃人参汤睡。至来早吃粥食将养一二日，如丹降也。丹降之后百病消除，更无疾苦之厄也。

第二转

二转阳成始结阴，肾光心液合丁壬。

神珠奔电归东海，时进灵光照紫金。

解曰：二转之初，如人怀胎两月，胎之初降乃是真阳之精。神为丹心，属火，为阴以配南方丁火，丁者火之阴也。肾属水为阳，以配北方壬水，壬者水之阳也。吕曰：火取南方丹凤髓，水求北海黑龟精。故于二转则养阳，使心火之光感于下。三转则养阴，使肾水之液交于上，真水真火上下以配，丁壬抱养真丹以成造化。凡丹之初降养于心，育之以真火生其丹也。一转成功，则丹从心络流下，藏于丹田育以真水，此二转之功也。丹藏丹田之后，静坐虚室中，忽然时有光明，从胎照见如金团，乃月光而也。

望江南

玄珠降，丹窟在中宫。九候息调重九数，赤波或进太阳东，心肾遂交通。

逢六变，重六息阴功。火自海门朝帝坐，水从莲萼佐丁公，紫电透玲珑。

解曰：玄珠，真丹也。一转之初，丹降于心络中，故云丹窟在中宫。丹降为一转。丹降之后，凡遇九日，则闭息九候为一次，至九九八十一为九次。故曰重九数。

九九功成，真阳丹足，自心络流入丹田，丹藏于水府养其阴。

太阳东者，海水之府象，丹田肾水也。丹之神藏于心，以养真火。丹之转归于肾，次养真水，水火既济，阴阳大和，故曰心肾交通。

二转之功成，其三转之初也。逢六则闭息，六数为一次，六六三十六为一周。以养其阴，故曰重六息。

阴功海门，是丹田肾府也。真丹藏于丹田，丹阳之数以足，每到日中，则神自丹田，热气达之于上，而朝于心。

帝坐，心也。莲萼，舌也。六六内阴数足，则下莲池神水浇心络，以养丹气，故曰佐丁公。丁者，心之火也。此真水真火，以成既济之功。阴阳既济，真丹气足时，有神光出于面目，夜半安坐内视藏府，表里分明，直见玄珠，养于丹田。故曰透玲珑。

口诀

丹降之后，一转了毕，凡遇初九、十九、二十九日，亭午时静坐虚室中。盘足、瞑目、端坐、叩齿九通。神交气通，然后闭息，每一闭入九息为一次。开眼良久再闭息，如前九息为一次。初闭时一次二次行之渐热，闭五次又极热，用之九次，一向行之直候内之火候，用足与天地相应，不以远近，或前入息至九，心中温热，四神和畅，心神摇动，一道热气下丹田，为二转功成。自此以后不行九息之数。

第三转

三转行阳入左宫，玄珠胎色渐鲜红。

神明育火分形像，天籁时催造化功。

解曰：丹成三转，逢天行阴，以养真阴之气，内阴数足，丹入丹田，流于左肋，四体汗流，以制尸气。三转功成，自此更无三尸魂也。

灵珠、内丹也。此后阳气充足，凡便及涕唾皆粉红色以应纯阳之质。及其丹光照见一颗明珠、如火轮之状，在左肋之下，三转数足。每遇月尽以左手摩顶，入息激动丹火至五藏热为上，谓之育火以运其丹。此后丹田中渐觉有物，遇入息则丹动，故云分象也。天地和则撼激有声，是名天籁。人之九窍不通不闻其声，三转之后，九窍聪明，天籁之声昼夜常闻也。

望江南

毛发薄，三转运行阳。胎色渐红阴渐缩，推移岁运助阳刚，育火养中央。

成物象，五转辨微茫。出入尚迟形上小，晨昏时饮玉壶浆，天籁奏笙簧。

解曰：三转阳数足，故阴龟渐缩，肠胃渐伞，一月之中，大小便共有十次，渐入地之位，将成无漏之道，乾卦皆阳，象纯阳也。摩顶入息，内育其火，丹抱圣胎，将成形象，五岳未全，八转动其形，如三四寸之小儿。见之未甚分明，也阳气方足，而未尝育阴。圣胎有魂，而未尝有魄。故出入尚迟，形尚小也。圣胎成像，坐息之间，常见面目光彩。涌泉甘露之水常出饮之。七窍聪明，则闻仙乐也。

口诀

丹入左肋之后，功成三转，凡每月初六、十六、二十六、三六之日，夜半子时，洗漱了入净室中，端坐盘膝，叩齿六通，凝神定气，闭口入息，六次为一候。如此六遍乃毕。其月内行至三、六日，则月中三遍，俱足至月尽，夜半子时，依前于净室中，闭目盘足而坐。先以左手摩顶门，右手摩尾闾骨脊尽头，随月转七七四十九转。凡摩时紧闭定息至数足，微歇候气定。再摩如此三次，自觉心肾之气交于中膈，微动丹气，塞于五藏。觉五藏中，其热如火，乃行火之候也。或于三六及月尽之时，忽觉丹在左肋之下摇动，微有一道热气，过丹田直入肋下，其热如火，摇动久而后定，乃成四转之功。自此之后不行重天之数也。

第四转（闭阳户之气。鼻，天窍。口，地窍。）

四转行阴入右关，圣胎灵运发朱颜。

圆光满室神无得，鼓乐嬉游去复还。

解曰：左属阳、右属阴、四转之后，内丹在右。以应内阴之数，自此内之阴阳俱足。三转养阳，圣胎生魂。四转养阴，圣胎生魄。丹之四转，内之圣胎，魂魄皆就。其五岳精神，与我内貌则同，此出神之真身也。四转之后，阴阳气足，正坐闭息，内之神光，从顶门而出。如一轮明月，罩定身体，神游方外。出入无碍，坐室见四海，而知吉凶。

望江南

丹已返，四转运行阴。逢六闭藏阳户气，三关全透合丁壬，龟游任浮沉。

时出入，无碍贯他心。游戏神通常出面，圆光周匝绕千寻，寒暑不相侵。

解曰：四转养内阴，丹藏于右肋，鼻为天窍，口为地窍。气之鼻出属阳，气之口出属阴。三六之夜，闭定鼻息，绝其来去之息，阳气内降，充塞五藏，此以阳养阴也。闭住鼻窍，则华池水满，下沃心络。水火内交，心气下降，肾气上腾，丁壬配合，圣胎阴阳数足。丹在右肋，随气升降，如龟在水，任意浮沉。内丹光明，罩我之身，其状如月，寒暑不侵。我心与他人心相通，知其善恶，婴儿出入，游戏四海，名登仙籍也。

口诀（鼻窍、口窍。）

其丹入右肋之后，养成四转之功，遇每月初六、十六、二十六、夜半子时，洗漱了入静室，闭目盘足而坐，叩齿三十六通，集神定气，闭定鼻息，湛然不动，直候真气。内丹田气贯舌窍者，华池津涌满口将欲溢出，然后款款咽之归心。其神水到心，则激神火，五藏觉热，遍身汗出，四体苏畅为一。至三元之夜如此行持三遍即止。此为神水神火抱育元精，抱育之后，或于行持三关，内丹自肋，其声如雷。一道热气入于丹田，鼻中火光射出，于是内丹复归丹田。以成五转，自此不行闭阳户之法也。

第五转

五转阴阳造化成，婴儿盈尺弄阳精。

寐游四海寤知所，去住无为信步行。

解曰：四转养内阴，三转养内阳，五转内外，阴阳数足。造化之功，已成养就。圣胎神通自在，故曰造化成也。五转之后，内丹圣胎养就，灵躯身长尺余，自此采日之精，以养外阳，夺天地造化之功也。常人内无所养，精神四散而无归着，昼则神在于心，夜则神出于体，及其睡着神无所守，更不知有身，亦不知所在，随魂随魄，入幽趣之中，与鬼同聚，于梦中无一，不见四大物坏，神从鬼往随福受生天堂地狱。皆不由已乃神，不识其身随波逐浪之形也。得道真人，内丹成就，神合于身，物不能诱。是故魂魄潜伏，万邪不干，更无忧虑，出离生死皆由于我。出神入神纵横莫测。故丹经颂曰：真人无梦，此之谓也。得道真人。神无所滞，魂住在我，信步无碍也。

望江南

珠自右，紫电入丹城。内养婴儿成赤象，时逢五转采阳精，火自水中生。

烧鬼岳，紫电起峥嵘，随意嬉游寰海内，寐如砂碛卧长鲸，时序与偕行。

解曰：五转功成，阴阳数足，内丹玄珠，忽自右肋一道真火飞入丹田。声如鼻光如火，乃是丹珠内阴内阳，皆复丹田以成五转之位也。圣胎之内，真人成就，出入顶门，长尺余也。三转养阳四转养阴，内之阴阳皆足。丹田功成五转，则夺天地造化。采日之精，以成外阳修行之道。自内及外、其序之顺也。故自五转之后，于一月之内逢三九之日，采日月之精，以养圣胎也。

行持之法，以水求火，以阴求阳，水火既济，阴阳大和。故曰：火自水中生，常人于丹田之下积阴之气，谓之鬼岳。遍体纯阳，阴山鬼岳烧荡，阳宫神庭建立。吕先生曰“烧山符子鬼难看”，此之谓也。随意出神游行四海，去住从己所欲也。寐识其身，寤之其所运神出，身自观本形，如长鲸卧于砂碛也。五转之后造化功成。与天地合德，日月合明，内丹造化与时偕行。

口诀

内丹复入丹田，五转之功成就。内之阴阳数足，当采外之阴阳以成大道，凡遇每月初九，十九，二十九，三九之日。当日正午之时，面南盘膝闭目，对日而坐。候气定绝鼻息，使气无往来，真阳不泄，充满于内，其内真火交通。自觉一身上下通红，光明满室，一二刻后渐渐丹田真水一道冷气，一直上贯于心，如水精丸浮在心上。然后闭目开息，从鼻中吸之，吸气九九八十一口，纳之于心。其日光到心之后，渐觉心头气动，在丹田如鱼踊跃，乃是阴阳大和，至八十一口而止。如此行持三年而毕。三载后不采日精，却采月华也。

第六转（日有五色三年，月有九芒一年。）

六转丹田弄月华，变胎魂魄影潜赊。

阳砂换骨阴消肉，换尽真如玉不瑕。

解曰：丹至六转，内外阴阳皆成。圣胎全具，真人与内身一体。每遇月圆之夜，采月之华，以积其阴，故曰：弄月华也。五转真阳全，魂化为神。六转真阴全，魄化为气。魂魄内外，全日中游，行更无其影，与日纯阳为一。自此之后，鬼神不可见，阴阳不可测，以成其真仙之道。故曰影潜赊也。

人之凡胎浊骨，阴阳不洁。不能上升得道，真人丹成四转之后，至五转采日精，纳丹田结为阳砂。丹砂内结入于骨髓，随汗而消也。故曰阳砂换骨。换骨之后至六转，采月华纳于丹田，结为阴粉。

采月华一年之后，其阴粉内化入于内中、以养仙肌。但觉大小便常有血随尿出，乃是阴消凡肉，仙肌自生。故曰阴消肉也。玉之有瑕不成真玉，人之凡胎浊骨，不成真人。六转之后换其凡骨亦生仙骨，去其凡肌而生仙肌，换尽无瑕神仙纯一。

望江南

日精满，阴魄化无形。每遇月圆开地户，神龟时饮碧瑶精，清

洁复如冰。

阳砂赤，阴粉色微青。粉换肉兮砂换骨，凡胎换尽圣胎灵，飞举似流星。

解曰：阴阳数全，魂魄内外，体无形影，乃登真人之道。六转每遇十五月圆之夜，运北方肾水，交南方心火。使内外水火既济，以结阴粉。与天地造化流通，以育圣胎之质。

神龟者，肾水中龟也。吕先生曰"饮海龟儿人不识，烧山符子鬼难看"，乃谓是也。采月之英华纳于神水之府，其神龟饮之清洁如玉，冰冷如成阴。粉生于北极之中，故象其龟也。

阳砂者，日精所结，故属于阳，其色赤亦象其日。阴粉色月华所结，故属于阴。其色青青者，象于月也。骨肉换尽，则胎内化肌、骨、皮、肉皆无，尽化仙质。魂化合神，魄化合气，悉皆清净一体之中。形神俱妙，与道合真。

学道之士，能全其神，未能换其形。为形所累，故出神则身不能动。尸假则形，不能忘，丹成六转，则换凡形，而成仙质。形神俱妙，神之所向，体亦随之，上升九霄，如云如星之快也。

口诀

丹成六转，采月之华，每遇月圆，十五夜半子时，洗漱毕。对月而坐，闭息合口，绝往来之息，使真气不泄于外。内之真气充塞于六府，肾之真阴与太阳之精，内外之真气，莹若水精湛然明朗。一二刻间肾之真水感动于心火，心神之火一道热气降入丹田，如一火轮，安在琉璃盘内，然后款款开目，放息鼻中，对月吸月之气，纳于丹田。吸八八六十四口而止。吸气一半之后，其月华真阴，激动丹田中真火，水火相济，如沸汤之状，四体汗出，百脉苏畅。至六十四口而止。如此行持三年了毕，其功入七转之位也。

第七转

七转身飞四体轻，灵光闭息满丹城。

千朝却粒生成火，坤户施张浴海鲸。

解曰：丹成六转，阴阳内外俱足。凡骨换为仙骨，凡肉换为仙肌，四体百骸并无凡物。仙体轻清，飞举自然也。内丹点就神骸，故一身之体为之减也。丹之七转，使阴阳内外和合。当闭十朝，以成妙道之用也。

丹成七转，闭息千朝，使阴阳大和，千日数足，神气合会，五藏皆新，内外纯一，丹光明彻于六府，真火烛开于五内藏，府谷虫化而为水。自此肠胃充实，不着烟火之气，不纳烟火之食。饥餐仙果，渴饮琼浆，与世不类也。

内丹皆化之后，阴茎消尽惟有一窍，名曰坤户，以象其阴。每遇神丹火盛，则于三九之日，投身水中运其丹珠，从坤户而出，吸呼弄水游戏自在。一二时久，复运其丹归于丹穴，以制火之盛也。

望江南

形透日，七转任飞腾。幽静深岩图宴坐，息无来往气坚凝，却粒着其能，

生成火，返本气澄清。九候浴时开地户，月中取火日求冰，五内换重新。

解曰：七转之后，形神俱妙，内府皆为仙器。日中游行，身体通明，色如红玉，飞举腾空，纵横任意。大抵须要内外和顺，使之日月光华。会于心肾水火，阴阳交通，神气和会。深入岩谷之中宴坐千百日。闭鼻息，以绝呼吸之气，冲和凝定。然后内实，不食尘世之物，以证逍遥之道也。至于却粒，不食真奇功、奇道也。

闭息千日，神火内发，荡洗谷气，更无食念。返本还元，抱一守静。故曰：还返气澄清。凡遇神火五藏发热，则逢三九之日，入于水中，澄其真丹，光明如火轮之状，从地户出。故曰“开地户”。

月者，阴之象也。神火至阳之物也，户者阴之窍，通阳光从地户阴穴而出。故曰“月中取火”也。日者，阳之象；神水，至清之物也；舌者，阳之窍，通流神水，从舌窍阳穴而出。故曰“日求冰”也。五转换骨，六转换肉，七转换五藏，五内者五岳也。故曰“五内换重新”也。

口诀

丹成至七转，当离尘世，入深山之中，或岩谷间宴坐、闭息精神，口鼻绝往来之息。使真阴真阳交于腹，夺天地造化之功，归于四体。千日之后，五藏换尽，胎气变为仙府。但觉顶门窍开，出黑赤之气。乃是胎气发散，千日数足，顶门窍合。乃是胎气出尽，七转功满也。自此之后，五藏结实，不纳烟火。

若有时五藏丹火发，则入水中闭定鼻息，使丹珠神火从地户而出。浮于水面，如牛弄黄，直候舌下神水如泉，则丹火息吸其丹珠，复入地户。直至八转地带成就，无火毒则不复浴也。

第八转

八转还元地带垂，周行胎息养婴儿。

有时火发烧丹窟，深入寒泉弄赤龟。

解曰：婴儿在母腹中，胞胎里定气，不能出入，而无所损。若婴儿脐中有脐带，衔在口中，呼吸之气往来不绝。此乃自然胎息。故无损也。丹成八转之后，换于脐中生一，脐带亦如婴儿之状，还其本始之道，故曰“还元地带垂”也。婴儿得脐带行胎息之气，故“无所损”，真人得地带行周天之气，故能长生也，赤龟丹珠也。八转之后，内炼真火，使无热毒之患，凡遇火发，即口衔地带闭息，九日至第九日，真水自丹田如涌泉泛涨，直至重楼十二环，丹珠在其神水之中，如龟之戏水。自此之后，真火无毒，更无丹热之患。故曰：有时火发烧丹窟，深入寒泉弄赤龟。

望江南

内外变，八转始还元。地带长垂主坎户，周行胎息贯天门，太始道方存，

纯一体，赤黑气常喷。丹火发时烧内景，冷泉涌处浴猴孙，神水赤龟吞。

解曰：丹至八转，外之形体，内之五藏，尽底换变。复生地带，如小儿之状，故曰“返本还元”也。地带者，脐下之带也，生于脐中，属北方坎卦，故曰“坎户”。天门，华池之窍，地带贯于口中。行周天之息，以调火候，故曰“周天息”也。

太始之道，生天地之始，丹成八转，如天地造化之初也。内丹，纯阳也，无一点阴气，故曰“纯一体”也。黑赤者，神火之气也。丹成八转，自心而来，常从鼻中出入，常见黑赤二气，故曰“气常喷”也。丹火之患，运神水以制之，更无丹火之候。盖丹者，心珠；心家，猴孙也；赤龟，火神也。丹浮于水之中，如龟吞水取其状也。

口诀

丹成八转，地带生于脐中，若遇丹火犹发热。五藏热燥，即闭目宴坐。以地带接于华池之下，使息气内通流行，周遍运用之道。自闭息之后，丹田真水日日渐长，至第九日，神水直至重楼十二环，丹珠隐于神水之中，出去火毒。自此之后更无发燥之患。至第九夜子时，闭息吸神水从泥丸宫过夹脊复丹田以毕其功也。

第九转（功行毕。）

九转逍遥道果全，三千功行作神仙。

金书玉简宣皇诏，足蹑祥云谒九天。

解曰：丹成九转，造化成就，道果圆成，更积外行三千，外果圆满，方可飞升。故许旌阳，丹成之后，除蛟龙之害，然后上升。孙思邈丹成之后，救万民之疾，然后上升，皆须立功成名方得上升也。上升之日，天乐来迎，箫韶合奏，以过天关，随功行分职，列为仙班，与天地相为长久也。

体壳歌

烟萝子撰

我今责这憨躯壳，只为从前爱乖角。

三尸业鬼纵交往，一片身心难把捉。

六贼使得终朝乱，见色逢财将命拼。

身躯不觉业来缠，人前卖弄楼罗汉。

更说图谋夸好手，资财营运磨星斗。

富如王恺与石崇，死后幽泉独自走。

苦爱腥膻与秽浊，坏得身躯如刻削。
口中独道得便宜，您是一场愚蠢朴。
蠢朴暂时听我语，无限荒郊堆冢墓。
哀哉白骨被尘漫，往日英雄归甚处？
不如闻早身心诲，免使沉埋为下鬼。
时人一死无复生，浩浩东流如逝水。
我今求得长生诀，等闲休向他人说。
忽然误慢泄天机，必遭神明暗地折。

吕公缚心猿诗

咄咄心猿听我陈，无端叵耐汝顽嚣。
终朝恣纵三尸鬼，作坏流年四大身。
数度为财遭耻辱，几回酒色减精神。
不如缚取深山去，汝又如何损得人。

养生息命诗

捉得金精养命基，日华东畔月华西。
壶中自有长生药，返老还童天地齐。
劝君勤学守三一，中有长生不死术。
能存玄真万事毕，一身精神不妄失。

烟萝子首部图

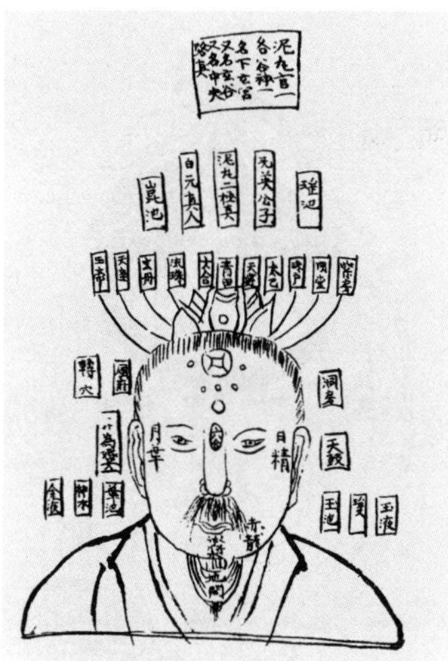

烟萝子朝真图

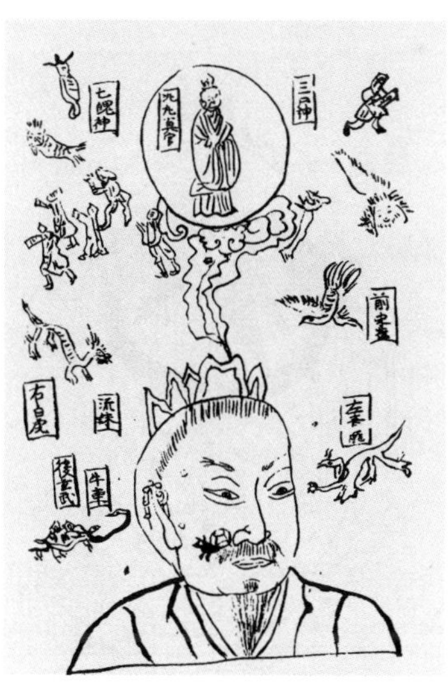

内境左侧之图

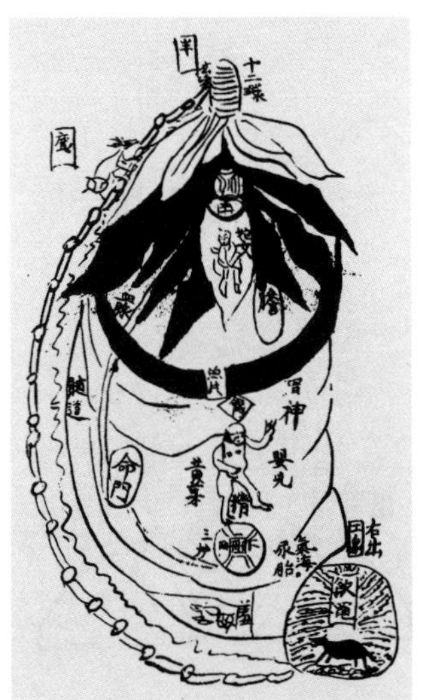

内境右侧之图

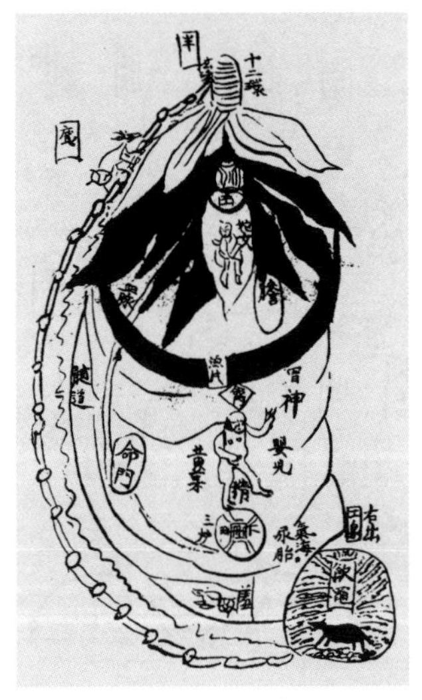

内境正面之图

内境背面之图

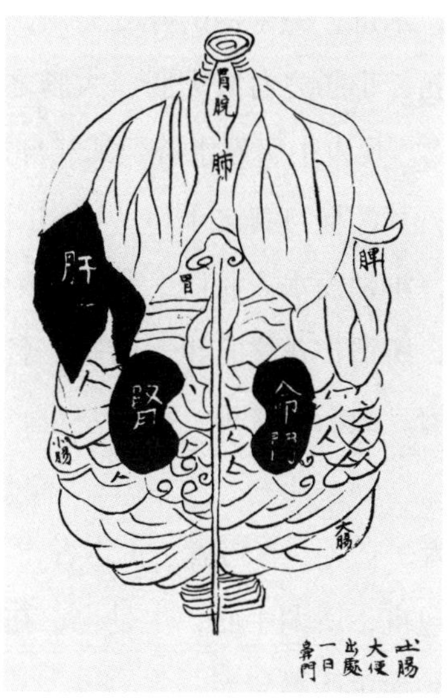

朱提点内境论

人有咽有喉，咽则咽物，喉则通气，二窍各不相离。喉在前，咽在后，喉主出纳，咽则吞之而已。喉字从侯，自内出者，喉达之于外，自外入者，喉达之于内。所谓呼者，因阳出；吸者随阴入。咽则因物而后咽焉，故咽字从因。咽应地气，为胃之系，下连胃脘，为水谷之路，自咽门而入于胃，咽为扼要之地，又谓之嗌焉。

喉应天气，为肺之系，下接肺经，为喘息之道。自喉咙而通于肺，肺下无窍，四有空行，以分布清浊之气而为气管。肺之下有心，心之下有膈膜与脊胁，周回相著，遮蔽浊气不上薰于心肺，所谓膻中也。

膈膜之下有脾胃肝胆焉。脾者，土也，居胃之上，与胃膜相连，所以埤诸胃。肝者，木也，阴未退听吁之而出，故其治在左，其位在右。胃之下有小肠，小肠之右有大肠，大肠之侧膀胱也。小肠为受盛之官，化物出焉。凡胃中腐熟水谷，其气自胃之上口，曰贲门，传于肺，播于诸脉；其滓秽自胃之下口，曰幽门，传入于小肠，自小肠下口，曰阑门，泌别而水入膀胱，其滓秽则入大肠，大肠以其四屈而受小肠之谷，所谓传送之官也。膀胱一名胞，胞者鞫也，以虚受水，为津液之府，故云膀胱者，胞之室也。膀胱不利为癃，不约为遗溺。

心有大者、邪者、直者、有窍者、无窍者，了无相似。真心不、受邪，其病者，心包也，所谓手心，主是也，在心下横膜之上，坚膜之下，与横膜相粘而黄脂漫包者，真心也。其漫脂之外，有细筋膜如丝，与心肺相连者，包络也。肝有独叶者，有二叶者，有三叶者。肾有二，精所舍也。以肾为事，元气属焉，形如江豆相并，而曲附于脊膂，外有脂裹，里白外紫，有丝二道上系于心，下连于肾，通而为一，所谓坎南离北，水火相感。肾虽有二，其一曰命门，与脐相对。黄庭云：两部水王对生门，又曰：后有密户前生门。生门者，脐也，婴儿在母腹中，取气于脐管，母呼亦呼母吸亦吸，正与密户相对，所谓脐者如此，与烟萝子图不差矣。近世刑人于市，剖而见之，乃云喉中有三窍，一水一食一气，其诬甚矣，又云：肾一在肝之右微下，一在脾之左微上，乃以烟萝子朝真图为非，岂知足厥阴受病，则舌卷而卵缩，况刀锯之恐耶。

烟萝子内观经

天地媾精，万物化生，父母交合，人从以生。一月为胞，二月为胎，三月成魂，四月成魄，五月分脏，六月分腑，七月开窍，八月神具，九月定精，十月气足。始生之时，神源清净，既纳有形，形染六情，眼则贪色，耳则滞声，口则耽味，鼻则受馨，意怀健羡，身欲肥轻，从兹流浪，莫能自悟。圣人慈念，使之内观己身，澄其心也。心澄神静，乱想不入，邪妄不侵，忧患咸消，虚室生白，唯在澄心也。

存守九宫诀

头有九宫，上象九天，下法九地，身有九窍十二楼，左右两眉间却入，一寸为明堂宫，有太乙君居焉。左有紫房，右有朱户，著锦衣貌如婴儿，为身形之主也。却入二寸为洞房宫，中有三真人，左无英，右白元，中黄云。却入三寸为丹田宫，却入四寸为流珠宫，却入五寸为玉帝宫。明堂上一寸为天庭宫，洞房上一寸为极真宫，丹田上一寸为玄丹宫，流珠上一寸为天皇宫。

三丹三田论

气中生神，神在上丹；精中生气，气在中丹；真水真气，合而成精，精在下丹。上田神舍，中田气府，下田精区。

外丹内丹论

气象于天地，变通于阴阳，阳龙阴虎，木液金精，二气交合而成者，谓之外丹。含和炼藏，吐故纳新，上入泥丸，下注丹田，中朝绛宫，此乃谓之内丹。内丹可以延年，外丹可以升举，学道者宜勉之。

心脏总论

神在心为帝王，又为绛宫，为灵台，为中丹田，属火，太阳之精，上应荧惑，夏旺，其色赤，在方为丙丁，在象为朱雀，在道为礼，在卦为离。其形如未开莲花有三叶，见于内者为脉，见于外者为色。以口舌为门户，小肠为府，受肾之制伏，而驱用于肺，得肝则盛，见脾则减。为五藏之主，正则辟邪，然多食咸则伤心，切宜慎之。

肝脏总论

魂在肝，肝为丞相，属木，春旺，其色青，在方为甲乙，在象为青龙，在道为仁，在卦为震。其形有七叶。胆为将军，在肝左边第四叶内，见于内者为筋，于外者为爪，以目为户，以胆为府，受肺之制伏，而驱用于脾，得肾则盛，见心则减也。然食辛多则伤肝，切须戒之。

脾脏总论

志在脾，为丈夫，属土，四季旺，色黄，在方为中央，在道为信，其形如刀镰。见于内者为藏，均养心肾肝肺，见于外者为肉，以唇齿为户，受肝之制伏，而驱用于肾，得心则盛，见肺则减，喜甜好温，胃神附之，怕寒忌冷，磨则进食身安，否则病。若食酸多则伤脾，切宜省之。

肺脏总论

魄在肺，为尚书，属金，秋旺，其色白，在方为庚辛，在象为白虎，在道为义，在卦为兑，其形为华盖。见于内者为肤，见于外者为毛，以鼻为户，以大肠为府，受心之制伏，而驱用于肝，得脾则盛，见肾则减，怕冷成嗽疾，食苦多则伤肺也。

肾脏总论

精在肾，又号玄英，属水，冬旺，其色黑，在方为壬癸，在象为玄武，在道为智，在卦为坎。有二双，在左为烈女，右为命门，生带子透入泥丸宫。见于内者为骨，见于外者为发，以耳为户，膀胱为府，受脾之制伏，而驱用于心，得肺则盛，见肝则减，食甘多则有伤矣。

泥丸（名谷神，一名下玄宫。）

天脑者，一身之宗，百神之会，道合太玄，故曰泥丸。

三丹田

两眉间为上丹田，心为中丹田，脐轮三寸为下丹田。

三焦（涌泉，为足心也。）

心以上至泥丸，上焦。心下至脐，中焦。脐至涌泉，下焦。

制三魂神

每月初三、十三、二十三日，离人身上天曹，言人善事，其夜欲卧时，叩齿三通，呼其名曰：爽灵益禄，胎光延生，幽精却死。太上老君急急如律令。

常依此言，即获长生矣。

制七魄神

每月朔望晦日，离人身上天，奏人恶事。其夜欲卧时，叩齿呼其名，即与赦罪。其名曰：户垢（一本作尸狗）、伏矢、雀阴、蜚毒、天（一本作吞）贼、除秽、臭师（一本作肺）。

制三尸符

神名彭琚，好车马衣服；彭质，好饮酒；彭矫，好色欲。此神与人身同生，能兴三业，欲人速亡。遇晦朔日，上奏于天，苟能制之，立见长生。今具太白山制三尸九虫符于后。

上尸符，中尸符，下尸符

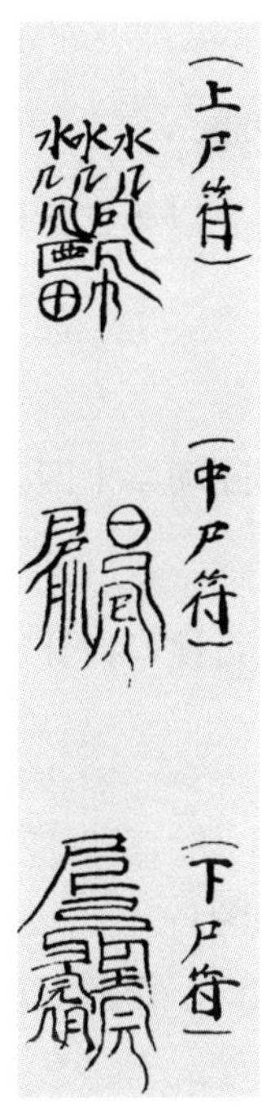

每遇庚申夜，书此符吞之，三尸九虫自然消灭，令人魂神安静，常以静夜呼名，念之大吉。凡遇甲子庚申，切忌夫妻共寝食，务在清净，则三尸自灭矣。

正阳真人钟离公八段锦法

闭目冥心坐，

解：冥心盘趺而坐。

握固静思神，叩齿三十六，两手抱昆仑。

解：叉两手向项后，数九息勿令耳闻，自此以后，出入息皆不可使耳闻。

左右鸣天鼓，二十四度闻。

解：移两手心掩两耳，先以第二指压中指，弹击脑后，左右各二十四次。

微摆撼天柱，

解：摇头左右顾，肩膊随动二十四，先须握固。

赤龙搅水浑。

解：赤龙者，舌也。以舌搅口齿并左右颊，待津液生而咽。

漱津三十六，

解：一云鼓漱。

神水满口匀。一口分三咽，

解：所漱津液，分作三口，作汩汩声而咽之。

龙行虎自奔。

解：液为龙，气为虎。

闭气搓手热，

解：以鼻引清气，闭之少顷，搓手令极热，鼻中徐徐乃放气出。

背摩后精门。

解：精门者，腰后外肾也。合手心摩串（有本作“毕”），收手握固。

尽此一口气，

解：再闭气也。

想火烧脐轮。

解：闭口鼻之气，想用心火下烧丹田，觉热极，即用后法。

左右辘轳转，

解：俯首摆撼两肩三十六，想火自丹田透双关入脑户，鼻引清气，闲步顷间。

两脚放舒伸。

解：放直两脚。

叉手双虚托，

解：叉手相交，向上托空三次或九次。

低头攀足频。

解：以两手向前攀脚心，十二次，乃收足端坐。

以候逆水上，

解：候口中津液生，如未生，再用急搅取水，同前法。

再漱再吞津。如此三度毕，神水九次吞。

解：谓再漱三十六，如前一口分三咽，乃为九也。

咽下汩汩响，百脉自调匀。

河车搬运讫，

解：摆肩并身二十四，及再转辘轳一（一本作二）十四次。

发火遍烧身。

解：想丹田火自下而上，遍烧身体，想时口及鼻皆闭气少顷。

邪魔不敢近，梦寐不能昏。

寒暑不能入，灾病不能迍。

子后午前作，造化合乾坤。

循环次第转，八卦是良因。

诀曰：其法于甲子日夜半子时起首行时，口中不得出气，唯鼻中微放清气。每日子后午前各行一次，或昼夜共行三次，久而自知蠲除疾疫，渐觉身轻。若能勤苦不怠，则仙道不远矣。

第一段：叩齿集神三十六，两手抱昆仑，双手击天鼓二十四。

第二段：左右摇天柱，各二十四。

第三段：左右舌搅上腭三十六，漱三十六，分作三口如硬物咽之，然后方得行火。

第四段：两手磨肾堂三十六，以数多更妙。

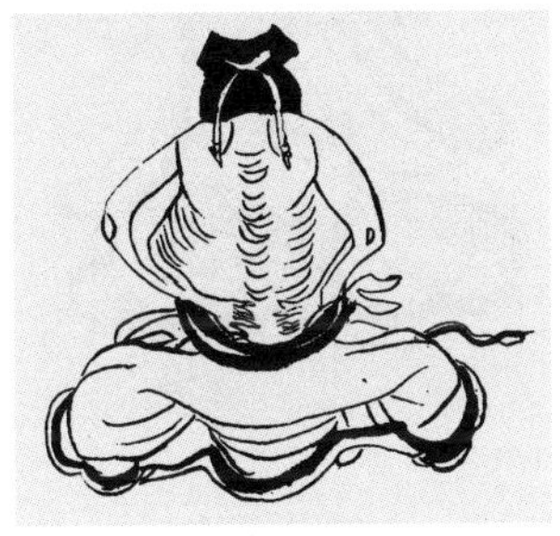

第五段：左右单关辘轳，各三十六。

第六段：双关辘轳三十六。

第七段：两手相搓，当呵五呵，后叉手托天按顶，各三或九次。

第八段：以两手如钩，向前攀双脚心，十二，再收足端坐。

去病延寿六字法

（其法以口吐鼻取）

总诀

肝若嘘时目争精，肺知呬气手双擎。

心呵顶上连叉手，肾吹抱取膝头平。

脾病呼时须撮口，三焦客热卧嘻嘻。

肾吹气

肾为水病主生门，有疾尫羸气色昏。

眉蹙耳鸣兼黑瘦，吹之邪妄立逃奔。

心呵气

心源烦燥急须呵，此法通神更莫过。

喉内口疮并热痛，依之目下便安和。

肝嘘气

肝主龙涂位号心，病来还觉好酸辛。

眼中赤色兼多泪，嘘之病去立如神。

肺呬气

呬呬数多作生涎，胸膈烦满上焦痰。

若有肺病急须呬，用之目下自安然。

脾呼气

脾病属土号太仓，有痰难教尽择方。
泻痢肠鸣并吐水，急调呼字次丹成。

三焦嘻

三焦有病急须嘻，古圣留言最上医。
若或通知去壅塞，不因此法又何知。

孙真人四季行工养生歌

春嘘明目木扶肝，夏至呵心火自闲。
秋呬定收金肺润，肾吹唯要坎中安。
三焦嘻却除烦热，四季长呼脾化餐。
切忌出声闻口耳，其功尤胜保神丹。

养生篇

（八十一章）

一

恍惚中有物象，幽深微妙元通。欲验六宫聚气，且观两脸潮红。

二

五行有真造化，循环相克相生。一片黄云盖鼎，其中金液丹成。

三

静坐少思寡欲，冥心养气存神。此是修真要诀，学者可以书绅。

四

打坐正如打硬，晓夜不容少休。何似放教自在，一身有脉通流。

五

高尚千口水法，吕公八段锦文。更有六字气诀，尽是安乐法门。

六

鼻逐五香而塞，目逐五色以盲。是谓金木间隔，阴魄载了阳魂。

七

养气如养小儿，去欲如去蔓草。定甲七情不生，清净无为是道。

八

身中有三昧火，宿之弥壮长生。敛散勿令炎上，方可耳目聪明。

九

正炁须盈腔里，何妨燕处超然。达摩得胎息法，故能面壁九年。

十

真炁不离丹灶，元和常满玉池。饮食切须调节，饥中饱后无饥。

十一

食后连行百步，双手将肚摩娑。夜半五更睡觉，五藏浊气须呵。

十二

二液枯而眼暗，脑气泄则耳聋。智者能和五藏，三焦六府宣通。

十三

坐卧须闭地户，升降仍勒阳关。捉住真龙真虎，自成九转还丹。

十四

昼取日精吞炼，夜分仍进月华。真火真水既济，自然种出黄芽。

十五

不离心心是道，众妙共集一真。老而不死曰仙，无病而死曰人。

十六

学道本无难事，自是人心不坚。初时炼漉辛苦，成就只一二年。

十七

按月遵行易卦，阴阳消长六爻。此法未为简易，天真别有逍遥。

十八

修养所戒有三，大怒大欲大醉。三者若有一焉，即时损失真气。

十九

佛之所以为佛，仙之所以为仙，无非立诚而致，精读中庸一篇。

二十

寅至申为七返，卯至坤为九还。小而论之一日，大而论之一年。

二十一

住炁调匀千息，升身撞透三关。炼得形神俱妙，方知火满金田。

二十二

莫礲咽津行气，徒令苦己劳形。自有红楼宝塔，五云结就黄庭。

二十三

灵根有阴阳髓，调和入鼎烹煎。醍醐上通绛阙，冲气下彻涌泉。

二十四

妙处兼忘四象，透时岂问五行。要得抱元守一，自听玉响金声。

二十五

虚籁时闻天鼓，元珠常照深渊。白雪炼成赤水，火龙耕就芝田。

二十六

至道不拘子午，无为岂问朝昏。若要三花聚顶，须令五气朝元。

二十七

出青入玄甚焕，尽归玄牝之门。果欲长生不死，劝君修取昆仑。

二十八

灵台不留一物，收神归到神中。十二楼前春水，赤龙雪浪翻空。

二十九

灵物何常有病，九窍百骸自安。有病不须服药，只消返照内观。

三十

妙用循环不绝，搬运岂假河车。一点灵和常在，自然金鼎丹砂。

三十一

学道须积阴德，不然动有障魔。若有宿植根本，自与福力相和。

三十二

广成千二百岁，守一能处其和，虽有婴儿姹女，交亲须藉黄婆。

三十三

众生如未成佛，终不取此泥团。此道殊途一致，老子即是瞿昙。

三十四

如来教俱絺罗，冥心观鼻端白。消息身心内明，圆通斯为第一。

三十五

足忘腰忘心忘，一性湛然常寂。颜回能忘所忘，所以能适其适。

三十六

短命死非不幸，定是脱壳神游。故虽天纵将圣，须让他出一头。

三十七

钟离灵宝毕法，修真直至超升。谆谆明告学者，只患人不能行。

三十八

学者必求名师，名师世间难遇。修行若是到时，神仙自来济度。

三十九

陈抟神超形悴，于世功行未圆。蓬莱云归独步，直须行满三千。

四十

学人慎毋贪睡，梦中引入诸邪。若要真元不散，钓出心中毒蛇。

四十一

学道不必贪多，勤心拳拳守一。灵源志中有云，得了善时勿失。

四十二

知寒先须著衣，觉煖渐次解脱。坐避湿气贼风，食忌生冷硬物。

四十三

纯阴无阳曰鬼，纯阳无阴曰仙。吕公号纯阳子，所以得成其天。

四十四

大道如行正路，冥行或入多岐。摄汝神将来舍，无空未免勃蹊。

四十五

挟勇必有机心，能定而后能应。用志不分凝神，尽性以至于命。

四十六

达理必明于权，无权徒执厥中。圣之慎其可与，能权万法皆通。

四十七

陋巷不改其乐，不违终日如愚。离形超然自丧，是名列仙臞儒。

四十八

学人要明真一，先须识取根元。根如木之根本，元如山顶昆仑。

四十九

阳龙气中真液，阴虎液中真气。两者交通成和，结成真胎赤子。

五十

两个壶中一景，倒拽九牛上岭。上得岭可长生，失脚向门前等。

五十一

金风吹坎中阳，此是妙道出处。有人二百余岁，至今行此一句。

五十二

通天地人曰儒，固要贯通佛老。吕公亦是同人，读金刚经悟道。

五十三

成就金刚种智，其经秘密甚深。昔人只悟一句，无所住生其心。

五十四

任意常在丹田，温温保养下元。别无施为作用，任者任其自然。

五十五

学人要净三业，如龟藏护六根。定中水火如透，此真真外无真。

五十六

形炼气气炼神，道集虚虚生白。上下天地同流，妙用六通四辟。

五十七

十二玉楼申虎，九重丹阙庚龙。天光透昆仑顶，罔象入水精宫。

五十八

清净无中既无，圆觉幻灭亦灭。超然与道合真，即是见性是佛。

五十九

父泥丸母雌一，能守一万事毕，元炁如如不动，何劳咽漱呼吸。

六十

太上道一而已，如来余二非真。识取本来面目，大患为吾有身。

六十一

玄牝之门甚秘，橐籥造化胚胎。明知不是口鼻，高尚勇猛踏开。

六十二

偃月炉最难寻，高尚曾有此句。只在此个山中，云深自不知处。

六十三

潜神游方之外，自在与天为徒，浪说九年大妙，都来片饷工夫。

六十四

内丹须炼外丹，二者不可偏废。丹成更积阴功，此人必定住世。

六十五

睡则玉女分胎，起来鳌鱼摆尾。炁定真息乃长，鉴明尘垢不止。

六十六

西山有会真记，分别龙虎阴阳。五识五补妙诀，学者请细消详。

六十七

以阳养阳尚易，以阴炼阳甚难。开天门闭地户，冲夹脊透双关。

六十八

道高则轻富贵，心净可学神仙。人我浪争客气，逍遥自养长年。

六十九

专意积精适神，无使思虑营营。虚无自然生道，真静永保长生。

七十

有动不动中动，有为不为中为。形端而表自正，德全其神不亏。

七十一

至道大不容声，造形悟而默识。入于不死不生，浩劫天地为一。

七十二

象为无象之象，体乃无体之体。存则百骸俱生，亡则九窍皆死。

七十三

天地万物之盗，圣人能明盗机。害生恩恩生害，要在审察其宜。

七十四

悟藏谷俱亡羊，掉史跖均失性。藏乎无端之纪，调以自然之正。

七十五

日损损之又损，资深深之又深。灵台无事生定，切忌劳形悚心。

七十六

后醒当惩前醉，今是因悟昨非。我生自有性命，何人与论真机。

七十七

至道窈窈冥冥，冥冥中独见晓。人皆背觉含尘，谁肯回光返照。

七十八

由戒定生智慧，自小成入大成。悟太一含真炁，知肘后飞金精。

七十九

上下三宫升降，收敛五炁同归。金乌搦得玉兔，龟儿变作蛇儿。

八十

乾以健而左旋，坤以顺而右转。八卦九九循环，志满神光自现。

八十一

尝闻知者不言，吾今岂曰真知。多言哓哓不已，姑为学者指迷。

西岳窦先生修真指南

无知子问林屋逸人曰：虽知道在虚无之中，而未识虚无之境，人居生死之内，而未审生死之门，欲愿明其理以指示，仍使后学以闻焉。

逸人答曰：求虚无者当须内观，求于外者去道远矣。我尝念昔有五公子问太上虚无之地，太上曰：虚无之地有五，城门者，乃子五指间也；负重之国者，两脚也；轻庭之屋者，两膝也；无极外国者，两胁也；无极自然之国者，脐也，太清虚无之屋者，腹也。青龙白虎朱雀玄武者，大小肠胃也。东方甲乙木者，肝也；南方丙丁火者，心也；西方庚辛金者，肺也；北方壬癸水者，肾也；中央戊己土者，脾也；十二国者，两手十二经脉也；九重之台者，咽喉也；天公当门而坐者，舌也；二十八元士者，齿也；日月在两边者，两目也；天门地户者，两耳也，松柏河水之间者，眉也；上有盘石广大者，额也；修真之士思惟神气出官者，出身中之神也；三五功曹者，三岛五灵宫神也；五体真官者，五体神也；五气君者，五藏神也；左右官使者，两脚也；左右捧香侍者，两手大指也；传言玉女者，小指也；五帝直符者，五指也；三十六人出者，出身中十二宫室二十四气神也；三气正神者，神及气与形也。

故形非神不安，非气不行，气非形不立矣。

四海者，心为血海，肾为气海，脑为髓海，脾为五谷之海也。五湖者，五藏各有液，所主之位东西南北中是也。九江者，小肠上下有九曲也。顶曰上田，心曰中田，肾曰下田，即三岛也。阆苑，即根源也。华池在齿舌之间，元潭在小肠之下，瑶池出丹阙之前，昆仑上接玉京，天池正充内院，凤池则心肺之间，玉池在唇齿之内。神水生于气中，金波降于天上。赤龙住处，自有琼液玉泉，偃月曲江，皆是左右两目，鹊桥正属鼻梁，解脱楼乃同泥丸，欢喜楼人中即是。如此名号，未可备陈。

凡人之生也，初父与母交精血，造化而成于形。若父精先进，母血后行，则血包精为男，乃先生其右肾，故属阳，应日主三魂降精气赤而镇丹田，故命脉在右手之尺部也。若母血先进，父精后来，则精裹血为女，即先生其左肾，故属阴，应月主七魄降真气黑而镇子宫，故命脉在左手之尺部也。男子先生右肾，右肾生脾，脾生肝，肝生肺，肺生心，心生小肠，小肠生大肠，大肠生胆，胆生胃，胃生膀胱，膀胱生左肾，左肾生三焦，三焦生三元（女则胃生三焦，三焦生右肾，右肾生膀胱，膀胱生三元），三元生八脉，八脉生十二经，十二经生十五络，十五络生一百八系络，系络生一百八十五孙络，孙络生一百八十五湟络，湟络生三百六十五穴，穴生三百六十五骨，处胎十月而生。

始者一月为胞，精血凝也。二月为胎形，兆胚也。三月阳神为三魂，动以生也。四月阴灵为七魄，静镇形也。五月五行分五藏，以安神也。六月六律定六府，用滋灵也。七月七精开七窍，通光明也。八月八景神具降，真灵也。九月宫室罗布，以定精也。十月气足，万象成也。内有五藏，外应五行。经曰：受胎之初，所生二肾，左为玄，玄以升气，上传于肝；右为牝，牝以纳液，下传膀胱。玄牝本乎无中来，以无为有，乃父母之真气纳于纯阴之地，故曰谷神不死，是谓玄牝，玄牝之门，可比天地之根。自肾而生五藏，六府存焉。肝曰青龙木，在左，无英居焉，制三魂也，其气从脊膂左畔上入眼，化为泪，名真木，余气流入上腭左畔，名玉液也。肺曰白虎金，在右，白元居焉，制七魄也，其气从脊膝右畔上入鼻，化为涕，名真金，余气流入上腭，名金液也。

心曰朱雀火，在上，司命居焉，纳生源也，其气从胸前左畔上入舌，却入心，化为血，名真火，余气流入舌下左畔，名神水也。肾曰玄武水，在下，桃康居焉，保精根也，其气从脾右畔上入耳，化为耳塞，却下肾名，真水，余气流入舌下右畔，名华池也。脾曰勾陈土，处其中央，长生大君居焉，其气从脊右畔上来入脑，化为涎，名真土，余气流入唇颊内，名玉池也。

经曰：眉下五轮全在定中起。五轮者，眼也。有血轮、气轮、水轮、金轮、瞳轮，谓主息入定中作也。真人曰：定中运水火于目中也，故崔公以眼为镜，要得之五力。乃大道之源，皆在眼力也。白睛属肺，赤脉属心，黑睛属肾，脸黄属脾，中有一点莹明者，属于肝。五藏精元聚在于眼也。五藏气全，则有五色神光，五藏怀宝，则眼内视真景，明如白昼。五藏衰则神光不明，五藏绝则神光落而死矣。又曰：眼为金刚之门，鼻为炉灶炼金之门，户鼻乃主息出入，为气本由橐籥也。金刚乃元神也，出入眼中，能内视久视则长生矣。金公者，肺中唾；姹女者，心中血也。婴儿者，肾中精也；黄婆者，脾中涎也；七宝者，神气脉精血唾水也。亦为七返真制。先令一身滋润，然后能生水，水盛能生唾，唾盛能变血，血盛能炼精，精盛能补脑，脑盛能壮气，气盛则神全矣。

人之一躯，以应五行生成之数。心之上曰九天，肾之下曰九地，肾到心八寸四分，心到重楼第一环到顶八寸四分，则曰泥丸绛宫，太一帝君居焉，总众神也。自肾到顶凡二尺五寸二分，计八十一丈元气，以应九九纯阳之数。凡一昼夜，漏水下一百刻，每一刻折六十分，共六千分，每一十分人息之出入有二十二息半。凡百刻之中，天左旋而地右转，人之气血以合三才，荣卫皆通天地之正气。一呼一吸，谓之一息，经络开辟，呼吸往来，昼夜之间，有一万三千五百息，呼吸皆等。所呼者自己之元气，从内而出；所吸者天地之正气，自外而入。根源牢壮，元阳无损，呼吸之间可夺天地之正气矣。

清者荣而浊者卫，悉乃流通；横者络而纵者经，尽得舒畅。然后寒暑不能侵，劳苦不能害，体强而骨健，气爽而神清，常为不老之人，永保无疆之寿。真龙真虎者，坎离也，心肾也。龙虎交媾，以炼金丹。《天宝内经》曰“婴儿姹女，炁合黄庭”者，是也。以至功成行满，则为神仙，长生不死之道矣。

白鹤山至一真人崔希范天元入药镜

余少游云水，曾遇至人论养生之术、修龙虎之要，须知三川福地，异境灵坛，苦历烟霞，巡诸圣迹，每将接道之侣，互认必同。余虽未亲鼎炉，略启玄奥，撰天元之秘法，显龙虎之妙道、铅汞之根源。好道同流，幸垂一览。

原夫大朴既分，炁（一本作“气”）降万物，系乎生死。死者未明生，生则形存，死则亡躯。存亡可舍，与道合真。生乎神，驭于精，而盛于物。物之最灵，唯其人也。

身者乃神化之本，精于人也若水浮航，炁于人也如风扬尘，神于人也似野马聚空。水涸则航止，风息则尘静，野马散而大空长存。精能固物，炁能盛物，精炁神三者，心可不动，其变化也，外忘其形，内养其神，是谓登真之路。嗜欲纵乎心，孰能久去？哀乐伤乎志，孰能久忘，思虑役乎神，孰能久无？利禄劳乎身，孰能久舍？五味败乎精，孰能久节？酒醴乱乎精，孰能久绝？食佳肴，饮旨酒，顾以姝丽，听以淫声，虽精炁强而反祸于身，耳目快而致乱于神。有百端之败道，无一芥而（一本作“之”）希真，安有养身之验耳。

夫学道者，外则意不逐物，内则意不随心乱，湛然保于虚寂、造乎清净之域。譬如起屋之劳，假一息之形炁，尚稣神归其清，而况契于道、保真丹所哉。嵇康谓：仙必可力致而学得，在乎禀炁之自然也。如蝉蜕空，坐忘尸解，投胎夺舍之法，铅汞之精，坎离之妙，御风逐雨，飞凫步水之徒，轩辕化龙而出世，秦人驾凤以冲虚。学而然后为神仙者，古今有也，岂为无术而致神仙者也？

生于方内，知而有神仙仪，及于方外之士者，贤人也，远人也，志人也。学而不已曰贤，贤而不已曰圣，圣而不已曰神，神而不已曰廓然。冲乎宇宙之外，出乎天地之间。阴阳外合则生乎形，内则生乎神。心为神主，无幽不烛，无滞不通，守默定心，心定则炁和，炁和则精凝，精凝则神灵，神灵则通真。夫寝者有梦，则神尚役其所，既劳心归所思，梦寐之间，心如得其自然安静，元炁降而偶合冲虚之理，是谓至人无梦也。

夫养内丹者，身法乎鼎，精炁像乎铅汞，坎离像乎水火。神明为体，状乎变化之灵，久而精妙于炁，神灵于精而脱于形体者，类兹铅汞浮沉也。心去火者，炁也；炁者，命也，得之于心而失之于心也。火者，生死之命也。心者亡精动炁之时，事保于清净也。人之养丹，如龙之养珠，如孕妇养胎，举止护持，恐有所伤，待其功成，内事验，丹之力。若乱心败炁，劳体伤神，渐而耗散真胎。老子所谓如持盈满之器，一心内觅，无令外求。

日月者，天地至精；坎离者，人身大药。故圣人密外而知内，以明神变之功。蚌胎兔孕，犀角鹊枝，鸳颈鳖影、螟蛉之子，而蜾蠃祝之，炁不交也，精不接也，存之于心，而通于神也。故《易》云“寂然不动，感而遂通”，非天下至精，孰能与于此？必可名状。至于犬马之贱，尚知有玄关之要，有心定志，脱质遗形，况于灵乎万物者，治养生之术，长生久视之法，希夷自然之理耶？

至于刻骨洗心视金石之志，隆师亲友，不限贫贱富贵，荣辱是非，不侵世务，顷刻之间，敢忘于道？细行不遗，终累大德。决取神仙，非定志不能大德。得哉至言。皇天无亲，惟德是辅。

内丹之图于后，唐庚子岁望日至一真人崔希范述。

坎离交媾之图

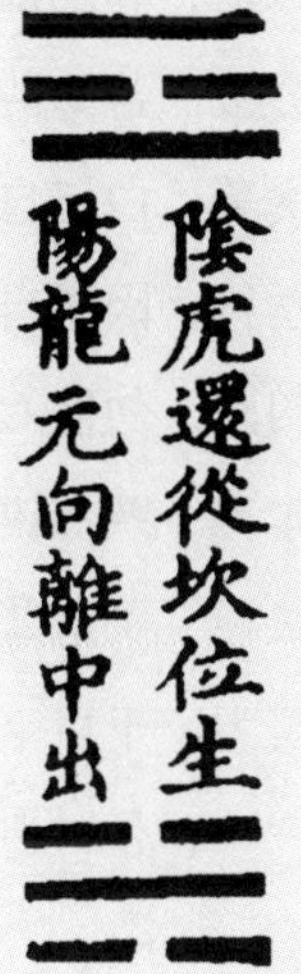

劝道歌

虚靖先生《大道歌》，司马子微《坐忘歌》，何仙姑亦作《证道歌》，其言深切著明，有补于世，予因拾神仙之遗旨，作《劝道歌》，普劝修真，同证大道。至游居士曾慥书。

乱性多因纵酒，损真慎勿伤茶。
太饱难于克化，饥时频吃些些。
知足可以常足，无思自是无邪。
若爱清虚恬淡，何羡富贵荣华。
天真自然炉鼎，赤水种就黄芽。
百病生于元炁，一顶要聚三花。
妙用六通四辟，循环运转河车。
大道本来平易，学流浪自波查。
三教元无二道，和同都为一家。
爱河岂有穷极，苦海浩无津涯。
奈何迷痴贪著，白玉自作疵瑕。
不积涓埃功行，因循自满恒沙。
幸有超脱门路，勿使六贼邀遮。
回机便同本得，熟炼铅汞丹砂。
决定长生久视，平地紫府烟霞。
登山各自努力，千里毫厘不差。
莫待腊月三十，是时追悔怨嗟。

次韵劝道歌

王承绪

养疾扶衰在酒，

解：养病（一本作疾）扶衰，固神养炁，酒为百药之长。

清神爽气唯茶。

解：茶味清神爽气，勿令损气。本草图经。

素淡之食加倍，五腥之味减些。

解：《黄庭经》曰：五味外美，邪炁腥臭。升神明，胎炁零。

保养元和正炁，无病可却百邪。

若要跳出生死，先须识破浮华。

四兽分为四象，

解：青龙、白虎、朱雀、玄武。

五炁产出五芽。

解：五芽者，五藏真炁。

鼎内炼成大药，目前自现金花。

解：毕法曰：金液既成，自现金花。

按日循缘八卦，随时般运三车。

解：小河车、大河车、紫河车。毕法。

既悟火枣无核，莫使交梨有查。

既曰三山有侣，自知四海无家。

解：此二句全是海蟾语。

云水千重活计，松萝万顷生涯。

朱橘合真有象，

解：毕法曰：形若弹丸，色如朱橘。

元珠耀彩无瑕。

结庵曾栖草观，

解：钟离在终南山草楼观结庵三十年。

化胡远度流沙。

解：老君西升以化胡人。

有一门庭可入，都被尘网相遮。

仙骨换却俗体，

解：吕公曰：乞与贫儒换仙骨。

真汞休认凡砂。

解：平叔曰：有人要识真铅汞，不是凡砂俗水银。

忽化何须出壳，

解：吕公不出壳，化火龙飞去。

久行必定飞霞。

解：《黄庭经》曰：必久行之飞若霞。

神仙亲传秘诀，

不得时刻有差。

解：毕法曰：以时行法，以法求道。

迷徒不肯留意，端坐待尽可嗟。

解：承绪，字绍之，儒学登科，为夔州教授。少得吞日精月华之术，后悟道，年八十余。康强如壮时。此歌可知其为人。绍之，洛州人，蔡疑榜。

绍之教授见和《劝道歌》深明至理复歌元韵

曾慥

饥餐不嫌恶食，薄酒胜饮酽茶。享用虽有分量，何似惜福留些。
气和自无诸疾，心正可辟众邪。日夜抱元守一，朝昏含英咀华。
阴魄都齐消灭，阳光内现萌芽。此是真如般若，无非翠竹黄花。
渊澄似开明镜，默运如转缫车。常珍嗜脍与炙，异味屏梨与查。
九还七返成道，十洲三岛为家。但使凡心去尽，方验吾生有涯。
超然离形释智，涣若荡秽涤瑕。大道分明直截，多岐委曲周遮。
学而不断贪欲，辛苦作饭蒸砂。穷年系风捕影，难将种玉餐霞。
大成是为究竟，入处各有等差。一朝火龙透出，举世仰望咨嗟。

承绪再用前韵

气壮何须饮酒，睡少不必啜茶。

一点清虚有味，六尘离著无些。

阳藉三魂作主，阴藏七魄为邪。

解：毕法曰：三魂为阳藉常数，令人生，七魄为阴藏常数，欲令人死。

运化常随北斗，采真默契南华。

解：《南华经》曰：是谓采真之道。

性明养道无损，心地种丹有芽。

荫仗长春琳干，

解：《黄庭经》曰：万木有条可荫仗，俞其成七宝身也。

香闻不谢天花。

解：出《老子太清经》。

撞开内院金虎，

解：愚曰：归内院。

烧透昆仑火车。

解：西华夫人曰：运火车烧透昆仑。

九醖斟酌不尽，

解：《中黄经》曰：上（一本作主）生有九醖仙醪，斟酌不竭。

三桃咀嚼无查。

解：王母仙桃、碧玉桃、蟠桃。

玄鹤飞来作伴，白云深处为家。

超出迷津有数，沉沦苦海无涯。

功成自然多验，行满谁指纤瑕。

取玉皆因剖石，求金亦自淘沙。

得上十洲路去，自有五彩云遮。

解：蓬莱、方丈、瀛洲、美蓉、阆苑、瑶池、赤城、玄关、桃元、紫府。①

既悟神炉有药，何劳九鼎飞砂。

解：男子为神炉，女子为金鼎。

---

① 一本作：祖洲、嬴洲、玄洲、炎洲、长洲、元洲、流洲、生洲、凤麟洲、聚窟洲。

有志嗽[①]泉枕石，甘心钓月栖霞。

小法千门甚众，

解：毕法曰：旁门小法，不合大道。许真君曰：三千六百法。

直路一条不差。

解：平叔曰：一条直路上天堂，别有门庭终皆会。

若不速修下手，树枯空有呼嗟。

解：《黄庭经》曰：叶去枝枯失青。又如人津气既衰形必瘁。

愷三用韵

休夸饮一石酒，莫羡吃七碗茶。

三杯可通大道，食后漱齿呷些。

解：东坡云：食后以茶漱齿，肥减茶去而脾胃不知。

五气收归丹灶，一念不涉诸邪。

盎盎精神满腹，恂恂悃愊无华。

三田灵芝发秀，九畹兰茁其芽。

玉池充溢肥水，

解：《黄庭经》曰：玉池清水上生肥。

紫云盖覆黄花。

解：李仙君诗云：黄花生紫云。

上关下关紧闭，天鼓振响雷车。

日啖青精香饭，不食苦李生查。

纷纷旁门小法，籍籍诸子百家。

---

① 嗽：手本作“漱”。

游心在方之内，望道眇天一涯。

畴能超然了悟，纯全其德不瑕。

用之宝如金玉，不用弃若尘沙。

解：《神仙论》云：用之如金如玉，不用如泥如土。

明镜本来无垢，拂拭勿使尘遮。

留侯何用辟谷，勾漏徒访丹砂。

温温尺宅光透，红潮舒散绮霞。

三千功圆行满，靡有毫发过差。

直上清都绛阙，群仙指点兴嗟。

承绪三次韵

少斟朱博案酒，

解：前汉朱博，案上不过三杯。

罕烹陆羽神茶。

解：陆羽，茶神。

肠瘦如绳有验，

解：道人之肠如绳，真炁充，食自减，肠自缩。

心炽似火无些。

解：不能堕心火，则炽而与物争。

一气常通九窍，

解：一窍气不通即病。

百骸莫受百邪。

解：八方邪炁。

当使寒灰复焰，

须令枯木生华。

解：返老还童。

除欲要固命蒂，

解：真精为命蒂。

绝爱自长道芽。

解：虚则道生。

既悟无中有物，

解：老子曰：恍兮惚兮，其中有物。

自然水里开花。

解：西华曰：水中花发四时香。

但取离宫凤髓，

解：吕真人诗曰“下用南方赤龙髓”是也。

休随门外羊车。

解：莲经曰：羊车、鹿车，今直门外。

别法鼎器多病，

解：鼎有十法。

自家园果少查。

解：平叔曰：似何家园下种栽果，成当自绝[①]真胎。

得道实无所得，

解：老子《清净经》曰：虽名得道，实无所得，为化众生，名为得道返本。

---

① 绝：手本作“结”。

出家不在离家。

解：每意未绝，虽离家尚俗。若诸念断，若在家犹出家也。

返本不出身内，谩忙徒走天涯。

解：施真人诗曰：世上[1]谩忙人谩走，不求自己别求难。

性根本来无累，

命宝元自绝瑕。

解：平叔曰：命宝不宜轻弄。

炼丹须凭玉洞，

解：玉洞、玉峰。

得药号曰金沙。

解：有金沙鼎。

奥旨宜宗老氏，顽空休泥卢遮。

解：毗卢遮那，佛语。

若欲炼形成气，须教变汞为砂。

解：毕法曰：炼形成气乃为地仙。又曰汞变而为砂，铅变而为金丹。

通玄前有黄谷，

解：黄帝遇黄谷子，谷子曰：别有通玄之语。

修真别有青霞。

解：青霞子得道，垂诀千世。

子细推穷二教，长生寂灭有差。

解：道、释。

---

① 世上：原刻无此二字，据手本补。

焚身妄求舍利，七宝坏却堪嗟。

解：人禀七宝身。

通判夔州军州事郭邛次韵

保形保生保命，戒色戒酒戒茶。

夜气若要长在，晚食尤宜减些。

养心莫如寡欲，存神须是闲邪。

辨得天清地浊，吞取日精月华。

寒灰便可发焰，枯根立得生芽。

学者舍本逐末，病眼执着空花。

罔穷圣道一辙，徒诵丹书五车。

正似炼金和矿，何殊嚼蔗吞查。

不知达人到此，元始浩劫为家。

燕坐能事毕矣，已遍海角天涯。

鉴明不受微垢，玉洁靡见纤瑕。

视轩冕如桎梏，弃财宝若泥沙。

曲江一轮秋月，岂容雾掩云遮。

盘旋火龙水虎，和合阴汞阳砂。

真身自然腾化，驾凤高凌紫霞。

哀哉旁门小法，作用千种参差。

个个辛苦无成，临老空自悲嗟。

至游居士曾公临江仙词

子后寅前东向坐，冥心琢齿（三十六通）鸣鼍（鸣天鼓三十）。**托天**（三次，每次行嘻字气）**回顾**（握固按腿，左右各三，先右次左，左行嘘字气，右行呬字气也）**眼光摩**（挫按手摩眼七次，闭目转睛七次，以中指节捻太阳三十六）。**张弓**（左右二三十挽，每次行呵字气）**仍踏弩**（左右各三次，每次三挽七踏，行呵字气），**升降辘轳多**（左右运转辘轳三十六，行吹字气）。**三度朝元**（三次，每次按腿闭目咽气，名为朝元，每次行吹字气）**九度转**（想气自丹田转九交），**背摩**（盘足闭气，搓手热摩擦肾俞上下，行吹字气）**双摆**（按腿瞑目闭气，三[①]右摇摆身不限数，名鳌鱼摆尾，行呵字气）**扳**（舒脚以手，低头扳脚，行呵字气）**拏**（跪膝反手左右拏脚跟三次，每次行呼字气）。**虎龙交际咽元和**（以舌搅取津满口嗽三十六，一气分三咽，想至丹田中，如此三遍，行吹字气），**浴身**（鼻引清气，闭住，搓、按两手极热，遍身擦，令微汗出）**挑甲罢**（左右臂举手齐发，遍挑十指甲，不限数），**便可蹑烟萝**（凡行吹肾呵心嘘肝嘻三焦呬肺呼脾六字，不可令耳闻声。出气欲细而长。凡行持，皆闭气，行持罢方吐气出，呼所行字）。

钟离先生八段锦，吕公手书石壁上，因传于世。其后又有窦银

---

① 三：手本作“左”。

青八段锦与小崔先生《临江仙》词，添六字气于其中，恨其词未尽。予因择诸家之善，作《临江仙》一阕，简而备且易行，普劝遵修，同证道果。绍兴辛未仲春至游居士曾慥记。

满庭芳

何钽翁

二气旋还，三宫升降，往来于是无穷。透关神水，铅汞过三峰。返复周流八脉，戊己炼，阴虎阳龙。凝情处，金光朗朗，身外见形容。

灵光，真造化，天机深远，推测难通。算利名酒色，恰似秋风。大道玄炉进火，三田内，养出神功。功成后，金书来，诏平步赴瑶宫。

永遇乐

（四首）

世间有道人，以旁门小法迷误学者。有二三名公自云：人生岂不擘画，得活数百岁。为房中术，自以为莫己若，桶底一旦脱去，性根堕落，追悔何及？东汉载冷寿光学容成公御妇人法，年可百五六十岁，须发尽白，而色理如三四十时，亦不免于死。寿光尚尔，况不及寿光者乎？予作永遇乐四词，因劝世人回光返照，直深戒为容成之术者，庶几觉悟，聿修清净无为之地，方为究竟。

一

个个修行，人人咽纳，谁悟真道。曲径多岐，旁门小法，误了人多少。容成岂是，神仙究竟，采药谩多炉灶。忽一朝，脱却桶底，性根坏倒。

争如内观，无为清净，学取本来庄老。匹配阴阳，抽添铅汞，八卦为端表。人生如梦，流年似箭，回首也须闻早。贪迷恋，春花秋月，甚时是了。

二

万法由心，应观法界，一切心造。老子瞿昙，同归去揆，不离心是道。自从识得，坎离交济，炼药粗知昏晓。云腾雨飞，蟾宫兔走，丹阙更无烦恼。

气中真液，液中真气，和合不多不少。种出黄芽，炼成赤水，龙虎交围绕。九还七返，工夫到后，还我旧时年少。待三千，功圆行满，恁时是了。

三

学道修心，存神炼性，直要轻举。补脑还精，流水不腐，户枢终不蠹。日魂月魄，抟归炉鼎，真炁自然留聚。把心猿缚住，意马追回，迥无尘虑。

定中明有，阳龙阴虎，水火透时为度。八段奇文，千口活法，向上有一路。吕公高尚，未离人世，有分也须相遇。约十洲三岛，骖鸾跨鹤，大家同去。

四

养水养精，养神养血，先须养气。日月阴阳，六爻八卦，细看参同契。灵躯灵宝，千言万语，不过坎离两字。向昆仑岭上，返本还元，要明终始。

一身虽小，如同天地，八万四千余里。玄牝之门，生生万化，都在冲和内。此真真外，别无真谛，方信道一而已。异时见钟吕，如有未明，请师指示。

渔家傲

（四首）

一

至道不遥只在迩，毫厘差失如千里。道是难来元却易。如相契，一超直入如来地。

水火交时为既济，三尸六贼都回避。只此长生仍久视。身口意，化成一点冲和气。

二

神是性兮气是命，神不外驰气自定。幸有崔公入药镜。如究竟，全真固蒂归根静。

主客内明方外应，灵台粲发天光莹，两个壶中一片景。急修省，莫待临渴去掘井。

三

精养灵根神守气，天然子母何曾离，昼夜六时长在意。三田内，温温天地中和水。

十二楼前白雪腻，九宫台畔黄芽遂，日月山头朝上帝。神光起，腾身直出烟霄外。

四

我有光珠无买价，光明常照芝田下。更没之乎并者也。知音寡，世间谁是能行者？

一万精光浑守舍，四百四病都齐罢，透出火龙归造化。回仙驾，更无一点尘随马。

促拍满路花

追和吕先生韵

（三首）

一

抱元能守一，四大自轻安。心中须返照。几曾闲，金乌衔耀，飞入烂银盘。心心心是道，只在心心，更于何处求仙。

又何须衣冕，燕处欲超然。荣华能几日，便凋残。修真甚易，积行累功难。劝君强为善，五浊三途，便为云岛神山。

二

人能常清静，天地悉皆归，一真含众妙。入希夷，昭文不会，气候有成亏。妄心寂灭尽，困睡饥餐，更无作用施为。

自然炉鼎就，光彩透帘帏。玉池神水涌，上生肥。如人饮水，冷暖自家知。自家性命事，自家了得，自家性命便宜。

三

若论修养事，知有几多门，谛当归宿处，是灵源。至真至道，简易合乾坤。坎离并水火，止是筌蹄，粹然一点长存。

个中如荐得，悟了五千言。金晶飞肘后，透昆仑。清江九曲，一棹破烟昏。水击三千里，九万鹏程，化成元是冥鲲。

太上传西王母握固法

正身端坐，想心中红日，轮如钱大。稍暖，从左胁直放下丹田，下左足心，稍暖，又存火从下烧上脐下丹田，渐渐方过右足。又候脚心稍暖，从下发火烧至丹田。便从右胁上过胸，直从降下，直至下丹田。又从下丹田放上心头，照见五藏。此乃上则为降，下则为升，则天地升降之法。便直放下丹田，下膀胱中，穿过尾闾关，凿开双肾，取两道白气，从夹脊直上泥丸，分作三路直上顶门。候囟门稍暖，又想珠从鹊桥内放下口中，慢下放过重楼十二环，到中宫，神水满则分作三口，下中宫。又存膀胱中有黑气一道涌上心头，方闭目收神入中宫，候眼前有报应，或目前如金花，或如白绢队队过，或是满室之光，或是隔窗之光能见小字，就此光中千日之内可出阴神，或乃缘一年七十二候足，便可出神也。

抱一说

道生一，一生水，水生精。精者，一物也。抱一则与精合，脱一则与精离。精生而气全，气全而神全，神所以制魂定魄。精者，天地万物所由生成之，然精常管人，而人常费之，窍漏无度，至于中乾以死，死则非离也非精离之，人自离之耳。庄子曰：不离于精，则谓之神人。故管精则失灵，沉为下鬼矣。而有能全之者，是岂寻常所能至哉。

保精神

精者神之本，气者神之主，形者神之宅也。故神太用则歇，精太用则竭，气太劳则绝，是以人之生者神也，形之托者气也。若气衰则形耗，而欲长生者，未之闻也。夫有者因无而生焉，形须神而立焉。有者无之馆，形者神之宅也，傥不全宅以安生，修身以养神，则不免于气散归空，游魂为变。方之于烛，烛尽则火不居，譬之于堤，堤坏则水不存矣。身劳则神散，气劳则命终，形瘦则神毙，神毙则精灵游矣。已游者无返期，既朽者无生理，故神者魂也，魄者阴也，神能服气，形能食味，气清则神爽，形劳则气浊。服食者千百不死，故身飞于天；食谷者千百皆死，故形归于地。人之死也，故形归于地，人之死也，魂归于天，魄落于泉。水火分散，各归本源，生则同体，死则拍捐，飞沉各异，禀之自然。行者譬如一根之木，以火焚之，烟则上升，灰则下沉，亦自然之理也。夫神明者，生化之本；精气者，万物之体。全其形则生养其精气，则性命长存矣。

三茅真君诀

神养于气，气会于神，神气不散，是谓修真。子不离母，母不放子，子母共守，长生不死。

吕真人小成导引法

凡欲修养，须净室焚香，顺温凉之宜，明燥湿之异。每夜半后生炁时，或五更睡觉，先呵出腹内浊气，或一九止或五六止，定心闭目，叩齿三十六通，以集心神。然后以大拇指背拭目，大小九过，兼按鼻左右七过。以两手摩，令极热，闭口鼻气，然后摩面，不以遍数，为真人起居法。次以舌柱上腭，嗽口中内外津液满口，作三咽下之，令入胃存，胃神承之，如此者之作是三度九咽，庶得灌溉五藏，光泽面目。此虽旁门，亦极有力，不可轻忽。

存想咽气

下丹田，在脐下三寸近，后有二穴，通脊上泥丸宫，每之连咽，速存下丹田，所纳得元气，以意吹之送之，令人二穴。因闭目想见两畔白气夹脊，历二十四节，过三关，双引直上入脑。泥丸宫，谓之上丹田，熏蒸诸宫，森然遍入毛发面部须、擘手指一叶而下入胸中，至中丹田。中丹田者，心也，想气灌溉五藏，仍历下丹田达涌泉穴。涌泉者，足心也。所谓郁蒸肌肤，通帖首脉，分一气以理之，鼓之以雷霆，润之以风雨之类也。亦犹天地有泉源，非雷霆动作，则无以润万物。人身上有津液，非灌漱则无以滋五藏，发光彩，还精补脑。不死之道名内药，非吐纳则不能引而用之，是知回环之道，运用之理，盖所以法天而象地。想身中浊恶凝滞，邪气瘀血，皆被正气荡涤，从手足指端出，谓之散气，则展手指，不须握固。如此一度，即是一通，通则无疾。复调之使平，复鼓咽如前也。闭气鼓咽至三十六，谓之小成。若未绝粒，理且至此，常须少食，令腹中旷然。无问坐卧，但腹中空则咽之，一日通夕至十度，自然气通。至三百六十咽，谓之中成，至一千二百咽，谓之大成，是谓大胎息也。如小胎息，但闭气，数止一千二百，亦谓之大胎息。若不能炼形易骨，纵得长生，兀然同枯木，无精光也。

明耳目诀

常以手按两眉后小穴中，三九过，又以手心及手指摩两目颧上，以手旋目行三十过，唯合数，无时节也。毕辄以手逆乘额三九过，从眉中为始，乃止入发际中。口咽液多少无数也。如此常行，耳目聪明。

养生延寿论

一日之忌，暮无饱食。一月之忌，暮无大醉。一岁之忌，暮无远行。终身之忌，暮常护气。久视伤血，久行伤筋，久卧伤风，久立伤骨，久坐伤肉，久语伤气。多思则神怠，多念则志散，多事则形劳，多语则气急，多笑则伤脏，多愁则心颠，多怒则伤脉，多喜则伤血，多乐则气溢，多好则迷乱，多恶则憔悴。夏不极凉，春夏卧东首，秋冬卧西首。

先饥而后食，先渴而后饮。太渴气不行，太饥气不藏，太饱伤肺，太饥伤气。鼻多引气，口微吐气。枕不欲高，唾不欲远。人欲劳，不欲大疲。春夏脑足俱冻，春夏早卧，临起欲出气少，欲入气多。秋冬温足冻脑，行走功语则失气寝食不语语则伤脏春不可薄衣，令人伤寒霍乱，不消食头痛。

春冬未半，衣欲下厚而上薄，春冬之初，皆服一服转泻药，则不染天时之气。冬月天地闭，血气藏，人不出汗发泄，阳气损人，每旦夜令人搯脊？及捻四肢头项，无时行之，疾不能染矣。旦朝以两手相摩令热，尉脊三次，且语勿唾，先叩齿二七次，方起琢齿一七次。如此者乃名炼精。

且未起，漱津令口满，力吞之，且起，洗面勿开目，令人失明，目涩多泪。凡食讫，以手摩面，令津液通流。凡饱，食欲少，而数令饥，饥中饱，饱中饥，凡食讫，忽精思营为苦事，促寿。湿衣汗衣，不可久着。

凡心有爱，不用深爱，（不）用深憎，并伤神损寿。三十以下勿食补药，四十以上勿食泻药。人患热者，大吹五十遍，细吹一七遍。人患冷者，大呬五十遍，细呬十三遍（乙言吹呬等字，并以须声，气似字）。发（血穷也千梳，以理血气也）、茎（髓穷也善固，以益其髓也）、耳（肉穷也，数揉拔，以实肉也）、舌（气穷也少语言，以养气也）、齿（骨穷也，数叩琢，以坚其骨）、鼻（常去其中毛，谓之与通天气）、爪（筋，穷也勿数剪，以全其筋气也）。寒食伤肠，热食伤胃。春夏可以居其山，高明，故顺气而疾不生也。

纳津法

以舌柱上腭，觉口内外液自生，嗽满咽会神口，凡纳时，正坐存心，下有一孩开口，方致之。

天地交神论

夫道者虚无自然，安静无为，岂可学飘风暴雨？而不得长久也？和炁交并而甘露降，万物蠢然而生，乃天地自然之道，以合圣人之机，是长生之本也。夫愚人之性，岂解圣人体道之深机？

恣纵无穷之欲，消磨有限之身，致与大道悬隔，依前不免轮回，迁躯换壳，岂不错乎？

夫人身中以心比天，以肾比地，肝为阳位，肺为阴位，心肾相去八寸四分，其天地覆载之间比也。炁比阳而液比阴，子午二时比夏至、冬至之节，卯酉二时比春分、秋分之节，以一日比一年，以八卦时比八节。子时肾中炁生，卯时炁上到肝，其炁旺阳升，以入阳位，春分之比也。午时炁到心，积气生液，夏至阳升到天而阴生之比也。午时炁中液生，酉时液下到肺，其液盛阴降，以入阴位，秋分之比也。子时液到肾，积液生气，冬至阴降到地而阳生之比也。日月循环，周而复始。

若能保养内守，无损无亏，自可延年。夫积阴，阴过则露为霜而雨为雪；积阳，阳过则雾为烟而云为霞。阴中伏阳，击搏而生雷霆。阳中伏阴，其坚固而生雹霰。阴阳不合，相对而生闪电。阴阳不正，乱交而变虹霓。

天地运化，五行后立，成万象之初形，化四生之体。择其中胜达，莫若于人。志能学于先贤，可以增于命禄，乃依经录出。每年回忌之辰，凡一年之中七十二日外，有六日庚申，六日甲子，六日本命，一日生日，可精严记耳为妙。是以诸神拥护，五炁尽惣朝元。凡五辛三厌，不可食之。夫五辛者，曰葱，曰韭，曰大蒜，曰小蒜，曰园荽是也。三厌者天厌雁，地厌黑鲤鱼，及牛与龟鳖，大忌食之，令人病多。凡戊戌、戊辰、戊寅、戊申、戊子、戊午日，并不得烧香。凡日中不得面南小遗，夜间不得面北小遗。

人生天地之间，本终于天寿，若不知回忌之辰，而有万死之因。非天地之所杀，乃人所自杀也。

逐日戒忌之辰

正月

一日，天中节会之辰。

五日，人之五神集聚之日。

七日，真武下降之日。

八日，南斗星君下降。

十三日，三元集圣日。

十四日，三官下界。

十五日，三官朝帝。

十八日，三元内奏日。

十九日，五瘟作病。

二十二日，三尸神上奏福之神。

以上日宜将息。

二月

二日，天正节之日。

六日，中神庆生之日。

八日，真武下降，三元真君朝元。

十五日，玄元道祖圣诞。

春分：二月中气，忌色欲五日。为六气方传二气到肝，忌酒色之事。

三月

三日，玄帝降生之日。

四日，文宣王降生之日。

九日，真武下降之日。

二十一日，天猷下降。

二十八日，东岳圣帝诞日。

以上宜戒酒色。

四月

此月纯阳月，宜戒色一月。

七日，心肾一气拔给之日。

八日，佛生之日。

小满：四月中气，外阳而内阴，三气到胆之时，可以将息，保命长生。

五月

三日，天正节之日。

五日，天毒节日，真武下降。

七日，天地二气感托之辰。

十六日，天地二气交，造化万物之日，最宜忌酒色。

二十二日，中明王生日。

二十七日，天地相杂，二炁分形，大忌酒色。

夏至：人一炁在心，且戒色。

六月

六日，掌府庆生之日，注死之辰，大忌酒色之事。

七日，真武下降之日。

八日，天元甲子将会六下游世界之日。

二十四日，天元甲子朝元，此日宜烧香，夜面对东斗拜。并宜忌色欲。

大暑：六月中气，四炁到胃，且宜将息，可以长生，忌色五日，恐损胃气。

七月

七日，道德腊日，五帝校定生人罪福。真武下降，南斗下降，西斗下降，九天应元保运真君降现，浮丘超应真君上升，王子乔真人飞升，西王母降现，麻姑大仙降现。

十五日，中元令节。天真朝元日。七炁地官主录百司，上诣天阙进呈世人罪福之籍。宜斋戒、烧香、念经，深发善愿，可以超度祖玄，延年益算。

十九日，天猷真君下降。

二十四日，翊圣真君下降，北斗星君出游。

三十日，土府太岁尊神出游，检察人间祸福善恶之日。

以上宜禁忌。

八月

十三日，真武下降。

十五日，太阴朝元之辰，宜守夜烧香。

二十七日，诸佛庆会东海，传经之辰。

二十八日，四天奏事辰，天河归元日。

二十九日，大阴满，月色变形，万物感其阴气，造化之辰。

秋分：八月中气，五气到肺，宜戒色五日。

以上宜禁忌。

九月

三日，五瘟生日，五方五瘟会于广山，此日大忌酒色。

九日，玄帝冲举，点检人间善恶。

十六日，天曹诸司传录生死名姓，宜夜明灯供养。

十六日，日月宫、阴阳宫会合之辰，诸天宿曜上朝元始，分地分各照宫位之辰。北斗天帝下降人间，计算命筭善恶事。备香灯，夜深朝北供养，忌酒色，念经咒一夜，烧香守夜，则万邪不能干矣。

十月

一日，东皇大帝生日。五方五帝奏会之辰。

三日，四海、九江、三元水府诸王、百官龙聚奏水府，宜点夜灯。

六日，天曹诸司，五岳五帝降生之日。

十五日，下元水官下降点检人间善恶，宜烧夜香供养。

三十日，内六阳，外六阴，阴中阴，万物皆死。

小雪：十月中气，六气到大肠，宜忌酒色五日。

十一月

七日，真武下降。

十七日，掠剩相公下降。此日切忌酒食。

十九日，翊圣真君下降。

二十三日，南斗注生、奏生之辰。

冬至日：一阳住在二阴中，切须戒色，不患天行。

十二月

八日，佛成道之日。

十三日，天元太一朝元之日。

十八日，北斗下降人间奏事之日。

二十七日，真武下降之辰。

二十九日，三界上真胜游之日。

大寒：十二月中气，一气在膀胱，且宜忌酒色五日甚妙，若不戒忌，四日必患疾病。

以上日大忌酒食。

六字气歌诀

行持六字气，次第为君歌。

托嘻顾嘘呬，张踏并同呵。

三吹居其中，升降与朝摩。

摆扳呵再咏，拏呼独一哦。

谁知咽复吹，妙理毕陈罗。

大都十二声，五藏可通和。

至游居士座右铭

即心是道，

解：道不离心，与即心是佛同。

以下为基。

解：修养究竟在于还精补脑，当以丹田为基本。故曰高以下为基也。

如人饮水，冷暖自知。

解：三田之内，冷处欲其暖，暖处欲其冷，他人何与焉。独己

自知身，

不愁念起，只怕觉迟。

解：一念起，如速觉寤，即念随觉灭，念捷不自觉悟，即殆矣。

惩忿窒欲，铭诸肝脾。

解：修养所戒者，忿欲二事。损失真炁，其害甚大。惩忿铭诸肝者，以怒属肝也，窒欲铭诸脾，以脾主意也。

咏道诗

九转神精返上元，河车般载运周天。
大道不离方寸地，一条径路过三田。

悟真篇

《悟真篇》五卷，北宋道士张伯端撰。《修真十书》所收为叶士表、袁公辅、无名子等人的注解版本。《悟真篇》对现代内丹学研究产生了深远的影响。首先，《悟真篇》系统地阐述了内丹修炼的理论和实践方法，包括筑基、炼精化气、炼气化神、炼神还虚等修炼阶段，这些理论至今仍是内丹学研究的核心内容。其次，张伯端在《悟真篇》中提出的「性命双修」思想，强调了修炼内丹不仅要炼形，还要炼神，这一观点对内丹学的身心合一观念有着重要的推动作用。此外，《悟真篇》的文学形式，如诗词歌赋，使得内丹学的传授更加生动形象，易于传播和领悟，这对内丹学的普及和发展具有积极意义。

叙

嗟夫，人身难得，光景易迁，罔测短修，安逃业报，不自及早省悟，惟只甘分待终。若临岐一念有差，堕三涂恶趣，则动经尘劫，无有出期，当此之时，虽悔何及？故老、释以性命学开方便门，教人修种以逃生死。

释氏以空寂为宗，若顿悟圆通，则直超彼岸；如其习漏未尽，则尚徇于有生。

老氏以炼养为真，若得其要枢，则立跻圣位；如其未明本性，则犹滞于幻形。

其次，《周易》有穷理尽性至命之辞，《鲁语》有毋意必固我之说，此又仲尼极臻乎性命之奥也。然其言之常略而不至于详者，何也？盖欲序正人伦，施仁义礼乐之教，故于无为之道未尝显言，但以命术寓诸易象，性法混诸微言耳。至于庄子，推穷物累逍遥之性，孟子善养浩然之气，皆切几之。

迨夫汉魏伯阳引易道交媾之体，作《参同契》，以明大丹之作用。唐忠国师于语录，首叙老庄言以显至道之本末，如此，岂非教虽分三，道乃归一。奈何后世黄缁之流，各自专门，互相非是，致使三家宗要，迷没邪岐，不能混一而同归矣。

且今人以道门尚于修命，而不知修命之法理出两端，有易遇而难成者，有难遇而易成者。如炼五芽之气，服七耀之光，注想按摩，纳清吐浊，念经持咒，噀水叱符，叩齿集神，休妻绝粒，存神闭息，运眉间之思补脑还精，习房中之术以至服炼金石草木之类，皆易遇而难成。已上诸法，于修身之道，率多灭裂，故施力虽多，而求效莫验。若勤心苦志，日夕修持，止可以辟病，免其非横，一旦不行，则前功渐弃，此乃迁延岁月，事必难成，欲望一得永得，还婴返老，变化飞升，不亦难乎？深可痛伤。

盖近世修行之徒，妄有执着，不悟妙法之真，却怨神仙谩语。殊不知，成道者皆因炼金丹而得，恐泄天机，遂托数事为名。其中惟闭息一法，如能忘机绝虑，即与二乘坐禅颇同，若勤而行之，可以出定出神。奈何精神属阴，宅舍难固，不免长用迁徙之法。既未得金汞还返之道，又岂能回阳换骨，白日而升天哉？

夫炼金液还丹者，则难遇而易成。要须洞晓阴阳，深达造化，方能超二气于黄道，会三性于元宫，攒簇五行，合和四象，龙吟虎啸，夫倡妇随，玉鼎汤煎，金炉火炽，始得玄珠有象，太乙归真，都来片饷工夫，永保无穷逸乐。至若防危虑险，慎于运用抽添；养正持盈，要在守雌抱一，自然复阳生之气，剥阴杀之形，节气既周，脱胎神化，名题仙籍，位号其人。此乃大丈夫功成名遂之时也。

今之学者，有取铅汞为二气，指藏府为五行，分心肾为坎离，以肝肺为龙虎，用神气为子母，执津液为铅汞，不识浮沉，宁分主客？何异认他财为己物，呼别姓为亲儿，又岂知金木相克之幽微，阴阳互用之奥妙？是皆日月失道，铅汞异炉，欲望结成还丹，不亦远乎？

仆幼亲善道，涉猎三教经书，以至刑法书算、医卜战阵、天文地理，吉凶死生之术，靡不留心详究。惟金丹一法，阅尽群经及诸家歌诗论契，皆云日魂月魄，庚虎甲龙，水银朱砂，白金黑锡，坎男离女，能成金液还丹，终不言真铅真汞是何物色，不说火候法度、温养指归。加以后世迷徒恣其臆说，将先圣典教妄行笺注，乖讹万状，不唯紊乱仙经，抑亦惑误后学。

仆以至人未遇，口诀难逢，遂至寝食不安，精神疲顿，虽询求遍于海岳，请教尽于贤愚，皆莫能通晓真宗，开照心腑。后至熙宁己酉岁，因随龙图陆公入成都，以夙志不回，初诚愈恪，遂感真人，授金丹药物火候之诀。其言甚简，其要不繁，可谓指流知源，语一悟百，雾开日莹，尘尽鉴明，校之仙经，若合符契。因念世之学仙者十有八九，而达真要者未闻一二，仆既遇真筌，安敢隐默？罄所得，成律诗九九八十一首，号曰《悟真篇》。内七言四韵一十六首，以表二八之数，绝句六十四首，按《周易》诸卦，五言一首，以象太乙，续添《西江月》一十二首，以周岁律。其如鼎器尊卑、药物斤两、火候进退、主客后先、存亡有无、吉凶悔吝，悉备其中矣。于本源真觉之性有所未尽，又作为歌颂、乐府、及杂言等，附之卷末，庶几达本明性之道尽于此矣。所期同志者，览之则见末而悟本，舍妄以从真。

时熙宁乙卯岁旦，天台张伯端平叔叙

丹房宝鉴之图

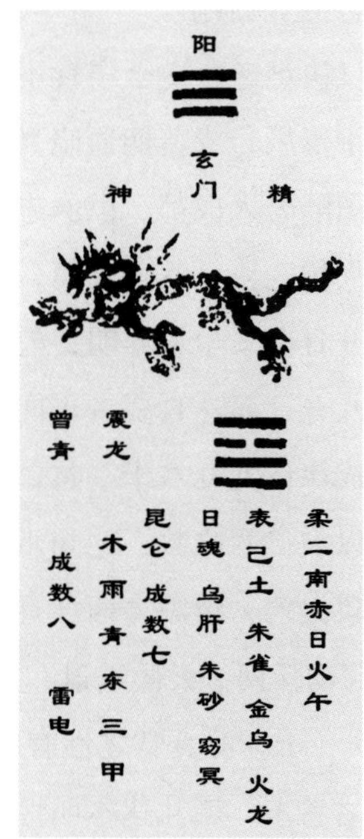

真土

土无正形

揲排四象

生真土金

液大还丹

状

若明窗尘

若黍米

若玄珠

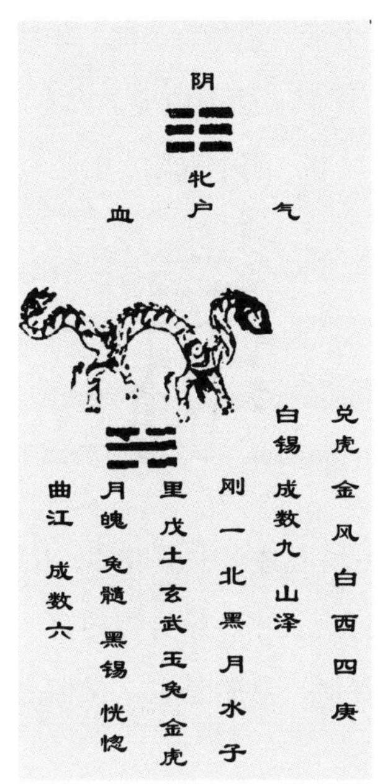

汞：参、妻、臣、水银、流珠、玉液、神水、姹女、玄女、木液、白雪、碧眼胡儿、青衣女子、东海青龙、交梨、浮、阴火白、宾客、民子、天魂、丹基、黑龟精、阳中真阴、下弦银半斤。以上汞之异名。

名：金丹、大丹、内丹、还丹、神丹、真铅、大药、婴儿、谷神、圣胎、刀圭、七返、玉壶丹、紫金丹、绛雪丹、赤赫金丹、龙虎大药、金液还丹、玉液还丹、九转丹、紫金霜、真黄芽、真阴阳、真玄牝、真父母、真龙虎、真种子、真主人、真铅汞、真一宇宙之主、秋石、河车、金公、金妃、阳丹、金鼎君、黄男、三五一、美金花、摩尼珠、白马牙、水中金、玉药金砂、神符白雪、龟精凤髓、兔髓乌肝、日魂月魄、壶中日月、先天地精、太一含真气。

铅：商、夫、君、金液、金华、玉池、华池、婴儿、黄男、金精、黄芽、白头老子、素练郎君、西山白虎、火枣、沉、黄芽铅、主人、父母、地魄、丹母、赤凤髓、阴中真阳、上弦金八两。以上铅之异名。

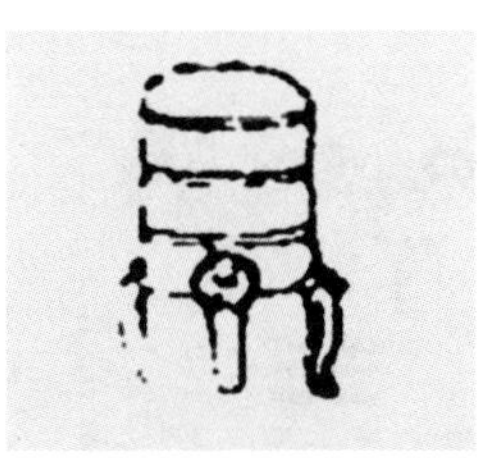

悬胎鼎：鼎周围一尺五寸，中虚五寸，长一尺二寸。状似蓬壶，亦如人之身形。分三层应三才。鼎身腹通直，令上中下等均匀。入炉八寸，悬于灶中不着地，悬胎是也。又谓之朱砂鼎。张随注云：又名太一神炉。

满庭芳·铁牛

真铁牛儿，形容丑恶，性刚偏好争驰。人人皆有，那个解牵骑。种就黄芽满院，更须用，神水浇之。中宫里，若无此兽，安得似婴儿。

乾坤，真动静，生成家活，总赖于伊，饥飡虎髓，渴饮水银池。夜半牵车进火，震光迸，海底腾辉。牧童笑，华池宴罢，乘个月明归。

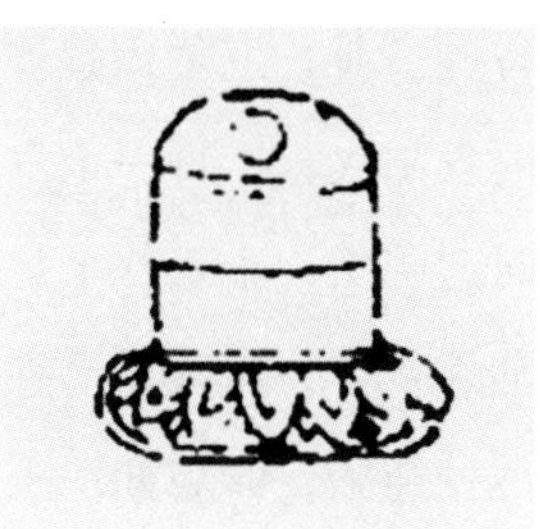

偃月炉：炉面周围约一尺二寸，明心，横有一尺，立唇，环匝二寸，唇厚二寸，炉口偃开锅釜，又如仰月状，故名偃月炉也。张随注云：又名威光鼎也。

挨排四象生真土诗

东方青龙西白虎，南面朱雀北玄武。
四兽狰狞不可当，定计将军能作主。
两手擒来合战时，正见中秋月当午。
杀气惊天动鬼神，用尽周星震区宇。
须臾战罢兵器收，产颗明珠号真土。

炼铅火候

三十文爻七十武，二百六十分明数。
首尾须教用武烹，中间文火温温煮。
炉中炼出五彩光，赫赫一粒大如黍。
将来掌上和壳吞，逍遥永作真仙侣。

火记六百篇

火记六百篇，十月如转毂。

朝昏各一卦，屯蒙相趁逐。
子时发阳火，二百一十六。
午时起阴爻，十八八个足。
铅消汞自干，熏蒸丹已熟。
阴尽变纯阳，体貌如琼玉。

沐浴

刑德同生杀，加临二八门。
丹砂宜沐浴，神水灌灵根。
闭兑留金汞，禁关养魄魂。
不须行火候，炉里自温温。

抱一

国富民安后，修成体属乾。
凝神归妙道，抱一守丹田。
去住浑无碍，升腾任自然。
九年功满日，独步大罗仙。

七言四韵

（凡一十六首）

一

不求大道出迷涂，纵负贤才岂丈夫。百岁光阴石火烁，一生身世水泡浮。只贪利禄求荣显，不顾形容暗悴枯。试问堆金等山岳，无常买得不来无。

二

人生虽有百年期，寿夭穷通莫预知。昨日街头犹走马，今朝棺内已眠尸。妻财遗下非君有，罪业将行难自欺。大药不求争得遇，遇之不炼是愚痴。

解：上二章真人以此感悟世人，惟恐或后，故列之于首。

三

学仙须是学天仙，

解：叶士表曰：仙有千种，天仙者形神俱妙，与道合真，聚则成形，散则成气。学此道者当内外虚明，表里莹彻，如立一尘，则成渗漏。

惟有金丹最的端。

解：李筌曰：还丹之术百数，此谓金丹者，金液大还丹也。

《参同契》曰：金来归性初，乃得称还丹。盖金为药母，金吐其液复还丹田，谓之金液还丹也。

魏师吕《先天大学书》曰：夫金丹者，先天一气之祖，后天而生两仪三才，万物之母。《易》曰：乾元者，始而亨者也。万物资之以始，能以美利利天下，而不言所利者，有刚健中正纯粹之德，功成退位居偏。乾居亥位，寄体北方水中，坎之中爻是也。圣人能返而归根复命，与元神道合，生生无穷，总括万象，谓之得一，故强名曰丹，非法术也。是乾道变化，阴阳不测之谓也。象易太极无上至真之妙，包含性命之宗。《内易》曰：中爻之义，是谓造化。《金碧经》曰：神室者，丹之枢辖，在坎离一二数。

《参同契》曰：金来归性初，乃得称还丹。谓之金液归真，形神俱妙之道，至简至易，一得永得。所以万论千经，能变化自然生神，得其口诀，虽至愚小人，立跻圣位。是以天机秘惜，不许授之非人，轻泄妄传，殃及九祖。是知金丹者，无上至真之径路也。黄帝修之以登云天，后世成真合道，顿超生死，尽因金丹而成。

真人曰“屈指从今飞步者，尽因金液出尘寰”，即此义也。

二物会时情性合，五行全处虎龙蟠。

解：真一子曰：金者，情也；水者，性也。金生于水，犹情生于性，水隐于金，犹情复于性，或曰金为母，何得谓之情邪？而《参同契》曰：金为水母。母隐子者是也。交会则金水混融，全聚则虎龙蟠结，故下章云：既驱二物归黄道，争得灵丹不解生。

《参同契》曰：坎为水为月，在人为肾。肾脏生精，精中有正阳之气，炎升于上，精阴气阳，故铅柔而银刚。虎性属金，而金能生水，颠倒取之，母隐子胎，故虎向水中生也。虎乃配铅，阴中之阳也。离为火，为日，在人为心。心脏生血中，有真一之液，流降于下，血阳液阴，故砂阳而汞阴。龙性属木，而木能生火，颠倒取之，故母隐子胎，龙从火里出也。龙亦配汞，阳中之阴也。

本因戊己为媒娉，遂使夫妻镇合欢。

解：叶士表曰：坎离纳戊己，戊己坎离中气。言前二物因中气升降，生成配合也。

无名子曰：戊己属土，谓之黄婆。龙虎金木间隔东西，黄婆使之会合，岂非媒娉乎？

只候功成朝北阙，九霞光里驾祥鸾。

四

此法真中妙更真，都缘我独异于人。自知颠倒由离坎，谁识浮

沉定主宾。

解：叶士表曰：五位相得，而名有合，乾纳甲壬一九成十，坤纳乙癸四六成十，艮丙震庚三七成十，巽辛兑丁二八成十，坎离戊己共得十五。颠倒上下不变，所以颠倒升降皆由之也。铅沉汞浮，沉者为主，浮者为客。

袁公辅曰：惟其如此，是以古之真仙上圣皆知阴阳颠倒在坎离两卦，但世罕有识得浮沉主宾者。故高象先云“举世无人识河车”是也。

金鼎欲留朱里汞，玉池先下水中银。

解：叶士表曰：此言浮沉主客也。离火生汞，坎水生金，汞因铅结，铅制汞伏，乃子母相应也。

《参同契》曰：河上姹女，灵而最神，得火则飞，不见埃尘。鬼匿龙潜，莫知所存，将欲制之，黄芽为银。真一子曰：黄芽，铅也。此两句正应得上文颠倒坎离之说。

《大易志图》曰：阴中有阳者，象铅中有阴也。黄芽产于河车之中。歌曰：黄芽铅汞造，阴壳含阳华。篇意谓：必先驱龙下就虎之气，然后方得二气交合，可以施功锻炼，结成真一之精也。

神功运火非终夕，现出深潭日一轮。

解：叶士表曰：天地运神功以生万物，人能法天地以运符火，不待旦夕之间，元海阳光生也。真人谓：一时辰内管丹成，即此义也。

无名子曰：火即二弦之气，非终旦者，明一时之中金丹之成也。此法外药法象也。

五

虎跃龙腾风浪粗，中央正位产玄珠。果生枝上终期熟，子在胞中岂有殊。

解：叶士表曰：坎离之气如云龙风虎，奔腾飞跃，至中宫产元珠也。珠者金母，所生真汞。

《参同契》曰“温养子珠”是也。如果生枝上，子在胎中，待其数足也。

袁公辅曰：腾跃浪粗者，言二物难调伏之状。若中宫能正其位，故能吸引二物之精，于中宫生长真汞，如果生枝上，子育胞中，待其数足而成也。

《资生经》曰：脐下三寸为下丹田，方圆四寸，着脊梁两肾中间，左青右白，上黄下黑，中央赤，名大海，而贮其血气，亦名大中，极言取人身上下四向，最为中也。中央正位，即丹田金胎神室也。

南北宗源翻卦象，晨昏火候合天枢。

解：叶士表曰：坎离上下有既济、未济之象，朝屯暮蒙，一一合天之枢机也。

象川翁曰：子为六阳之首，故为晨。用屯卦直事，进火之候也。午为六阴之首，故为昏。用蒙卦直事，进水之候也。一日之间用两卦直事，至三十日终于既济未济二卦，终而复始。一日两卦直事，连牝牡四卦，一月计六十四卦，一卦六爻，六十四卦计三百八十四爻，一年并闰余之数，皆依斗建而运之，故曰合天枢也。

无名子曰：闰余之数，乾之初九起于坤之初六，乾之策三十有六，六爻计二百一十有六。坤之初六，起于乾之初九，坤之策二十有四，六爻计一百四十有四。总而计之三百六十，应周天之度。日月行度，交合升降，不出卦爻之内。月行速，一月一周天，日行迟，一岁一周天。天枢者，斗枢也，一昼夜一周天，而一月一移也，如正月建寅，二月建卯是也。且如正月建寅，立春戌时指艮，雨水戌时指寅，故曰：月月常加戌，时时见破军。上古至人，知日月盈亏，明阴阳上下，行子午符火，日有昼夜，数月应时加减，然后暗合天度，故曰合天枢也。至道至妙，妙在于斯，坎离升降，生产灵药，结成黄芽。

袁公辅曰：子午为坎离之宗源，循历十二位，翻诸卦爻，朝屯暮蒙，为六十卦符火之首要，一一合天之枢机也。

须知大隐居鄽市，何必深山守静孤。

解：叶士表曰：此言得法与不得法。得法者，虽居市朝可为也。

袁公辅曰：苟得其法，虽不在深山穷谷，可修持也。

六

人人尽有长生药，自是愚迷枉摆抛。

解：叶士表曰：人之初生，均受一点元阳之气，为养命之本。男子自二八而真精泄，女子自二七而天癸降，然后有夫妻之欲。众生迷蒙，醉于情爱，日夜漏泄，不知其几何也。本去根枯，之死必矣。世人但知养生止于禁欲，殊不知一念若动，气随心散，精逐气亡。为此道者当心体大虚，内外如一，然后可以论金液大还丹之道也。

甘露降时天地合，黄芽生处坎离交。

解：叶士表曰：天地相合以降甘露，人身抱冲和之气与天地等，若能离形去智，淡然无欲，则真气流行，上彻天谷，如甘露降矣。

坎离升降，生产灵汞，结成黄芽。

袁公辅曰：天地相合以降甘露，坎离相交以生黄芽，真人以四者取譬，尽乾坤坎离也。

井蛙应谓无龙窟，篱鹖争知有凤巢。

解：叶士表曰：此喻无知小人所见卑浅，不信大丹有换骨回阳、超凡入圣之妙，沉于嗜欲，毁訾至真，如井蛙乐于勺水，篱鹖居于寸地，不知大海有龙宫之富，邓林有凤巢之广也。

袁公辅曰：盖世之愚迷之徒，不知有大道，日肆戕贼，亏耗真源，终至死坏而不悔，如井蛙不知有大海，篱鹖不知有邓林也。

丹熟自然金满屋，何须寻草学烧茅。

解：叶士表曰：金丹大药，本天地虚无自然之气，从无质而生。丹熟则体变金玉，发现神光，巍巍堂堂。证真金相，岂同世俗寻草采药、易铜铁之质哉？

袁公辅曰：药成之后，金光透体，奚用寻草烧茅，以事假伪邪？

七

要知产药川源处，只在西南是本乡。

解：叶士表曰：此言运符产药也。西南，坤地，乃太阴本乡。月三日生魄于西南，故丹药自坤而产也。

铅遇癸生须急采，金逢望远不堪尝。

解：叶士表曰：癸亦坤，坤纳癸，言药本太阴之气，随月初生便当采也，十五以后，月亏气减，不宜采矣。太阴，即太阳炁也。月本无光，因日生明，一阳为震，月初生也，二阳为兑，月上弦也，三阳为乾，月盈满也。

袁公辅曰：自月初生为一阳，起震卦，至十五为三阳，属乾卦，阳极阴生，故十五已后，月亏气减，以应三阴，秋冬肃杀之气，不宜采也。苟于十五已后采之，是为孤阴。《易传》云：独阴不生，独阳不成。

象川翁曰：铅遇癸生须急采，金逢望远不堪尝。言铅与金，即金丹也。以癸日子时用功急采，不得逾时也。叶文叔以为坤纳癸，误矣，一本作癸日子时者，是矣。盖癸日遁得壬子时，天壬地癸会于北方，故朱震《易传》曰：晦日朔旦，坎月离日，会于壬癸。坎月，戊也；离日，己也。又曰：三日暮，震象，月出庚。八日兑象，月见丁。十五日乾象，月盈甲壬。十六日旦，巽象，月退辛。二十三日艮象，月消丙。三十日坤象，月减乙藏癸。晦日朔旦坎水流，戊日中离火就己。

无名子曰：铅遇癸生，癸生者，时将丑也。金逢望远，望远者，月将亏也。月之圆，存乎口诀：时之子妙在心传，周天息数微微数，玉漏寒声滴滴符。此真人口口相传之密旨也。

送归土釜牢封闭，

解：叶士表曰：此言一日所得之药。土釜，中宫也，封闭使真炁不泄耳。

《参同契》曰：三者既关键，缓体处空房，委志归虚无，无念以为常。

袁公辅曰：修神丹者，能顺则天地神机妙用，取而法之，不差于时，不失于偏，又能闭塞中宫，不致渗漏，始能与真汞相匹偶也。

次入流珠厮配当。

解：叶士表曰：此言次日再运流珠入鼎，与昨日所结之药合和也。

无名子曰：既得黍珠之后，饵丹归丹田土釜中，固济胞胎不泄，运火飞珠之汞以配之，则灵胎始结矣。

药重一斤须二八，调停火候托阴阳。

解：叶士表曰：此言一鼎之火。凡一鼎火计三十日三百六十时，以应易数。盖易有六十四卦，计三百八十四爻。乾坤坎离四卦，为鼎器、药物言之也。若时日有亏，爻符不足，则药不成矣。

《参同契》曰：火记不虚作，演易以明之。偃月法炉鼎，白虎为熬枢。汞日为流珠，青龙与之俱。举东以合西，魂魄自相拘。上弦兑数八，下弦数亦八，两弦合其精，乾坤体乃成。二八应一斤，易道正不倾。铢有三百八十四，以应火候爻之数。

袁公辅曰：药须二八方成，上下两弦合一斤之数。故得金虎木龙之精，化为真丹。人非阴阳两备，道不可成，又非得火候调和烹炼，终不成大丹也。真人切于付嘱云。

象川翁曰：乌肝八两，兔髓半斤，合成一斤，故曰须二八也。

《大易志图》曰：凡用火，五日一候，一月六候，十二月七十二候，以终一年之功。一日有十二时，三十日有三百六十时，每日合一月用火，象一年小周天，十二月象十二年大周天而毕矣。

八

休炼三黄及四神，若寻众药便非真。

解：叶士表曰：混沌未判，中具两仪，两仪则五行生成之数也。有性无形，及乎太极既分，则甲己之炁化真土，乙庚之炁化真金，丙辛之炁化真水，丁壬之炁化真木，戊癸之炁化真火。此五者，散而为物类也。大丹之法，无质生质，亦若此矣。为此道者，知先天一炁之祖，体虚无自然之数，则造化不难，奚假众药。

《参同契》曰：近在我形，不离己身，抱一毋舍，可以长存。配以服食，雌雄设陈，挺除武都，八石弃捐。

阴阳得类归交感，二八相当自合亲。

解：《参同契》曰：类同者相从，事乖不成宝。二八，金木也，金木相交则为夫妻，所谓金伐木荣是也。

袁公辅曰：阴阳得类，盖归之交感而然，正如金木二八相交而成。上下两弦自合亲者，盖不期然而然矣。

潭底日红阴怪灭，山头月白药苗新。时人要识真铅汞，不是凡砂及水银。

解：叶士表曰：凡药，归中宫凝结者，为阳；在外生产者，为阴。譬如月因日而有亏盈，而日光元不动也。

袁公辅曰：潭底日红阴怪灭者，谓太阴极于坤位，再得太阳交合，则山头徒现黄芽也。此真铅真汞，非凡砂水银之比。

九

莫把孤阴为有阳，独修一物转羸尫。

解：叶士表曰：此言习性滞于顽空，不知造化者，固多枯坐，气血修涩，转见羸尫矣。

钟离先生曰：无心兀兀坐多年，将谓神仙已有缘。不解龙吟并虎啸，谓之枯坐又徒然。又曰：有无交入名丹本，隐显相符是水金。莫谓此身俱是道，独修一物是孤阴。

象川翁曰：阳里阴精者，己之真精是也。精为生气，气能生神，荣卫一身，莫大于此。故古人戒之曰：油枯灯灭，髓竭人亡。此言精气实一身之根本也。奈何此物属阴，其质不刚，其性好飞，不受制炼，若不得混元真一之阳以制之，则无由凝结以成变化。

钟离先生曰：涕唾精津气血液，七般物事总为阴。若将此物为丹质，怎得飞神贯石金。

劳形按引皆非道，炼气餐霞总是狂。毕世谩求铅汞伏，何时得见虎龙降。

解：《大易志图》曰：夫修金丹，言刑杀者，是也。更相制伏也。若无制伏，则神气不交。故李筌云：金丹之术百数，其要在神水华池，是阴一而制阳一之道，华池之义也。

《参同契》曰：白者金精是阳一，黑者水基是阴一。水者，道枢，其数名一，是为三一，金丹是也。

无名子曰：但将白虎擒龙，自有青龙制虎，二炁相吞而产金丹。既得此丹，复将此丹擒，自己之真炁，恋金丹而结圣胎也。内之真龙真虎既降，则世外龙虎自伏。内炼神魂鬼魄既圣，则世外鬼神自钦。非道隆德劭，孰能与于此哉？

劝君穷取生身处，返本还元是药王。

解：叶士表曰：人受生之初，在胞胎之内，随母呼吸，受气而成。及乎有生，剪去脐蒂，一点元灵之气聚于脐下，日复一日，神出气离，离其本源，驱驰外务，不知返本还元之道。圣人指性命之根，令人收神聚气，还返往来，归根复命也。

袁公辅曰：世人妄认父母精血为本来面目、生身之处，非也。殊不知人禀先天一炁而生，须认母之母，识真铅之祖宗可矣。且如稻遇六月，至午时开花，其中有精，如一点水，便是戊己，一感真阳之炁，随即结秀，百日成熟，所以世人日食无厌者。盖稼穑作甘，洪范为土，能资培一身。不酸，不辛，不苦，不咸，甜淡其味，加之日餐茗饮果菜之类，皆一炁也，既集欲散，故男子自二八而真精泄，女子自二七而天癸降，然后有夫妻之欲，一有感合，则结成胎孕。子在胞中，随母呼吸，受气而成十月数周，胎完气足，灵光入体，脱出其胞。及乎剪去脐蒂，一点元灵之气聚于脐下，日复一日，神出气移，亏散真源，离其本根，终致死坏耳。真人愍夫世人流浪生死，沉溺爱河，作为歌诗，直指性命之根，以勉世人，其意若曰：始因父母二气，无质生质，既长养成大，聪慧明辨，岂不能自有为而之无为乎？今也既解生身之处矣，欲要返本还元，超凡入圣，非得真汞真铅不可。

象川翁曰：真龙真虎者，二八是也。真铅真汞者，二弦气是也。但学者多以旁门小径、非类之物为铅汞，故仙翁直指所产之处，返此之本，还此之元，为药王也。

十

好把真铅著意寻，莫教容易度光阴。

解：叶士表曰：铅者，北方正炁，一点初生之真阳，为药母也。太上曰：以铅为君，以汞为臣，铅若不真，汞亦难亲。故铅为造化之主。

但将地魄擒朱汞，自有天魂制水金。

解：袁公辅曰：欲得真铅，但将地魄擒朱汞，阴求阳也。便见天魂制水金也，乃阳求阴也。

可谓道高龙虎伏，堪言德重鬼神钦。已知永寿齐天地，烦恼无

由更上心。

解：叶士表曰：龙虎，即铅汞也。鬼神，魂魄也。

十一

黄芽白雪不难寻，达者须凭德行深。四象五行全藉土，三元八卦岂离壬。

解：叶士表曰：四象，青龙、白虎、朱雀，玄武也。五行，金木水火土也。因坎离戊己而造化。三元，支、干、纳音也。八卦，乾坤坎离艮震巽兑也。皆不离混沌之中。壬者，妊也。天壬地癸会于北方，故万物妊娠于子。

袁公辅曰：四象，龙虎雀武也。五行，金木水火土也。皆非戊己真土，不能攒簇而成丹基。三元，天地人也。八卦，乾坤坎离艮震巽兑也。皆自水数一中生出，故不离于混沌之中。壬者，妊也。天壬地癸会于北方，万物妊娠于子，故金丹亦自混沌中生也。

无名子曰：壬者，水也，真一之水，即真一之精炁，天地之母，阴阳之根，水火之本，日月之宗，万物之祖也。

炼成灵质人难识，消尽阴魔鬼莫侵。欲向人间留秘诀，未闻一个是知音。

解：叶士表曰：非立谈之事。

十二

草木阴阳亦两齐，若还缺一不芳菲。初开绿叶阳先唱，次发红花阴后随。

解：叶士表曰：万物负阴而抱阳，缺一不可，阳先阴后，如铅生汞也。

袁公辅曰：万物负阴而抱阳，虽草木亦然，缺一不可。初开绿叶乃阴也，却是阳先唱；次发红花乃阳也，却是阴后随。

常道只斯为日用，真源返覆有谁知。报言学道诸君子，不识阴阳莫强嗤。

解：袁公辅曰：道之常，每在日用之间，而真源返覆之理，孰有知之者。真人谓学道之人不识阴阳相互代谢，徒嗤鄙也。

十三

不识玄中颠倒颠，争知火里好栽莲。

解：《参同契》曰：金入猛火，色不夺光。日受月化，体不相伤。此言火里栽莲，乃阴归阳室也。

无名子曰：日离属阳反是女，月坎属阴反是男。此颠倒也，此二物颠倒而生，却以此丹点己之汞而结圣胎，是谓男儿有孕，犹火中栽莲也。故仙翁《读参同契》曰“五行逆兮丹体常灵常存”，言水逆而土，土逆而木，木逆而金，金逆而火，火逆而水，此颠倒颠之义也。

牵将白虎归家养，产个明珠似月圆。

解：叶士表曰：白虎金精也，采归炉鼎之中，温养成丹，阴化纯阳也。

无名子曰：修丹之法，先取上弦西畔半轮月☽，得阳金八两，次取下弦东畔半轮月☾，得阴水半斤，以此两个半轮月，合气而生丹，故得金丹一粒似月圆也。两个八两，合成一斤，此仙翁言月圆之意，比喻外丹法象也。及得此丹吞入己腹中，则金丹却为白虎矣。又牵此白虎归己腹中养配戊己土，然后运阴符阳火，循历六十四卦，炼成金液还丹一粒，亦重一斤。似月圆矣，此比喻内药法象也。内药所以似月圆者，盖运火之卦，一卦有六爻，六十四卦计三百八十四爻，象一斤重三百八十四铢也。故真一子曰：上下两弦一斤之数，分三百八十四铢，以应火候，爻之计也。仙翁指似月圆之意，但欲学者同明造化之旨，分内外二八之数，不可一揆而论也。

谩守药炉看火候，

解：叶士表曰：世人三年九载锻炼金石，觊欲点化，此谩守也。

但看神息任天然。

解：叶士表曰：天地有自然之炁，炁有自然之数，人禀天地而生，气数与天地等。修真之士，穷造化之原，知升降之路，但安神定息，一念不生，湛然无欲，则神炁周流，自然造化。老子曰：绵绵若存，用之不勤。

群阴剥尽丹成熟，跳出凡笼寿万年。

解：叶士表曰：真一之炁，阳之郭也。人食五谷窒塞之，不能周流造化，所以一身俱属阴也。圣人能忘形养炁，忘炁养神，忘神养虚，使坎离消长于一身，风云发泄于七窍，真炁流行，生产丹药，换骨回阳，与天地同久也。

十四

三五一都三个字，古今明者实然稀。

解：叶士表曰：三五，十五也，一者，言三五归于一处也。

袁公辅曰：三者，木也，为离女朱汞。一者，水也，为坎男白金。五者，土也，为中宫戊己之位。《易》曰：三五与一天地精，《参同契》曰“本之但二物兮末之为三五，三五并为一兮都集应二所”是也。关子明《易传》曰：阴阳三五者，阳三阴二，相参成五，皆始生于先天一炁之中也。

东三南二同成五，北一西方四共之，戊己自居生数五，三家相见结婴儿。

解：叶士表曰：木数三，火数二，一五也；金数四，水数一，二五也，土数五，三五也。三五归一则结而成丹。婴儿，言纯阳也。

无名子曰：龙属木，木数三，居东，木能生火，故龙之弦气属火。火数二，居南，二物同元，故三与二合而成一五。虎属金，金数四，居西，金能生水，故虎之弦气属水。水数一，居北，二物同宫，故四与一合而成二五。二五交于戊己中宫，属土，土数五，是成三五也，三五合而成丹。丹者，一也。此三者结成婴儿，实希有也。

婴儿是一含真炁，十月胎圆入圣基。

解：叶士表曰：五行聚于此处成丹，如子在胞胎，数足成形也。超凡入圣，此为基本。

十五

不识真铅正祖宗，万般作用枉施功。休妻谩遣阴阳隔，绝粒徒教肠胃空。

解：叶士表曰：休妻绝粒，学道人本分事也。真人之意恐人不识真铅，止以休妻绝粒为尽于道，故有隔阴阳、空肠胃之说。如有妻亦不必休，若淡然无欲，则与无妻者同矣。有食亦不必绝，若真气满足，自然不思饮啖矣。今人动而亡上，则止于克化而已，一气何自而生成耶？其间亦有谓之夫妇双修者，如刘安王、许旌阳、张同空、刘纲者，殊不知此辈闻道在有妻之后，正愚所谓不必休也。

若果在于有妻，真人安得有“自然有鼎烹龙虎，何必担家恋子妻”之句？

袁公辅曰：天地未分，形若鸡子中混沌真一之炁，即黑铅也，故真铅为天地万汇之先，天地既分，则一数生水，二数生火，三数生木，四数生金，无数生土，土复生黑铅也。金丹之道始以水母为丹基，即汞母也，水母复生真水银，故谓之归一还源也。真一子曰：金本生水，故谓水之母。谓金常藏形于水，乃隐子胎也。水为金之子，谓黑铅变质之后，寄位西方，为白虎，金胎水复藏母胎中，为水银，真汞也。

《参同契》曰：金来归性初，乃得称还丹。是知真铅者，即汞之祖宗也。人能识真铅之旨而修之，即与天地齐年，其他休妻绝粒，咽纳存想之术，皆在用工夫，与丹道殊异矣。

草木金银皆滓质，云霞日月属朦胧。

解：叶士表曰：草木金银，皆有质之物，云霞日月，乃客外之气，岂能回阳换骨耶。

钟离先生曰：访山结友学烧丹，精选珠琉作大还。将谓外丹化内药，元来金石不相干。又曰：日魂月魄天地精，采之得法尚非真。盖缘不是自家物，所以教君谩苦辛。

更饶吐纳并存想，总与金丹事不同。

十六

万卷仙经话总同，金丹只此是根宗。依他坤位生成体，种向乾家交感宫。

解：叶士表曰：月出于西南坤位，言药随太阴而生。真人曰月者，药之丹是也。乾，阳也。种于乾家，以汞投铅，阴归阳室也。

袁公辅曰：西南坤位，乃太阴所生之方，太阴一月一周天，太阳一岁一周天，每遇朔前半夜子时，运行阳火之初，日月合璧于毕昴之上，故一岁十二次，交合生育万物也。一岁十二月，分大小尽者，盖奇耦数也。奇为阳，耦为阴。又谓消长盈虚之理，日月皆循黄道而行，一升一降，一浮一沉，日受月化，体不亏伤也。至三日，则月感日之魂，而纤魄生焉。

《龙虎上经》曰：神功变成震，三日月出庚。则乾交坤之下爻，而为震卦，故至三日现于庚方。此《易》所谓“西南得朋”之时也。卯酉为日月出入之方，金木之正位，自六日至八日而成上弦。

《龙虎上经》曰：坤再变成兑，八日月出丁。故上弦金半斤也。乾交坤之中爻而为兑卦，则月光得半弦，平如绳，而月现于丁方，喻鼎中金火各半也。自十一日至十五日，三阳备矣，圆照东方甲位，谓之月望，是月魄全得日魂而满也。至金水壮盛之时，为乾健之体，至此太阳之精盛满神室之内，金火之炁化而为汞，汞与其母两相留恋，以变金体。蟾蜍兔魄，互相包裹，光耀鼎中，金气渐荣而变成丹也。阳极阴将生矣。

《龙虎上经》曰：十六转相减，乾初缺成巽。则坤交乾之下爻而为巽卦，阳火初退，阴符始生，平明则现于辛方，亦如阳火初进之时。月生三日同也。又曰：乾再损成艮，二十三下弦。故下弦水半斤也。自二十一日阴符再退，至二十三日坤交乾之中爻而为艮卦，则月现于丙方，复与上弦同义。盖鼎中金水各半也，上下两弦相合，共得一斤之数。

《参同契》曰“两弦合其精，乾坤体乃成”是也。又自二十六日至二十八日，坤交乾之上爻而为坤卦，月光将尽，则月现于乙方，至于东北，此《易》所谓“东北丧朋”之时也。二十八日至三十日，阴符到此消尽，阴阳之气各停，土与木金和而为液，太阳之炁不合于月，则太阴之体全黑。自此又复循环不穷矣。夫月，纯阴也，不感日之纯阳，乌能灭而复生？人亦纯阴也，要得归根复命、长生久视，须是依他坤体种向乾宫，以汞投铅，阴归阳室也。岂非金丹根宗之旨乎？

无名子曰：至当归一，莫不以龙虎二八初弦之炁，以为丹之质。但依坤母生成之理，逆而修之，得丹之后，种在乾父交感之宫以运符火。盖修真之要妙不出“铅火”二字。至哉，平叔翁泄尽天机于此。

莫怪天机俱漏尽，都缘学者尽迷蒙。若人了得诗中意，立见三清太上翁。

绝句

（六十四首）

一

先把乾坤为鼎器，次抟乌兔药来烹。

解：真一子曰：太易太素之前，含灵至妙，未见萌兆，太极太一之际，有物混成中真一之精为天地之祖，万物之始。一炁既形，二仪斯析。然后有乾坤、阴阳、五行、三才、万物众名，故配乾坤为天地纪纲，运阴阳为造化橐籥，是以乾坤立而阴阳行乎其中矣。金液大丹与造化同途，故以乾坤为鼎器，同其大冶；以坎离为药物，比其化权。余六十卦布为火候也。

《参同契》曰：乾坤者，易之门户，众卦之父母。坎离垣郭，运毂正轴。牝牡四卦，以为橐籥。覆冒阴阳之道，犹工御者执衔辔，准绳墨，随轨辙，处中以制外。故在于历纪，月节有五六，经纬奉日使，兼并为六十四卦，刚柔有表里。

《契秘图》曰：离纳己为日，为火，为心，为丹砂，为龙，为汞；坎纳戊为月，为水，为肾，为铅，为虎，为气。离卦内阳而外阴，外刚而内柔，赫日乃阳，玄乌乃阴，言阳中有阴也。坎卦外阴而内阳，外柔而内刚，月魂乃阴，兔魄乃阳，言阴中有阳也。然《北斗经疏》又云：乌三足，阳数也，兔四足，阴数也。盖三乃木之生数，四乃金之生数，所以配木公金母也。龙汞属木，虎铅属金，木从火出，金向水生也。

既驱二物归黄道，争得金丹不解生。

解：叶士表曰：二物，言前坎离所产之药，黄道中宫也。二物既得中宫，得火候养育，无不成丹也。

二

安炉立鼎法乾坤，锻炼精华制魄魂。

解：叶士表曰：混沌未判，乾坤一六位乎上下，坎离十五位乎两间。太极既分，象亦如此。故丹道法天地造化，以乾坤鼎器锻制日月也。

聚散氤氲为变化，敢将玄妙等闲论。

解：叶士表曰：真气熏蒸，往来升降，或聚或散，不可名状。

三

休泥丹灶费工夫，炼药须寻偃月炉。自有天然真火用，不须柴

炭及吹嘘。

解：叶士表曰：两肾状如偃月，中混元丹。鼎为造化之根，有天然真阳之火，生产丹药。

无名子曰：叶文叔指两肾为偃月，误矣。盖此炉之口偃仰，开如偃月之状，即阴海是也。此中有自然真火，不须柴炭吹嘘之劳。

袁公辅曰：凭丹灶以烧金炼银，破耗资财，积累成月，万无一成。金丹之法，当以偃月为炉，用天然真火烹炼，然后可成。

《参同契》曰“偃月法炉鼎，白虎为熬枢”是也。人之中宫，取象太阴之魄，苟能领揽真阳之炁，于内则亦如太阴生魄，惭变乾阳之体，生产丹药也。

四

偃月炉中玉药生，朱砂鼎内水银平。只因火力调和后，种得黄芽渐长成。

解：叶士表曰：玉药，药之初生者。朱砂鼎，言水银从其中而出，用火调养，则凝结成质。

袁公辅曰：玉药，初生自日汞，和平而致，又因火候调和，所以渐长养黄芽也。外药还如内药，真有旨哉。

无名子曰：偃月炉，阴炉也。中有玉药之阳炁，即虎之弦气也。朱砂鼎，阳鼎也，中有水银之阴气，即龙之弦气也。金丹，即此二火之炁调停和合之后，种得真一之气在黄家，渐渐抽芽结成黍粒矣。

五

咽津纳气是人行，有药方能造化生。鼎内若无真种子，犹将水

火煮空铛。

解：叶士表曰：真种子，中宫金母也。有母然后繁生，真汞造化成丹。

《参同契》曰：植禾当以粟，覆鸡用其子。又曰：枝茎花叶，果实垂布，正其根株，不失其素。

六

调和铅汞要成丹，大小无伤两国全。

解：叶士表曰：阳汞阴铅，阳尊阴卑，故有大小两国之喻。圣人恐修丹之士有大过不及之患，偏阴偏阳之失，故及此也。

若问真铅是何物，蟾光终日照西川。

解：真人曰：西者金之方，月者药之用。

道光禅师曰：蟾光终日照昏衢，漏月黄芽无数。

七

未炼还丹莫入山，山中内外尽非铅。此般至宝家家有，自是愚人识不全。

解：叶士表曰：铅，身中之物，非山林可求。识此，然后入山为之也。

《参同契》曰：委附去害，依托丘山，循游寥廓，与鬼为邻。

王道曰：凡修金液神丹，先须认药物根源，次验其火候进退。阳升阴降，不离子午之方；日往月来，必在卯酉之位。用坎离而行水火，使龙虎变作夫妻。还日精于月窟，则铅内产砂；戏朱雀于离宫，则砂中生汞。情性相抱，夫妻相眷，自然而成金液也。故人之情性不离于身，丹之砂汞俱生铅内。情性于人，非外物也；砂汞于铅，非杂类也。故大丹之道，全在阴阳二炁，相须而成至药。《丹砂诀》云：炼神者合于至道，是知金丹不用金银土石、草木灰霜而造也。

八

竹破须将竹补宜，覆雏当用子为之。万般非类徒劳力，争似真铅合圣机。

解：叶士表曰：凡外药，如他财别姓，非若自己真铅气类相投也。

《参同契》曰：欲作服食仙，当以同类者。类同者相从，事乖不成宝。

袁公辅曰：竹，非竹不可补；鸡，非卵不可抱。人之气血衰耗，鼎炉破败，非天地真铅之炁，不可补也。

九

用铅不得用凡铅，用了真铅也弃捐。此是用铅真妙诀，用铅不用是诚言。

解：古歌曰：铅为芽母，芽为铅子，既得金花，舍铅不使。盖铅是中宫金母，繁生真汞，汞结为丹，铅则不用，如万物之种子也。

无名子曰：真铅即真一之气也。夫人元阳真气逐日走散，无由凝结而成圣胎，故圣人炼真铅以制之。使凝结成砂，逐日运火，渐渐添汞，汞渐多铅炁渐散，故抽铅添汞也。十月功足，铅尽汞干，化为金液还丹，则形化为纯阳矣。故曰：用了真铅也弃捐。用铅不用之语，岂有虚言哉。

十

虚心实腹义俱深，只为虚心要识心。莫若炼铅先实腹，且教守

取满堂金。

解：叶士表曰：虚其心，实其腹，虚心养炁，实腹养丹。

袁公辅曰：炼汞当先炼铅，炼铅先实其腹，则汞自生。老子曰：虚实相通，是谓大同。世人往往实心虚腹，与此背驰，是致死坏耳。

无名子曰：虚心则无我，万物皆空清，其天若也。实腹则炼铅干汞，无摇其精。精者汞也，守汞以实其腹，则金玉满堂矣。一者丹也，抱一以空其心，心空则尘不立。方其实也，炼铅以制之，汞干形化，于以抱一以空其心，心空神妙，与道合真。修丹之士未炼铅金，毋摇汝精，精少则还丹不成矣。

十一

梦谒西华到九天，真人授我指玄篇。其中简易无多语，只是教人炼汞铅。

解：袁公辅曰：此一篇即高象先歌意，更不复注。

十二

道自虚无生一炁，便从一炁产阴阳。阴阳再合生三体，三体重生万物昌。

解：叶士表曰：虚无生一炁，一炁生阴阳，阴阳交万物，万物生生无穷。如人混元神室之中，一点真精为母，升降二炁，二炁交合生药，药之相生也。

袁公辅曰：真铅居混沌杳冥之先，始生一炁，一炁生两仪，两仪生三才，三才生万物，万物生生无穷也。

十三

坎电烹轰金水方，火发昆仑阴与阳。二物若还和合了，自然丹熟遍身香。

解：叶士表曰：金水之方，中宫也。火发昆仑，烧山符子也。阴与阳合，生产丹药，其味香美。

袁公辅曰：坎电烹轰，阴中之阳也；火发昆仑，阳中之阴也。二物皆已聚合于中宫金水之位，药熟之后，自然香透肌骨也。

高象先曰：绛宫蒸入肌肤红，何止遍身香而已哉？

无名子曰：坎电者，水中之火，谓之阴火，即虎之弦炁也。金水方者，西北乾方，即龙是也，西北又是天门，谓之玄门。此虎以阴中之火烹炼乾龙，龙即发昆仑之火以应之，二物之火相并和合了，则真一之精自然凝结，即时采取服之，则百骸俱理而香矣。既饵丹后，复运阴阳符火，虎以阴中之火烁此玄门也，龙即发昆仑之火以应之，一物合和了，则金液还丹自然成熟，满身增辉而香美矣。此咏内外二象也。

十四

离坎若还无戊己，虽含四象不成丹。只缘彼此怀真土，遂使金丹有返还。

解：叶士表曰：离为火，火从木生。坎为水，水自金出。坎离虽含四象，不得戊己中炁往来升降，终不能生产神丹矣。《参同契》曰：坎戊月精，离己日光。盖坎离纳戊己也。

袁公辅曰：坎藏六戊，为月之精，雄阳之位，居于北方。月，阴也，戊，阳也，乃阴中之阳，象水中之生金虎也。离藏六己，为日之光，雌阴之位，居于南方日阳也，己，阴也，乃阳中之阴，象火中之生汞龙也，《参同契》曰：坎戊月精，离己日光。《龙虎上经》曰："坎雄金精，离雌火光"是也。日月若无戊己，中炁往来升降，虽含四象之炁，不能生产神丹、明照宇宙。人能会返还之理，使戊己正位，召集三光五行之气，生产丹药，亦能长生久视矣。

无名子曰：离己日光，坎戊月精。故离之己，象龙之弦炁也；坎之戊，象虎之弦炁也。龙虎怀戊己之真土，是以龙虎交，而戊己合为一体，四象会而丹成也。故曰返还。

十五

日居离位翻为女，坎配蟾宫却是男。不会个中颠倒意，休将管见事高谈。

解：叶士表曰：离为日，中有毕月乌，外阳而内阴也。坎为月，中有房日兔，外阴而内阳也。故离纳己，坎纳戊。

袁公辅曰：日中有毕月乌，阳中有阴也；月中有房日兔，阴中有阳也。万物生于天地间，类皆如此。苟或不然，终不能造化生成。学道之士不能会此中颠倒之意，区区恃颊舌之辞者，甚无谓也。

十六

取将坎位中心实，点化离宫腹里阴。从此变成乾健体，潜藏飞跃尽由心。

解：袁公辅曰：坎交离之中爻，则成乾卦。坎为月，离为日。《参同契》曰"日受月化"也，而乾龙变化，潜藏飞跃，皆自中爻。则人之变化超凡亦由真土也。

无名子曰：离外阳而内阴，坎外阴而内阳，以内阳点内阴，即成乾卦，喻如金丹是至阳之炁，号曰阳丹，结在阴海之中，取来点己之阴汞，即化为纯阳之身，然后运火抽添进退，皆由我心之运用也。

十七

震龙汞自出离乡，兑虎铅生在坎方。二物总因儿产母，五行全要入中央。

解：叶士表曰：离火生木汞，坎水生金铅，母隐子胎也。不得中宫，不能攒簇。

袁公辅曰：木本生火为母，金本生水为母，今震龙却出于离，兑虎却出于坎者，乃母隐子胎也。二物总因两相慕恋，颠倒而得。若又非五行之炁攒簇于中宫，亦不能成。

无名子曰：汞为震龙，属木，木为火母，火为木子，此常道之顺五行也。然朱砂属火，为离，汞自砂中生，却是火反生木，故曰儿产母，此五行之颠倒术也。铅为兑虎，属金，金为水母，水为金子，此常道之顺五行也。然黑铅属水，为坎，银自铅中生，却是水反生金，故曰儿产母，此亦五行之颠倒术也。不言银者，铅中银谓之真铅。中央，下丹田，大中极也。

十八

赤龙黑虎各西东，四象交加戊己中。复姤自兹能运用，金丹谁道不成功。

解：叶士表曰：赤龙黑虎虽有东西之名，皆本于戊己中气也。能以子午爻符升降运用，无不成功也。

王道注《龙虎上经》曰：日有三照，月有三移。日月出于东而光耀于西，则西方白虎金德之正炁，入于玄冥之内，化而为六戊。日月之于西而光耀于东，则东方青龙木德之正炁，入于玄冥之内，化而为六己。日月当于午而光耀于北，则南方朱雀火德之正炁入于玄冥之内，就土成形，化为黑铅，常居天地杳冥之先，为天地万汇之根本。

《参同契》曰：日潜道而沉彩，月施德以舒光。日受月化，体不亏伤。修丹之士，苟能明复姤爻符升降运用，则金丹无不成之理也。

无名子曰：四象交加戊己中，而结真一之精，得此真精一粒，服饵之后，却运火始自复卦子时起首，进阳火，至午时姤卦，进阴符。复姤是阴阳首卦，即冬夏二节之至也，阴符阳火自此起首，抽添运用，一一依法，不令差殊，孰谓金丹之事不成耶？

十九

西山白虎正猖狂，东海青龙不可当。两兽捉来令死斗，炼成一块紫金霜。

解：叶士表曰：铅象金水虎者，沉而在下者也。汞象木火龙者，浮而在上者也。二物相擒制伏，则化为紫金丹药也。两兽者，龙虎也。

二十

华岳山头雄虎啸，扶桑海底牝龙吟。

解：叶士表曰：华岳，西方也。扶桑，东方也。虎龙各自其所生之乡而动也。

袁公辅曰：华岳，雄虎，阴中阳也。扶桑，牝龙，阳中阴也。《参同契》曰：坎离精光，阳戊阴已，两土合圭，黄道通理。

黄婆自解相媒合，遣作夫妻共一心。

解：叶士表曰：黄婆，戊已也，能使龙虎配合而为夫妻也。《古文龙虎经》曰：土居宫中，笼罩四方，三光合度，以至太平。

二十一

月才天际半轮明，早有龙吟虎啸声。

解：袁公辅曰：月至上弦，金水各半，为阴阳两停之时，其中已龙吟虎啸也。

便好用心修二八，一时辰内管丹成。

解：袁公辅曰：既言上弦，又须待下弦，方合二八一斤之数。

《参同契》曰：上弦兑数八，下弦数亦八，两弦合其精，乾坤体乃成。便宜则而修之，金丹之妙，不在三年九载之遥，于一时之内便见玄珠形兆矣。是宜古仙上圣促于一时之间者，此之谓也。

无名子曰：月之半轮者，一八之数也。仙翁指示龙虎皆一八之数，合成二八也，此时水源至清，有炁无质也。一年之中止有一日，一日之中止有一时，一时之中分为六候，下工不出两候，立得金丹一粒服饵。余四候别有妙用，此皆天机，仙翁不敢成文漏露，但寓意在篇中，混而言之曰“一时辰内管丹成”。

二十二

先且观天明五贼，次须察地以安民。民安国富方求战，战罢方能见圣君。

解：《阴符经》曰：观天之道，执天之行尽矣。天有五贼，见之者昌。五贼者，在天为五星，在人为五行，谓之贼者，隐显莫测也。若能明此五者，可以夺天地造化之妙。土地者，自己也。民者，身中之神也。神安则气血和平，然后行功进火，以战阴鬼，阴鬼退则我身帝王，无为安逸也。《参同契》曰：帝王永御，千秋常存。

无名子曰：国者身也，民者精炁也。民为邦本，本固邦宁，邦苟无君，则民何归；君苟无臣，则国罔治。是以圣人以丹为君，以火为臣，丹火相须，君臣庆会，则天下平治，精民安乐，则一身之国富矣。

二十三

用将须分左右军，饶他为主我为宾。大凡临阵休轻敌，恐丧吾家无价珍。

解：叶士表曰：此论二物交感，如用将分其左右主客，以真铅为主，于内运离汞，自外而入也。老子曰：祸莫大于轻敌，轻敌则丧吾家之宝。此言运火抽添不可不慎也。

袁公辅曰：此一章真人以用将主宾为戒为喻，将之用兵，苟不分为行阵，则纷乱无统纪，分一军为左右者，然后可以教阵而取胜。本以阴阳二者为喻，不复更为五军之文，苟两军不一，必致败衄矣。客之见主，当容貌端庄，进止恭肃，故能致主人之尊礼。若举措仓皇，语言错杂，则必为所鄙矣。运火亦然，从其在彼者为主，我为宾客，但符火不失其节，阴阳不致于偏，安神定息，一念不起，绵绵若存，用之不勤而已，又奚致于丧失耶？

无名子曰：此篇明火候作用也。将者，火也，左为文火，右为武火。夫运火，自子至巳六辰为阳，象春夏发生之德，故文火居左，谓之阳火；自午至亥六辰为阴，象秋冬肃杀之刑，故武火居右，谓之阴符。火主为阳而雄，好争；宾为阴而雌，好静。饶他为主我为宾，即是守雌而不雄，持静而不争，此虑险防危之意也。喻如宾之见主，进退恭谨，而不敢妄动也。夫运火者先定刻漏，以分子午，次接阴阳，以为化基。般六十四卦于阴符，鼓二十四气于阳火，天关在手，地轴形心，曰七十二候之要津，攒归鼎内，夺三千六百之正气辐凑胎中，谨戒抽添，精专运用，虑其危，防其险，不使顷刻参差，分毫差忒，故得外接阴阳之符，内生真一之体。苟或运心不谨，节候差殊，即姹女逃亡，灵胎不结，而还丹无价之宝失矣。

二十四

木生于火本藏锋，不会钻研莫强攻。祸发只因斯害己，要须制伏觅金翁。

解：叶士表曰：此言自铅取汞也。汞藏铅中不见其形，如火生于木，不见其明也。若不得抽添之法，莫强攻取，恐有害也。盖祸患之发，缘火候不慎，要须得金母在内，然后汞见铅伏，若无其主，汞复何求。

袁公辅曰：木中生火，盖木得火而旺，为木之精魂，本以藏其锐，不欲发见于外，苟有所动，则反为木之所焚矣。《阴符经》曰：火生于木，祸发必克；奸生于国，时动必溃。知之修炼，谓之圣人。欲得木之镇静，须假金以伐之。《参同契》曰“金伐木荣”是也。

二十五

金翁本是东家子，送向西邻寄体生。

解：叶士表曰：金翁，铅也。铅乃白金之母，始因汞凝结而成，故曰东家子也。以五行言之，金受胎于卯。西邻者，月三日生魄于西方也。

无名子曰：青龙白虎，俱是真一之精，变为二物，分位东西，实同出而异名也。真一精属汞，汞为龙，在东。白虎本是真一精之子，寄体西方也。

认得唤来归含养，配将姹女作亲情。

解：叶士表曰：知铅因汞所产，藏于中宫，复运灵汞入而配合也。

二十六

姹女游从自有方，前行须短退须长。

解：叶士表曰：此言真汞随太阴而生，自有方位须索也。短，阴爻也；长，阳爻也。午前索阴而为阳，午后索阳而为阴，如坤化为复，乾化为姤之类是也。

袁公辅曰：姹女，木汞也，而与之游从者，乃太阴。言汞随太阴而生，自有方位，自三日月现庚方，至上弦初八，只居于五六日之间，岂非前行须短乎？复自十五至二十三下弦，却乃在八九日之后，岂非退行须长乎？前而短，退而长，阳而阴，阴而阳，如此方能生生不穷。真人种种开说，只是论一中字。

无名子曰：姹女，汞也，谓之汞火。游从有方者，前行是外药作用，一时中用两候，故云须短。后行是内药作用，一时中用四候，故云须长。有此两用，故曰自有方。圣人下工炼金丹之初，运汞火不出半个时辰，立得真一之精，大如黍米者吞服，故曰前行须短也。及乎服丹之后，又运己汞火，却有十月之功，故曰后须长也。

归来却入黄婆舍，嫁个金翁作老郎。

解：叶士表曰：灵汞游从上下，归于中宫，与铅配合，亦结为铅。

袁公辅曰：一月数终，复归于坤。嫁个金翁者，言阴汞又来，随阳铅生没，循环无穷也。王道云：开辟已来，循环无端，可谓老郎矣。

二十七

纵识朱砂及黑铅，不知火候也如闲。大都全藉维持力，毫发差殊不作丹。

解：叶士表曰：虽知朱砂产汞，黑铅生银，不知火候，亦不能生成造化。盖元精者，鼎中神灵真精，天地之炁，视之不见，抟之不得，而能潜随化机，生成万物。既杳冥之难测，必立符证以则之，倘或汞铅不定，分两违则，刚柔亢行，不相投入，则丹不成矣。故真一子曰：或阳火过刻，水旱不调，则凝冬变为大暑。或阴符失节，寒暖相侵，则盛夏反为浓霜。金宫既砂汞之不萌，一鼎则虫螟互起，大则山崩地圮，金虎与木龙沸腾，小则雨暴风飘，坎男共离女犇逸，以此观之，纵识铅汞二物，不晓火候，亦徒然耳。

王道曰：金液神丹全在火候，火是药之父母，药是火之子孙。

魏师吕曰：夫能尽性命之道者，无出于黄帝金丹。金丹之妙，在乎火记，火记之妙，象乎坎离相交而生变化神明也。是知铅汞非火候不能成丹明矣。昔崔翁授吕真人以《天元入药镜》，是必令究其火功，学者当宜尽心。

二十八

契论经歌讲至真，不将火候著于文。要知口诀通玄处，须共神仙子细论。

解：道光禅师曰：圣人传药不传火，从来火候少人知。莫将大道为儿戏，须共神仙子细推。是知火候非遇至人口传心授，不可晓会。

无名子曰：火记六百篇，篇篇相似，出入贯穿，与天合度。天之所秘，圣莫传之，遭遇尊师，勿自卤莽。

二十九

八月十五玩蟾辉，正是金精壮盛时。若到一阳来起复，便堪进火莫延迟。

解：叶士表曰：太阴月月圆满，惟八月十五最明者，太阴极也。月为金，金旺于酉，阴极阳生，故久进火也，象日中亥末子初之时。世人以八月十五取圭丹者，非也。

袁公辅曰：丹为金，金旺于酉，故至八月十五乃金水旺盛之时，为最明也。天下之理，盛必有衰，阳必有阴，至十月坤卦，阴符将尽，缘阴无可绝之理，阳将生焉。冬至起复卦，故又进火循环，接一年之候也。丹道亦然，若能准乾坤阴阳相代之理修之，无不成者。亥上见六，乃十月老阴之位，阴气至此方极。六者，阴数也，且乾坤为阴阳造化之主，故七日来复也。建子之月，天轮左转，地轴右旋，一炁交感，生于万物，明年冬至，各反其本。故二炁言之，则是阳进而阴退也。夏至阳气复于巳，冬至阴气复于亥，故谓之反本。

三十

一阳才动作丹时，铅鼎温温照幌帷。受气之初容易识，抽添运用且防危。

解：叶士表曰：日中冬至，乃夜半子时也。真铅，鼎室之中阳炁随阳而长，温温然如灯光透于帷幌之间也。受气之初者，言其所禀也，如金胎于卯，木胎于酉，火胎于子，水土胎于午。此虽易知，其抽添运用不可不慎也。

袁公辅曰：此言下手工夫也。受气之初，其得甚易，而抽添运用，有安有危，不可不慎也。《参同契》曰：立表以为范，占候定吉凶，发号顺时令，勿失爻动时。

无名子曰：一阳子时，造丹鼎内，真铅被火锻炼，光透帘帏。一时中得之甚易，及乎在内却有十月之功，运用抽添，防危度险也。

三十一

玄珠有象逐阳生，阳极阴消渐剥形。十月霜飞丹始熟，恁时神鬼也须惊。

解：叶士表曰：玄珠者，汞也，随阳炁而生，如月假日而明也。阳盛则阴炁剥灭。十月者，言丹药在鼎，如子在胞，待其数足，熟则体化纯阳，鬼神惊伏。《参同契》曰：类如鸡子，黑白相扶，纵横一寸，以为始初，四支五藏，筋骨乃相，涉历十月，脱出其胞。

三十二

前弦之后后弦前，药味平平气象全。采得归来炉里锻，锻成温养似烹鲜。

解：叶士表曰：前弦之后，后弦之前，桂魄澄满之时也。当此时，药炁平和，气象全足，下工采炼，而后温养。烹鲜者，言如治小鱼也。进火不可有太过不及之患，亦不可挠之，当任其自然而熟。老子曰：治大国，若烹小鲜是也。

袁公辅曰：前弦之后，后弦之前，乃十五也，此时桂魄澄满，气象全足，若人能依法太阴，自立神鼎，修炼一体无异也。盖太阴自坤变震兑而至乾阳，亦是温养而来，自柔至刚也。进火之法，如煮小鱼相似。苟或火盛，则太刚而易炊，火缓则太柔而不能熟。温养者，火力有节也。

无名子曰：初八日二阳生，名兑卦，此时魄中魂半，其平如绳，故曰上弦。前属阳，其后属阴，阴中半阳，得水中之金八两，其味平平，其气象全。至十五日三阳以备，象乾卦，此时阴魄之水消尽，阳魂之金盈轮，是以团圆，纯阳无阴，故曰望也。夫阳极则生阴，故十六日纯阳轮中生一阴，象巽卦，渐渐缺，至二十三日二阴生，象艮卦，此时魂中魄半，其平如绳，故曰下弦。此弦之前属阴，其后属阳，阳中阴半，得金中之水半斤，其味平平，其气象全。故圣人喻此二八，归造化炉中，烹锻真一之炁，变成一粒吞归五内。又别运既望之火，烹煎而成金液还丹也。

三十三

长男乍饮西方水，少女初开北地花。若使青娥相见后，一时关锁住黄家。

解：叶士表曰：此论火候也。震为长男，兑为少女。巽为长女，属木，曰青娥；艮坤属土，为黄家也。言震一变为兑，神水生也；兑一变为乾，金花凝也；乾一变为巽，自巽一阴生其药，皆含护于中宫也。

《参同契》曰：三日震动，八日兑行。三五德就，乾体乃成。巽继其统，固济采时。艮生进止，不得喻时。六五坤承，清恬终始。轻春众子，世为类母。

袁公辅曰：长男，震卯也，为太阳。少女，兑酉也，为太阴。乍与初，皆始也，太阳自初一日入酉，初三日太阴便生纤魄。北地花者，乃自阴而生阳也，震一变为兑，二变为乾，兑乾皆属金，故三日为金花初开。青娥，木汞也，至十五圆照甲方，若太阴与甲相见之后，自此从乾变巽，复归坤位也。真人以此喻鼎中当金水壮盛之时，正阴阳两停之际，便宜则而象之关防罗网，使真汞无所逃遗，一时之内可立就也。正如上文云：便好用工修二八，一时辰内管丹成。

三十四

兔鸡之月及其时，刑德临门药象之。到此金砂须沐浴，若还加火必倾危。

解：叶士表曰：卯酉，二八门，日月出没之所。卯为刑，刑主杀。盖四阳之位，阴不胜阳，阴道将离，故阳道随阴而落，象金砂落在胞中也。酉为德，二主生。盖四阴之位，阳不胜阴，阳道将离，故阴气随阳而落，象金水滋液于鼎内，故《参同契》曰：二月榆死，八月麦生。当此之时，住火忽符也。

袁公辅曰：日月至卯酉二月，正刑德临门之时。卯酉为日月出入之门，谓至本位也，岂非及时乎？日主刑杀，月主德生。二月榆死，阳中有阴；八月麦生，阴中有阳。故太阴之魄象之。谓上下两弦，金水炁停，到此金砂阴汞居三阴三阳之际，故沐浴也，如人休沐。火主动，倘有所动，必致倾危矣。

无名子曰：兔二月为德，鸡八月为刑，此两月号为沐浴，当罢火。若进加火，必反致倾危矣。魏真人《鼎器歌》曰：首尾武，中间文。言火候首尾也。当晦朔用武火，中间当月望金水逾盈之际，须防变护失，故用文火也。

三十五

日月三旬一遇逢，以时易日法神功。

解：叶士表曰：一年有三百六十日，一月有三百六十时，真人以时易日，法天地之神功也。日月一月一交会，此则一日一交会也，盖神也者，不疾而速，不行而至。

无名子曰：太阴太阳一日一次相交，圣人则之，故移一月之候在一日之中，又移一日之候分在一时辰之内，般运符火，守城则沐浴罢功，野战则龙虎交合，抽添进退，知吉知凶，虑险防危，无忽无怠，故得灵砂凝结也。

守城野战知凶吉，增得灵砂满鼎红。

解：叶士表曰：守城者，退火守药也。野战者，进火采药也。修丹之士能审察进退，知其吉凶，则丹炁不耗，日盛一日也。

袁公辅曰：守城者，静也；野战者，动也。故吉凶常存于动静之间。运符火之士，能知吉凶动静之理，则鼎内灵砂安得不成丹哉？

无名子曰：苟或阴阳错乱，日月垂戾，外火虽动而行，内符闭息不应。有道之士进火退火，知吉知凶，旋斗历箕，暗合天度，自然灵胎密运，神鼎增辉。

三十六

否泰才交万物盈，屯蒙二卦受生成。个中得意休求象，若究群爻谩役情。

解：叶士表曰：否泰，阴阳等也。屯蒙，六十卦符火之首也。朝屯暮蒙，日用两卦，两卦计十二爻，以应十二时，举一以为例也。当阴阳两平之时，真炁盈满，屯蒙二卦生成药物。圣人以卦符为则，不泥乎爻象也。

袁公辅曰：天地之炁，一交则万物丰盈，屯蒙为六十卦符火之首，屯蒙受卦，便禀生成。真一子曰：立创鼎器，运动天机，初则全无形质，一如鸿濛之中。既经起火，运符便应，元年滋产，日居月诸，龙虎体就是也。苟于此中得其幽玄，不必泥易求象索爻，徒劳神思耳。

无名子曰：阳炁到天地之中，阴阳相半，不寒不热而温，故为泰卦，亦如月之上弦气候也。此时阴阳二炁自然相合，故圣人于此不进火候，谓之沐浴。至阴降天地之中，阴阳相半，不热不寒而凉，故为否卦，亦如月之下弦炁候也。此时阴阳二炁自然相交，圣人不进火候，亦谓之沐浴也。若能于屯蒙否泰四卦中得意，何必究群爻而劳心役思哉？

三十七

卦中设象本仪形，得象忘言意自明。后世迷徒惟泥象，却行卦炁望飞升。

解：叶士表曰：圣人立卦设象，显造化万物之理，学者得象忘言可也。钟离先生诗曰：大道安能以语通，伯阳假易作参同。后人不识神仙喻，执着筌蹄便下功。

袁公辅曰：圣人作易画卦，设三百八十四爻，显造化万物之理，学者得象忘言可矣。苟迷执爻象，望卦以飞升，不亦远乎？

三十八

天地盈虚自有时，审观消息始知机。由来庚甲申明令，杀尽三尸道可期。

解：叶士表曰：盈与息，阴化为阳也；虚与消，阳化为阴也。二者各有其时，人能审观消息盈虚之理，始知造化之机矣。庚甲者，三日月出于庚子，五月满于甲。当此之时，采药进火，如人君申明号令，以杀伐阴鬼，真道可期也。

无名子曰：纯阴坤卦，凉变为寒，曰冬，万物收藏之时，故曰虚也。天地盈虚，因月而见，月从日生，初三日震庚生形，初八日兑丁上弦，十五日乾甲圆满，天地盈之时也。十六日巽辛受统，二十三日艮丙下弦，三十日坤乙消灭，天地亏之时也。

三十九

要得谷神长不死，须凭玄牝立根基。

解：叶士表曰：人抱真一之炁，如谷函至虚之神，虽曰无形，扣之则应。若欲真炁不绝，当以玄牝为根基也。玄牝者，阴阳门户，天地之根也。

真精既返黄金室，一颗灵光永不离。

解：叶士表曰：玄牝之宫，即中宫也，中藏真一之炁，生金精也。真炁生产金精，复还其室，则灵光不离于己。灵光，神也。积精生神，世人泄之于外，所以精竭人亡也。

无名子曰：金精，乃华池中神水之真金也，又名金胎。神室，乃丹田混元宫，中有真一之精，在天为天一之水。

四十

玄牝之门世罕知，休将口鼻妄施为。饶君吐纳经千载，争得金乌搦兔儿。

解：叶士表曰：此一篇论根蒂也。老子曰：谷神不死，是谓玄牝，玄牝之门，是谓天地根。世人见“门”一字，遂寻其穴，有以口鼻为之，有以舌下两窍为之，有以两膝为之，有以男女为之。盖门者，出入之谓也，人原父母一点精炁，先结为丹元，然后生五藏六腑，两肾中间，混元一穴是也，真炁从此而出。及其生药，又流入于此。

《龙虎上经》曰：径寸之质，以混三才。《参同契》曰：纵横一寸，以为始初。

袁公辅曰：玄牝之门者，日月出入之门也。世罕有知者，若能知之，则会合阴阳，不为难耳。

无名子曰：玄牝之门，为天地根叶。文叔误指为两肾中间混元一穴，殊不知玄牝二物。若无此二物，安能有万物哉？故内外二丹从此而出，圣人秘之，号曰偃月炉、悬胎鼎是也。金乌，金丹也，金丹制己汞，如猫搏鼠，如鹰搦兔，不能逃走矣。

四十一

异名同出少人知，两者玄玄是要机。保命全形明损益，紫金丹药最灵奇。

解：叶士表曰：老子云：此两者同出而异名。盖论大道有无之体。有人借此以论铅汞二物，铅生汞，汞生铅，是异名而同出也，可以保命，可以全形，人当明其损益也。不明者泄之于外，故有所损。明者宝于内，故有所益。

四十二

始之有作无人见，及至无为众始知。但见无为为要道，岂知有作是根基。

解：叶士表曰：有作者，推排符火，烹炼丹药。无为者，形神俱妙，与道合真。

袁公辅曰：始之有作者，推排符火，烹炼丹药，岂人之所见者？及至于无为之地，谓形神俱妙，与道合真也，众始知骇也。但见无为为道之要妙，岂知有作实道之根基也欤？

四十三

黑中有白为丹母，雄里藏雌是圣胎。

解：叶士表曰：黑中有白，铅内产银，铅为丹之母也。雄里藏雌，砂中有汞，汞为胎中之子也。

袁公辅曰：黑中有白，阴中阳也。雄里藏雌，阳中阴也。只此便是丹母圣胎，可以养育生成。老子云：知其雄，守其雌，为天下谿。常德不离，复归于婴儿。知其白，守其黑，为天下式。常德不忒，复归于无极是也。

无名子曰：肾色黑，故象黑铅，铅中产银。心色赤，故象丹砂，砂中有汞。

太一在炉宜守慎，三田聚宝应三台。

解：叶士表曰：太一，含真之炁也，守而慎之，恐走失也。上田泥丸，中田绛宫，下田丹室。积聚其药，三田充满，如天有三台之星也。

袁公辅曰：太一在炉者，如天地鸿濛之初，又如子在母胞相似，庶几可以慎守不致走失。三田宝聚，言两土合圭而化真金，如北斗之有三台星也。

四十四

恍惚之中寻有象，杳冥之内觅真精。有无从此自相入，未见如何想得成。

解：叶士表曰：老子云：恍兮惚，其中有物，杳兮冥，其中有精。恍惚，阳之体；杳冥，阴之体。言二者生产丹药，非存想所能成也。

有者坎之中爻，无者离之中爻，取将坎位中心实，点化离宫腹里阴，此有无相入也。

四十五

四象会时玄体就，五行全处紫金明。脱胎入口通身圣，无限龙神尽失惊。

解：叶士表曰：脱胎入口者，数足成丹，飞上天谷，降落口中也。

袁公辅曰：四象五行之炁全聚，则玄体就而紫金明。真一子以谓火运四时五行之炁，以资奉神胎是也。脱胎者，谓迹历十月，脱出其胞也。入口者，如吕真人云“当时自饮刀圭”之类。身通圣者，形神俱妙，与道合真也。当此之时，龙神岂不惊伏耶？

四十六

华池饮罢月凝辉，跨个金龙访紫微。

解：叶士表曰：华池，混元丹鼎也。药本太阴之炁，聚于丹鼎，如月之凝辉也。跨个金龙，言脱胎神化，飞升而朝紫微也。

从此众仙相识后，海潮陵谷任迁移。

解：叶士表曰：此言通身圣也。

四十七

要知金液还丹法，须向家园下种栽。不假吹嘘并著力，自然丹熟脱真胎。

解：叶士表曰：家园，自己也。先得真铅药母为种于内，然后用天地自然之数，生产灵汞，结成真胎也。

袁公辅曰：金液还丹，非丹灶外药可成，盖自己也。吕真人曰：

“七返还丹，在人先须炼己待时”是也。须得真铅药母为种于内，然后用天然真火烹炼，生产灵汞，结成真胎也。

四十八

徒施巧伪为功力，认取他家不死方。壶内旋添留命酒，鼎中收取返魂浆。

解：叶士表曰：此药可以返人之魂、留人之命也。

袁公辅曰：谩施奸巧诈伪之术法，丹道愈远。而有真不死之方，须细认也。酒与浆，乃鼎中之金水，可以返魂夺命也。

四十九

雪山一味好醍醐，倾入东阳造化炉。若过昆仑西北去，张骞方得见麻姑。

解：叶士表曰：白色言其色，醍醐言其味。自泥丸降而倾入阳炉之中，造化也。若过自昆仑，然后匹配，如古张骞乘搓自黄河逆上，至天河女宿之度矣。西北，天门也。

袁公辅曰：此言西方金水投东方木火，阴取阳也。若复自乾坎西北而去，则阳后见阴也。本是金生水，木生火，如三五一生成之数，聚集于中宫戊己之位便是。今如此论者，正合逆为丹用之旨。

五十

不识阳精及主宾，知他那个是疏亲。房中空闭尾间穴，误杀阎浮多少人。

解：叶士表曰：阳精，太阳流珠也。主宾，铅汞也。疏者可去，亲者可学也。学道者既不识阳精及为主为宾者，又奚知何者可疏、何者可亲哉？及有流入于三峰御女之术，传习不绝，往往至死而不悟邪正，乌可不辨邪？钟离先生曰：修真不识祖来根，错用身心向外寻。堪叹三峰黄谷子，浮生误杀几多人。

无名子曰：阳精是真一之精。至阳之炁，号曰阳丹。己之真炁属阴，为一身之主，以养百骸。及阳丹自外来，以制己之阴汞，即是阳丹反为主，而己汞反为宾矣。二物相恋结为金砂，自然不飞不走，然后加火锻成金液还丹也。故阳丹在外，谓之疏，己之阴炁在内，谓之亲，反此亲疏，以定宾主，即道成矣。

五十一

万物芸芸各返根，返根复命即长存。知常返本人难会，妄作招凶众所闻。

解：袁公辅曰：万物之滋茂，与夫草木之生植，未有不返其根者。苟或不然，何以能凋发荣枯乎？人能返本还元，即长存矣。叶文叔曰：常者，自然也。老子曰：不能常，妄作凶。

五十二

欧冶亲传铸剑方，莫耶金水配柔刚。炼成便会知人意，万里诛妖一电光。

解：叶士表曰：欧冶合和金水，配合柔刚，铸成宝剑。真人喻修丹之士亦以金水合和也。丹成逆知未来，邪不能近也。

袁公辅曰：上一章，真人以欧冶铸剑为喻，予之铸剑也，合和金水，配匹柔刚，炼成坚利，飞以击物，莫不吹毛断铁。修丹亦以金水和合，丹成逆知未来，飞腾变化，无不如意，故能扫荡妖氛，虽千里之遥，如一电光之顷也。

五十三

敲竹唤龟吞玉芝，鼓琴招凤饮刀圭。近来透体金光现，不与常人话此规。

解：叶士表曰：敲竹，息气也。黑龟，水也。鼓琴，运两弦也。赤凤，火也。息一气起水以吞玉芝，运两弦起火以饮刀圭，丹成则金光透体，此法难与常人说也。玉芝即玉液也。刀圭者，二土为圭，即坎离之戊己，刀者言二物皆为金耳。

无名子曰：敲竹，乃两物相击之义。鼓琴，乃正音声诗和之义。龙之弦炁曰玉芝，虎之弦炁曰刀圭。此言龙虎相交，击而结为夫妇，如琴瑟之谐和也。凤者，南方朱雀也。龙虎二物相交，炼成金丹，即时采取，饵归丹田，制以阴汞。然后虚心运火，忘情谐和，运阴阳合乎呼吸，以呼吸用神气，以神气取水火，以水火炼胎息，胎息绵绵，游泳坎离，坎离交媾而生金液也。凡运火之际，忽觉夹脊真炁上冲泥丸，沥沥然有声，从头似有物触上脑，须臾，如鸡卵颗颗自腭下重楼，如汞酥香甜，甘美之味无比。觉有此状，乃得金液还丹。徐徐咽归丹田，常常不绝，五藏清虚，闭目内观，脏腑历历如照烛。然以有万道金光出体，盘旋罩身也。

五十四

药逢气类方成象，道合希夷即自然。一粒金丹吞入腹，始知我命不由天。

解：袁公辅曰：月因日以能明，故道自希夷中得之。

五十五

赫赤金丹一日成，古仙垂语实堪听。若言九载三年者，尽是推延款日程。

解：真一子曰：日服一粒，状如黍米，则知一日有一日之丹也。譬如今人服药，但久而见功也。

袁公辅曰：金丹之道，苟传得其真，识虎龙之交媾，晓火候之抽添，二物俱备，分毫不差，则一日之内便致赫然。故彭真人云：一日可以夺四千二百二十年天地正炁。此古仙实语，审详不诳。若真信旁门之术，虽积累岁月，终不能成也。

无名子曰：金丹大药，下工不逾半个时辰，立心服饵，而此言一日者，促一年炁候于一日之中也。复以一日作用，移在一个时辰之内，故通言一日也。

五十六

大药修之有易难，也知由我亦由天。若非积行施功德，动有群魔作障缘。

解：叶士表曰：易者，言事之在难，难者，言成之在天。古之神仙，必有大施功德，然后可成也。

五十七

三才相盗食其时，此是神仙道德机。万化既安诸虑息，百骸俱理证无为。

解：《阴符经》曰：天地，万物之盗。万物，天之盗。人，万物之盗。三盗既宜，三才既变，故曰：食其时，百骸理，动其机，万化安。

五十八

阴符宝字逾三百，道德灵文止五千。今古上仙无限数，尽于此处达真诠。

解：袁公辅曰：阴符道理，乃黄老所撰，传留后世，其玄奥细微之旨，备写于中，自时厥后，超凡达圣，奚皆不出于《阴符》《道德》之旨也。

五十九

饶君聪慧过颜闵，不遇师传莫强猜。只为丹经无口诀，教君何处结灵胎。

解：袁公辅曰：千经万论，止载修丹事理，至于下手结交，火候幽微，非遇师亲授，纵才过颜闵，则不可晓。平叔既序云：药物火候细微，无不悉备，好事者寻文辞义，岂须区区口授。今反此而言者，欲人之不敢轻议也。

六十

了了心猿方寸机，三千功行与天齐。自然有鼎烹龙虎，何必担家恋子妻。

解：袁公辅曰：神室者，聪明之符，为丹之枢辖，纵广一寸，为一身之主。喻之为猿者，盖跳跃难驯之物。修丹之士已能调伏，潜符天地混沌之理，又须待功行满足，方能冲举，寿与天齐也。今人不知自己之内有混元丹鼎，可以烹炼真铅真汞，而担恋妻儿，汩没嗜欲，可哀也哉。

六十一

未炼还丹须急炼，炼了还须知止足。若也持盈未已心，不免一朝遭殆辱。

解：袁公辅曰：金液还丹之未炼，是为愚痴。若炼而不知止，则反伤其丹。故钟离诗曰：药熟不须行火候，更行火候必伤丹。

六十二

须将死户为生户，莫执生门号死门。若会杀机明返覆，始知害里却生恩。

解：袁公辅曰：人知生必有死，不知死有可逃之理，往往背生而趋死，乐而不悔。《度人经》云：鬼道乐兮当人生门，若能转生杀之机，明返覆之理，则死可返生也。《阴符经》曰：生者死之根，死者生之根，恩生于害，害生于恩是也。

六十三

祸福由来互倚伏，还如影响相随逐。若能转此生杀机，返掌之间灾变福。

解：袁公辅曰：阳生而阴杀，阳属木，木中藏火。阴属金，金中生水。举世孰不知金能克木、水能克火？杀尽世人，人无机变，殊不知祸兮福所倚，福兮祸所伏，如影响之相逐也。人能会此，转生杀之机，则一返掌间，灾可成福，死可逃生，言其易也。《阴符经》曰：相生相杀，道之理也。

六十四

修行混俗且和光，圆即圆兮方即方。显晦逆从人莫测，教人争得见行藏。

解：老子曰：和其光，同其尘。《易》曰：和同天人之际。实修行之秘要也。随方则方，随圆则圆，即孟子所谓性犹水也，决诸东方则东流，决诸西方则西流之意。晦与显，逆与顺，皆不可得而测识，又岂能得见其行藏哉？

绝句

（五首）

一

饶君了悟真如性，未免抛身却入身。何似更兼修大药，顿超无漏作真人。

解：魏师吕《先天大学书》云：易曰乾坤变化，各正性命。夫变化之道性，自无中而有，必藉命为体。命自有中，而无必以性为用。性因情乱，命逐色衰，命盛则神全而性昌，命衰则性弱而神昏。夫性者，道也。神者，用也，静也，阳中之阴也。命者，生也，体也，动也，阴中之阳也。斯二者相需之不可阙，故孤阳不立，独阴不成，体用双全，方为妙道。吕真人云：了明空性不修丹，万劫阴灵难入圣。窦真人曰：参禅尽欲言间悟，见性宁知梦里非。恰似狂猿劳水月，如何捉得月光归，是也。

二

投胎夺舍及移居，旧住名为四果徒。若解降龙并伏虎，真金起屋几时枯。

三

鉴形闭气思神法，初出艰难后坦途。倏忽虽能游万国，奈何弃旧却移居。

解：上二章之义，即平叔所谓推闭息一法，若动而行之，则可以入定出神。奈何精神属阴，宅舍难固，及常常用迁徙之法，又岂能回阳换骨，白日而登天者。

四

释氏教人修极乐，亦缘极乐是金方。大都色相惟兹实，余二非真谩度量。

解：释氏修西方，即金丹也。虽以寂灭为要，未尝不由金华而至也，不然何以谓之大觉？《金仙经》曰：如来成道本金华，生自王宫勇出家。委命假言身喂虎，遗形借喻膝穿芽。后之禅衲止以空寂为要，曾不知金华之义。惟傅大士得之，曰：希有希有，佛妙理极。泥丸云“阿降伏，住降伏”，住阿难是也。昔龙女顿悟心珠，便登佛位，乃此法也。平叔曰：若修行之人厌此幻相，不能修金丹，便欲直趣如来真空，湛然常寂，此为究竟涅槃三昧，则斯之身相，斯之语言，皆非所取也。

五

俗语常言合圣道，宜向其中细寻讨。能将日用颠倒求，天地尘沙尽成宝。

解：欲语常言，暗合圣道，故道常在日用之间，而人由之而不知也。

五言

女子著青衣，郎君披素练。

解：叶士表曰：离女，木汞也，坎男，白金也。

袁公辅曰：女子，阴也，青衣，阳也，阴中之阳也。郎君，阳也，素练，阴也，阳中之阴也。二物相需为用。

见之不可用，用之不可见。

解：叶士表曰：泄之于外者，既不可得而用也，用之于内者，其可得而见耶?

无名子曰：有质可见者，后天查滓之类也。无形而不可见者，二物初弦之炁也。故虽不可见而可用也。

恍惚里相逢，杳冥中有变。

解：叶士表曰：二炁氤氲而成变化也。

一霎火焰飞，真人自出现。

解：叶士表曰：群阴剥尽，丹化为阳，则阳神出入也。

吕真人曰：九年火候真经过，忽尔天门顶中破。真人出现大神通，从此天仙可相贺，是也。

西江月

真人曰：西者金之方，江者水之体，月者药之用。

一

内药还如外药，内通外亦须通。丹头和合类相同，温养万般作用。

解：袁公辅曰：内外之药一同，欲知内药，先知外药也。内外之药，皆用铅汞为丹头，然温养之法，有两般作用也。

真一子曰：未有天地混沌之前，真铅得一以先形，以渐生天地阴阳五行万物也。以先天之阳丹，点己之阴汞，立为纯阳矣。然后运在一身之内，炼成金液还丹，以其造化在内，故曰内药也。内药十月功圆脱胎，而形化为纯阳之炁，然后抱元九载，使炁归神，以神合道，升入无形。是故内外二药，皆先天地之炁变，岂可以后天地至阴之炁满，而为内药耶？夫外药者，金丹是也，造化在二八炉中，不生半个时辰，立得成就。内药者，金液还丹是也，造化在自己腹内，须十个月足，方能脱胎神圣。并二药虽和合丹头，作用之法略同，及其用功火候，实相远矣。

内有天然真火，炉中赫赫长红。外炉增减要勤功，妙绝无过真种。

解：袁公辅曰：内药则以自然真阳之火烹炼，外药亦假火候抽添也。真人以外药窃比于内者，要其实，不若自己之真种子也。

无名子曰：内丹虽有自然真火在土釜之中赫赫长红，亦须凭外炉勤功增减，抽添运用，无令差忒，以至于殆也。然内外真火变化无穷者，实藉真铅之妙绝也。此物偏能擒汞，不使飞走。二药内外虽异，其用实一道也，所以有内外二药者，人之一身禀天地秀气而有生，托阴阳陶铸而成形，故一形中以精炁为本，神生于气，气生于精，然此三者，皆后天地生一之炁，至阴之物也。修真之士，无过冶炼精炁神三物而已，奈何三物俱后天地生，纯阴而无阳，安能形化于纯阳，而出乎天地之外耶？真一子曰：孤阴不能自产，当采先天之一炁，以真阴真阳二八同类之物，擒在一时辰之内，炼成一粒至阳之丹，号曰真铅，造化在外，故曰外药。以此阳丹擒己阴汞，犹猫伏鼠。阳丹是天之母炁，己汞乃天之子炁，以母炁伏子炁，岂非同类乎？此造化在内，故曰内药也。

真一子曰：未有天地混沌之前，真铅得一而生，以所生天地阴阳五行万物，此证金丹先天地之一炁也。以先天阳丹点己阴汞，化为纯阳，更假阴阳符火，运用抽添，十月功足，形化为炁，炁化为神，神与道合而无形，变化不测，故能出乎天地之外，立乎造化之表，提挈天地。陶铸阴阳而不为阴阳陶铸者，先天地之一炁使然也。故曰：妙绝无过真种。安可以后天至阴之炁，类而为内药邪？安可以后天凡砂凡汞凡火滓质之类，而为外药耶？

二

此道至神至圣，忧君分薄难消。调和铅鼎不终朝，早睹玄珠形兆。

解：真一子曰：立创鼎器，运动天机，初则全无形质，一如鸿濛混沌之中，既经起火运符，便应元年滋产，此道可谓甚易也。

袁公辅曰：此道神圣，非有福缘者，不可当也。和合铅气，又不在一日之内，只一时之间便见玄珠形兆矣。《参同契》曰：稽古当元皇，关睢建始初。冠婚炁相纽，元年乃牙滋。是也。

志士若能修炼，何拘在市居朝。工夫容易药非遥，说破人须失笑。

解：袁公辅曰：有志修炼之士，若得其法，不拘市朝之间，皆可为之。工夫甚易，药物未遥，说破无多事也。老子曰：下士闻道，大笑之，不笑不足以为道。

三

白虎首经至宝，

解：叶士表曰：首者，头首也。白虎，金晶也。言金晶自昆仑之上经过，此为至宝，世人以女子天癸为首经，非也。

袁公辅曰：白虎即黑铅也，中涵真一之水，为天地众汇之先，经纬万物，岂非至宝乎？

华池神水真金。

解：叶士表曰：华池非口也。凡修丹，鼎中有金母。华池亦谓之金胎神室，乃丹田混元之宫也，中有真一之精，在天为天一之水。言前金晶乃华池中神水之真金也。

故知上善利源深，不比寻常药品。

解：叶士表曰：老子云：上善若水。此言神水，其源深远，非世间寻常之药可比也。

若要修成九转，先须炼己持心。依时采取定浮沉，进火须防危甚。

解：叶士表曰：九转，丹之成也。若欲大丹之成，非炼己持心，专精致志，则不可也。如此斯可依天地升降，定药物浮沉，进火采炼也。火候有进退，抽添有时节，危甚者，恐有走失也。

四

七返朱砂返本，九还金液还真。休将寅子数坤申，但看五行成准。

解：叶士表曰：七返者，火之成数也。九还者，金之成数也。言火汞金铅返还于元海，谓之七返九还，非如古人以寅至申为七返，自子至甲为九还也。但看五行成数，则知之矣。

无名子曰：天一生水，地六成水，居北，积坎阴之炁为真水，故曰六居。地二生火，地七成火，返南孕离炁而生砂，故曰七返，言朱砂返本也。天三生木，地八成木，归东处震位而为汞，故曰八归。地四生金，天九成金，还西主兑位而为金，故曰九还，真体还真也。天五生土，地十成土，居中而变成丹也。故金丹不出五行而成，岂可以寅子数坤申为九还七返耶？

本是水银一味，周流经历诸辰。阴阳气足自然灵，出入岂离玄牝？

解：叶士表曰：铅汞本一物耳，铅生汞，汞化铅。如兑数七，兑，金也，七则火之成数，是火化为金也。离数九，离，火也，九则金之成数，是金化为火也。周流经历乎十二辰位，阴阳炁足而成灵药，出入不离乎玄牝之中也。

无名子曰：真一之炁，结而成精，一变而为水，在北；二变而为砂，在南；三变而为汞，在东；四变而为金，在西；五变而为丹，在中。故丹非天地不生，非日月不产，非四时不全，非五行不就，非总数不成。是以遍历诸辰，阴阳数足，自然通神变化。然其妙用造化，出入不离玄牝之门，真为天地根也。

五

若要真铅留汞，亲中不离家臣。

解：袁公辅曰：此言非中宫金母不可也。铅，为君为母；汞，为臣为子。又曰铅汞互为君臣。

木金间隔会无因，须假黄婆媒娉。

解：袁公辅曰：金木居东西二位，升降浮沉，互为明暗，自然间隔，无因相会，若欲会合，须坎离中炁升降，然后匹配也。

木性爱金顺义，金情恋木慈仁。相吞相啖却相亲，始觉男儿有孕。

解：叶士表曰：五行相克则为夫妻，所以金木相吞相啖，结为灵胎也。盖子母之炁相恋如此耳。

袁公辅曰：古经云：顺则成人逆为丹。用金木相克，自然之顺也。今使木见金，不畏而成顺义，金遇木不克，而为慈仁，盖其中调和之者，实戊己也。正犹男子怀妊，颠倒之意也。

《大易志图》曰：夫修金丹，若无刑克则药物不伏，如君令不严，则臣下暴乱，是故五行所以相克。金克木者，木归金也。木克土者，土归水也。土克水者，水归土也。水克火者，火归水也。火克金者，金归火也。五行十干云：甲为庚妇，丙作壬妻。他皆仿此。故克者为妻财谐和之义也。若修至药，不明五行，不解调和，不知君臣，不得铢两，枉费金土，虚劳火力也。

六

二八谁家姹女，九三何处郎君。自称木液与金精，遇土方成三姓。

解：叶士表曰：二八姹女，阴汞也。九三郎君，阳铅也。言此金铅木汞遇中央之土，则成三姓也。

更假丁公锻炼，夫妻始结欢情。

解：叶士表曰：言前二物得火烹炼，然后交结成丹也。

河车不敢暂留停，运入昆仑峰顶。

解：叶士表曰：河车者，水车也。般运神水，自肘后飞入昆仑。

袁公辅曰：河车者，水火也。言前铅汞得大烹炼，不敢留停，复归太极之始也。

无名子曰：河车左右单关辘轳各三十六，又双关辘轳三十六也。

七

牛女情缘道合，龟蛇类禀天然。

解：叶士表曰：牛女二宿，龟蛇二物，同在一位也，皆北方正炁之物。如铅汞先于一处，皆天然性情气类也。

袁公辅曰：牛女二宿，以岁周同度为天道之定理，龟蛇二物以炁类相纠，亦禀自然之性也。

无名子曰：牛女二星，一年一度交合，太阴太阳，一月一度交合，龟蛇二灵，亦以类蟠纠，此皆阴阳二气使之然也。金丹作用，一一如之，盖真一之炁，窅然无形，若不得二八阴阳之弦炁相交，安能降格兆形黍粒者哉？既得此黍粒之丹，吞饵之后，若不得阴阳符火氤氲，安能变而成金液还丹哉？

真一子曰：孤阴不自产，寡阳不自成。须假牝牡二炁，方能有产化之道也。

蟾乌遇朔合婵娟，二气相资运转。

解：叶士表曰：日月遇晦朔交合，如铅汞一日一交，今也二炁运转，未尝休息。《参同契》曰：晦朔之间，合符行中，混沌鸿濛，牝牡相从，滋液润泽，施行流通，天地神灵，不可度量，利用安身，隐形而藏，始其东北，箕斗之乡，旋而右转，呕输吐萌，潜泽见象，发散精光。此言交合而又运转也。

总是乾坤妙用，谁能达此深渊。阴阳否隔即成愆，怎得天长地远。

解：叶士表曰：言上阴阳运转交合，皆乾坤妙用，罕有人能达晓，使天地不运转，则一炁停积，万物不生，人若不运转，则一炁否塞，不产丹药，岂得与天地同其长久耶？

袁公辅曰：日月遇晦朔交合，故能明照宇宙，二炁往来运转，循环无穷，皆天地乾坤妙用，孰有达此深机者。阴阳否塞不通，则万物不生而成亢旱，积阴之咎。人无阴阳运转，则人气否塞，不产丹药，岂得与天地同其长久耶？《参同契》曰：物无阴阳，违天背源，牝鸡自卵，其雏不全。是也。

八

雄里内含雌质，负阴抱却阳精。两般和合药方成，点化魄纤魂胜。

解：叶士表曰：雄里含雌，乃阳中有阴，砂中汞也。负阴抱阳，乃阴中有阳，铅内银也。铅汞合和，方成至药，点化凡躯，阴消阳壮也。

无名子曰：雄里雌，即龙之弦炁，汞是也。阴抱阳，即虎之弦炁，铅是也。二物相交合，方生黍粒之丹，吞入腹内丹田中，点化阳魂以消阴魄也。

信道金丹一粒，蛇吞立化龙形。鸡餐亦乃变鸾鹏，飞入青阳真境。

解：无名子曰：一粒如黍，鸡蛇得而吞之，即化为龙凤，言丹之神圣也。

九

天地才经否泰，朝昏好识屯蒙。辐来凑毂水朝宗，妙在抽添运用。

解：袁公辅曰：此言二炁交感，如天地一经否泰，故能生育万物。朝屯暮蒙，为六十卦符火之首，一一当细认也。苟得其法，则金丹不难成，如辐来凑毂，水去朝海，其妙在抽添运用也。

无名子曰：运火始于屯蒙，休功于否泰，日夕般运符火，归于鼎中，如车之轮辐凑于毂，若百川之水朝宗于海，运用抽添，妙化如此。

得一万般皆毕，休分南北西东。损之又损慎前功，命宝不宜轻弄。

解：叶士表曰：得一，太一含真也，含真成丹，然后不用四象也。损去世事，日慎一日，稍或放逸则失前功，此养命之宝，不宜轻弄也。

袁公辅曰：老子云：得其一，万事毕。又曰：天得一以清，地得一以宁，谷得一以盈，人得一以灵。苟得其一矣，奚用东西南北耶？损之又损，庶几不废前功而受后祸，此养命之宝，不宜轻弄也。

无名子曰：一因阴阳之大而有象也，及得一吞归五内，须依旧如前运火，以谨前功，方能尽得一之道，不可妄动，恐失宝珠。

十

冬至一阳来复，三旬增一阳爻。月中复卦朔晨超，望罢乾终姤兆。

日又别为寒暑，阳生复起中宵。午时姤象一阴朝，炼药须知昏晓。

解：叶士表曰：有年中冬至，有月中冬至，有日中冬至，此用日中冬至，以人度合天度，以日用参年用也。前诗云“以时易日法神功”是也。

真一子曰：年与月同，月与日同，日与时同。《参同契》曰：若遂结舌瘖，绝道获罪诛，写情著竹帛，恐泄天之符。

无名子曰：自冬至一阳来复，每三十日增一阳爻，至六阳乾卦，乃为阳火之候。阳极则阴生，故自夏至一阴生之后，每三十日增一阴爻，至六阴月为坤卦，乃为阴符之候。阴极阳生，周而复始，此一年加减之数也。圣人后此一年之数于一月之中，以朔旦为复卦，两日半当三十日，至十五望日为纯阳乾卦，至十六日为姤卦一阴生，故曰望罢乾终姤兆。阴气初萌，谓之兆，此是一月之内周天数也。又将一月之候移在一日之中，分寒暑温凉四时之炁，故以中夜子时一阳生为复卦，午时一阴生为姤卦，运用符火，抽添进退，一一合天地四时阴阳升降，不得分毫差忒，故曰炼药须知昏晓，此一日之内周天数也。

十一

德行修逾八百，阴功积满三千。均齐物我与亲冤，始合神仙本愿。

虎兕刀兵不害，无常火宅难牵。宝符降后去朝天，稳驾鸾车凤辇。

解：袁公辅曰：古之神仙，未有不修阴功而得升仙者也，要之物我两齐，冤亲俱释，乃神仙素志也。丹成之后，功德备著，膺符受箓，骖鸾翳凤，岂虎兕刀兵所能加害，无常火宅所能牵系者乎？老子曰：陆行不避兕虎，入军不避甲兵。夫何故？以其无死地。《参同契》曰：明者省厥旨，旷然知所由。勤而行之，夙夜不殆，服食三载，轻举远游，跨火不焦，入水不濡，能存能亡，长乐无忧，道成德备，潜伏候时，太一乃召，移居中洲，功满上升，应箓受图。

十二

不辨五行四象，那分朱汞铅银。修丹火候未曾闻，早便称呼居隐。

不肯自思己错，更将错路教人。误他永劫在迷津，似恁欺心安忍。

解：袁公辅曰：今之学道之流，不识五行四象是何事，铅汞是何物，纵能辨别，亦不知火候是何理，便教公然当居隐之名，傲然自满，以为他人莫己若也。此犹庶几。及有受以金缯，将旁门小法妄行传授，自以为无上至真之妙道，心苟可欺，天可欺乎？若然者，非大道之道也。可不惧哉。

又一

丹是色身至宝，炼成变化无穷。更能性上究真宗，决了无生妙用。

不待他身后世，见前获佛神通。自从龙女著斯功，尔后谁能继踵。

解：叶士表曰：夫金丹者，已能通灵变化，若欲即此金丹妙色之身，证真金慈相，巍巍堂堂，为天人师，示神通力，普观法界，运无碍大悲平等之心，庄严佛土，广宣妙法，普度群生，则必兼以识心见性，方游斯道者。龙女顿悟心珠，便登佛位，乃此法也。若修行之人厌此初须，不能修金丹，便欲直趣如来真空，湛然常寂，此为究竟涅槃三昧，则斯之身是，斯之语言，皆非所取也。

读《周易参同契》

大丹妙用法乾坤，乾坤运兮五行分。五行顺兮常道有生有死，五行逆兮丹体常灵常存。

解：阳主生，阴主死，一生一死，一去一来，此常道顺理之自然者也。圣人则之，反此阴阳，逆施造化，立乾坤为鼎器，盗先天一炁以为丹，以丹炼形，入于元形，与道冥冥，道固无极，仙岂有终。

一自虚无，兆质两仪，固一开根，四象不离。二体八卦，互为祖孙。万象生乎变动，吉凶悔吝兹分。百姓日用不知，圣人能究本

源。顾易道，妙尽乾坤之理，遂托象于斯文。否泰交则阴阳或升或降，屯蒙作则动静在朝在昏。坎离为男女水火，震兑乃龙虎魄魂。守中则黄裳元吉，遇亢则无位而尊。既未慎万物之终始，复姤昭二炁之归奔。月亏盈，应精神之衰旺；日出没，令荣卫之寒温。

解：冬至之日，地下有一阳之炁上升，为复卦，人之元气亦如之，故进阳火。至正月阴阳之炁相半，自然相交，为泰卦，人之元气亦然，故曰否泰交则阴阳或升或降也。

圣人簇此一年气候于一月三十日中，以两日半计三十辰，以当一月。故自月之一日，以从太阳之光初萌，为复卦用事。至上弦初八日，月明一半，水金平分，为泰卦用事。至十六日以后，月渐亏，为姤卦用事。下弦二十三日，月亏一半，金水平分，为否卦用事。故曰月亏盈应精神之盛衰也。

又移此一月气候归一日十二辰中，子时一阳生，故人之肾中有一阳纯精之炁上升，进阳火，为复卦。午时一阴生，故人之心中有一阴至神之炁下降，进阴符，为姤卦。故曰复姤昭二炁之归奔也。

夫子时起阳火，子为六阳之首，故为朝，用屯卦直事。午时起阴符，午为六阴之元，故为昏，用蒙卦直事。故曰屯蒙作则动静在朝在昏也。

一日一夜两卦直事，三十日计六十卦，屯蒙为六十卦之始，既未为六十卦之终，终而复始，始而复终，故曰既永慎万物之始终也。

夫修金丹，先以真阴真阳之物立为炉鼎，然后诱太极一炁为丹。太极之炁，苟不以真阴真阳之物而诱之，则不能降灵成象，是以《参同契》立乾坤二卦为炉鼎，分坎离为药物，处于中宫，其余诸卦分在一月三十日内，以运符火。故乾坤者，龙虎也。震兑也，夫妇也，魂魄也。坎离者，铅汞也，水火也，男女也，情性也，触类而长之，则不可胜纷矣。原其至当而言之，无过比喻真阴真阳之二物也。以此二物，合炁于中宫黄道之室而成丹。故曰守中则黄裳元吉也。

既得丹饵，非真火无以育其圣胎，是以运元阳之炁为火，火无定位，周流六虚，故曰遇亢则无位而尊也。

夫日出为昼，日没为夜，圣人运动符火于一日一夜之中，分擘阴阳寒暑之气，外应天符，内合荣卫，消长一身，抽添运用，温养丹体，故曰日出没合荣卫之寒温也。

夫天一生水，在人曰精。地二生火，在人曰神。人之精神荣卫一身，当与天地阴阳四时五行之气，运行不息也。

本立言以明象，既得象以忘言。犹设象以指意，悟其意则象捐。达者惟简惟易，迷者愈惑愈繁。故知修真上士，读《参同契》不在乎泥象执文。

解：已上皆魏真人以金丹之道至简至易，敷扬秘要，故假易卦，意寓于言，俾学者悟其意以晓其言。苟得金丹秘要，则乾坤、坎离、震兑、龙虎、情性、魂魄、铅汞、水火之类，皆可忘言矣。苟明运火真机，则屯蒙、既未、复姤、否泰卦象爻铢，皆可无用矣。此仙翁恐学者读《参同契》不晓真人之意，惟只滞象执文，而不知捐象忘言之意，故作此以示同徒，其仁慈济物如此。虽然，自非至人口诀，然亦未易以蹈其壶奥之万一也。

禅宗歌颂

夫学道之人，不通性理，独修金丹，如此既性命之道未备，则运心不普，物我难齐，又焉能究竟圆通，迥超三界？故《楞严经》云：有十种仙，皆于人中炼心坚固精粹，寿千万岁。若不修正觉三昧，则报尽还来，散入诸趣。是以弥勒菩萨《金刚经颂》云：饶君百万劫，终久落空亡。故此《悟真篇》中先以神仙命术诱其修炼，次以诸佛妙用广其神通，终以真如觉性遣其幻妄，而归于究竟空寂之本源矣。

性地颂

一

佛性非同异，千灯共一光。
增之宁解溢，减著且无伤。
取舍皆为过，焚漂总不妨。
见闻知觉法，无一可猜量。

二

如来妙体遍河沙，万象森罗无障遮。
会得圆通真法眼，始知三界是吾家。

三

视之不可见其形，及至呼之又却应。
莫道此声如谷响，若还无谷有何声。

四

一物含闻见觉知，盖诸尘境显其机。

灵常一物尚非有，四者凭何作所依。

五

不移一步到西天，端坐诸方在目前。
项后有光犹是幻，云生足下未为仙。

六

求生本自无生，畏灭何曾暂灭。
眼见不如耳见，口说争如鼻说。

无罪福

终日行不曾行，终日坐何曾坐。
修善不成功德，造恶元无罪过。
时人若未明心，莫执此言乱做。
死后须见阎王，难免镬汤碓磨。

三界惟心

三界惟心妙理，万物非此非彼。
无一物非我心，无一物是我己。

见物便见心

见物便见心，无物心不现。
十方通塞中，真心无不遍。
若生知识解，却成颠倒见。
睹境能无心，始见菩提面。

圆通

见了真空空不空，圆明何处不圆通。

根尘心法都无物，妙用方知与物同。

随他

万物纵横在目前，随他动静任哗欢。
圆明定慧终无染，似水生莲莲自干。

宝月

一轮明月当虚空，万国清光无障碍。
收之不聚拨不开，前之不进后不退。
彼非远兮此非近，表非外兮里非内。
同中有异异中同，问你傀儡会不会。

心经颂

蕴谛根尘空色，都无一法堪言。
颠倒之见已尽，寂静之体翛然。

人我

我不异人，人心自异。
人有亲疏，我无彼此。
水陆飞行，等观一体。
贵贱尊卑，首足同己。
我尚非我，何尝有你。
彼此俱无，众沤归水。

读雪窦禅师祖英集

曹溪一水分千派，照古澄今无滞碍。
近来学者不穷源，妄指蹄涔为大海。

雪窦老师达真趣，大震雷音推法鼓。
狮王哮吼出窟来，百兽千邪皆恐惧。
或歌诗，或语句，丁宁指引迷人路。
言辞磊落义高深，击玉敲金响千古。
争奈迷人逐境留，却将言相寻名数。
真如实相本无言，无下无高无有边。
非色非空非二体，十方尘刹一轮圆。
正定何曾分语默，取不得兮舍不得。
但于诸相不留心，即是如来真轨则。
为除妄相将真对，妄若不生真亦晦。
能知真妄两俱非，方得真心无挂碍。
无挂碍兮能自在，一悟顿消穷劫罪。
不施功力证菩提，从此永离生死海。
吾师近而言语畅，留在世间为榜样。
昨宵被我唤将来，把鼻孔穿放杖上。
问他第一义如何，却道有言皆是谤。

戒定慧解

夫戒定慧者，乃法中之妙用也。佛祖虽尝有言，而未达者有所执。今略而言之，庶资开悟然。其心境两忘，一念不动曰戒。觉性圆明，内外莹彻曰定。随缘应物，妙用无穷曰慧。此三者相须而成，互为体用。或戒之为体者，则定慧为其用；定之为体者，则戒慧为其用；慧之为体者，则戒定为其用。三者未尝斯须相离也，犹如日假光而能照，光假照以能明，非光则不能照，非照则不能明。原其戒定慧者，本乎一性，光照明者，本乎一日，一尚非一，三复何三？

三一俱忘，湛然清净。

即心是佛颂

佛即心兮心即佛，心佛从来皆妄物。
若知无佛复无心，始是真如法身佛。
法身佛，没模样，一颗圆光含万象。
无体之体即真体，无相之相即实相。
非色非空非不空，不动不静不来往。
无异无同无有无，难取难舍难听望。
内外圆通到处通，一佛国在一沙中。
一粒沙含大千界，一个身心万个同。
知之须会无心法，不染不滞为净业。
善恶千端无所为，便是南无及迦叶。

采珠歌

贫儿衣中珠，本自圆明好。
不会自寻求，却数他人宝。
数他宝，终无益，只是教君空费力。
争如认取自家珍，价直黄金千万亿。
此宝珠，光最大，遍照三千大千界。
从来不解少分毫。刚被浮云为障碍，
自从认得此摩尼，泡体空花谁更爱。
佛珠还与我珠同，我性即归佛性海。
珠非珠，海非海，坦然心量包法界。
任你尘器满眼前，定慧圆明常自在。

不是空，不是色，内外皎然无壅塞。
六通神慧妙无穷，自利利他宁解极。
见即了，万事毕，绝学无为度终日。
怕兮如未兆婴儿，动止随缘无固必。
不断妄，不修真，真妄之心总属尘。
从来万法皆无相，无相之中有法身。
法身即是天真佛，亦非人兮亦非物。
浩然充塞天地间，只是希夷并恍惚。
垢不染，光自明，无法不从心里生。
心若不生法自灭，即知罪福本无形。
无佛修，无法说，丈夫智见自然别。
出言便作狮子鸣，不似野牛论生灭。

禅定指迷歌

如来禅性如水，体静风波自止。
兴居湛湛常清，不独坐时方是。
今人静坐取证，不道全在见性。
性于见里若明，见向性中自定。
定成慧用无穷，是名诸佛神通。
几欲究其体用，但见十方虚空。
空中杳无一物，亦无希夷恍惚。
希恍既不可寻，寻之却成乖失。
只此乖失两字，不可执为凭据。
本心尚乃如空，岂有得失能所。
但将万法遣除，遣令净尽无余。

豁然圆明自现，便与诸佛无殊。
色身为我桎梏，且恁和光混俗。
举动一切无心，争甚是非荣辱。
生身只是寄居，逆旅主号毗卢。
毗卢不来不去，乃知生灭无余。
或问毗卢何似，只为有相不是。
眼前叶叶尘尘，尘叶非同非异。
况此尘尘叶叶，个个释迦迦叶。
异则万籁皆鸣，同则一风都摄。
若要认得摩尼，莫道得法方知。
有病用他药疗，病差药更何施。
心迷须假法照，心悟法更不要。
又如昏镜得磨，痕垢自然灭了。
本为心法皆妄，故令离尽诸相。
诸相离了何如，是名至真无上。
若欲庄严佛土，平等行慈救苦。
菩提本愿虽深，切莫相中有取。
此为福慧双圆，当来授记居先。
断常纤尘有染，却于诸佛无缘。
翻念凡夫迷执，尽被情爱染习。
只为贪著情多，常生胎卵化湿。
学道须教猛烈，无情心刚似铁。
直饶父母妻儿，又与他人何别。
常守一颗圆光，不见可欲思量。
万法一时无著，说甚地狱天堂。

然后我命在我，空中无升无堕。
出没诸佛土中，不离菩提本坐。
观音三十二应，我当亦从中证。
化现不可思议，尽出逍遥之性。
我是无心禅客，凡事不会拣择。
昔时一个黑牛，今日浑身总白。
有时自歌自笑，傍人道我神少。
争知被褐之形，内怀无价之宝。
更若见我谈空，恰似浑沦吞枣。
此法唯佛能知，凡愚岂解相表。
兼有修禅上人，只学斗口合唇。
夸我问答敏急，却元不识主人。
盖是寻枝摘叶，不解穷究本根。
得根枝叶自茂，无根枝叶难存。
便逞已握灵珠，转于人我难除。
与我灵源妙觉，远隔千里之殊。
此辈可伤可笑，空说积年学道。
心高不肯问人，枉使一生虚老。
乃是愚迷钝根，邪见业重为因。
若向此生不悟，后世争免沉沦。

无心颂

堪笑我心，如顽如鄙。兀兀腾腾，任物安委。
不解修行，亦不造罪。不曾利人，亦不私己。
不持戒律，不徇忌讳。不知礼乐，不行仁义。

人间所能，百无一会。饥来吃饭，渴来饮水。
困则打睡，觉则行履。热则单衣，寒则盖被。
无思无量，何忧何喜。不悔不谋，无念无意。
凡生荣辱，逆旅而已。林木栖鸟，亦可为比。
来且不禁，去亦不止。不避不来，无赞无毁。
不厌丑恶，不羡善美。不趣静室，不远闹市。
不说人非，不夸己是。不厚尊崇，不薄贱稚。
亲爱冤仇，大小内外。哀乐得丧，钦侮险易。
心无两睹，坦然一揆。不为福先，不为祸始。
感而后应，迫而后起。不畏锋刀，焉怕虎兕。
随物称呼，岂拘名字。眼不就色，声不来耳。
凡所有相，皆属妄伪。男女形声，悉非定体。
体相无心，不染不碍。自在逍遥，物莫能累。
妙觉光圆，映彻表里。包裹六极，无有遐迩。
光兮非兮，如月在水。取舍既难，复何比拟。
了兹妙用，迥然超彼，或问所宗，此而已矣。

西江月

其一

妄想不复强灭，真如何必希求。本源自性佛齐修，迷悟岂拘前后。

悟即刹那成佛，迷时万劫沦流。若能一念契真修，灭尽恒沙罪垢。

其二

本自无生无灭，强作生灭区分。只如罪福亦无根，妙体何曾增损。

我有一轮明镜，从来只为蒙昏。今朝磨莹照乾坤，万象昭然难隐。

其三

我性入诸佛性，诸方佛性皆然。亭亭寒影照寒泉，一月千潭普现。

小即毫毛莫识，大时遍满三千。高低不约信方圆，说甚短长深浅。

其四

法法法元无法，空空空亦非空。静喧语默本来同，梦里何劳说梦。

有用用中无用，无功功里施功。还如果熟自然红，莫问如何修种。

其五

善恶一时忌念，荣枯都不关心。晦明隐显任浮沉，随分饥飡渴饮。

神静湛然常寂，不妨坐卧歌吟。一池秋水碧仍深，风动莫惊尽恁。

其六

对境不须强灭，假名权立菩提。色空明暗本来齐，真妄休分两体。

悟即便名净土，更无天竺曹溪。谁言极乐在天西，了即弥陀出世。

其七

人我众王寿者，宁分彼此高低。法身通照没吾伊，念念不须寻觅。

见是何曾见是，闻非未必闻非。从来诸用不相知，生死谁能碍你。

其八

住相修行布施，果报不离天人。恰如仰箭射浮云，坠落只缘力尽。

争似无为实相，还源返朴归淳。境忘情尽任天真，以证无生法忍。

其九

鱼兔若还入手，自然忘却筌蹄。渡河筏子上天梯，到彼悉皆遗弃。

未悟须凭言说，悟来言说成非。虽然四句属无为，此等仍须脱离。

其十

悟了莫求寂灭，随缘且接群迷。断常知见及提携，方便指归实际。

五眼三身四智，六度万行修齐。圆光一颗好摩尼，利物兼能自济。

其十一

我见时人谈性，只夸口急酬机。及逢境界转痴迷，又与愚人何异。

说得便须行得，方名言行无亏。能将慧剑斩摩尼，此号如来正智。

其十二

欲了无生妙道，莫非自见真心。真身无相亦无音，清净法身只恁。

此道非无非有，非中亦莫求寻。二边俱遣弃中心，见了名为上品。

后　叙

切以人之生也，皆缘妄情而有其身，有其身则有患，若其无身，患从何有？夫欲免夫患者，莫若体夫至道，欲体夫至道，莫若明夫本心。故心者，道之体也，道者，心之用也。人能察心观性，则圆明之体自现，无为之用自成，不假施功，顿超彼岸。此非心镜朗然，神珠廓明，则何以使诸相顿离，纤尘不染，心源自在，决定无生者哉？

然其明心体道之士，身不能累其性，境不能乱其真，则刀兵乌能伤，虎兕乌能害，巨焚大浸乌足为虞？达人心若明镜，鉴而不纳，随机应物，和而不唱，故能持物而无伤也。此所谓无上至真之妙道也。

原其道本无名，圣人强名；道本无言，圣人强言耳。然则名言若寂，则时流无以识其体而归其真，是以圣人设教立言，以显其道。故道因言而后显，言因道而返忘。奈何此道至妙至微，世人根性迷钝，执其有身而恶死悦生，故卒难了悟。

黄老悲其贪著，乃以修生之术，顺其所欲，渐次导之。以修生之要在金丹，金丹之要在乎神水华池，故《道德》《阴符》之教，得以盛行于世，有益人悦其生也。然其言隐而理奥，学者虽讽诵其文，皆莫晓其义，若不遇至人授之口诀，纵揣量百种，终莫能著其功而成其事，岂非学者纷如牛毛，而达者乃如麟角也？

伯端向己酉岁于成都遇师授丹法，当年且主公倾背，自后三传与人，三遭祸患，皆不逾两旬。近方忆师之所戒云：异日有与汝解缰脱锁者，当宜授之，余不许尔。后欲解名籍而患此道人不知信，遂撰此《悟真篇》，叙丹药本末。既成，而求学者凑然而来，观而意勤，心不甚怪，乃择而授之。然而所授者，皆非有巨势强力，能持危拯溺、慷慨特达、能仁明道之士。

初再罹患，心犹未知，竟至于三，乃省前过。故知大丹之法，至简至易，虽愚昧小人得而行之，则立超圣地，是以天意秘惜，不许轻传于非其人也。而伯端不遵师语，屡泄天机，以其有身，故每膺谴患，此天之深戒如此之神且速，敢不恐惧克责。自今以往，当钳口结舌，虽鼎镬居前，刀剑加项，亦无复敢言矣。

此《悟真篇》中，所歌咏大丹、药物、火候细微之旨，无不备悉，好事者夙有仙骨，观之则智虑自明，可以寻文解义，岂须伯端区区之口授之矣。如此乃天之所赐，非伯端之趣传也。其如篇末歌颂，谈见性之法，即上之所谓无为妙觉之道也。然无为之道，齐物为心，虽显秘要，终无过咎，奈何凡夫缘业有厚薄，性根有利钝，纵闻一音，纷成异见。故释迦、文殊所演法宝，无非一乘，而听学者随量会解，自然成三乘之差，此后若有根性猛利之士，见闻此篇，则知伯端得达摩、六祖最上一乘之妙旨，可因一言而悟万法也。如其习气尚余，则归中小之见，亦非伯端之咎矣。

修真十书研究

下

白玉蟾等 编著

张喆 点校

古法八段锦坐势修真图

《道家修真图》相传为元代所创，作者不详，现存于东京艺术大学附属图书馆。其中另有八幅是古法坐势八段锦图，与明代《活人心法》中的「导引法」一致，对后世导引术的发展影响较大。

叩齒集神圖法

叩齒集神三十六兩手抱崑崙雙手擊天鼓二十四

右法先須閉目冥心盤坐握固靜思然後叩齒集神次又兩手向項後數九息勿令耳聞乃移手各掩耳以第二指壓中指擊彈腦後左右各二十四次

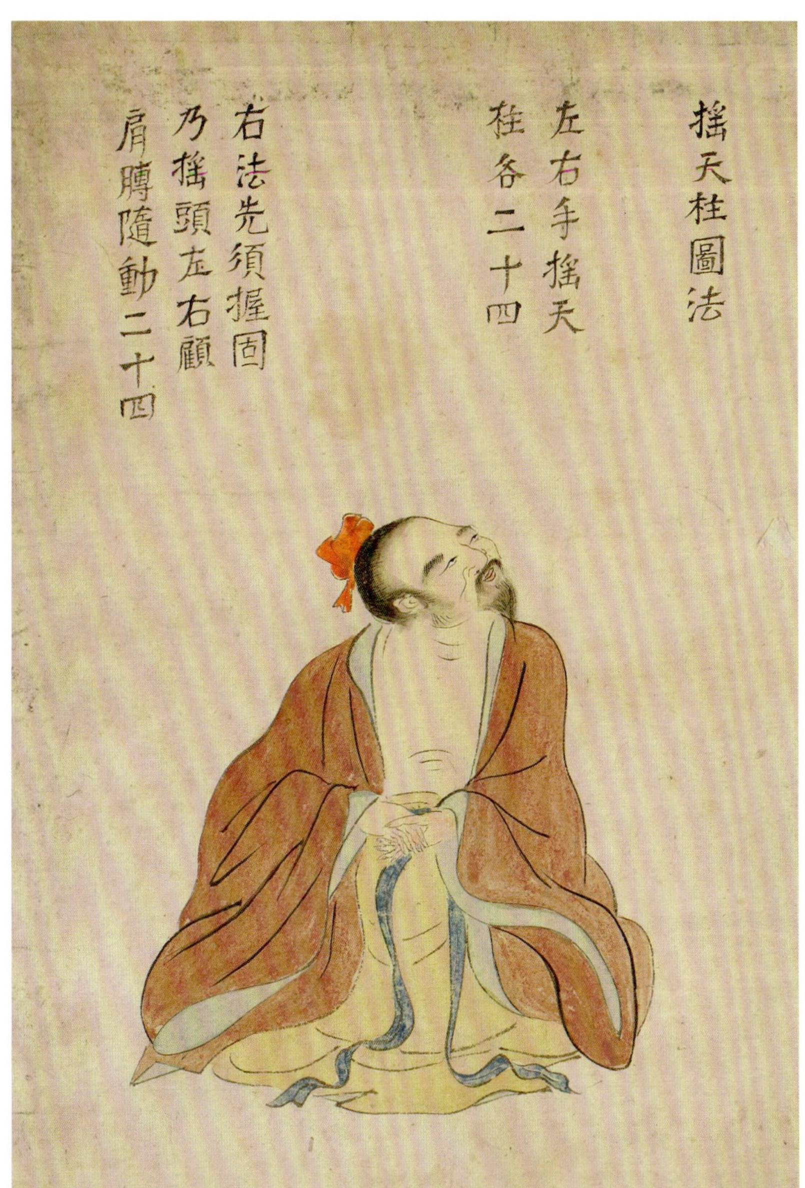
搖天柱圖法
左右手搖天
柱各二十四
右法先須握固
乃搖頭左右顧
肩膊隨動二十四

舌攪漱咽圖法　左右舌攪上腭三十六
漱三十六分作三口如硬物嚥之然後
方得行次
右法以舌攪口齒并左右
頰待津液生方漱之至滿口方嚥之

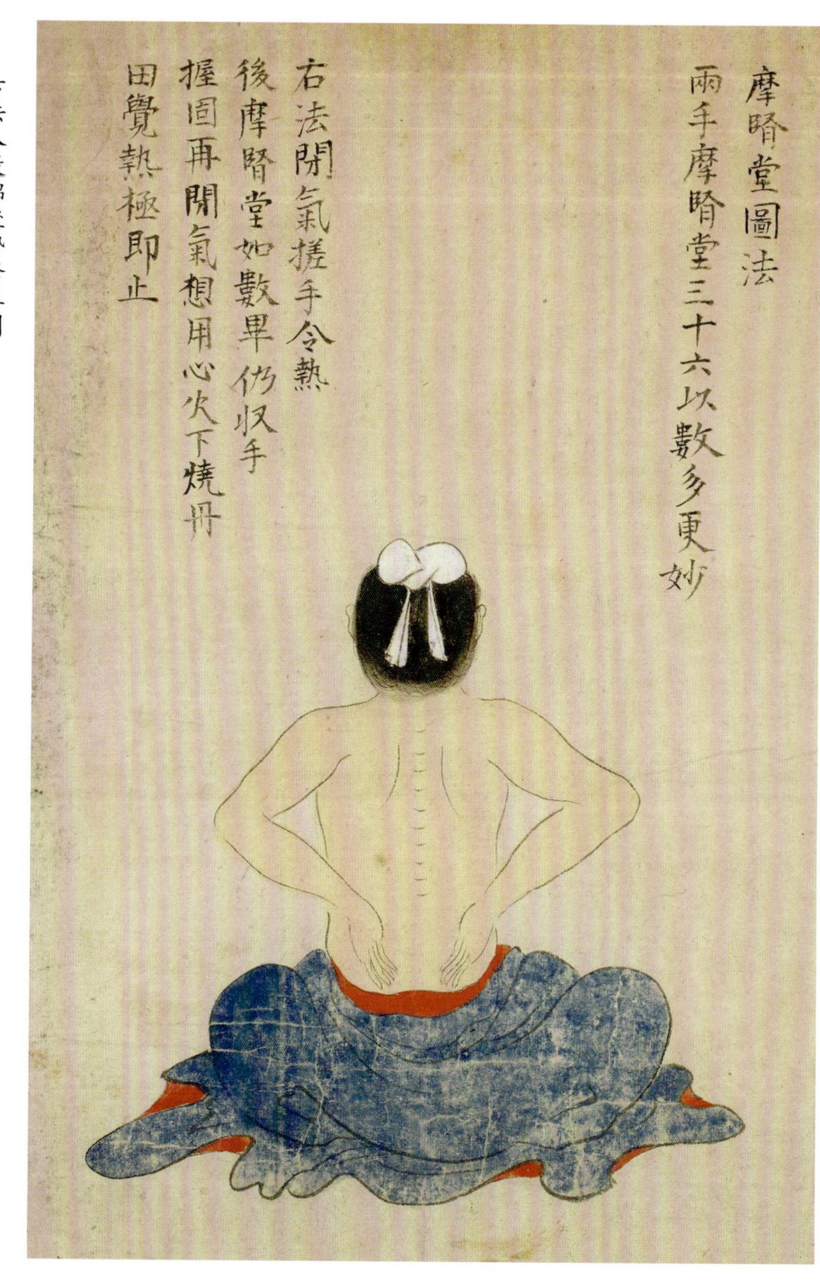
摩腎堂圖法
兩手摩腎堂三十六以數多更妙
右法閉氣搓手令熱
後摩腎堂如數畢仍収手
握固再閉氣想用心火下燒丹
田覺熱極即止

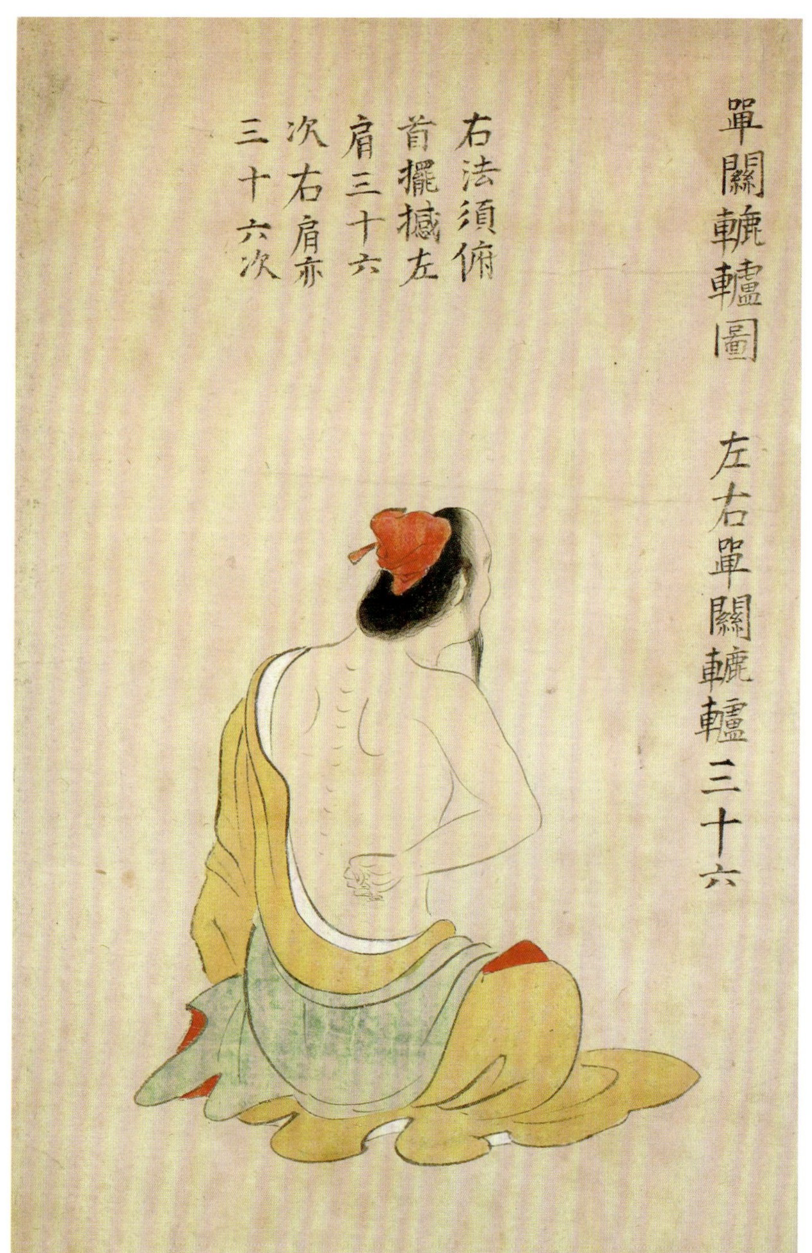
單關轆轤圖
左右單關轆轤三十六
右法須俯首擺撼左肩三十六次右肩亦三十六次

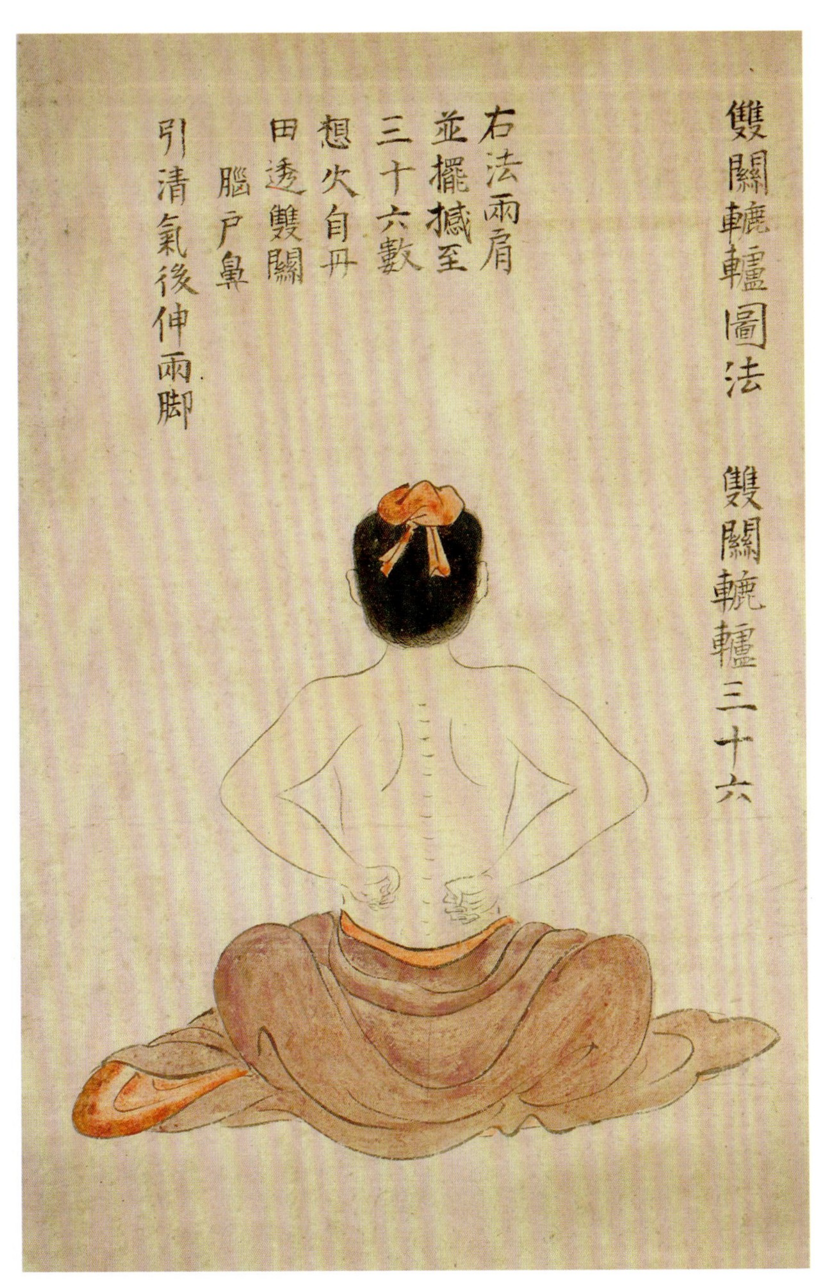
雙關轆轤圖法
雙關轆轤三十六
右法兩肩並擺撼至三十六數想火自丹田透雙關腦戶鼻引清氣後伸兩脚

托天按頂圖法　兩手相搓當呵五呵
後又手托天按頂各九次
右法又手相交向上托空三次或九次

鉤攀圖法

以兩手如鉤向前攀雙脚心十二再收足端坐

右法以兩手向前攀脚心十二次乃收足端坐候口中津液生再漱再吞一如前數擺肩并身二十四次再轉轆轤二十四次想丹田火自下而上遍燒身體想時口鼻皆須閉氣少頃

肺神圖

神名皓華字虛成肺之狀爲虎主藏魄象如懸磬色如縞映紅生心上對胷有六葉脈出于少商少商左手大指端內側去甲二分許陷之中

肝神圖

神名龍煙字含明肝之狀爲龍主藏魂象如懸匏色如縞映紺生心下而近後右四葉左三葉脉出于大敦大敦左大指端三毛之中也

腎神圖

神名玄冥字育嬰腎之狀玄鹿兩頭主藏志象如圓石子二色如縞映紫生對臍搏着腰脊左為正腎配五臟右為命門男以藏精女以繫胞腎脉出于湧泉湧泉在足中心

心神圖

神名丹元字守靈心之狀如朱雀主藏神象如蓮花下垂色如縞映絳生居肺中肝上對鳩尾下一寸心脈出于中衝中衝左手指端去甲一二分許陷者之中

分册目录

玉隆集 · 361

上清集 · 407

武夷集 · 477

盘山语录 · 547

黄庭内景五藏六府图 · 575

黄庭内景玉经注 · 601

黄庭外景玉经注 · 661

附：诵《黄庭经》修持诀 · 683

玉隆集

《玉隆集》、南宋白玉蟾撰。白玉蟾，原名葛长庚，字如晦，号海琼子，是道教金丹派南宗的重要传承者和发展者。他的内丹学说和雷法实践对后世道教有着深远的影响。《玉隆集》一是为对南昌西山和临江阁、皂山宫观所作的碑记，有《阁皂山崇真宫昊天殿记》《玉隆宫会仙阁记》《涌翠亭记》《心远堂记》《牧斋记》等。二是为净明道祖师及所尊仙人所作的传记，有《旌阳许真君传》《续真君传》记许逊，《逍遥山群仙传》记吴猛、周广、时荷等十二真君，《诸仙传》记兰公、谌母、胡惠超等，另有《御降真君册造表文》记宋代册封许逊的几通文诰。此外，尚有几首赠友人诗。这些著作集结了当时流行的道教修炼方法、神话传说以及哲学思想，对白玉蟾自身的修道体验和理论见解也有所体现。《玉隆集》不仅包含了丰富的内丹内容，还涉及文学、医学等领域，对后世道教发展产生了深远的影响。

玉隆宫会仙阁记

山图海志，述符谶多矣；方言古语，于推步有焉。昔九州都仙太史高明大使许君上升之日，垂语有云：后吾一千二百四十年间，五陵之内当有地仙八百人出世。而师出豫章，以郡江龙沙生塞验之，今将如所谓矣。

浦云吴君适际其逢，郡将闻有道以起之。主席玉隆为黄冠者，辖四方，风巾雨帽，如蚁斯集。旧有云堂矣，吴君俄然视其危，将压焉，乃撤而新之耳。建阁其上，以“龙沙仙会”扁之，仙人好楼居，固其所也。已而，紫清白玉蟾，道八桂，航三湘，浮沔江，历卢阜，人言：玉隆为天下第一真仙之居，绵历风雨，微贤主人，十纲九颓。今有人焉，克振坠绪，鼎然勃兴。帝后闻而赐之缗钱，侯伯见而为之藩茈，黄冠师咸敬慕之。廉顽立懦，谓之吴浦云者。

玉蟾曰：浦云君者，吾别已久。往伺谒者至，则君为倒屣。茗余，导行阁中，谕以名阁之意，且萃其徒而勉之曰：此西山神仙之会府，江汉湖海之士，不远而来，既以饱烟霞饫风月矣。弭杖于壁间，卧屦于户内，相与婆娑偃仰，游居于此，致身高明，寓目闲旷。可以诗，苍崖白云皆句也；可以酒，红泉碧芝皆味也。淡烟芳草，可以入吾画；古藤怪木，可以入吾书。幽禽昼啼，琴自横膝，寒鸟夜语，笛自横栏。人静院深，剑或鸣匣；茶清香冷，棋或敲枰。点易晓窗，丹砂研露，横经午案，宝磬传风。尘累不能扰其天真，是非不能汩其听莹。信起居为适之安矣，亦盍龙沙之谶乎？

逆其数，但百数寒暑，而近有能争先快睹，勇悟渐修，内以炼三龙四虎之精华，外以陶七乌九蟾之造化，穷理尽性以至命，积真累气以成精，则第神仙八百之选，为无难矣。苟尚有意当世，用力斯民，下嵩高，上兵书，讲王道，待诏金马门，追踪柱下史，则固不得而留者也。若但以楼居自娱，玩岁愒日，非特为修仙学道者之忧，抑亦为主盟斯道者之羞。诸君盍簪宜相勉旃。众心纳而首肯之。

噫，余自戊寅迄今，已三过西山矣。仙凡参肩，不可测识，高凭此阁，悠然兴怀。矧今因君之相期望者如此，又安知豫章之师不在兹乎？并录其劝进之语，而为之记。

阁皂山崇真宫昊天殿记

窃闻道包坱圠，实在乎象帝之先；气运堪舆，最高者昊天之极。宅妙有玄真之国，殿弥罗无上之都。豁落光明，渺渺紫金，云梵之阙，恢宏湛寂，濛濛碧汉，玉清之宫，位奠太微，尊居大有，是为上圣，允号无宗。亶玄范而总制十方，妙化机而统临三界。载考南郊之典，昔有圜丘之坛，其在道家，尤当祀事。莫谓无声之载，盍存临汝之诚。

阁皂山福地崇真宫，旧有殿帝之所，虽丽不华，似简而陋，方谋撤而新之。清江湖山杨舜臣者，崇道钦天之士，慨然捐镪奇伍阡缗，独易其旧而更建焉。梓人执舆轮之役，陶氏运埏甓之工，始郦于壬申之冬，讫工于乙亥之秋，首尾四年，经营万力。伟哉，亦难事也。

嘉定庚辰，维时季暑，予来阁皂山，适冲妙师朱季湘辖宫，遂以前此六年新昊天之殿为告，俾予记之。予自惟陶洪景为帝作记，李贺为帝作《玉楼记》，顾无陶李清伟之文，亦切慕之，且语冲妙曰：夫上帝之居，百千万重道气，千二百官君，结空为天，凝梵为城。混合三营以为楼台，变化九霞以为宫室。霭垣而霓壤，霨楼而雷埏，飞廉督琠桂琼槐之材，亹藆熏璆兰璐茨之事。璪欀而璜橑，琨楝而球楹。森舆卫于彤霸之墀，萃干羽于紫扉之陛。環妃嫔如玉林之媚，罗班联如琼苑之繁。火铃天丁侍其轩，金精猛兽据其户。上有九旋麒麟之电钥，下有五琛獬豸之霞关。烹瑶鸾之膏，以饲琅庭雪色玉精之蟾；擘琼虎之腊，以喂琳台云光金花之兔。玉蛾鼓云瑟之夕，琼姬舞霓裳之晨。八鸾啸歌于扆扅，九虎飞鸣于阊阖。入则闲羽轝凤辇于琛馆，出则飘霞衣鹤氅于瑶池。燕游玉京，蝬怡金阙，物物自化，事事无为。人享拾麻之年，寿等拂石之劫。此特记其仿佛。今舜臣所以为帝之离宫者，实依稀之。

若夫宝殿渊深，云龛岌嶫，御容英粹，玉座委蛇。地皆砌以花砖，壁皆粉以银液。中边供具，左右羽仪。下甃凤墀，上陈鸳瓦。千楹耀日，万栱凝烟。高耸溟濛，雄压峭崒。丹光紫氛之丽，朱扉黄阁之严，羽士有所归心，名山为之增气。

以世俗而言之，献豆粥麦饭者，天子嘉之，纳粟者爵之，贡马官之。虽玉帝高高在上，其视甚微，其听甚卑，则舜臣蒙福之报，宜何如也。夫以上帝之德，不可明言。开天执符，长御延康之历；含真体道，默膺混沌之图。且蚩蚩蠢蠢，林然于天地之间者，岂知乎帝力哉？尝谓至高之天，能降自求之福，鳝能谒斗，獭能祭天，况人也乎？冲妙曰：然。是年七月朔，琼山白玉蟾敬于殿中书。

涌翠亭记

骚翁逸人，品藻山水，平章风月，皆曰：江南山水窟，江西风月窝。嘉定戊寅，琼山白玉蟾携剑过玉隆，访富川，道经武城。双凫凌烟，一龙批月，憩武城之西，望大江之东，抚剑而长呼，顾天而长啸。

环武城皆山也，苍崖翠壑，青松白石，寒猿叫树，古涧生风，峭壁数层，断岸千尺，翼然如舞天之鹤，婉然如罩烟之龙者，柳山也。白蘋红蓼，紫竹苍沙，鱼浮碧波，鸥卧素月，琉璃万顷，舳舻千梭，窈然如霞姬之帔，湛然如湘娥之縠者，修江也。山之下而江，江之上而亭，亭曰涌翠，盖取东坡“山为翠浪涌”之句。观其风物，披其景象，如章贡之郁孤台，如浔阳之琵琶亭者，涌翠亭也。

飞翚际天，倒影蘸水，天光水色，上下如镜，烟柳云丝，高低如幕。绿窗漏蟾，朱檐咬雨，华椽跃凤，鳞瓦铺鸳。四榻无尘，一间如画，玉栏截胜，银海凝清。鸥鹭不惊，龟鱼自乐，适其酒量，任其诗怀者，亭中人也。

若夫风开柳眼，露浥桃腮，黄鹏呼春，青鸟送雨，海棠嫩紫，芍药嫣红，宜其春也。碧荷铸钱，绿柳缫丝，龙孙脱壳，鸠妇唤晴，雨酿黄梅，日蒸绿李，宜其夏也。槐阴未断，雁信初来，秋英无言，晓露欲结，蓐收避席，青女办装，宜其秋也。桂子风高，芦花月老，溪毛碧瘦，山骨苍寒，千崖见梅，一雪欲腊，宜其冬也。复何所宜哉？

朝阳东杲，万山青红。夕鸟南飞，群木紫翠。桐花落尽，柏子烧残。闲中日长，静里天大。渔舟唱晚，樵笛惊霞。有时而琴，胸中猿咽，指下泉悲。有时而棋，剥啄玉声，纵横星点。有时而书，春蛇入草，暮雁归芦。有时而画，溪山改观，草木生春。以此清兴，以此清幽，收入酒生涯，拥归诗世界。盖有得于斯亭，而不知有身世矣。

山光浩荡，江势澎湃；松声如涛，月华如水；萤火万点，俯仰浮光；禽簧一声，前后应和；飞青舞碧，凝紫流苍，于是而曰“涌翠”。芦湾不尽，凫渚无穷，挽回亭前，酌以元酒。招入酒里，咏入新诗。名公巨儒，鳞踽叠副。骚板如栉，峻韵如霜。前者唱，后者和；长篇今，短篇古，亦莫罄其趣也。最是春雪浮空，高下玉树，夜月浸水，表里冰壶。渔歌断处，碧芷浮天；帆影落时，绿芜涨岸。菰蒲萧琴，舟楫往来，其乐自无穷也。作亭者谁？李亚夫也。

一日，桐城谭元振、上清黄日新，与余抱琴而憩其上，风吹鹤袂，人讶水仙，磐礴数篇，淋漓百盏，月影在地，马仆候门，援笔不思，聊述山水风月之滋味耳。知此味者，然后可以觞咏乎？斯亭主人曰：然。予亦酩酊，明日追思，世事如电沫，人生如云萍，蓬莱在何处，黄鹤杳不来。抱琴攫剑，复起舞于亭之上。神霄散史书。

心远堂记

鹤为灵禽也，何以群于鹳鹭哉？而且与之巢丘原、饱稻粱，其视众禽等也。翩然离烟霞，绝风埃，宾青霞，翱碧落，则灵于鹳鹭远矣。莲为华妙也，何以族于菱芡哉？且与之杂鼋蛭、混洳泥，其视群华并也。嫣然拔沮洳，濯清冷，媚银床，艳玉井，则妙于菱芡多矣。

若夫老聃官于柱下，庄周禄于漆园，张鲁侯于阆中，许逊宰于旌阳，梅福尉于南昌，当是时，无以异于人也。逮其精于内固，密行外充，隐化沦景，蹑梵登晨，驾麟龙，笞鸾鹤，乘云御气，啸风鞭霆，登昆仑，参沆寥，方且动心骇目，惊而讶之，思而慕之。朱买臣见弃于其妻，苏秦见侮于其嫂，无怪也。始其和光混俗之时，若甚侧微而耻其己不若人似，或加狎而侮之。至于惊人可喜之事，则群惊若麕，聚叹如鼠。殊不知，身羁樊笼，志在霄汉。吁，鸿飞冥冥，弋人何慕焉；篱下燕雀，徒自啾啾耳。

然圣人初何尝求异于人，亦未始自表见于世也。鱼欲异群鱼，舍水跃岸则死；虎欲异群虎，舍山入市则擒。然虽与之融然相忘，奉然俱化，其所以诣入者，远甚于彼矣。陶渊明当刘氏代晋之季，耻为斗米之所折腰，去而归柴桑，终日娱心于酒，是欲忘世者也。醉梦物我，糠粃天地，湛然无营，泊然不谋，故其诗文超迈群俗。

阁皂黄冠朱君季愈，即清江之邑人，父兄皆簪缨人，独君辽然而老氏是祖。志趣飘逸，不可测识。两辖宫事，数携琴剑诣京华，所至权贵皆倒屣之。上方紫其裾，锡其冲妙之号，今太极葛仙翁四十代剑印符箓之坛属以之。凡于金汞龙虎之书，六壬八门三甲五雷之文，尤所精炼。能诗书礼乐，且碧瞳红颐，端是风流表物也。即城陲之龙源，重兴善渊观，以徒黄花镒主之，何巨源副焉。观之方丈，采陶诗“心远”之句以扁云，诿予记而文之。

夫心者，澄之不清，挠之不浊，近不可取，远不可舍，寂然不动，感而遂通。大包乾坤，小入芥粟，如玉莲之不水，如云之已天。涣然如濯水之鱼，超然如跨山之虎，飘然如际云之鸿。贫贱不能移，富贵不能屈。居山林虽则推静，处市井未常稍喧。所谓在俗元无俗，居尘不染尘者也。

朱君悟大隐居鄽之说，知“心远地自偏”之句。曲肱蘧蘧，箕坐习习。有诗可鸣，有卷可执，初非蹈世纷而婴维絷也。棐几不受尘，松窗困白昼。老树苍藤之在阁，平沙远水之在壁。若颠崖狠谷，迅濑哀湍，平芜野葑，虬根蛟干，风昏露晓，月夜星天，不出户庭，尽在图籍。心慵眼饱，脸酣耳热，款门无褦襶之客，横轩有狻猊之鼎。解衣磐礴，据枕沉酣。是非不到心，宠辱不到耳。韬形于橐籥，融神于宇宙。履大块于黍米，望长河如建瓴。眼缬已收，心花为寂。天宇奉定，虚白发光。对境无心，对心无境，已绝云霄矣。于是朝朝暮暮，师老莊、友张许之与梅葛，而与陶渊明相领会于形影之外，又何须猿鹤之与居，麋鹿之与邻，而后为心远哉？世之人或以苏、朱，如上所说，以为如何者，不足静中冷眼一笑耳。世事淡如一杯水也。

嗟夫，心一也，人自歧之，所谓溺亵于利禄之途，无得而远矣。有如穷蹙飘零之士志在枫宸，有如孤迥峭拔之士志在烟霄，是皆其心远也。然不若四境红尘，万灶青烟。处此阛阓，寂若林泉。已如隔蓦蓬莱，弱水之远，自非心了如君者能之，均一远耳，未可量也。

或问：远之义何如？曰：空中之尘，若霏雪而未尝见；床下之蚁，若斗牛而未尝闻。苟能悟言一室之高，俯仰宇宙之大，有所见闻，则其心愈云泥矣。君字师韩。敬为之记

牧斋记

阁皂黄冠师刘贵伯，以牧名斋，属予为记。予闻知黄帝呼牧马童子为天师，释迦指牧牛小儿为菩萨，乾马坤牛，何以牧之？圣人故曰：“谦以自牧。”牧之为义，牧羊则先去败群，故无触藩之虞。

塞翁之于牧也，初何容心于得失哉。天子置群牧以牧民，均义也。贵伯诗甚骚而以懒辞，酒甚宽而以醉辞，棋甚敏而辞以不智，琴甚清而辞以不古。能炼内丹，能役五雷，皆以不知为辞，其谦谦如此，是自牧也。不劳鞭绳，盖以驯熟矣。僧家所谓人牛俱失，道家所谓翁马两忘，孰为牧之？盖自牧也，贵伯得之矣。

听赵琴士鸣弦

我寻屏迹到猿啼，云满山前花满溪。
高峰壁立七十二，风生两腋天可梯。
练师两鬓东风黑，绀天不流月光白。
檐牙咬雨昨已晴，松幄张空夜琴瑟。
兴浓抱石玄以轻，得意七弦横玉绳。
膝头指弄响玲玲，灿然夺目三十星。
初如雨滴芭蕉夜，久坐梧桐猿啸罢。
宛然幽涧听鸣泉，偶杂修篁忧清夏。
先疑易水渡荆轲，已转似劝无渡河。
美人金帐别项藉，壮士铁笛吹孟婆。
不然双雉两南北，或者妇牵苏武服。
弦中何似湘妃怨，指下为甚昭君哭。
又非床下感蟏蛸，更匪胡笳叫晚秋。
自然雁声下遥塞，忽觉蝉噪过南楼。
君休弹终我畏听，满怀今古兴亡病。

苍梧云愁虞舜远，鼎湖云出轩辕冷。
一声一声复一声，不管世间银发生。
弹尽天涯夕阳影，又向山中弹月明。
胡长卿，去已久，韩飞琼，无此手。
玉帝闻未曾，人间空白首。
柳花霏霏满江城，城外海棠红泪倾。
恐君余思更未已，为我春昼闻晴莺。

赠方壶高士

蓬莱三山压弱水，鸟飞不尽五云起。
紫麟晓舞丹丘云，白鹿夜啮黄芽蕊。
浩浩神风碧无涯，长空粘水三千里。
中有一洞名方壶，玉颜仙翁不知几。
上帝赐以英琼瑶，缝芝缉槲佩兰芷。
戏吹云和下朱尘，还炼五云长不死。
丹砂益驻长红容，王石弗砺愈白齿。
醉飞罡步蹑星辰，时把葫芦梏鬼神。
早曾探出天地根，寸田尺宅安昆仑。
安知我即刘晨孙，不复更觅桃花源。
或者即庳身，岂复别寻会仙村。
一闭目顷游六合，坐里汗漫诣浑沦。
何必裹粮圆峤外，宁又远泛阆风津。

云屏烟障只笑傲，烟猿露鹤与相亲。
君不见，刚风浩气截碧落。
上严天关九屏恶，俯视万方万聚落。
丝长岁月能几时，米大功名安用为？
不将世界寄一粟，便请芥子纳须弥。
初从螺江问草屩，已判此身轻似叶。
及其流湘过衡岳，一笑江山阔如楪。
如今坐断烟霞窝，已诵东皇太乙歌。
不作竹宫桂馆梦，奈此四海黄冠何。
夜来坐我酌桂醑，不敢起舞宾云曲。
何年踏踏去方壶，我欲骑风后相逐。

赠蓬壶丁高士琴诗

瓠巴骑鲸上天去，伯牙成连亦千古。
浅世断无钟子期，弦中妙意为谁举？
春风春雨满潇湘，人在蓬窗闭竹房。
竹里鹃啼喉舌冷，花间莺宿梦魂香。
客从漓沅下衡岳，满怀诗愁无处著。
请君拂去水晶尘，瀹茗一了怃然作。
道人问予若为情，伊弦凄兮予莫听。
一春十病九因酒，三月都无二日晴。
俯首沉吟声一曲，吟狙一罢撚拨续。

初如雪泉漱鸣玉，已转忽如雨簌簌。
于中亦有蟠蛸鸣，倏忽变作冷猿声。
始疑荆轲渡易水，乃是湘妃夜涕零。
昔从抚断南风了，羑里幽人始能晓。
可叹坛中苦杏花，山高水寒即声杳。
道人此意非人间，笑咏洞章锵佩环。
能令凤舞下丹汉，云里大地垂头看。
世间鸡虫互得失，只好牧羊坐花石。
何为儿女谩昵昵，候虫时鸣徒戚戚。
输君朝朝在翠微，鹤已睡去人不知。
笑思古今一俯仰，弹到千山月落时。
君知否，梧桐枝上双燕语，尽将万事等风絮。
琴中日月何翛闲，肯使事逐孤鸿度。

南岳九真歌，题寿宁冲和阁

笑携魏王大瓠落，往观洞庭张帝乐。
醉骑八风访广谟，九天之上无南岳。
我寻九真诮冥漠，乱云深中涌楼阁。
玉帝昔诏陈兴明，双童前吹紫鸾笙。
尹君道全骖后尘，先殿后卫森火铃。
皓首惠度甚姓陈，却立虹桥叫霜鹰。
施友灿然索天笑，露冷松寒月华皎。

无人为呼张法要，万山猿啼夜虎啸。
张复有若如珠少，炼得身形成鹤瘦。
我今只忆徐灵期，漱炼华池灌玉芝。
天柱峰头凤邓郁，旦旦黄芽饲白龟。
玉仙灵舆昔无期，想跨九凤衣羽衣。
香火在帝去已久，玉笥亦九门亦九。
坛上仙翁何仙良，为问渺茫再来否？
朝粤莫梧傥可到，泠然来此仝楼居。

旌阳许真君传

真君姓许氏，名逊，字敬之。曾祖琰，祖玉，父肃。世为许昌人。高节不仕，颖阳由之后也。父汉末避地于豫章之南昌，因家焉。吴赤乌二年己未，母夫人梦金凤衔珠坠于掌中，玩而吞之，及觉，腹动，因是有娠，而生真君焉。勾曲山远游君迈，护军长史穆，皆真君再从昆弟也。

真君生而颖悟，姿容秀伟，少小通疏，与物无忤。尝从猎，射一麀鹿，中之子堕，鹿母犹顾舐之，未竟而毙。因感悟，即折弃弓矢，克意为学。博通经史，明天文、地理、历律、五行、谶纬之书，尤嗜神仙修炼之术，颇臻其妙。闻西安吴猛得至人丁义神方，乃往师之，悉传其秘。遂与郭璞访名山、求善地，为栖真之所。得西山之阳逍遥山金氏宅，遂徙居之（今逍遥福地玉隆万寿宫是也。金氏见为神，后有传）。日以修炼为事（今有丹井、药臼存焉），不求闻达。乡党化其孝友，交游服其德义。尝有售铁灯檠者，因夜燃灯，见有漆剥处，视之金也。翌日，访主还之。人有馈遗，苟非其义，一介不取。郡举孝廉，不就。朝廷屡加礼命，不得已，乃于太康元年，起为蜀郡旌阳县令，时年四十二。

视事之初，诫吏胥、去贪鄙、除烦细、脱囚絷，悉开喻以道，吏民悦服，咸愿自新。发摘如神，吏不敢欺。其听讼，必先教以忠孝慈仁、忍慎勤俭、近贤远奸、去贪戢暴，具载文诫，言甚详悉。复患百里之远，难于户晓，乃择秀民之有德望与耆老之可语者，委之劝率，故争竞之风日销，久而至于无讼。

先是岁饥，民无以输租，郡邑绳以法，率多流移。真君乃以灵丹点瓦砾为金，令人潜瘗于县圃。一日，籍民之未输者咸造于庭，诘责之，使服力役于后圃，民镢地获金，得以输纳，遂悉安堵。邻境流民慕其德惠，来依附者甚众，遂至户口增衍。

属岁大疫，死者十七八。真君以所授神方拯治之，符咒所及，登时而愈。至于沉痾之疾，无不痊者。传闻他郡，病民相继而至者，日且千计。于是标竹于郭外十里之江，置符水于其中，俾就竹下饮之，皆瘥。其老耄羸疾不能自至者，汲归饮之，亦获痊安。蜀民为之谣曰："人无盗窃，吏无奸欺，我君活人，病无能为。"其后江左之民亦来汲水于旌阳，真君乃咒水一器，置符其中，令持归置之江滨，亦植竹以标其所，俾病者饮之，江左之民亦良愈。今号蜀江（亦名锦水，今属瑞州高安县）。

真君任旌阳既久，知晋室将乱，乃弃官东归（旌阳县属汉州，真君飞升之后，诏改为德阳，表真君之德及民也。寻移县治于西偏，而以故地为观，今号旌阳观）。蜀民感其德化，无计借留，所在立生祠，家传画像，敬事如神明焉。启行之日，赢粮而送者蔽野。有至千里始还者，有随至其宅，愿服役而不返者。乃于宅东之隙地，结茅以居，状如营垒，多改氏族，以从真君之姓，故号许家营焉。其遗爱及民有如此者。

真君尝至新吴，憩于柏林，忽有女童五人各持宝剑来献，真君异而受之（其地今为植林观）。既而偕至真君之第，惟日击剑自娱，人莫能测。真君识其剑仙也，常礼遇之，卒获神剑之用（真君飞升之后，遂隐于首值柏之下，因号柏树仙童）。

既而与吴君游于嵩阳，闻镇江府丹阳县黄堂靖有女师谌姆多道术，遂同往致敬，叩以道妙，姆曰："君等皆夙禀灵骨，仙名在天。然昔孝悌王自上清下降，化度人世，示陈孝道，初降兖州曲阜县兰公家，谓公曰：'后晋代当有神仙许逊传吾此道，是为众真之长。'留下金丹宝经，铜符铁券，令公授吾，使掌之以俟子，积有年矣。吾复受孝道明王之法，亦以孝为本。子今来矣，吾当授子。"乃择日登坛，依科明授，阐明孝道，誓戒丁宁，出铜符铁券、金丹宝经，并正一斩邪之法、三五飞步之术，诸阶秘诀，悉以传付许君（今净明法、五雷法之类，皆时所授也）。顾谓吴君曰："君昔以神方为许君之师，今孝道明王之道独许君得传，君当返师之也。况《玉皇元谱》，君位玄都御史，许君位高明大使，总领仙籍，品秩相辽。又所主十二辰配十二国之分，许君玄枵之野，于辰为子，统摄十二分野。君领星纪之邦，于辰为丑耳，自今宜以许君为长也。"二君礼谢讫辞行。

真君方心期每岁必来谒姆，姆觉之，曰："子勿来，吾即还帝乡矣。"因取香茅一根，南望掷之，曰："子归认茅落处，立吾祠，岁秋一至足矣。”二君还，首访飞茅之迹，寻于所居之南四十余里得之，已丛生矣。遂建祠宇，亦以黄堂名之（今号崇真观）。每岁仲秋之三日，必往朝谒焉。

初，真君往访飞茅，路傍见陂水清澈，为之少憩，曰：“憩真靖（今清波林憩真观是也）。”又见乡民盛烹宰以祀神，且相诧曰：“祭不腆，神怒降祸矣。”真君曰：“怪祟敢尔耶？”夜宿于逆旅，召风雷伐之，拔其林木。明日，告其里人曰：“妖社已驱，毋用祭也。”（今其地有废社，人不祭也。）

又见负担远汲者满道，乃以杖刺社前涸泽，出泉以济之，虽旱不竭（今大泽村紫阳靖石井也）。明日登山巅，指山腰之泉罅曰：“是有异物藏焉，后将为孽。”遂立坛靖以镇之（今每岁朝，谌姆必憩于此，号龙城观）。

乃渡小蜀江（今名黄湖口），抵江干之肆，主人宋氏虽贫，而迎接甚敬。真君戏画一松于其壁而去，其家即日市利加倍。后江涨溃堤，市舍俱漂，唯松壁不坏（今名松湖市，宋氏见庙食于其地）。

真君尝炼神丹于艾城之黄龙山，山湫有蛟魅，护卫渊薮，辄作洪水，欲漂丹室。真君遣神兵擒之，钉于石壁（今有钉蛟石犹在）。丹成，祭于幕阜葛仙公石室。遂至修州，爱其湍急而味坚，乃取神剑磨于涧傍之石（今在修川梅山，后人于其处立观，以表圣迹。今号旌阳观）。

寻渡水登秀峰（今号旌阳山），为坛于峰顶，以醮谢圣帝，乃服仙丹。吴君居近焉（溪南有仙村曰吴仙观，即吴真君故居也），遂造吴老之宅。过西安县（今分宁也），县社伯出谒，真君诘其地分，有妖物为民害者，其神匿之。真君行过一小庙，庙神（其神姓毛，兄弟五人，今号叶祐庙者，在县东四百步）迎告曰：“此有蛟孽害民，知仙君来，故往鄂渚藏避矣，后将复还，愿为斯民除之。”真君如其言，蹑迹追之至鄂渚。路傍逢三老人（今三王庙是也），询其蛟孽所在，皆指曰：“见伏于前桥下（今号伏龙桥）。”真君至桥侧，仗剑叱之，蛟惊，奔入大江，匿于渊（今号下龙穴）。乃敕吏兵驱之，蛟从上流奔出，遂诛之（今号上龙江）。真君怒西安社伯之不职，锢其祠门，止民享祀（今分宁县城隍庙，正门常闭，开侧门。邑有火灾，祝师止从偏户出入，居民祭祀者亦少），令祀小庙（今封叶佑侯庙，食甚盛，亦多灵感）。

已而还郡城，真君曰：“此地水陆冲要，人物繁伙，岂无分合得仙之人？”试以丹数粒，杂他药货之，令其信缘而取。既而赎者虽多，竟无一人遇者。真君吁叹，以世间仙才之难得也。

真君闻新吴有蛟为孽，因持剑捕逐之（故所经由处曰龙泉观，今改曰仙游）。蛟惧，窜入溪穴（至今号曰藏溪）。真君乃以巨石书符，及作镇蛟文以禁之（镇蛟文石碣尚存，今为僧院，曰延真。傍建观，亦曰延真。在奉新县四十里）。

时海昏之上辽有巨蛇，据山为穴，吐气成云，亘四十里。人畜在其气中者，即被吸吞，无得免者。江湖舟船亦遭覆溺，大为民害。真君闻之，乃登北岭之巅验之（今赤乌观之东曰会仙峰，即其处也），果见毒气涨空。真君愍斯民之罹其害，乃集弟子，将往诛之。初入其界，远近居民三百余人，知真君道法，竞来告愬，求哀恳切。真君曰：“世运周流，当斯厄会，生民遭际，合受其灾。吾之此来，正为是事，当为汝曹除之，吾誓不与此蛇俱生也。”有顷，群弟子至，亦同劝请。真君曰：“须时至乃可。”于是卓剑于地，默祷于天。良久，飞泉涌出，俄有赤乌飞过，真君曰：“可矣。”（其地为候时观，后改赤乌观。今中行有诗云：“昔有长蛇性毒威，旌阳曾此候诛夷。洞中仙子方姑会，天上灵官为报时。符使忽飞陵谷口，剑星交下鬼神悲。一千年后几兴废，可惜阴功无尽期。”张天觉亦有卓剑泉诗云：“卓剑遽成岩下井，待时遥动日中乌。海昏妖孽今除尽，余泽犹存七靖图”。）遂前至蛇所，仗剑布气，蛇惧入穴，乃飞符召海昏社伯驱之，不能出，复召南昌社公助之（其符落于县东，因建观，号符落，今名太和）。蛇出穴，举首高十余丈，目若火炬，吐毒冲天。乡民咸鼓噪相助。是时，真君啸命风雷，指呼神兵，以摄服之，使不得动。吴君乃飞步踏其首，以剑劈其颡，蛇始低伏。弟子施岑、甘战等引剑挥之蛇腹，裂，有小蛇自腹中出，长数丈，甘君欲斩之，真君曰：“彼未为害，不可妄诛。”小蛇惧而奔行六七里，闻鼓噪声，犹返听而顾其母（今地名有蛇子港，十里许）。群弟子请诛而戮之，真君曰：“此蛇五百年后若为民害，吾当复出诛，以吾坛前松梧为验，其枝覆坛拂地，乃其时也。”又预谶云：“吾仙去后一千二百四十年间，豫章之境，五陵之内，当出地仙八百人，其师出于豫章，大扬吾教，郡江心忽生沙洲，掩过井口者，是其时也（事见松沙记豫章谶。方乘：云龙江在章江西岸，石头之上，与郡城相对，潘清逸有望龙沙诗云：五陵无限人，密视松沙记。龙沙虽未合，气象已灵异。昔时蛟龙游，半作桑麻地。地形带江转，州浮有连势）。此时小蛇若为害，彼八百人自当诛之，苟无害于物，亦不可诛也。”蛇子遂得入江（建昌县蛇子港是。异处有庙在新建县吴城江，甚灵。本朝封灵顺昭应安济惠泽王，俗呼曰小龙庙）。大蛇既死，其骨聚而成洲（今号蛇骨洲）。真君于海昏经行之处，皆留坛井，凡六处，通候时之地为七，其势布若斗星之状，盖以镇弭后患（七靖者，谓进化靖、丹符靖、华表靖、紫阳靖、霍阳靖、列真靖。今皆为宫观，或为寺院官舍）。复至邑之西北，见山泉清冽，乃投符其中，与民疗疾，其效亦比蜀江（今号灵水台）。巨蟒既诛，妖血污剑，于是磨洗之，且削石以试其锋（今建昌县有磨剑地、试剑石）。告其徒曰："大蛇虽灭，蛟精未诛，彼物通灵，必知吾有除害意，恐其伺隙溃郡城。吾归郡乎，战岑二子者从我焉。"时永嘉六年也。

真君道术高妙，著闻远迩，求为弟子者数百人，却之不可得，乃化炭为美妇人，夜散群弟子处，以试之。明旦阅之，其不为所染污者，唯十人耳，即异时上升诸高弟也。自是凡周游江湖，诛蛟斩蛇，无不从焉，余多自愧而去（今建昌县西津，名炭妇市，立观曰始明）。

真君乃与甘、施二君归郡，周览城邑。适有一少年，美风度，衣冠甚伟，通谒自称姓慎，礼貌勤恪，应对捷给。遽告去，真君谓弟子曰："适者非人，是蛟之精，故来见试也。体貌虽是，而腥风袭人，吾故愚之，庶尽得其丑类耳。"迹其所之，乃在江浒，化为黄牛，卧郡城沙碛之上（今名黄牛洲）。真君乃剪纸化黑牛，往斗之，令施岑潜持剑往，候其斗酣，即挥之。施君一挥中其股，牛奔入城南之井中（井中横泉，今在上蓝寺东南角，墙掩井口，故亦号蛟井）。真君遣符吏寻其踪，乃知直至长沙，于贾谊井中出，化为人，即入贾玉史君之家。先是，蛟精尝慕玉之女美，化为一少年谒之，玉大爱其才，许妻以女，因厚赂玉之亲信，皆称誉焉，遂成婚。居数岁，生二子。尝以春夏之交，孑然而出，周游江湖，若营贾者。至秋，则乘巨舸重载而归，所资皆宝货，盖乘春夏大水覆舟所获也。

是秋徒还，给玉云："财货为盗所劫，且伤左股。"玉举家叹惋，求医疗之。真君乃为医士谒玉，玉喜，召其婿出求医。蛟精觉之，惧不敢出。玉自起召之，真君随至其堂，厉声叱曰："江湖蛟精，害物非一，吾寻踪至此，岂容逃遁，速出速出。"蛟精计穷，乃见本形，蜿蜒堂下，为吏兵所诛。真君以法水噀其二子，亦皆为小蛟，并诛之。贾女亦几变形，其父母为哀求，真君给以神符，故得不变。真君谓玉曰："蛟精所居，其下即水，今君舍下深不逾尺，皆洪波也，可速徙居，毋自蹈祸。"玉举家骇惶，迁居高原，其地不日陷为渊潭，深不可测（今长沙昭潭是也）。

真君复还豫章，而蛟之余党甚盛，虑真君诛之，心不自安，乃化为人，散游城市，访真君弟子，诡言曰："仆家长安，积世崇善，远闻贤师许君有神剑，愿闻其功。"弟子语之曰："吾师神剑，指天天烈，指地地坼，指星辰则失度，指江河则逆流，万邪莫可当，神圣之宝也。"又曰："抑有不能伤者乎？"弟子戏之曰："惟不能伤冬瓜葫芦耳。"蛟以为诚然，继而尽化其属为葫芦冬瓜，连枝带蔓，浮泛满江，拟流出境。真君晨兴，觉妖氛甚盛，乃顾江中，见蛟精所化，即以剑授施岑，使履水斩之。党属如连，悉无噍类，江流为之变色。真君曰："此地蛟螭所穴，不有以镇之，后且复出为患，人不能制也。"乃役鬼神于牙城南井，铸铁为柱，出井外数尺，下施八索钩锁地脉（今延真宫是也），祝之曰："铁柱若亚，其妖再兴，吾当复出。铁柱若正，其妖永除。"由是水妖屏迹，城邑无虞。复虑后世奸雄妄作，故因铁柱以为谶记，有"地胜人心善，应不出奸雄，纵有兴谋者，终须不到头"之言。真君之虑后世也深，有如此者。

次年，真君以蛟蜃之属，有散入鄱阳、浔阳界者，虑其复还，乃周行江湖以殄灭之。至岧峣山岭，有蛟湖三所，其孔穴透大江，通饶、信。真君诛其蛟魅，立玉阳府靖以镇之，其西北石壁下湾，立开化靖以镇之，更立大城府靖（靖傍有大潭，深不可测，且多蛟螭。真君尽灭之，唯一蛟子迸走，故立此靖以断绝之），又铸铁符镇鄱阳湖口，杜其所入之路（今在湖口县止钟石之江中），铁盖覆庐陵元潭，制其所藏之薮，仍以铁符镇之（今号飞符岭，有观号崇真），留一剑在焉（其剑长咫尺，有似玉石，又似铜铁人，不可识）。

明年（永嘉七年也），复游长沙，遂至昭阳。又明年，至郴、衡诸郡，所至皆为民馘毒除害，乃还豫章。前后凡立府靖七十余所，皆所以镇郡邑、辟凶灾也。

明帝太宁二年，大将军王敦（字处仲）举兵内向，次于于湖。真君与吴君同往上谒，冀说止之。时郭璞先在幕府，乃因璞与俱见。处仲喜延之，饮而问曰："予梦以一木破天，君等以为如何？"真君曰："非佳兆也。"吴君曰："木上破天，未字也，公其未可妄动。"处仲色变，令璞筮之，璞曰："无成。"处仲不悦，曰："予寿几何？"璞曰："公若举事，祸将不久，若还武昌，则寿未可量也。"处仲怒曰："君寿几何？"璞曰："寿尽今日日中。"处仲大怒，令武士擒璞斩之（《洞仙传》云：璞已预报家人，备送终之具，在行刑之所，命即窆于江侧两松间。后三日，南州市人见璞货其服饰，遍与相识共语。处仲闻之，不信，开棺无尸，乃兵解也。今为水南仙伯）。真君乃举杯掷起，化为白鸽，飞绕梁栋。处仲一举目，已失二君所在。处仲竟败（处仲兵败，遂惋愤而死，卒有跽尸之刑）。

二君还至金陵，欲赁舟至豫章，而船主告以乏操舟者。真君曰："尔等但瞑目安坐，切毋觇视，吾自为尔驾之。"乃召二龙挟舟而行，经池阳，以印印西岸之崖壁，以辟水怪（今印文犹在）。舟渐凌空，俄过庐山顶，至紫霄峰金阙洞，二君欲游洞中，故其舟稍低，抹林梢戛戛有声。舟人不能忍，乃窃窥之，龙即舍舟于层岫之上，拆桅于深涧之下（后皆为铁石，今号铁船峰，并桅在涧中，为断石也）。真君谓舟人曰："汝不听吾言，将何所归乎？"舟人拜求济度，真君教以服饵灵草，遂得辟谷不死，尽隐于此山（后桓伊刺江州，遣人访庐山异迹。至紫霄峰，见湖中有舟，及群鹤、赤鳞鱼，骑白马二少年，长啸声数百步外，疑是舟人辈）。二君乃各乘一龙，分水陆还会于北岭之天宝洞。

遂归旧隐，日与弟子讲究真诠，数十年间，不复以时事关意，惟精修至道，作《醉思仙》之歌，及著《八宝垂训》曰："忠孝廉谨，宽裕容忍。忠则不欺，孝则不悖，廉而罔贪，谨而勿失。修身如此，可以成德。宽则得众，裕然有余，容而翕受，忍则安舒。接人以礼，怨咎涤除。凡我法子，动静勤笃，念兹在兹，当守其独。有爽厥心，三官考戮。"乡党化之，皆迁善远罪，孝弟兴行。平时出处，随机应物，不异常人，但所居之处，鸣鹤飞翔，景云旋远而已。自东晋乱离，江左频扰，真君所居，环百余里盗贼不入，闾里晏安，年谷屡登，人无灾害。其福被生灵，人莫知其所以然也。

至孝武帝宁康二年甲戌，真君年一百三十六岁。八月朔旦，有云仗自天而下，二仙乘辇，导从甚都，降于真君之庭。真君降级迎拜，二仙曰："奉玉皇命，赐子诏。"真君俯伏以听，乃宣诏曰："上诏学仙童子许逊，卿在多劫之前，积修至道，勤苦备悉，经纬愈深，万法千门，罔不师历，救灾拔难，除害荡妖，功济生灵，名高玉籍，众真推仰，宜有甄升，可授九州都仙太史兼高明大使，赐紫彩羽袍，琼旌宝节，玉膏金丹各一合。诏至奉行。”真君再拜，登阶受诏。一仙曰：“余乃玉真上公崔子文。”一仙曰：“余乃元真太卿瑕丘仲。”言毕，揖真君坐，告以冲举之日，遂乘云车而去。

真君乃召门弟子与乡曲耆老，谕以行期。自此朝夕会于真君之第，日设宴饮，共叔惜别，且教以行善立功以致神仙之旨。著《灵剑子》等书。又与十一弟子各为五言二韵《劝诫诗》十首以遗世。及以大功如意丹方，传众弟子之不与上升者。此方即丁义神方中一也。其诀必先择日斋戒设位，醮十八种药之神，然后书符，逐味诵咒而修合之。其治众疾，如意而愈。

是月望日，大营斋会，遍召里人，长少毕集。至日中，遥闻音乐之声，祥云弥望，须臾渐至会所。羽盖龙车，从官兵卫，仙童彩女，前后导从，红霞紫气，舒布环绕。前二诏使又至，真君降阶拜迎，二仙复宣诏曰：“上诏学仙童子许逊，脱子前世贪杀，匿不祀先祖之罪，录子今生咒水行符、治病罚恶、馘毒之功，已仰潜山司命官传金丹于下界，闭迹封形，回子身及家口厨宅百好归三天。子急净秽，背土凌空，左大力天丁与流金火铃，照辟中黄，无或散慢。”告行，仍封远祖由玉虚仆射，曾祖琰太微兵卫大夫，先祖玉太极把业录籍典者，父肃中岳仙官，赐所居宅曰仙曹左府。玉真上公曰：“卿门弟子虽众，唯六人合从行，余各自有超举之日，不得偕往也。”乃揖真君升龙车，命陈勋、时荷持册前导，周广、曾亨骖御，黄仁览与其父族侍从，盱烈与母部从，仙眷四十二口同时升举，鸡犬亦随逐飞腾。里人攀恋投地，悲号不忍别。真君曰：“仙凡路殊，悲欢自切，执奉孝慈，恭顺天地，何患无报耶？”乃留下修行钟一口，并一石函，谓之曰：“世变时迁，即为陈迹矣，聊以此为异时之记。”

有仆许大者，与其妻市米于西岭，闻真君将飞升，即奔驰而归，仓忙车覆，遗米于地，米皆复生（今地名为覆车岗、生米镇）。比至，哀泣求从行，真君以其分未应仙，乃授以地仙之术，夫妇皆隐于西山（其详见于仙姓录）。

仙仗既举，有顷，坠下药臼、车毂各一，又坠一鸡笼于宅之东南十里余（旧名鸡栖靖，今名崇元观），并鼠数枚堕地，虽拖肠而不死，意其尝得窃食仙药也。后人或有见之者，必为瑞应焉。仙驾凌空向远，望之不可见，唯祥云彩霞弥漫山谷，百里之内，异香纷馥，经月不散。

初，真君回自旌阳，奉蜀锦为传道质信于谌姆，姆制以为殿帷。至是忽飞来，周游旋绕于故宅之上，竟入，复飞入云霄（后置观，故以游帷为名）。

初，真君与郭璞寻真选胜，至宜春栖梧山。王长史之子朔迎真君居西亭，久之谓朔曰："吾视子可传吾术。"乃密授仙方。复云："此居山川秀丽，兼有灵泉出于道南，前对洞天，俯临袁水，宜为道院。"朔从之，真君乃书一䆉（天篆靖字也）字于壁而去。飞升之日，云軿过其上，遣二青衣下，告朔以被玉皇诏命，因来别子。朔洎合家瞻拜祈度，真君俯告曰："子辈仙骨未充，但可延年。"乃飞仙茅一根，授朔曰："此茅味异，植于兹地，久服长生，甘能养肉，辛能养节，苦能养气，咸能养骨，滑能养肤，酸能养筋，宜和苦酒服之，必效。"言讫而别，自后王族如言服饵，各寿百龄焉（今临江军玉虚观，即其地，仙茅存焉）。

真君所从游者三百余人，其功行无出者，通吴君十有一人。

续真君传

真君飞升之后，里人与真君之族孙简，就其地立祠，以所遗诗一百二十首写竹简之上，载之巨筒，令人探取以决休咎，名曰圣签。其钟车函臼并宝藏于祠（后改祠为观，因锦帷以命名，曰游帷）。蜀旌阳之民竞赍金帛、负砖甓来，甃坛井以报德，各镌姓名其上（蜀民砖，缘改宫修盖始彻去之，今间有存）。隋炀帝时，焚修中辍，观亦寻废。至唐永淳中，天师胡惠超重兴建之，明皇尤加赍奉。本朝太宗、真宗、仁宗皆赐御书，真宗又遣中使赐香烛、花幡、旌节、舞偶，改赐额曰玉隆，取《度人经》“太释玉隆腾胜天”之义也。仍禁名山樵采，蠲租赋之役。复置官提举，为优异老臣之地。

徽宗皇帝降玉册上尊号，醮告词文：

维政和二年太岁壬辰五月丁巳朔十七日癸酉，皇帝（御名）谨遣入内，内侍省内殿程奇，请道士三七人，于洪州玉隆观建道场七昼夜，罢散日设醮一座，三百六十分位，上启神功妙济真君，伏以至神无像，虽莫能名，成德在人，姑从所示，式褒显迹，肇荐徽称，冀享褒崇，永绥福地。（御名）无任，诚惶诚恐，恳祷之至，谨词。

御降真君册诰表文：

臣（御名）祗奉高真，肇扬显迹。仰太霄之在望，袚灵宇以申虔。美利所加，既作黎民之福；纯熙来被，更延景历之昌。臣无任精虔，激切之至，谨奉表奏以闻。臣（御名）诚惶诚恐，稽首顿首，谨言。

玉册文曰：

维政和二年岁次壬辰五月丁巳朔十七日癸酉，皇帝再拜言曰：

天眷用懋，宠绥四方，爰有至真克相上帝，烜威赫德，锡羡降康。而名号弗宣，曷彰报典。乃诏有司考循秘牒，发挥遗懿，垂示无穷。恭惟真君，躬握元图，密庸妙契。繇魏迄晋，嗣休炳灵。赈乏蠲疴，一方攸赖。剪妖馘毒，三气获分。肆膺谌姆之符，荣启都仙之籍。超升旋极，载祀绵邈。庙像屹崇，风烈如在。矧炎晖之有赫，方皇运之正隆。荐降嘉祥，聿彰幽赞。禬禳响答，民物阜宁。宜极徽称，以昭严奉。谨遣朝奉大夫充集贤殿修撰知洪州军州管干学事，兼管内劝农使，充江南西路兵马钤辖护军，赐紫金鱼袋王勇，上尊号曰：神功妙济真君。洪惟降鉴，诞受丕章。佑我无疆，保兹景命。俾缉熙于纯嘏，用敷锡于群伦。谨言。

政和六年改观为宫，仍加“万寿”二字，除甲乙为十方。六年五月一日辰时，御前降到荀字号不下司文字付礼部：朕因看书于崇政殿，恍然似梦见东华门北，有一道士，戴九华冠，披绛章服，左右童子持剑拂，皆衣青。后有二使者，彩衣道装，捧印杖，前至丹墀，起简揖朕，攀左龙尾上殿。朕疑非人间道士，因问：“卿是何人，不诏而至？”道士对曰：“吾为许旌阳，权掌九天司职，上帝诏往按察西瞿耶国，经由故国，观其妖气，故来相访。”朕请坐而问曰：“此患为何？”答曰：“湖南湖北三十六万绢纲入水，此实小龙为害。盖先朝不封此子为王，当永嘉之戮，自拆母腹而奔走，未及害人，因而赦之。今乃辄为国家之患，俟吾还，当有处分，不令住于江淮间矣。”朕梦中谢之，复问曰：“朕患安息疮，诸药不能愈，真君有药否？”即取小瓢子倾药一粒，如菉豆大，呵咒抹于疮上，觉如流酥灌体，入骨清凉，遂揖而去。行数步，复回顾曰：“吾弊舍久已寥落，愿圣皇举眼一看为幸。”朕豁然而觉。

不数日，有司奏到，果然绢纲尽数被风涛覆没。即取图经考之，见洪州分宁县梅山有许旌阳磨剑之地，诏画像如梦中所见者，赐上清储祥宫。寻依道录院奏请，于三清殿后，造许真君行宫。再降手诏，命中大夫谢景仁下分宁县，同令佐以系省官钱新换旌阳观，仍赐诏书一道，前去本观收掌。遇天宁节，即拨放童行一人。仍命采访许真君别有遗迹去处，如未有观，即勒本属取官钱建造。如有宫观，屋宇损坏，即如法修换。无常住，即拨近便僧寺，堪好庄田，入观供办，务令严谨。

主者施行数月后，复梦真君回如初，谢上曰："分宁乃昔经行之处，重劳建造，吾卜地西山，遗迹具存，但居宇隘陋，不足副西京瞻视，幸陛下一修整之耳。"上寤，即诏洪州改修玉隆万寿宫，仍降图本，依西京崇福宫例，鼎新盖造。赐真君像一躯，及铜铸香炉、花瓶、烛台、钟磬之具，御书门殿二额。凡为大殿六、小殿十二，三廓七门五阁，前殿三面壁绘真君出处、功行之迹，后殿奉安玉册。其上建阁，宝藏三诏御书，两庑复壁绘仙仗出入之仪，环以墙垣。由墙之西，盱真人之故居，建道院以安道众。

建炎中，金人寇江右，欲火宫庭。俄而水自楹桷间出，火不能爇，虏酋大惊，乃书壁云："金国龙虎上将军来献忠，被授元帅府上畔都统大军，届兹遍观圣像，庄严华丽，不敢焚毁。时天会八年正月初二日记。主观想知悉。"写毕，戢兵而去（此壁近颓，方漫其字）。

绍兴二十八年赐御书十轴，令宝之以镇福庭焉。凡真君之所遗物，皆有神物守护，不可触犯。殿前守植柏，其荣悴常兆宫之盛衰。

剪以煎汤，无疾不疗。丹井旧有神龙出没，胡洞真始置符石以镇之。

铁柱。唐严谍作州牧，心颇不信，尝令发掘。俄迅雷烈风，江波泛溢，城郭震动。谍惧，叩头悔谢，久之而后止。

又强取真君修行钟，置之僧寺，击之声哑如土木，疑道流以术禁之，遂加囚系，欲置于刑。谍忽坐寐，为神人叱责，将断其首，惊觉，遂释道流，送钟还宫。至五季乱，一夕飞去，莫知所之。

车毂。州牧徐登欲见之，令取至府，犹未及观，即夕飞还。皇朝犹在，金人入寇，寻失之。

石函。虽有窾缝，而不可开。唐张善安窃据洪州，强凿开之。其盖内丹书字云："五百年后，狂贼张善安开之。"善安惧，磨洗其字，终不能灭，遂藏其盖，止留函底（今与药臼皆存焉）。三朝宸翰及真君玉册。金人入寇之后，不知所存焉。

真君垂迹，遍于江左、湖南北之境，因而为观府、为坛靖者，不可胜计。或散在山林湖泺，绝有异处。如龙沙侧之磨剑池，池上沙壁立，略不湮塞。新建县之暵旱湖，水蛭至多，以粒药投之，其蛭永绝，至今名药湖。松湖市之旅邸，真君尝少憩，至今其家无蚊蚋。丰城县之杪针洞，蛟入其中，以杉木楔之，至今不朽。奉新县之藏溪，蛟藏其中，以剑劈裂溪傍巨石，书符以镇（今镇蛟石碣尚存）。靖安县有刘仙姑，名懿真，年数百岁，貌若童子，谌姆尝称之。真君往见，则已飞升矣。遂留宝木华车遗之，车因风飘举，三日而下，因名其观曰华车观。碑碣犹在，今号栖霞观。此类莫克殚举。

每岁季夏，诸卿士庶，各备香华、鼓乐、旗帜，就寝殿迎请真君小塑像，幸其乡社，随愿祈禳，以蠲除旱蝗。先期数日，率众社首，以瓜果酌献于前殿，名曰割瓜，预告迎请之期也。真君之像凡六，唯前殿与寝殿未尝动，余皆随意迎请。六旬之间，迎请周遍洪瑞之境，八十一乡之人乃同诣宫醮谢，曰黄中斋（黄中仪式，真君所流传也）。七月二十八日，仙驾登宫左之五龙岗，禁辟蛇虎，自古以然，谓之禁坛。故远近祈禳之人，昼夜往还，绝无蛇虎之患。仲秋，号净月，自朔旦开宫，受四方行香祷赛荐献，先自州府始（州府具香烛、酒币、词疏，遣衙吏驰献），远迩之人，扶老携幼，肩舆乘骑，肩摩于路。且有商贾百货之射利，奇能异伎之逞巧。以至茶坊、酒炉、食肆、旅邸，相续于十余里之间，骈于关市，终月乃已。常以净月之三日，仙仗往黄堂观谒谌姆。前一夕降殿宿斋南庑。次日昧爽启行，少息于憩真靖，晚宿紫阳靖。次日早登龙城坛，渡小蜀江。初真君寻飞茅时，尝渡此江，以钱二百劳舟人，舟人请益不已，欲需一千，真君从之。既登岸，舟人持钱归，二镮耳，余皆楮镪，始惊讶，知其神人。至今，仙驾经由，舟人止觅二镮，不敢过求也。临午至黄堂，朝谒谌姆。乡之善士咸集，陈宴享之礼。明日复留终日，初六日早，由西路以还。

宫中每以中秋日修庆上升斋。先一日建醮，次日黄君来觐。黄君，真君之婿也，其行多由间道。明旦，未至宫五里，曰侯陂，有亭曰著衣观，黄君更衣之所也，宫中具威仪，迎入端门（旧有门对正殿，曰黄阁门也）。初朝于前殿，分宾主礼，次日享礼毕，降殿憩于西庑，俟暮西还。而宫东之市肆商贾居民，必固邀游街，以求利市，竞争牵挽，几至龙岗桥乃回。俗云："姑丈所至，则利市依合。"每试有验故也。

每三岁上元后一日，真君仙仗往瑞阳，存问黄君，曰西抚。上元日禺中，先迎置前殿，陈斋羞三献之礼，请朝乃行。初出东门，即南过圣仙桥，经茂埇入黄姑巷。次至安里，迂入元都坛少憩（坛在庙侧，旧有观，今废）。次登师姑岭，入元仙靖。寻出驿路，再迂入小路二里许，至朱塘观供（此地有养颜童子墓，旧名生碧观）。复出大路至暗山头，遂至三十里铺（此地几出供）。从者午食，乃度九岗九滔，过龙陂桥，抵祥符（属高安县，旧名祈仙观）。瑞人多出城迎谒，号曰接仙。真君降舆，与黄君宴于前殿。十七日，复受享礼，主首侍从仙驾者，乃诣后殿，酌献于许氏仙姑（自淳熙戊申岁始也）。次日未五鼓而返（此一处凡六供），士庶焚香迎谒者以千数。凡所经由，聚落人民、男女长幼，动数百人焚香作礼，化钱设供，至有感激悲号者。

每仙驾出入，主首必再拜送迎于大门之外。至于南朝西抚，及州府迎请祈求，必主首从行焉。真君乘毚辇，白马金凤为前导（世传，昔有白马之神，庙食于真君宅东半里，今号白马塘。真君得道，愿充前驱也。金凤，意其朱雀导前之义，或置于毚辇之顶，正合上有朱雀之义。而世传以应母之祥，恐未必）。肩舆之人调古歌一阕，齐声唱和，歌名《黄鹤楼》，有著高冠彩帕者数对，冠名彩楼，二者甚古怪，盖晋代之礼也（彩楼高二尺许，上大下尖，竹治，彩帛结彩戴于首，以帛悬额下。唐道士熊景休诗云："世事已归唐历数，仙歌犹是晋乡风。"虽唐人且怪之。盖其歌调虽在，而其词久亡，守颙今作三章以补之，其一曰："真君功行满三千，帝诏凌空度九天。鸡犬也随仙眷去，至今圣迹尚依然。"其二曰："真君舍我甫千龄，晨夕焚香叩杳冥。惟愿慈悲恩下土，乞将多福祐生灵。"其三曰："道师谌姆住州阳，一叶飞茅著处香。仙驾不忘当日约，年年一度谒黄堂。"）。所由之路，横斜曲直遵于古，不可少易，易之则有咎。

每仙驾将出，地分之人竞先辟旧径，立表以指其处。盖非众人所常行之路也。旧记云：昔爱女所行，真君蹑踪而往，至黄君家为留信宿，乃由通道而归。其寻飞茅，亦多委曲寻访，故今南朝西抚，并袭前迹所过之地。龛有轻重迟速、安危晴雨之占，肩轻步速、安稳清明，为地分之福；肩重步迟、失扑阴雨，为地分之灾。福则岁稔人安，灾则人伤物厉。唯西抚之行，往欲雨寒，还欲晴暖，反是亦灾。

仙驾每行，必冲旱涉暝，履茅茨荆棘之地。部从社赛之人，动逾数百，然从古未闻有伤其足者。唯忌人畜生死厌秽，凡香钱服用、饮食坐卧，皆须避之，否则立有卒暴之祸，后有迍骞之灾，皆前人所传，而今人所见之明验也。

逍遥山群仙传

吴君

吴君名猛，字世云，濮阳人。仕吴为西安令，因家焉（今分宁县是也）。性至孝，龆龀时，夏月手不驱蚊，惧其去己而嗜亲也。年四十，得至人丁义神方，继师南海太守鲍靓，复得秘法。吴黄龙中，天降白云符授之，遂以道术大行于吴晋之间。

晋武帝时，真君从世云传法，世云尽以秘要授之。永嘉末，杜弢寇蜀，攻陷州县。真君既诛大蛇，世云曰："蛇是蜀精，蛇死则杜弢灭矣。"卒如其言。尝见暴风大作，书符掷屋上，有青鸟衔去，风即随止。或问其故，答曰："南湖有舟遇此风，中有二道士呼天求救，故以此止之。”验之果然。

西安令于庆死已三日，世云曰：“令长数未尽，当为讼之于天。”遂卧于尸傍。数日与庆俱起。庆弟著作郎宝，感其异，遂作《搜神记》行于世。尝渡豫章江，值风涛乏舟，世云以所执白羽扇画水而渡，观者骇异。

宁康二年，真君上升，世云复还西安。是年十月十五日，上帝命真人周广捧诏召世云，遂乘白鹿车与弟子四人，白昼冲升。宅号紫云府（今分宁县吴仙村西平靖吴仙观是也）。政和二年五月，准诰封为真人。词曰：

洪都福地，紫府列真。既灵异之有闻，岂褒崇之可后。以尔早学至道，尝悟秘言，道化施行，世称慈父。功行甫就，飞升帝乡。大江之西，尚存故宅。凡祷辄应，吾民是依。锡之新封，用彰厥懿。朕命惟允，其鉴于兹。可特封神列真人。

陈勋

蜀川陈勋、庐陵周广，乃世族儒生。

勋字孝举，博学洽闻。时魏遣钟会、邓艾伐蜀，刘禅降。孝举时尚少，已有出尘之志。入青城山，师谷元子，求度世之法。继闻真君在旌阳，仁政及民，走谒公庭，愿充书吏。真君嘉之，付以吏职。凡表率辈流，说化民俗，抚字之术，裨益为多。遂引为门弟子，而托以腹心。典司经籍，守视药炉。真君冲翥，命执策导前焉。昔玉隆宫西庑有孝举道院，号承仙府，手植巨柏一株，其院面柏而居。政和二年，诰封正特真人。其词略曰：

以尔蚤以诚恳，师事道君。门人之中，独掌奥典。功行甫就，执幢而升。大江之西，俨有遗像，凡祷辄应，吾民是依。锡之新封，用彰厥懿。朕命惟允，其鉴于兹。可特封正特真人。

周广

广字惠常，大将军瑜之后。少好天文音律之学，长通无为清净之教。尝与同志游巴蜀云台山，得汉天师驱剪精邪之法，救民疾苦。闻真君在旌阳，径诣公庭，愿备下执。真君纳之，令供侍杖屦。夙夜惟勤，遵行道法，始终不怠。还居私第，左右无违。乃就宅西百余步间，筑室以居。真君飞举，惠常与曾兴国同骖龙车。宅号宣诏府（唐保大中，州牧周令公绍真人为祖，修营其宅，改曰宣诏府。有碑刻尚存焉，今曰太虚观）。政和二年封元通真人。其词略曰：

以尔早弃山宇，师事仙君。元化通神，能得其道。功行甫就，偕升帝乡。大江之西，俨有故迹。凡祷辄应，吾民是依。锡之新封，用彰厥懿。朕命惟允，其鉴于兹。可特封元通真人。

曾亨

泗水曾亨、巨鹿时荷，皆黄冠上士。

亨字兴国，参之后也。少为道士，天姿明敏，博学多能。修三天法师之教，逆知来物。名山列岳，有路必通。妙诀灵符，无治不愈。神人孙登见之曰："子骨秀神惠，砥砺精勤，必作霄外人矣，子勉之。"后隐居豫章之丰城。闻真君道誉，投谒门下，愿侍巾几。真君雅器重之，神方秘诀，无不备传。后骖龙车升天。今丰城县真阳观是其遗迹。政和二年，诰封神惠真人。其词略曰：

以尔骨秀神惠，天禀殊姿。师事仙君，雅与道合。功行甫就，偕游帝乡。大江之西，尚存坛井。凡祷辄应，吾民是依。锡之新封，用彰厥懿。朕命惟允，其鉴于兹。可特封神惠真人。

时荷

荷字道阳，少修道德之教。入四明山，遇神人教以胎息众妙之术，用能却寐绝粒，役使鬼神，驱除邪魅，点化金玉，赒济穷苦。民受其赐，声闻远迩。惠怀之世，闻真君孝道法盛行江左，徒步踵门，愿充弟子。真君纳之，授以秘诀。复遣还山，教导徒众。明帝诏赴阙，师问之，坚不愿留，竟归，依栖真君侍侧。宁康二年，与陈孝举执册导从升天。有遗迹在豫章城，号紫盖府，今南昌厅是也。东海沐阳县奉仙观，乃其旧隐。政和二年，封洪施真人。其词略曰：

以尔系出东海，世称仙材，能自得师，以有洪施。前驱龙节，参驾同升。大江之西，尚存故宅。凡祷辄应，吾民是依。锡以新封，用彰厥懿。朕命惟允，其鉴于兹。可特封洪施真人。

甘战

丰城甘战，草泽布衣。

战字伯武，以孝行见推于乡党。遭时乱离，晦迹草泽，喜神仙久视之术。闻真君行孝道法，除害利物，遂造门恳请，愿备驱役。真君异其材器，可其所请。至真君上升，复付以金丹妙诀。伯武后归丰城，布德行惠。至陈大建元年正月十日亭午，天诏下，乃驾麟车，乘云而去（今县中清都观乃昔藏丹之地）。其故宅号华阳亭，有飞簧观为之奉礼。政和二年，封精行真人。其词略曰：

以尔幼躭道教，同事仙君。驱妖除邪，厥功甚茂。精行既备，升游帝乡。大江之西，尚存故宅。凡祷辄应，吾民是依。锡之新封，用彰厥懿。朕命惟允，其鉴于兹。可特封精行真人。

施岑

沛郡施岑，乡关壮士。

岑字太玉，祖朔仕吴，因徙居九江赤乌县。太玉状貌雄杰，勇健多力，弓剑绝伦。真君初领徒诛海昏大蛇，会乡壮三百余人来助力，太玉预焉。致恭恳乞，愿充役者。真君纳之，与甘伯武常执剑侍左右。宁康二年十月二十八日晨，见东方日中，有一童子乘彩云、执素策、驱苍虬，降其所居，宣玉帝诏，遂御苍虬乘云去。真君宅东南二里间，有坛曰紫玉府，即其所栖之地。西岭镇江干石上有观（今额至德），为太玉眺台。南昌之地亦有之，皆所以眺望水妖也（俗称钓台，非也）。政和二年，封勇悟真人。其词略曰：

以尔性勇而悟，能自得师。授以至言，俾之入室。神童指妙，飞升帝乡。大江之西，故宅尤在。凡祷辄应，吾民是依。锡之新封，用彰厥懿。朕命惟允，其鉴于兹。可特封勇悟真人。

彭抗

兰陵彭抗、南昌盱烈、钟离嘉、建城黄仁览，皆以懿戚久处师门。

抗字武阳，举孝廉，仕晋，累迁尚书左丞。密修仙业，以疾辞朝。师事真君，仍纳爱女为真君子妇（旧以彭女为夫人，非也。故老称为子妇，是也。真君怀帝永嘉末化炭妇、诛蛇，而彭君在，计其年已七十六七矣，岂复亲匹偶乎？亦屡闻真君夫人周氏，今考《孝道赞》有《周女使答盱母问》一篇绝妙，疑是夫人谦称，故曰“女”。搜新藏经，称圣母，非也）。真君念其悃诚，应诸秘要，纤悉付之，速遣还朝。至穆帝永和二年，致政南游，挈家居豫章城中。再诣门下，朝夕扣问，道益精进。宋高祖永初二年（职方载作义熙二年）八月二十四日，举家二十六口白日升天（今郡城宗华观是也）。政和二年，封潜惠真人。其词略曰：

以尔绝名去利，潜默内修。竭诚亲师，授以秘要。功行甫就，飞升帝郡。大江之西，尚存故宅。仙室灵坛，俨有陈迹。凡祷辄应，吾民是依。锡之新封，用彰厥懿。朕命惟允，其鉴于兹。可特封潜惠真人。

盱烈

烈字道微，少孤，事母以孝闻，母盖真君之姊也。真君凡二姊，盱母为之孟（《遗爱录》云：南昌盱君烈、钟离君嘉，本许君甥，则盱母为真君姊，信矣）。真君为其孀居，乃筑室于宅西数十步间，俾居之，故母子日闻道妙。真君每出，则盱母代掌其家事。仙宾隐客，咸获见之（胡天师《石灶词》曰：吾昔尝到此，则客于盱母）。母子并受玉皇诏，部分仙眷升天，今墙西道院乃其旧居（号合仪府）。政和二年，诰封和靖真人。其词略曰：

以尔学真君之道，悟五练之源。惟性闲和，动合大化，卒与其母偕升帝乡。大江之西，尚存故宅。凡祷辄应，吾民是依。锡之新封，用彰厥懿。朕命惟允，其鉴于兹。可特封和靖真人。

钟离嘉

嘉字公阳，一字超本，真君仲姊之子。少丧父母，植性简淡。真君尝叹其有受道之姿，乃授之神方能拯救，付之妙诀能役逐。真君升天，首以金丹之赐。是年十月十五日日中，碧霞宝车自天来迎，公阳拜诏，升车而去。新建象牙山西源是其所也，有观曰丹陵，石药臼尚存，号钟王府。政和二年，诰封普惠真人。其词略曰：

以尔持修炼之术，善符禁之能，普惠迩遐，功行昭著。真君付诀，升游帝乡。大江之西，尚存故宅。凡祷辄应，吾民是依。锡之新封，用彰厥懿。朕命惟允，其鉴于兹。可特封普惠真人。

黄仁览

黄仁览，字紫庭。父辅，字万石，举孝廉，仕至御史。紫庭神彩英秀，局量凝远，真君以子妻之，尽得真君之道。任青州从事单骑之官，留妻侍父母，然每夜辄归，人莫得知。

一夕，家僮报许氏院中，夜有语笑声。姑讯之，许氏曰："黄郎耳。"姑曰："吾子从仕数千里，安得至此？"许氏曰："彼已得仙道，能顷刻千里，戒在漏语，故不敢令姑知。"姑曰："若然，当使我见之。"是夕紫庭归，许氏告以故。比明，紫庭不得已，出谒父母曰："仁览虽从宦远乡，夜必潜归膝下。仙道秘密，不可泄言，恐招谴累。"言讫取竹杖化为青龙，乘之而去。故万石亦知仙道之足慕，执弟子礼以事真君。唯紫庭二弟勇、健不检，日事游畋，虽父兄奉诏飞升，而二人尚在猎所。自言："性纵逸，不堪作仙，任兄举族飞腾，容我二弟捕鹿。"紫庭叹其赋分，复折草化鹿，以止其妄心，遂与父母三十二口乘云而东，从真君仙驾升天。二弟后隐于西山（今方冈庙，俗呼黄朝四郎、五郎是也），仙仗既行，云间坠下石球、药车各一（瑞州高安县祥符观，旧曰析仙观，是其故居也），傍有许氏坠钗洲。政和二年，诰封冲道真人。其词略曰：

以尔袭初平之庆，禀非常之姿，师事道君，洞该至妙。功行甫就，升游帝乡。大江之西，尚存故宅。凡祷辄应，吾民是依。锡之新封，用彰厥懿。朕命惟允，其鉴于兹。可特封冲道真人。

仁览父辅，亦求为真君弟子。真君以其懿戚，待以客礼，故不与十一人之数。诸弟子受法，皆许传族，坛靖各立府亭之名（教太义曰府，小仪亭，乃行持道法，以人数多寡名之）。

诸仙传

兰公

昔有异人，姓兰名期，莫敢呼其名，称之曰兰公。初居于兖州曲阜县高平乡九原里。其家百余口，精修孝行，致斗中真人下降其家，自称孝悌王，讳弘康，字伯仲。语兰公曰："始气为大道，于日中为孝道仙王。元气为至道，于明中为孝道明王。玄气为孝道，于斗中为孝悌王。夫孝至于天，日月为之明。孝至于地，万物为之生。孝至于民，王道为之成。吾于上清以下，托化人间，示陈孝悌之教。后晋代当有真仙许逊传吾孝道之宗，是为众仙之长。"因付兰公秘旨，及金丹宝经、铜符铁券，令传授丹阳黄堂靖女真谌姆，且戒之曰："将来有学仙者许逊，汝当以此授之。"

孝悌王遂将兰公游于郊野道傍，忽见有三古冢，指以示兰公曰："此是汝三生解化之迹，其第一冢乃昔尸解所遗仙衣而已；第二冢乃太阴炼形，形体已就，今当起矣；第三冢藏蜕骨耳，宜移冢傍之路，勿令人物践履也。"孝悌王言讫升天。兰公乃榜示行人，断其旧路。人谓其妖妄，擅移路径，执以诣官。官吏拘公而诘其验，公具以前事对。官吏云："必若妄言，将加诛。"公曰："吾言得之孝悌王，安得妄。"官吏遂引兰公与地分对开其冢，其第一冢果有黄衣一领；其第二冢见一人童颜弱质，如睡初觉之状；第三冢见连环骨一具。众咸惊叹，吏乃持仙衣还献府君，府君著衣不能胜，还与兰公。公服之，即同冢中仙人合为一体，竦身轻举。官吏悔谢，虔恳拜问："何时再降人间？"兰公俯语之曰："我自此或十日、或百日一降，施行孝道，以济迷途。”其后吴都有十五岁童子，丹阳三岁灵童，并是真仙之化身也。将弘孝道之教，以接合仙之士焉。

谌姆

谌姆，不知何许人也，其字曰婴。尝居金陵丹阳郡之黄堂，潜修至道，忘其甲子。耆老累世见之，齿发不衰，容貌常少，皆以谌姆呼之，谓其可为人师也。

吴大帝时，行丹阳市中，忽遇一男子，年可十四五，叩头再拜，愿为义子。谌姆告曰：“汝既长成，须侍养所生，何得背其己亲，而事吾为母？既非其类，不合大道。”于是童子跪谢而去。又经旬月，复过市中，忽见孩儿，年可三岁，悲啼呼叫，莫知谁氏之子。因遇谌姆，执衣不舍，告云：“我母何来？唯愿哀悯。”谌姆怜其无告，遂收归抚育。渐向成长，供侍甘旨，晨昏不亏；心与道合，行通神明；聪慧过人，博通经教；天文地理，百氏九流，穷幽极玄，探微索奥。年将弱冠，谌姆谓之曰：“我修奉正道，其来已久。汝以吾抚育，暂此相因。汝既无天，将何为姓氏？”儿曰：“昔蒙天真授以灵章，约为孝道明王，请以此为名号可乎？”姆曰：“既天真付授，吾何敢违？”复议求婚，跪姆前说赞曰：

“我非世间人，上界真高仙。今与姆为儿，乃是宿昔缘。因得行孝道，度脱诸神仙。向前十五童，亦是我化身。今已道气圆，我将返吾真。真凡自殊趣，何为议婚姻。盍于黄堂坛，传教付至人。姆既施吾教，三清栖我神。”

谌姆闻赞，惊畏异常，遂于黄堂建立坛靖，严举香火，大阐孝道明王之教。明王告姆修真之诀曰：“姆须高处玄坛，疏绝异党。翛闲丘阜，饵服阳和。委鉴太虚，静夷玄圃。若非无英宝帙，黄老玉书，太洞真经豁落，七元太上隐玄之道，不可偃息（一作轻盖）于流霞之车（一作障），眷盼乎文昌之台也。得此道者，九凤齐鸣，万灵萃止。竦身御节，八景浮空。龙舆虎旅，游翔八方矣。姆宜宝之。”于是尽付妙诀，兼授灵章。已而辞姆，飞腾太空。谌姆受讫，宝而秘之，积数十年人无知者。

至西晋之末，许真君逊、吴真君猛，闻姆有道，远诣丹阳，求受道法。姆知其名在图籍，应为神仙，于是授以孝道明王之教、真仙飞举之宗，及正一斩邪、三五飞步之术。仍以兰公所授孝悌王铜符铁券、金丹宝经，一遵元戒，传付许君。仍语二君《玉皇玄谱》、仙籍品帙，乃令许君以道次授吴君，二君礼谢。将辞归，许君欲每岁来礼谒姆，姆止之曰：“子勿来，吾即还帝乡矣。”乃取香茆一根，南望掷之，茆随风飞去。因谓曰：“子归，于所居之南数十里认茆落处，立吾祠，岁秋一至足矣。”语讫，忽有云龙之驾来迎，凌空而去。今新建、丰城二县之界有黄堂观，乃真君仿丹阳黄堂坛所立祠，每年八月三日朝谒谌姆之所也。

地主真官传

地主金公，世忘其名（或云名宝，行第七）。世居豫章之西山金田，以进纳补官。朴直公正，乡闾所推服。许真君与郭璞择地，至其所居，璞曰：“璞相地多矣，未见有若此者，如求富贵，则必有起歇；如欲栖隐，大合仙格。其岗阜圆厚，位坐深邃，三峰屹立，四环云拱，内外勾锁，无不合宜。大凡相地兼相其人，观君表里，正与地符。”乃与真君同谒公，公欣然出迎，懽如平生。璞白公曰：“许君欲置一舍，为修炼之地，故同璞上谒。”公曰：“窃观许君仙风道骨，非尘埃中人，第恐此地不足以处君耳。君诚有意，当并致庄产，以为薪水之资。”许君曰：“虽蒙倾盖，然受之无名。愿闻所需，多寡惟命。”公曰：“大丈夫一言道合，身命犹以许人，况外物乎？老夫拙直，平生无用文券。”乃取一大钱，中破之，自收其半，以半授许君，曰：“以此为券。”明日，遂挈家居西林之庐舍，至卒老焉。玉隆宫有神曰西林地主显忠真官，即公是也。

皇朝真宗皇帝尝遣中使，奉香烛、花果于真君。中使至溪桥，公朱衣靴幞迓之，中使不知其神也。至馆问曰：“适桥畔有官人相迓者谁也？今安在？”左右曰：“无之。”中使曰：“衣朱衣，状貌肥而短者。”众咸谓无其人。翌旦，中使登殿致献讫，还过地主堂，视之惊曰：“昨日所见者即此神也。”炷香设礼，敬叹其灵。归而奏之，即有旨免本观支移折变，盖缘于此。嘉泰四年，赐庙额曰昭应。嘉定三年，告封灵助侯。

许大

许大，真君之役夫也。真君上升之日，适与其妻运米出市（今西岭市）。闻真君升天，夫妇推覆米车，奔驰而归。至则仙仗已兴。夫妻抚膺哀号，乞从行。真君告以善功未备，不应飞升，乃授以地仙之术。夫妇俱隐于西山，其覆车之米在地复生（今地名翻车岗、生米市，即其所也）。既隐，不欲人识，改姓曰牛。又为人所知，复改曰干。夫妇各有诗留于世，干君诗云：“自从明府升天后，出入尘寰直至今。不是藏名混世俗，卖柴沽酒贵忘心。”其妻诗云：“醉舞狂歌踏落花，绿罗裙带有丹砂。往来城市卖生药，只个西山是我家。”又诗云：“出入仙乡不记春，岂知尘世有寒温。儿家只在西山里，除却白云谁到门。”因干君出游，经时不归，独步醮坛，有感而作：“昨日因游到翠微，醮坛风冷杏花稀。碧桃为我传消息，何似人间去不归。”许大夫妇闻真君将上升，苦求随行，真君以诏使告，合从升天人数，已有定命，难徇其请，故预期使之出。干虽覆车而归，已无及矣。今人时有见之者。

胡詹二王

胡詹二王者，旌阳县之二吏录也，世不知其名。真君弃官还山且久，二吏思慕盛德，舍家而来，愿服役终身。真君悯其意，而知其分不应仙，俾没后为神，立祠于福地东南高峰，作镇水口，永享血食焉。

胡天师

天师名惠超，字拔俗，不知何许人也，人莫知其年纪。唐高宗上元间来自庐山，栖于豫章西山之洪井。永淳中，幅巾布褐，负杖徒行至游帷观，见同辈，手不执板，擎拳而已。美须眉，体貌环伟，类四十许岁人。身不甚长，然每处稠人中，其首独出其上，虽至长者，止及其肩，故时称胡长仙。人问其年几何，曰五十二岁。逾数十载问之，亦复云然。至论晋宋已来治乱兴废，纤毫不差。喜谈晋司空张观文，博物如其友。或云：许吴二君尝授其延生炼化、超三元九纪之道，能檄召神灵，驱奋雷雨。至陶洪景校茅山华阳洞《太清经》七十卷，天师亦与焉。背缝尽朱书其姓名，览者皆见之。又曰：“吾昔到此，客于盱母。”用是不知为何代人物也。每路逢暴骨遗骸，悉埋之。地有古物宝器，掘之如其言。而获闻邪怪之物，疾之如寇雠，即务剪除之。

时豫章西门有樟木精，为独足神，大兴怪祟，邀人淫祀。天师一见，叱骂书符禁制，即命斩伐，积薪灌油，以火焚燎，妖祟遂灭，以其地为观（旧名信果，今额天庆）。

昔游帷观，唐初尝荒废，因问主观胡不修葺，答以乏材力。天师奋然而往，不逾月，以木筏至高安樟木江口，距观九十里，命筏人紧系缚，各就宿江岸。临暮飞墨符一道，中夜烈风雷雨。比明，筏已在坛下矣。凌抹岭谷所当之路，林木披靡摧折。又于山下发一窖，出钱三佰千，为工役之需应。殿宇非人所居者，皆夜役鬼神为之，门外凿三井以辟火灾（俗号曰禁火井，故至今永无火灾）。久之，异迹显著。天后以蒲轮诏之，天师深隐岩谷，州县搜求之急，不得已而出。至都，引见武成殿，后临问仙事，天师止陈道德帝王治化之源，后大喜。又欲留于都下，委以炼丹之事，天师辞请还山修炼，敕遣使赉金璧送归。

行次，单父赐书曰："先生道位高尚，早出尘俗，如轩历之广成，汉朝之河上，遂能不远千里，来赴三川。日御先开，望霓裳之渐远；天津后渡，瞻鹤盖以方遥。空睇风云，惆怅无已。倘蒙九转之余，希遗一丸之药。"天师乃于洪崖先生古坛际炼丹，首尾三年。降诏趣召诣阙，至则馆于禁中。天师辞归，固留不许。天师一朝遁去，上闻叹恨久之，遣使赍赠甚厚，兼赠诗一篇云："高人叶高志，山服往山家。迢迢闻风月，去去隔烟霞。碧岫窥玄洞，玉灶炼丹砂。今日星津上，延首望灵搓。"

天师归西山，居于盱母靖。观有三清中门，真君横堂（堂在今仙井函日亭上），皆鬼工所造。平柱、眠枋叠至脊，斫削之工，人或可侔，至植立不斜，坚固不朽，非人可及。梁牌亲题大周年号，笔力遒劲。又自写其真于后殿之壁。其居西山，人皆师事之。千里之内无疫疠水旱之灾，无猛鸷天柱之苦，远近赖焉。

长安三年二月十六日，命弟子于游帷观之西北伏龙岗造砖圹，藏太玄真符二，七星神剑、灵宝策杖各一，三日而讫。天师正衣冠，坐绳床，异香满室，空中云鹤，墙外人马之声纷纷不绝，视之已解蜕矣。州具以闻，赐钱帛修斋醮，谥曰洞真先生。姑苏先生司马贞撰碑，具载详悉。

世远，其壁将颓，有一云水道士至，以木板模写之，俨然复前状。越夕而壁倒，道士亦不知所往。门堂以政和六年奉旨重造始撤去，今唯真板存焉。

上清集

《上清集》，南宋白玉蟾的诗文别集，具体内容，一为游记与题词，如《游仙岩记》《云窝记》《驻云堂记》《题三清殿后壁》《题丹枢先生草庵》等。二为诗、歌、曲、赋，如《九曲杂咏》《九曲棹歌》《云游歌》《快活歌》《必竟恁地歌》《满江红·咏武夷》《念奴桥·咏雪》《水调歌头·修炼》《懒翁斋赋》等。三为赞、疏、醮词，如《朱文公像疏》《赞文公遗像》《自赞》《化修造精舍疏》《为武夷道众奏名传法谢恩醮词》等，纯属杂文。这些作品不仅展现了白玉蟾的文学才华，也反映了他的道教思想和修炼体验。

游仙岩记

黄叶飞云，新雁篆空，庭蕙破玉，篱菊铸金。有客来自琼州，蓬发垂颐，黧面赤足。缯草文躯，露胫半裎。横锡袒肩，气概越尘。所适上清之三华，谒云谷君于薄暮。竹锁翠烟，檐铎檄风。龛灯微红，栖鹊呼雏。客乃弛怀，饮瀑茹芝。丁宵御枕，偃仰无梦。矍然凭窗，鼓唇而歌曰：

“梧桐枝上秋风起，碧水连天天映水。残鸦几点暮山紫，斜阳影落芦花里。蜂衙罢声蛙作市，藜杖落肩寝篁机。天黎明，月痕消，安得异人兮仙岩作逍遥。”

云谷君起而歌曰：

“酒初醒，睡初醒，有客长歌远玉屏。我将治凫兮振瑶瓴，顺风一叶碧潭清。收拾千岩万壑之爽气，归来高卧乎松棂，与君结诗盟。”

翌晓，驾小艇系柳于鲤鱼岩之下。平田铺棋，鸦鹭分黑白；乱山开尽，松竹自笔墨。释览之鸡笼石，山花眩眼，岩鸟聒耳。放浪登天竺峰，古寺空四壁，柏子袅深殿。红峦际天，绿架空。猿啸黄昏，月横枯树。虎吼清夜，风号万窍。疏钟入云房，持瓢访丹井。盘陀无尘，坐歌一诗，云：

“峰头鸠声呼晓雨，淡烟锁断岩前路。夜来湛露滴寒松，断云无家风掣空。携锡兮理屐，乘风欲归去。”

云谷君至是稽首，话刀圭之妙，客抚石而歌曰：

“偃月炉中乌兔，朱砂鼎内龙虎。黑汞入红铅，红炉一粒圆。”

云谷君、琼州客既归，猿啼古壑，鹤唳冷泉。水国无舟，曳竹陟陆。孤村牛眠，流水白云，潇条然如庐阜间。云谷君还，旧客已徜徉矣。因笔识其行。

云窝记

武夷山，一洞天也。神仙有无，或隐或显。昔此地，钱铿饵紫芝，能乘风御气；神姹采黄术，能呼风檄雨。若张魏诸真君，男女得仙者十三辈。不知何年中秋之夕，玉帝宴曾孙也，一杯既罢，箫鼓回空。当时诸君，霞裙霓袂，飘然已仙。后世有炼丹岩、换骨岩者，盖当时事也。

世传止止庵有李道士，幔亭峰有李铁笛，毛竹洞有李磨镜，一李耶？三李耶？升仙洞下有张金蟾，鼓子洞下有张草衣，一张耶？二张耶？及如鼓楼岩之詹，灵岩之葛，与夫先辈道士吴怀玉，皆山中有人见之者。动辍腾风架空，浮叶泛水，丹鬓绿发，行步如飞。或蜕形，或尸解，或遁或存，使人欲慕之不可得，与语者第相错愕。不谓千载之下，仙躅寥寥，惟青草白云尚无恙，猿啼鹤唳，诚不忍闻。

蓦而丹枢陈先生，辟谷不粒，年已七八旬，犹方瞳漆发，其颜犹童，未知何许人。而终日凝神不语，兴寝笑谈，与常人异，所附身仅一破衲。一旦存乎五曲之间，吟晦翁先生诗“山高云气深”之句，平林烟雨，尚如昨也。于是诛茅伐竹，经营一庐，目其庐曰云窝。后倚大隐屏，前望三教峰，左则仙掌，右则天柱。面丹炉之石，枕铁象之岩，龙之形、虎之状，奇哉。

东距仁智堂，西抵仙游馆，皆百举武。松之青、竹之翠、草之绿也，寒猿唤晓，碧烟濛濛，楼鸦催暮，紫霞漠漠。云飞白花，鸟放脆声。何况山之苍，水之碧，风又清，月又白，悄无人迹之地。以人间一年，此洞中一日，亦不为过。噫，真乐足矣，宜乎丹枢老者。

至于人亦庐，庐亦人，与溪山相忘，与风月俱化，则有红鸾紫唇，青鸟白鹤之事，先生知之。云窝既覆茅，嘉定之乙亥九月望，烟霞叶古熙如是。

驻云堂记

白玉蟾结茅于武夷，偶一日起湖海之兴，杖屦飘飘，未数举步，回首旧庐，猿惊鹤唳，一二扬袂间，不觉已铅山矣。道遇一褐，挈手归堂，循一炷柏子故事罢，战茗几碗，应言云水滋味，如此枯淡，如此孤介。又言学道如此艰苦，如此玄奥。予遂有言曰：

此去不远，八万四千余里，上有太清之都，玄圃丹丘，珠林玉洞。宝花异卉，满目琳琅。丽雀珍禽，声声韶濩，中有长裾大袂汉千辈，举身如鸿毛，一旦戏青鸾、舞白鹤，瞥然于五浊恶世之顶，所视苦趣众生，生死死生，如蚁旋磨，不忍为之鼻酸。于是胎其神于尘胞，范其形于色界。自襁褓以及丫冠，不昧夙昔常生修真养元之念，发猛勇心，办精进力，易服毁形，问津于道家者流，以此可见其慈悯众生之美意。或垢面而松发，或赤足而秃鬓；或冠逍遥如意之冠，或服灵静清淡之服；或青巾纸袄，或巨剑长琴；或单瓢只笠，或藜杖芒鞋，徜徉乎井里，萧散乎廛陌。世之人以目争睹，以手争指，耆以告稚，甲以谕乙，此则道人也。

夫道不可得而名言，惟弘之在人耳。所以前辈著述丹经，又形而为之歌诗、契论，皆显露金丹之旨，必欲津筏后学，率归仙畛。所谓铅银汞砂者，即龙虎水火也。所谓乌兔房壁者，即马牛龟蛇也。所谓夫妇男女者，即君臣子母也。所谓乾坤坎离者，即天地日月也。喻之为丁公黄婆，名之为婴儿姹女，假之为黄芽白雪，不过阴阳二字。觊乎尸解，积渐乎飞升。以要言之，形与神也，身与心也，神与气也，性与命也，其实一理。攒五行而聚五气，会三性而结三花，如是而修谓之丹，如是而入谓之道。则道人在天地间，固非庸常物。

鸣呼，昔年穴土以为庐，辑草以为窠。寒则纫兰，馁则茹芝。在于林下，一两声铁笛，发出无穷天地之秘。未得登天以前，巢其身，灰其志，惟恐闲名落人耳。又恐异状碍人目，与溪山鱼鸟相忘，与风月烟霞俱化。白云悠悠，青草芊芊，茂松青竹之下，虽不敢望肉生翅，且图千百岁坐视桑田沧海如何，此则道人也。

良由世丁叔运，时鼓浇风，后进鱼龙，各自菽麦，遂建留云驻鹤之居，以宅此辈。使之宴坐乎绳床，偃仰乎簟榻。飘雨骤风不能残其身，凝冰积雪不能冽其体，宜乎身安道隆也。幸而阛阓中往往有奇人志士，有大人君子之心，筑堂以居此徒，借粮以饭此徒，赖得金丹之旨，一丝之脉不绝，代不乏人以鸣此道。

铅山道堂置之久矣，四明周道明乃瓢笠中翘楚者也，遂启创堂话柄。有皇甫汝梁、汝渠，素志闲雅，酷慕清虚，旧有栖仙迎真之意，所恨独掌不鸣钟也，此意与周道明颇相契券。梓人运斤，陶氏埏甓，僝鸠群庸，弹指就绪，目之曰驻云。予所喜者，玄纲中兴，而妙通老人香篆不灭。及乎观之，熏炉茶鼎，潇洒之甚。复有蒲团藁毡、新砖素壁，殊不坠旧典。早昼饘粥，香积有余。云集贴然，巾单挂壁。其间分形化气之士，又谁不知金汞返还之妙？出没隐显，人岂堪测。于篇诗斗酒之余，弹一两操琴，舞三四歘剑，狂歌野舞，翔然归宿。晨香夕灯，规绳整整。使江湖烟雨之叟，楚越风月之士，源源而来，栖栖而止。方见蓬莱三岛，移在目前；羽衣霓裳，端可顾揖，斯则道堂之设不虚也。

向时，刘安王修仙于汉，昭明太子修仙于梁，李元操修仙于唐，皆宗室中有此挺挺奇特汉。今是堂之主人，此之流也。异日阅籍于天台，换骨于武夷，皆始乎今日建堂纳士之举。前所谓天上神仙，应世玩形而为道人。然则然矣，返本还源，归根复命，独不止此，当有一段奇特，世所希有。何哉？丹炉之火冷矣，白云之鹤飞矣，顶飞云玉灵之冠，衣宝华玄素之服，乘云中之青驺，驾天表之彩鸾，登霄极，谒天皇，此时也，神仙应世之事毕矣。虽不至人人皆钟吕，吾恐其中间有一二，苟能具眼目，得遇青童漆发之人，手持博山，请所愿学，道堂之意如是，道人之事如是。随喜书此结缘。嘉定丙子雨水后两日，援笔为记云。

橘隐记

太微宫中，奎星之精化而为松，松之魂，松之魄，戏白龙，翔青凤，矫娇郁郁，然其间则有七松处士。太微宫中，室宿之星化而为柳，柳之声，柳之奥，呼黄鹏，入紫鸾，垂垂袅袅，然淡烟疏雨之间，其间则有五柳先生。古人所以隐于松者，盖欲示其孤高峭劲之节。古人所以隐于柳者，盖欲彰其温柔谦逊之志。岂不知七松处士、五柳先生，若人在于简册中，自有没世耳目。吾未闻橘之为物，果何如焉？

扬州厥包橘柚，锡贡江陵千株橘，其人与千户侯等，如是橘可贵也。《风土记》名橘曰胡柑，巴人有橘革、中藏二叟语，如是则橘可奇也。潇湘有橘乡，洞庭有橘泽，云梦有橘里，彭泽有橘市，如是则橘可嘉也。陆绩怀橘而遗母，李靖食橘而思兄，如是则可以存孝义。李德裕作《瑞橘赋》，张华作《灵橘歌》，如是则可以入文章。李元有“朱实似悬金”之句，沈休文有“金衣非所恪”之句。唐蓬莱殿六月九日赐群臣橘，秦阿房宫正月一日赐群臣橘。耽湖之多橘，寒洲之盛橘，人孰不知橘之为美，亦不易多得，故古今多记录，则橘果为异物也。

言其橘园，则天涯散星宿也。观其橘实，则木杪罗珠玑也。皮薄而瓣丰，肤气而味甘。刘禹锡之甘逾萍实、寒比柘浆。又何况其花如龙涎，其叶如鸭髻，其颗如蜡，其霜如琼，所以吕真人譬喻金丹大如弹丸、色如朱橘。吾今知橘如此也。

东南之邦，武夷之山，玄化之洞，冲佑之观，静廉之庵，有道士焉。陈洪范，字天锡，道号曰造斋，生平于琴书外，偏有橘僻，酷嗜橘林，又多种橘。吾意其所爱者，非爱橘也，盖喜吕真人譬金丹之意。所以一堂风月，满林烟雨，朝吟暮酌，逍遥自居。必竟内有所养，外有所玩。造次颠沛，常持一金一粒金丹，刻意若是，宜乎隐居于此，则视七松处士、五柳先生，大不相侔。

其所居名橘隐。吾是以广大其意，彰丽其名，不为谬矣。陈天锡之风神骨范，如秋之未霜，如夜之正月，如水之晓绿，如山之春青，一掬精神，已可健羡。平居暇日，闲于轩窗，几案惟蓄一琴，复事一剑，可谓苍梧紫櫄之琴，青萍赤芮之剑也。多焚桐脂以捣鲸胶，又于篆节以缚毛锥兔颖。大率惟杜松门、空四壁，往来无俗丁者。以此而观，故可与溪山鱼鸟争清闲、夺恬静，又可与松竹烟霞斗魂爽、战滋味也。吾所以喜陈天锡之意如此。

一旦，抚琴长歌，属饮欲罢，请淘泓、毛颖辈祷予求一篇，盖欲发明橘隐之意。昔者缑山之仙子有诗曰："修炼还丹苦，不忍见甘橘。"青城丈人有诗曰："几回误吞橘，便欲升云天。"此皆古人托意之妙如此。陈天锡所以隐乎橘者，盖得缑山、青城二君子之意。况乎夜欲阑，风正清，月皎皎，又下猿啼一声，千林忽晓，栉盥之暇，抱琴于橘林之滨，岂无深深妙妙之意？子于此时，吾侑子以一曲，曰："橘成林，橘成林，一亩白云空翠深。中有仙翁抱一琴，夫谁知此心？"以是可以见橘隐一片滋味也。海南道人白玉蟾记。

棘隐记

丹枢先生结庐于武夷五曲之奥，扃户绝粒。一旦，有女道人自东阳而来，诉所求道之状。遂历试以恬淡，复语之以风俗薄恶，又言居岩谷之难如此，学道业之难如此，诛茅戮草之难，馈粮给膳之难。然良久而谓先生云："粝粒可以为粥糜，弊纨可以为垢衣，藜藿可以餐，储芋可以炊。但欲觅片地，可以安茅茨，编兰而为蓑，榾柮之火亦可煨。无使雨我头，无使霜我肌。父母未生前，寒暑何所思，枯骨既火后，无复可诉饥。山中已如此，办道亦可宜。俄而道果成，鸾鹤满空飞。”先生笑而曰：“入道之易，如穷猿投林。叛道之易，如游鱼跃岸。道之在心，即心是道。汝能终始，吾何幸焉。”于是纳之。此道人者，刘妙清。

若疑议，其童年时，娉婷妩媚，使人骇心动目，据以道眼观之，臭皮袋里一泓秽脓，是酸苦之蛊，钓迷之饵也。故妙清于红尘中，卓卓然作撑撑大丈夫气概，吾意其仙游之梦，禅化之魄，所以能矍然回观返照，把本来面目作自己本命元辰，向髑髅中打翻筋斗，譬如洗面摸著鼻孔，岂费纤毫力耶？

妙清亦作数椽茅屋，栖附先生之庐，取名曰棘隐，盖取何仙姑所谓“幽居山林间，荆棘隐此身”之句。青松翠竹，潇洒脩然，鹤唳猿啼，寒烟漠漠，风魂月魄，萧洒无际，此棘隐之乐也。

夫棘隐之中，其所用心者何如哉？吾谓如此棘隐之设，渠必欲觊觎片云只鹤，作长裾大袂辈也。渊然如蛰龙之未雷，宜然如海鸥之正睡；湛然如春空之不云，寂然如秋潭之有月；悠然如游鱼之跃藻，潇然如寒鸦之栖芦；爽然如梧桐之晚风，寥然如芭蕉之晓雨；恍然如昼梦之已觉，涣然如沉痾之脱体；了然如久讼之释囚，杳然如竹径之夕阳；的然如孤松之夜雪，冲然如耆叟之欲耄；溃然如婴儿之未孩，安然如海上之三山；洒然如江心之万顷，悄然如千林之初晓；浩然如万物之正春，泠然如泛水之点萍；渺然如浮空之一叶，快然如刚刀之破竹，迍然如寸丝之系石。其为妙也，不可得而形容，其为机也，不可得而测识，此又非棘隐之用心乎？故不有用也，吾必置之于空闲无用之地，使其与溪山鱼鸟相化，而为一团清虚冷淡之气。又使其与林泉风月俱点，而为些子奇特清妙之气味。既如此，其人必蓬莱之霓裳，弱水之羽衣也。蓬莱弱水之间，鸟飞不尽，而云烟渺茫，自非若人，岂容百十举武，一程两程而可以亭堠其地乎？

古人有《列仙传》，亦有《列女传》，皆女流中之大丈夫人也。如此谓如张天师之妻能飞升而女亦飞升，许旌阳之妻能飞升而女亦飞升，葛仙翁之妻能尸解而其女亦尸解，刘洞天师之妻能尸解而其女亦尸解。夫修真炼元之士，炼谷食为精，炼精为血，炼血为髓，炼髓为气，炼气为神，炼神为道，炼此一念之道，而为圣人。自非内有所养，而外有所固，则古人列女何以羽化登仙若是也？

玉皇殿前之仙姬，紫微宫中之天媪，广寒之月女，蓬莱之云嫔，大有洞天掌笈之妃，妙梵天府司香之妪，谓如骊山老姥。与夫青城之萧氏、王室之童氏、霍童之葛氏、武夷之胡氏、李氏、鱼氏，至于何仙姑辈。又闻秦时毛女、汉时黎女，及乎巫山洞庭间，皆有神女所居。而庄子亦言藐姑射之处女形状。如此形状，如此神仙，有无？人多半其疑信，若古今所传，简册所述，则女仙信乎有之。仙果可学也。

学仙成道，何患乎其不仙乎？人既返老还婴，则必能回阳换骨。人既能留形住世，则必能变化飞升。用神仙之心，信神仙之事，学神仙之道，证神仙之果。学仙非为难，出尘离欲为甚难哉。神仙长生久视之道既可学也，则出尘离欲夫何难之有。刘妙清既如此用心，则必可望也。吹箫之女尚能跨凤，采桑之女犹可驾鹤，吾所以为之点头。怦来求志，援笔书所可言者。

题棘隐壁三绝

一

苔空绿钱死，松死清阴瘦。结庐卧白云，柏子烧春昼。

二

幽鸟噪岩谷，寒烟琐薜萝。忽遇金蟾蜍，无人自呵呵。

三

碧草正春风，雨晴竹落涕。白鸟忽飞来，点破一山翠。

题三清殿后壁

些儿顽石些儿水，画工撑眸几睥睨。
忽然心孔开一窍，呼吸掇来归幅纸。
白发黄冠逞神通，手把武夷提得起。
大槐宫中作蝼蚁，醒来闻此心豁喜。

芒鞋竹杖一弹指，三十六峰落眉尾。
魏王岂是中秋死，玉骨犹存香迤逦。
八百年来觅只鹤，一举直上三万里。
半杯浇湿曾孙齿，幔亭遗事落人耳。

新村渡头拽转蓬，寒猿声落青烟里。
老松今已几年梢，毛竹于今复生米。
岩上无人花自红，幽鸟自鸣鸣自止。
笑将铁笛起清风，白云飞过看无踪。

夜来月影挂梧桐，莓苔满地绿容容。
丹崖高处药炉空，洞前云深千万重。
我亦偶来还自去，一夜潇潇江上雨。
飞廉怒作满空雪，天柱峰前飞柳絮。

题丹枢先生草庵

数朵奇峰如削玉，一溪秋水生寒绿。
幸有白云深处茅，更兼明月坛前竹。
诛茅伐竹结蘧庐，现成山水可樵渔。
随缘随分山中住，收拾摩尼如意珠。
草庐道人贫彻骨，一庐潇洒空无物。
身中有宝不求人，价大难酬不担出。
朝朝暮暮了身心，山自开花鸟自吟。
未见桑田成海水，夕阳几度锁平林。
住此草庐无别术，终日凝神惟兀兀。
不是十洲三岛仙，亦非十方三世佛。

是个逍遥无事人，庐中涵蓄一壶春。
窗前明月千年影，枕上清风万劫声。
庐内主人那个是，古今占断清闲地。
忽然洗面摸得鼻，不饮不食亦不寐。
庐空人去烟蒙蒙，白鹤呼云满碧空。
一瞻元始天尊面，处处为庐处处同。
有个草庐小复小，此是虚空那一窍。
顶头不挂一茎茅，万象森罗为拱斗。
劫火洞然毫末尽，此庐不坏人如旧。

赠赵大虚画竹石

竹魂竹魄竹精神，飞落潇湘淇水濒。
千竿万竿竞青翠，吹风饮露千年春。
先生笔端自风雨，惊起竹魂无著处。
一点水墨化成龙，龙孙飞去鹅溪住。
先生把笔无逡巡，造物不敢私为春。
新梢劲节森寒玉，鸾凤无处栖梦魂。
晋人神仙如孙且，画竹每每天作雨。
唐人神仙如张臻，画竹每每闻雁鸣。
先生自得入神手，一竿两竿发于酒。
当时大醉呼墨奴，一笔扫出竹千亩。
酒力安能夺化工，先生炼就金丹红。

一粒阳光照肺腑，森罗万象罗心胸。
有时持出风竹叶，银海不寒皆震摄。
有时持出雪中枝，恍如冻碧欺涟漪。
复能濡墨作石块，天然峭拔古且怪。
沙中伏虎草中犀，教人持向蓬莱卖。
竹之清虚石坚硬，以此发明真性命。
使人观石及爱竹，知有真个赵元静。
先生醉时常风颠，世人眼孔无神仙。
我今珍藏数本画，云鹤来也公归天。

赠画鱼者

昔日僧繇所画鱼，三十六鳞依翠蒲。
沈询画中多画鱼，鼓鳞扬鬣今为图。
古人妙画犹不朽，今人妙处古未有。
郭丹青者冠古今，天下画鱼第一手。
画到妙处手应心，心匠巧甚机智深。
纸上溶溶一溪水，放出鲦鳝三二尾。
金鳞锦鬣红玉髻，圉圉洋洋戏波里。
小鱼如针同队行，跃身嚼水弄浮萍。
掷头掉尾浮沉势，三聚二散浮跃意。
笔分浓淡计万鳞，画须点眼匀墨痕。
状如抛尺量波练，复似穿梭掷水纹。

宛然鱍鱍巢青藻，渔翁未钓先吹火。
壁上鱼跃水不流，稚子睥睨敲针钓。
君今画到入神处，此画一出声尤著。
鱼虽无肠有活意，玉波浸荇澄寒渚。
深恐后夜或雷雨，化作龙飞禹门去。

赠郭丞务芦雁

画士郭熙画之冠，郭熙去后名未断。
其裔复有郭万里，胸中丹青饱无限。
为谁作此芦雁图，杰出南斋宇文焕。
烟水潇潇风卷芦，沙边鸿鸦暮相呼。
潇湘洞庭此秋景，世间此画知有无。
幻出栖雁三四只，八九叶芦横古碛。
欲宿未宿嘹唳声，渔舟泊岸山烟黑。
秋风吹落梧叶黄，过雁往往归衡阳。
横空书字人不识，飞过有影沉沧浪。
落霞浸水江村暮，数只翱翔回古渡。
引颈举喙啄荷花，飞越戍楼西畔去。
云寒月淡西塞秋，几声凄切惹人愁。
岸头飞共丹枫落，打团成阵访沙鸥。
似此景物似此意，君今画之不难事。
数幅鹅溪冰雪缣，须臾扫出芦雁市。

世间岂无学画者，未必有与君相似。
我欲置之篋笥间，满笥爽气生秋寒。
恐君此画无人见，有画斗者谁敢战。
挂于幽轩素壁间，一日须看千百遍。

清虚堂咏雪

长空惨惨昼如夜，严风刮得云片下。
寒猿傍树不敢声，江梅羞开恐易谢。
万山无限落叶愁，处处凝烟缠草舍。
枯槎冻僵不复活，飞廉截住阳春赦。
馁虎呼雏入岩卧，过鸟如梭钻树罅。
园林萧索无一物，几夜霜威煞无藉。
欲雨不雨数点霰，雪意沉吟天似诈。
满空飞起杨花驾，三日两日冻不化。
眼前幻出白玉楼，不敢登陟空嗟讶。
肌肤生粟鼻流水，前村新醅复增价。
渔翁溪畔笑收网，鱼亦不知钩有麝。
洗铛簇火煎雪茶，垂帘叠足说清话。
呼童凿碎砚中冰，呵手团乐结诗社。
诗成此景尚自尔，安得王维收入画。

纯阳会

一点薰风舞绿槐，祝融衮火从南来。
海棠落地蜂蝶去，池馆无人莲未开。
溶溶一掬清和髓，纯乾已作牝马矣。
岳渎将此英雄气，收来顿在葫芦里。
阶前十有四荚蓂，谏议夜来梦麒麟。
披槲老翁自鼻笑，胞胎未兆天元春。
洞宾弄巧翻成拙，蓬莱路上空明月。
墙头梅子枝上蜡，池畔榴花叶里血。
生来挺挺其精神，所适性癖穷天真。
蓦然悟得铅汞机，敢谓大道无楚秦。
忽尔金丹成九转，十月胎圆人不问。
撼动乾坤走鬼神，青云白鹤方解闷。
天下后世思真人，常与真人庆诞辰。
樱笋厨开正来日，释氏亦欲制蜡人。
不知故事自谁始，实自五代谯陵起。
王诜建会集冠褐，飞来白鹤不知几。
次则萧氏建宅仙，七闽万户生祥烟。
一郡二郡渐风化，骎骎知省洞宾贤。
城南城北走几次，人亦不知回老是。
但见老松作人语，先生携墨归谁氏。

太平寺里作篇诗，又道磨镜嫌人痴。
岳阳市心一长啸，铁笛无声今几时。
宝婺有人潘氏子，功名愿足心肺喜。
髫年崇奉迄今日，四海杖屦纷如蚁。
万指丛中见玉蟾，不作衣衫蓝缕嫌。
题诗祝君励金石，晨香夕烛增肃严。
妙通老人暗抚掌，何年熊熊入梦想。
待渠峥嵘欲及笄，整顿衣钵福无量。
半千白鹤呼青云，青云深处琼梅新。
有人要问飞升事，只看天边日月轮。

赠城西谢知堂（时通）

蓬莱山上神仙翁，道貌挺挺乔如松。
双眸炯炯黑于漆，脸边隐隐如桃红。
有时仰天笑开口，撮起昆仑归右手。
忽然虚空跌落地，不觉满腹藏星斗。
有时惊起老龙号，一口吸尽沧浪波。
打破混沌揣出骨，拈起芥子贮山河。
偃月炉中煮天地，煎炼日魂并月髓。
笑把葫芦禁鬼神，杖头挑起山和水。
栾巴噀饭飞成蜂，左慈剪艾化为龙。
夏月梅花冬月电，似此伎俩问吕钟。

撮土为香犹是假，水底麟麒取作鲊。
鬼神眼精突出外，无根树下骑铁马。
工夫到处戏极时，拈弄造化如儿嬉。
大虫舌上翻筋斗，却笑金刚学画眉。
女娲要补西天窍，炼石不得羲皇笑。
秦皇凿山通四淇，汉帝掣之一长笑。
先生手持没底篮，出有入无犹不凡。
携此道术问四海，洞宾今正觅同参。
盏里绵包或聚散，火里游鱼水里雁。
黄鹤楼前大醉时，撑眼撮与钟离看。
水盆搅散五色沙，满地写出龙蛇花。
自将一盏逡巡酒，敢向人前化作茶。
笊篱里面一条路，透入青霄云外去。
十字街头开铺席，翻手覆手成云雨。
如今天下觅无人，似君道术真入神。
踏遍江湖今几春，都来一个云水身。

端午述怀

方瀛山上风飕飕，五月六月常如秋。
松花落地鹤飞去，万顷白云空翠浮。
夜半蟾蜍落丹井，琪林深锁寒烟暝。
满天白露点苍苔，蛙市一散万籁静。

三树两树啼断猿，树冷栖禽夜不眠。
数点飞萤恋沙径，山腰石涧悲寒泉。
钟声隔断华胥路，不知蝴蝶飞何处。
摩娑两眼折纸衾，人道今辰正端午。
晓雨初霁梅子肥，龙孙脱箨新莺飞。
山居萧然无一物，摘荠捣麦充晨炊。
忆著往年五月四，葛巾羽扇鸾溪市。
龙艘破浪浆万枝，钲鼓聒天旗掣水。
纸钱飞起屈原祠，行人往来如蚁移。
桐花入鬓彩系臂，家家御疫折桃枝。
庭前绿艾制绿虎，细切菖蒲斟绿醑。
美鹅鲙鲤办华筵，冷浸水团包角黍。
今年寂寞坐空山，山雨山风生晓寒。
默庵令我休噫气，作诗略述山居意。
安得两腋生飞翰，与君飞上泬寥间，
免使在世赋辛酸。

仙岩行

醉携七尺霜前竹，云锦山前湾几曲。
溪头秋雨添寒绿，蛟龙冷浸一壶玉。
蓼花锦岸红欲流，稻田高下铺棋局。
碧岩耸出碧天半，鸟不敢飞缩双足。

古洞无人石酒榨，峭壁仙仓积天粟。
老梢指顾犹惊呼，神刓鬼划出崖谷。
捣药声乾人已仙，万丈丹井一泓泉。
风击古松飞翠盖，日射苍苔铸绿钱。
藤萝拽树擘轻烟，黄鹤一去今何年。
天欲夕阳空鸣蝉，夜深岭月向人圆。
萧寺老屋留数椽，残僧一二掩柴门。
铁像面壁萧萧然，瓦炉无火古殿前。
寒鸦到窗檐息溜，暮云衰草觉山瘦。
褚衾不暖不成眠，虎声入耳猿声叫。
几点疏星落梧桐，丹峦紫壑高相斗。
何当汗漫跨青牛，晓露泠泠白玉楼。

燕岩行

有客来从天竺峰，渡头恰趁一篙风。
秋风著力送行李，吹入燕岩松竹里。
松竹凄凄天作秋，空来空去空中浮。
高岩万丈耸空碧，仙翁骑鹤去无迹。
丹炉不火草芊芊，数间岩屋掩寒烟。
下有龙潭绿无底，瀑布悬崖千尺水。
夜来月影空满山，石钟一响生秋寒。
玉燕何年岩下舞，飞时化作满天雨。

尽言此岩多仙灵，白鹤点破一山青。
烟雾罩山石常润，莓苔满地翠无尽。
我欲他年此炼丹，夺取人间千岁闲。
有个高人陆岩主，抱琴对我弹中吕。
劝我他年归去来，此岩莫被烟云埋。

胡东原香锦亭

东皇剖破勾芒腹，锦心绣肠香馥郁。
绛都风雨僝僽春，花魂无主自精神。
黄鹏初唤柳开眼，海棠枝上春烟暖。
放出一点两点红，墙头红腮微笑风。
东原去后花无主，春工亦懒施机杼。
亭前忽遇诗酒仙，花亦喷出些龙涎。
风催雨趱花不辨，满庭芬芳生烂熳。
牡丹吐火花欲然，日将锦绣铺苔毡。
诗狂梦与花神饮，酒醉不与花神寝。
酒阑令我忆东原，花木虽在人恻然。
此诗终不为花作，惆怅东原此丘壑。
而今赏花不见人，但见蜂蝶飞闲亭。

云游歌

云游难，云游难，万里水烟四海宽。
说著这般滋味苦，教人怎不鼻头酸。
初别家山辞骨肉，腰下有钱三百足。
思量寻思访道难，今夜不知何处宿。
不觉行行三两程，人言此地是漳城。
身上衣裳典卖尽，路上何曾见一人。
初到江村宿孤馆，鸟啼花落千林晚。
明朝早膳又起行，只有随身一柄伞。
渐渐来来兴化军，风雨潇潇欲送春。
惟有一身赤骯髒，囊中尚有三两文。
行得艰辛脚无力，满身瘙痒都生虱。
茫茫到此赤条条，思欲归乡归不得。
争奈旬余守肚饥，埋名隐姓有谁知。
来到罗源兴福寺，遂乃捐身作仆儿。
初作仆时未半月，复与主僧时作别。
火云飞上支提峰，路上石头如火热。
炎炎畏日正烧空，不堪赤脚走途中。
一块肉山流出水，岂曾有扇可摇风。
且喜过除三伏暑，踪迹于今复剑浦。
真个彻骨彻髓贫，荒郊一夜梧桐雨。
黄昏四顾泪珠流，无笠无蓑愁不愁。

偎傍茅檐待天晓，村翁不许茅檐头。
闻说建宁人好善，特来此地求衣饭。
耳边且闻惭愧声，阿谁肯具慈悲眼。
忆著从前富贵时，低头看鼻皱双眉。
家家门前空舒手，那有一人怜乞儿。
福建出来到龙虎，上清宫中谒宫主。
未相识前求挂搭，知堂嫌我身蓝缕。
恰似先来到武夷，黄冠道士叱骂时。
些儿馊饭冷熟水，道我孤寒玷辱伊。
江之东西湖南北，浙之左右接西蜀。
广闽淮海数万里，千山万水空碌碌。
云游不觉已多年，道友笑我何风颠。
旧游经复再去来，大事匆匆莫怨天。
我生果有神仙分，前程有人可师问。
于今历练已颟顸，胸中不著一点闷。
记得兵火起淮西，凄凉数里皆横尸。
幸而天与残生活，受此饥渴不堪悲。
记得武林天雨雪，衣衫破碎风刮骨。
何况身中精气全，犹自冻得皮迸血。
又思古庙风雨时，香炉无火纸钱飞。
神号鬼哭天惨惨，露冷云寥猿夜啼。
又思草履卧严霜，月照苍苔落叶黄。
未得些儿真受用，如何禁得不凄凉。
偶然一日天开眼，陈泥丸公知我懒。

癸酉中秋野外晴，独坐松阴说长短。
元来家里有真金，前日辛勤枉用心。
记得长生留命诀，结茅静坐白云深。
炼金丹，亦容易，或在山中或在市。
等闲作此云游歌，恐人不识云游意。

又

尝记得，洞庭一夜雨，无蓑无笠处，偎傍茅檐待天明，村翁不许檐头住。

又记得，武林七日雪，衣衫破又裂。不是白玉蟾，教他冻得皮迸血，只是寒彻骨。

又记得，江东夏热时，路上石头如火热，教我何处歇。无扇可摇风，赤脚走不辍。

又记得，青城秋月夜，独自松阴下。步虚一阕罢，口与心说话。寒烟漠漠万籁静，彼时到山方撮乍。

又记得，潇湘些小风，吹转华胥梦。衡山日正红，一声老鸦鸣。鸦鸣过耳寻无踪，这些子欢喜消息与谁通？

又记得，淮西兵马起，枯骨排数里。欲餐又无粮，欲渴复无水。

又记得，一年到村落，瘟黄正作恶。人来请符水，无处堪摸索。神将也显灵，乱把鬼神捉。

又记得，北邙山下行，古墓秋草生。纸钱雨未干，白杨风萧萧，荒台月盈盈。一夜鬼神哭不止，赖得度人一卷经。

又记得，通衢展手处，千家说惭愧，万家说调数。倚门眼看鼻，频频道且过。满面看尽笑，喝骂教吾去。

又记得，入堂求挂搭，嫌我太蓝缕。直堂与单位，知堂言不合。未得两日间，街头行得匝。复入悲田院，乞儿相混杂。

又记得，几年霜天卧荒草，几夜月明自绝倒。几日淋漓雨，古庙之中独自坐。受尽寒、忍尽饥，未见些子禅，未见些子道。

贤哉翠虚翁，一见便怜我。说一句痛处针便住，教我行持片饷间，骨毛寒。心花结成一粒红，渠言只此是金丹。万卷经，总是闲，道人千万个，岂识真常道。这些无蹊跷，不用暗旗号。

也是难，八十老翁咬铁盘。也是易，一下新竹刀又利。说与君，云游今几春，蓬头赤骹䯁，那肯教人识。

快活歌

快活快活真快活，被我一时都掉脱。
散手浩歌归去来，生姜胡椒果是辣。
如今快活大快活，有时放颠或放劣。
自家身里有夫妻，说向时人须笑杀。
向时快活小快活，无影树子和根拔。
男儿端的会怀胎，子母同形活泼泼。
快活快活真快活，虚空粉碎秋毫末。
轮回生死几千生，这回大死方今活。
旧时窠臼泼生涯，于今净尽都掉脱。
元来爹爹只是爹，懵懵懂懂自瓜葛。
近来仿佛辨东西，七七依前四十八。

如龙养珠心不忘，如鸡抱卵气不绝，
又似寒蝉吸晓风，又如老蚌含秋月。
一个闲人天地间，大笑一声天地阔。
衣则四时惟一衲，饭则千家可一钵。
三家村里弄风狂，十家街头打鹘突。
一夫一妻将六儿，或行或坐常兀兀。
收来放去任纵横，即是十方三世佛。
有酒一杯复一杯，有歌一阕又一阕。
日中了了饭三餐，饭后齁齁睡一歇。
放下万缘都掉脱，脱得自如方快活。
用尽醒醒学得痴，此时化景登晨诀。
时人不会翻筋斗，如饥吃盐加得渴。
偶然放浪到庐山，身在白蘋红蓼间。
一登天籁亭前望，黄鹤未归春雨寒。
心酸世上几多人，不炼金液大还丹。
忘形养气乃金液，对景无心是大还。
忘形化气气化神，斯乃大道透三关。
绛宫炎炎偃月炉，灵台寂寂大玄坛。
朱砂乃是赤凤血，水银乃是黑龟肝。
金铅采归入土釜，木汞飞走居泥丸。
华池正在气海内，神室正在黄庭间。
散则眼耳鼻舌忙，聚则经络荣卫闲。
五藏六腑各有神，万神朝元归一灵。
一灵是谓混元精，先天后天乾元亨。

圣人采此为药材，聚之则有散则零。
昼夜河车不暂停，默契大造同运行。
人人本有一滴金，金精木液各半斤。
二十八宿归一炉，一水一火须调匀。
一候刚兮一候柔，一爻武兮一爻文。
心天节候定寒暑，性地分野分楚秦。
一日八万四千里，自有斗柄周天轮。
人将蜕壳阴阳外，不可不炼水银银。
但得黄婆来紫庭，金翁姹女即婚姻。
青龙白虎绕金鼎，黄芽半夜一枝春。
九曲江头飞白雪，昆仑山巅腾紫云。
丁公默默守玉炉，交媾温养成胎婴。
神水沃灭三尸火，慧剑扫除六贼兵。
无中生有一刀圭，粪丸中有蜣螂形。
诚哉一得即永得，片饷中间可结成。
忽然四大生虚白，不觉一灵升太清。
纵使工夫汞见铅，不知火候也徒然。
大都要藉周天火，十月圣胎方始圆。
虽结丹头终耗失，要须火候始凝坚。
动静存亡宜沐浴，吉凶进退贵抽添。
火力绵绵九转后，药物始可成胎仙。
一时八刻一周天，十二时辰准一年。
每自一阳交媾后，工夫炼到六纯乾。
精神来往知潮候，气血盈虚似月魂。

一毂从来三十辐，妙处都由前后弦。
专气致柔为至仁，礼义智信融为仁。
真土归位为至真，水火金木俱浑全。
精水神火与意土，炼使魂魄归其根。
先天一气今常存，散在万物与人身。
花自春风鸟自啼，岂知造物天为春。
百姓日用而不知，气入四肢徒雕残。
松竹虚心受气足，凌霜傲雪长年青。
况人元神本不死，此气即是黄芽铅。
老松可少病可健，散者可聚促可延。
心入虚元行火候，内景内象壶中天。
须知一尘一蓬莱，与走一叶一偓佺。
神即火兮气即药，心为炉兮身为田，
自耕自种自烹炼，一日一粒如黍然。
灵芝一生甘露降，龟蛇千古常相缠。
一朝雷雷撼山川，一之则日万则烟。
日中自有金乌飞，夜夜三更入广寒。
子子孙孙千百亿，炉鼎鸡犬皆登天。
大道三十有二传，传到天台张悟真。
四传复至白玉蟾，眼空四海嗟无人。
偶遇太平兴国宫，白发道士其姓陈。
半生立志学铅汞，万水千山徒苦辛。
一朝邂逅庐山下，摆手笑出人间尘。
翠合对床风雨夜，授以丹法使还元。

人生何似一杯酒，人生何似一盏灯。
蓬莱方丈在何处，青云白鹤欲归去。
快活快活真快活，为君说此末后句。
末后一句亲分付，普为天下学仙者，
晓然指出蓬莱路。

又

破衲虽破破复补，身中自有长生宝。
拄杖奚用岩头藤，草鞋不用田中藁。
或狂走，或兀坐，或端立，或仰卧，
时人但道我风颠，我本不颠谁识我。
热时只饮华池雪，寒时独向丹中火。
饥时爱吃黑龙肝，渴时贪吸青龙脑。
绛宫新发牡丹花，灵台初生薏苡草。
却笑颜回不为夭，又道彭铿未是老。
一盏中黄酒更甜，千篇内景诗尤好。
没弦琴儿不用弹，无生曲子无人和。
朝朝暮暮打憨痴，且无一点闲烦恼。
尸解飞升总是闲，死生生死无不可。
随缘且吃人间饭，不用缫蚕不种稻。
寒霜冻雪未为寒，朝饥暮馁禁得饿。
天上想有仙官名，人间不爱真人号。
跨虎金翁是铅兄，乘龙姹女为汞嫂，
泥丸宫里有黄婆，解把婴儿自怀抱。

神关炁关与心关，三关一簇都穿过。
六贼心如火正焚，三尸胆似天来大。
不动干戈只霎时，破除金刚自搜逻。
一齐缚向火炉边，碎如微尘如斩挫。
而今且喜一粒红，已觉丁公婚老媪。
当初不信翠虚翁，岂到如今脱关锁。
叶苗正嫩采归来，猛火炼之成紫磨。
思量从前早是早，翠虚翁已难寻讨。
我今不见张平叔，便把悟真篇骂倒。
从前何知古圣心，慈悲反起儿孙祸。
世人若要炼金丹，只去身中求药草。
十月工夫慢慢行，只愁火候无人道。
但知进退与抽添，七返九还都性燥。
溪山鱼鸟恁逍遥，风月林泉供笑傲。
蓬头垢衣天下行，三千功满归蓬岛。
或居朝市或居山，或时呵呵自绝倒。
云满千山何处寻，我在市廛谁识我。

必竟恁地歌

我生不信有神仙，亦不知有大罗天。
那堪见人说蓬莱，掩面却笑渠风颠。
七返还丹多不实，往往将谓人虚传。

世传神仙能飞升，又道不死延万年。
肉既无翅必坠地，人无百岁安可延。
满眼且见生死俱，死生生死相循旋。
翠虚真人与我言，他所见识大不然。
恐人缘浅赋分薄，自无寿命归黄泉。
人身只有三般物，精神与炁常保全。
其精不是交感精，乃是玉皇口中涎。
其炁即非呼吸炁，乃知却是太素烟。
其神即非思虑神，可与元始相比肩。
我闻其言我亦怖，且怖且疑且擎拳。
但知即日动止间，一物相处常团圆。
此物根蒂乃精气，精气恐是身中填。
岂知此精此神炁，根于父母未生前。
三者未尝相返离，结为一块大无边。
人之生死空自尔，此物湛寂何伤焉。
吾将矍然以自思，老者必不虚其言。
是我将有可爱业，渠必以此示言诠。
开禧元年中秋夜，焚香跪地口相传。
揭尔行持三两日，天地日月软如绵。
忽然嚼得虚空破，始知钟吕皆参玄。
吾之少年早留心，必不至此犹尘缘。
且念八百与三千，云鹤相将来翩翩。

安分歌

神仙底事君知否，君若知兮求不苟。
先且回头自揣量，须是瞒心方开口。
神仙有术非不传，也要侬家有夙缘。
若也人人皆会得，天机容易向人言。
学道学仙须笃志，坚然一念无疑意。
如是操心无始终，又道辨金将火试。
你门心地荆棘多，善根才发便成魔。
若能先合神仙意，已分无时也奈何。
心地不明言行恶，做出事来须是错。
自家无取他无求，思量何似当初莫。
恁他思量本故然，且教自己放心坚。
君看古今得事者，一片灵台必不然。
未见志人须愿见，逢著人时心百变。
何缘传授有易难，自是玄门未历炼。
问你如何不料量，自家穷达任穹苍。
但且奈心依本分，人言有麝自然香。
玉蟾本是山林客，寻个好心人难得。
于今且趁草鞋壮，脸似桃红眼正黑。
玉蟾你也好呆头，何似拂袖归去休。
有可度人施设处，便还钟吕逞风流。
无人知，独自去，白云千里不回顾。

依前守取三脚铛，且把清风明月煮。

茶歌

柳眼偷看梅花飞，百花头上束风吹。
婺源春到不知时，霹雳一声惊晓枝。
枝头未敢展枪旗，吐玉缀金先献奇。
雀舌含春不解语，只有晓露晨烟知。
带露和烟摘归去，蒸来细摇几千杵。
捏作月团三百片，火候调匀文与武。
碾边飞絮卷玉尘，磨下落珠散金缕。
首山黄铜铸小铛，活火新泉自烹煮。
蟹眼已没鱼眼浮，飕飕松声送风雨。
定州红玉琢花瓷，瑞雪满瓯浮白乳。
绿云入口生香风，满口兰芷香无穷。
两腋飕飕毛窍通，洗尽枯肠万事空。
君不见，孟谏议，送茶惊起卢仝睡。
又不见，白居易，馈茶唤醒马锡醉，
陆羽作《茶经》，曹晖作《茶铭》。
文正范公对茶笑，纱帽笼头煎石铫。
素虚见雨如丹砂，点作满盏菖蒲花。
东坡深得煎水法，酒阑往往觅一呷。
赵州梦里见南泉，爱结焚香瀹茗缘。

吾侪烹茶有滋味，华池神水先调试。
丹田一亩自栽培，金翁姹女采归来。
天炉地鼎依时节，炼作黄芽烹白雪。
味如甘露胜醍醐，服之顿觉沉痾苏。
身轻便欲登天衢，不知天上有茶无。

大道歌

乌飞金，兔走玉，三界一粒粟。山河大地几年尘，阴阳颠倒入玄谷。人生石火电火中，数枚客鹊枝头宿。桑田沧海春复秋，乾坤不放坎离休。九天高处风月冷，神仙肚里无闲愁。世间学仙者，胸襟变清雅。丹经未读望飞升，指影谈空相诳吓。有时驰骋三寸舌，或在街头佯做哑。正中恐有邪，真里须辩假。若是清虚泠澹人，身外无物赤洒洒。都来聚炁与凝神，要炼金丹赚几人。引贼入家开宝藏，不知身外更藏身。身外有身身里觅，冲虚和气一壶春。生擒六贼手，活嚼三尸口。三尸六贼本来无，尽从心里忙中有。玉帝非惟惜诏书，且要神炁相保守。此神此炁结真精，唤作纯阳周九九。此时方曰圣胎圆，万丈崖头翻筋斗。铅汞若粪土，龙虎如鸡狗。白金黑锡几千般，水银朱砂相鼓诱，白雪黄芽自无形，华池神水无泉溜。不解回头一著子，冲风冒雨四方走。四方走，要寻师，寻得邪师指授时。迷迷相指可怜伊，大道不离方寸地，工夫细密有行持。非存思，非举意，非是身中运精气。一关要锁百关牢，转身一路真容易。无心之心无有形，无中养就婴儿灵。学仙学到婴儿处，月在寒潭静处明。枯木生花却外香，海翁时与白鸥盟。片饷工夫容易做，大丹只是片时成。执着奇言并怪语，万千譬喻今如许。生也由他死由他，只要自家做得主。空中云也可缚，水中月也可捉。身心两个字，是火也是药。龟蛇乌兔总闲言，夫妇男女都扬却。君不见，虚无生自然，自然生一炁，一炁结成物，炁足分天地。天地本无心，二炁自然是。万物有荣枯，大数有终始。会得先天本自然，便是性命真根蒂。《道德》五千言，《阴符》三百字。形神与性命，身心与神炁，交媾成大宝，即是金丹理。世人多执着，权将有作归无作，猛烈丈夫能领略。试把此言闲处嚼，若他往古圣贤人，立教化人俱不错。况能蓦直径路行，一条直上三清阁。三清阁下一团髓，昼夜瑶光光烁烁。云谷道人仙中人，骨气秀茂真磊落。年来多被红尘缚，六十四年都是错。刮开尘垢眼豁开，长啸一声归去来。神仙伎俩无多子，只是人间一味呆，忽然也解到蓬莱。武夷散人与君说，见君真个神仙骨。我今也不炼形神，或要放颠或放劣。寒时自有丹田火，饥时只吃琼湖雪。前年仙师寄书归，道我有名在金阙。闲名落世取不回，而今心行尤其乖。那堪玉帝见怜我，诏我归时未肯哉。

祈雨歌

天地聋，日月瞽，人间亢旱不为雨。山河憔悴草木枯，天上快活人诉苦。待吾骑鹤下扶桑，叱起倦龙与一斧。奎星以下亢阳神，缚以铁扎送酆府。驱雷公，役电母，须臾天地间，风云自吞吐。歘火老将擅神武，一滴天上金瓶水，满空飞线若机杼。化作四天凉，扫却天下暑。有人饶舌告人主，未几寻问行雨仙，人在长江一声橹。

题武夷五首

一

不见虹桥接幔亭，空余水绿与山青。
客来剔出些奇胜，五曲溪头大隐屏。

二

龙骧仙掌岩头水，鹤唳幔亭峰上云。
但得明窗尘一匕，跃身去谒武夷君。

三

芳草暗分流水绿，老松刚借远山青。
独拈铁笛溪头立，吹与洞中仙子听。

四

显道真人去不回，幔亭不见旧楼台。
曾孙倚著寒松立，日落风悲猿自哀。

五

山耸千层青翡翠，溪流万顷碧瑠璃。
游人来此醉归去，几个亲曾到武夷。

题紫芝院

武夷山前啸一声，云愁雾惨野猿惊。
闲披破衲藏风月，醉把葫芦禁鬼神。
杖弄银蟾搅天地，夜烹金鼎煮星辰。
睡酣不觉机关路，身是红光火一轮。

题郑通妙方丈

无争之棋两三局，自劝之酒一二杯。
但且任么随俗过，丹成云鹤自然来。

九曲杂咏

一曲升真洞

得得来寻仙子家，升真洞口正蜂衙。
一溪春水漾寒碧，流出红桃几片花。

二曲玉女峰

插花临水一奇峰，玉骨琼肌处女容。

烟袂霞衣春带雨，云鬟雾鬓晓梳风。

三曲仙机岩

织就霓裳御冷风，玉梭随手化成龙。
天孙归去星河畔，满洞白云机杼空。

四曲金鸡岩

水满寒潭浑看月，山藏空谷正吞烟。
金鸡初报洞中晓，咿喔一声飞上天。

五曲铁笛亭

满天沆瀣起清风，白鹤飞来上翠松。
月冷山空吹铁笛，一声唤起玉渊龙。

六曲仙掌峰

仙子扪萝上翠崖，岩头旧有炼丹台。
至今石上留仙掌，十指春葱积绿苔。

七曲石唐寺

高僧参透赵州禅，拔寺移归兜率天。
天圣二年二月朔，一宵雷雨撼山川。

八曲鼓楼岩

万丈高岩耸石楼，云翚烟桶瞰寒流。
幔亭昔聚曾孙宴，石鼓挐归古渡头。

九曲新村市

落日移舟上碧滩，桃花林外见青山。
耳边忽尔闻鸡犬，不遇刘郎不肯还。

九曲棹歌十首

武夷

三十六峰真绝奇，一谿九曲碧涟漪。
白云遮眼不知处，谁道神仙在武夷。

一曲

幔亭峰下泛仙船，洞口琼花琐翠烟。
一自魏王归绛阙，至今哀怨岭头猿。

二曲

山下于今几代孙，当时箫鼓寂无闻。
丹炉复尔生春草，玉女峰前空白云。

三曲

仙船停棹架岩头，黄鹤归天今几秋。
满洞桃花人不见，一溪绿水为谁流。

四曲

万顷秋光无著处，满潭清水莹青铜。
金鸡叫落山头月，漠漠寒烟飒飒风。

五曲

闻道谁吹铁笛声，石崖轰裂老龙惊。
当年人已服丹去，千古荒亭秋草生。

六曲

仙掌峰前仙子家，客来活水煮新茶。
主人遥指青烟里，瀑布悬崖剪雪花。

七曲

寂寂秋烟琐碧湾，往年此地有禅关。
水神移入龙宫去，一夜风雷吼万山。

八曲

几点沙鸥泛碧流，芦花两岸暮云愁。
鼓楼岩下一声笛，惊起梧桐飞叶秋。

九曲

山市晴岚天打围，一村鸡犬正残晖。
稻田高下如棋局，几点鸦飞与鹭飞。

武夷有感

春

雨霁烟凝正夕阳，子规啼断几人肠。
东风不动些情思，无限落花春自香。

夏

莺唤绿杨抽嫩叶，蝶催碧藕发新花。
飒然一点薰风至，日落山前噪乱鸦。

秋

雨余秋藓几堆锦，日出朝葵千簇金。
对景适然发清啸，野猿惊泣绿杨深。

冬

几尺雪藏山径暮，一枝梅簇洞门春。
溪头昨夜水寒绿，风卷彤云发晓嗔。

晓

风吹万木醒栖鹊，月落西山啼断猿。
云卷翠微深处寺，一声钟落碧岩前。

暮

碧云红树晚相间，落日乱鸦天欲昏。
人去采芝不知返，草庐空自掩柴门。

行

雨脚初收起暮烟，芒鞋竹杖翠林边。
东风解发阳春意，放出落花啼鸟天。

住

月冷风清三径竹，猿啼鹤唳一窗云。
开门放入前山翠，试把星儿柏子焚。

坐

千山猿叫月如昼，万籁风号天正秋。
雾湿苍苔烟漠漠，白云飞梦过瀛洲。

卧

岩下烟深人不来，白云寂寂掩苍苔。
松花落地鸟声寂，一枕清风送梦回。

结末

道人心与物俱化，对景无思诗自成。
诗句自然明造化，诗成造化寂无声。

题精舍

到此黄昏飒飒风，岩前只见药炉空。
不堪花落烟飞处，又听寒猿哭晦翁。

临安天庆陈道士游武夷以颂赠之

七闽多山水，两淮好风月。
潇湘之烟云，巴广之雨雪。
收拾归武林，细与令师说。

咏雪

青女怀中酿雪方，雪儿为曲露为浆。
一朝雪熟飞廉醉，酘得东风一夜狂。

题凝翠阁

日射新苔铸绿钱，山耸花屏草刺毡。
剩把苔钱买风月，山屏低拥草毡眠。

题西轩壁

随身风雨几清闲，不做人间泼底官。
朝饮一壶朱凤髓，暮餐八两黑龙肝。

打开俗网了无事，缚住时光自驻颜。
昨夜梦回天上去，琼楼玉阙不胜寒。

赠潘高士

冬至炼朱砂，夏至炼水银。
常使居土釜，莫令铅汞分。
子母既相感，火候常温温。
如是既久久，功成升紫云。

又

龙虎战百六，乌兔交七九。
坎离直寅申，艮巽司卯酉。
一粒同朱橘，千古永不朽。
八月十五夜，三杯冬至酒。

赠赵县尉

半斤雷火烧红杏，一滴露珠凝碧荷。
锦帐中间藏玉狗，宝瓶里面养金鹅。
铅花朵朵开青药，汞叶枝枝发绛柯。
莫问婴儿并姹女，等闲寻取旧黄婆。

赠赵翠云

金公姹女到黄家，活捉苍龟与赤蛇。
偃月炉中烹玉药，朱砂鼎里结金花。
奔归气海名朱骥，飞入泥丸是白鸦。
昨夜虎龙争战后，雪中微见月钩斜。

赠雷怡真

地魄天魂日月精，夺来鼎内及时烹。
秖行龟斗蛇争法，早是龙吟虎啸声。
神水华池初匹配，黄芽白雪便分明。
这些是饮刀圭处，渐渐抽添渐渐成。

赠黄亭虞丈

修爵固当修天爵，选官何似选天官。
青绉走遍皇都易，白鹤飞来绛阙难。

赠陈孔目

制锦堂前万事闲，掉头来入武夷山。
当年种放如能学，白鹤青云也不难。

赠陈先生

一

炯炯双眸古老锥，手提向上大钳锤。
蓦然寻著钟离老，捉住长髯问是谁。

二

木人手里挥泥剑，石女头边带铁花。
龙汉元年冬上已，相逢一盏赵州茶。

三

翻身趯倒玉葫芦，神水华池一夜枯。
蓦地夜行见月影，水晶盘里走明珠。

满江红

咏武夷

忆昔秦时，中秋日，武夷九曲。烟寂寂，斜阳数尺，寒鸦枯木。三十六峰凝晓翠，一溪流水生秋绿。正满林桂子散天香，飞金粟。

神仙客，金丹熟。玉诏下，云生足。石头新换骨，尚黏红肉。夜半月华明似昼，玉皇降辇铺觳悚。笑曾孙，回首幔亭前，空松竹。

念奴娇

咏雪

广寒宫里，散天花，点点空中柳絮。是处楼台皆似玉，半夜风声不住。万里盐城，千家珠瓦，无认蓬莱处。但呼童，且去探梅花，攀那树。

垂帘未敢掀开，狮儿初捏就。见佳人偷觑，溪畔渔翁，蓑又重，几点沙鸥无语。竹折庭前，松僵路畔，满目都如许。问要晴，更待积痕消，须无雨。

水调歌头·咏茶

二月一番雨，昨夜一声雷。枪旗争展建溪，春色占先魁。采取枝头雀舌，带露和烟捣碎。炼作紫金堆。碾破香无限，飞起绿尘埃。

汲新泉，烹活火，试将来。放下兔毫，瓯子滋味舌头回。唤醒青州从事，战退睡魔百万，梦不到阳台。两腋清风起，我欲上蓬莱。

水调歌头

（自述十首）

一

金液还丹诀，无中养就儿。别无他术，只要神水入华池。采取天真铅汞，片饷自然交媾。一点紫金脂，十月周天火，玉鼎产琼芝。

你休痴，今说破，莫生疑。乾坤运用，大都不过坎和离。石里缘何怀玉，因甚珠藏蚌腹，借此显天机。何况妙中妙，未易与君知。

二

吃了几辛苦，学得这些儿。蓬头赤脚，街头巷尾打无为。都没蓑衣笠子，多少风烟雨雪，便是活阿鼻。一具骷髅骨，忍尽千万饥。

头不梳，面不洗，且憨痴。自家屋里，黄金满地有谁知。这里一声惭愧，那里一声调数，满面笑嘻嘻。白鹤青云上，记取这般时。

三

苦苦谁知苦，难难也是难。寻思访道，不知行过几重山。吃尽风僝雨僽，那见霜凝雪冻，饥了又添寒。满眼无人问，何处扣玄关。

好因缘，传口诀，炼金丹。街头巷尾，无言暗地自生欢。虽是蓬头垢面，今已九旬来地，尚且是童颜。未下飞升诏，且受这清闲。

四

天下云游客，气味偶相投。暂时相聚，忽然云散水空流。饱饫闽中风月，又爱浙间山水，杖屦且逍遥。太上包中下，只得个无忧。

是和非，名与利，一时休。自家惺了，不成得恁地埋头。任是南州北郡，不问大张小李，过此便相留。且吃随缘饭，莫作俗人愁。

五

未遇明师者，日夜苦忧惊。及乎遇了，得些口诀又忘情。可惜蹉跎过了，不念精衰气竭，碌碌度平生。何不回头著，下手采来烹。

天下人，知得者，不能行。可怜埋没，如何怎地不惺惺。只见口头说著，方寸都无些子，只管看丹经。地狱门开了，急急办前程。

六

堪笑尘中客，都总是迷流。冤家缠缚，算来不是你风流。不解去寻活路，只是檐枷负锁，不肯放教休。三万六千日，受尽百年忧。

得人身，休蹉过，急须修。乌飞兔走，刹那又是死临头。只这眼前快活，难免无常两字，何似出尘囚。炼就金丹去，万劫自逍遥。

七

有一修行法，不用问师传。教君只是、饥来吃饭困来眠。何必移精运气，也莫行功打坐，但去净心田。终日无思虑，便是活神仙。

不憨痴，不狡诈，不风颠。随缘饮啄，算来命也付天然。万事不由计较，造物主张得好，凡百任天然。世味只如此，拚做几千年。

八

一个清闲客，无事挂心头。包巾纸袄，单瓢只笠自逍遥。只把随身风月，便做自家受用，此外复何求。倒指两三载，行过百来州。

百来州，云渺渺，水悠悠。水流云散，于今几度蓼花秋。一任乌飞兔走，我亦不知寒暑，万事总休休。问我金丹诀，石女跨金牛。

九

不用寻神水，也莫问华池。黄芽白雪，算来总是假名之。只这坤牛乾马，便是离龙坎虎，不必更猜疑。药物无斤两，火候不须时。

偃月炉，朱砂鼎，总皆非。真铅真汞，不炼之炼要何为。自己金公姹女，渐渐打成一块，胎息象婴儿。不信张平叔，你更问他谁。

十

要做神仙去，工夫譬似闲。一阳初动，玉炉起火炼还丹。捉住天魂地魄，不与龙腾虎跃，满鼎汞花干。一任河车运，径路入泥丸。

飞金精，采木液，过三关。金木间隔，如何上得玉京山。寻得曹溪路脉，便把华池神水，结就紫金圆。免得饥寒了，天上即人间。

水调歌头

修炼

土釜温温火，橐籥动春雷。三田升降，一条径路属灵台。自有真龙真虎。和合天然铅汞，赤子结真胎。水里捉明月，心地觉花开。

一转功，三十日，九旬来。抽添气候，炼成日血换骷髅。四象五形聚会，只在一方凝结，方寸绝纤埃。人在泥丸上，归路入蓬莱。

沁园春

修炼

要做神仙，炼丹工夫，譬似闲。但姹女乘龙，金公御虎，玉炉火炽，土釜灰寒。铅里藏银，砂中取汞，神水华池上下间。三田内，有一条径路，直透泥丸。

一声雷震昆山，真橐籥，飞冲夹脊关。见白雪漫天，黄芽满地，龟蛇缭绕，乌兔掀翻。自古乾坤，这些坎离，九转烹煎结大还。灵丹就，未飞升上阙，且在人寰。

又，赠胡葆元

要做神仙，炼丹工夫，亦有何难。向雷声震处，一阳来复，玉炉火炽，金鼎烟寒。姹女乘龙，金公跨虎，片饷之间结大还。丹田里，有白鸦一个，飞入泥丸。

河车运入昆山。全不动，纤毫过此关。把龟蛇乌兔，生擒活捉，霎时云雨，一点成丹。白雪漫天，黄芽满地，服此刀圭永驻颜。常温养，使脱胎换骨，身在云端。

满庭芳

修炼

鼎用乾坤，药须乌兔，恁时方炼金丹。水中虎吼，火里赤龙蟠。况是兑，铅震汞，自元谷、上至泥丸。些儿事，坎离复姤，返老作童颜。

五行，全四象，不调停火候，间断如闲。六天罡所指，玉出昆山。不动纤毫云雨，顷刻处、直透三关。黄庭内，一阳来复，丹就片时间。

又

两种汞铅，黄婆感合，如如真虎真龙。周年造化，蹙在片时中。炉里温温种子，玄珠象、气透三宫。金木处，炼成赤水，白血自流通。

无中。胎已兆，见龟蛇乌兔，恍惚相逢。但坎离既济，复姤交融。了得真空命脉，天地里、万物春风。阴阳外，天然夫妇，一点便成功。

酹江月

冬至赠胡胎仙

因看斗柄，运周天、顿悟神仙妙诀。一点真阳生坎位，点却离宫之缺。造物无声，水中起火，妙在虚危穴。今年冬至，梅花依旧凝雪。

先圣此日闭关，不通来往，皆为群生设。物物含生育意，正在子初亥末。自古乾坤，这些离坎，日日无休歇。如今识破，金乌飞入蟾窟。

水调歌头

昔在虚皇府，啸咏紫云中。不知何事，误蒙天谪与公同。偶到金华洞口，忽见和阑翁，老子挺挺众中龙。握手归仙隐，谈笑起天风。

忽相逢，一转瞬，酒杯空。几时再会，唱赓词翰倒金钟。只恐武夷山里，千古猿啼鹤唳，未便蹑飞虹。公欲归仙去，我亦继公踪。

丙子七月十八日得雨，午后大风起，因有感。

一叶飞何处，天地起西风，夜来酒醒，月华千顷浸帘栊。塞外宾鸿来也，十里碧莲香满，泽国蓼花红。万象正萧爽，秋雨滴梧桐。

钓台边，人把钓，兴何浓。吴江波上，烟寒水冷剪丹枫。光景暗中催去，览镜朱颜犹在，回首燕巢空。铁笛一声晓，唤起五渊龙。

又

一个奇男子，万象落心胸。学书学剑，两般都没个成功。要去披缁学佛，首下一拳轻快，打破太虚空。末后生华发，再拜玉清翁。

二十年，空挫过，只飘蓬。这回归去，武夷山下第三峰。住我旧时庵子，碗水把柴升米，活火煮教浓。笑指归时路，弱水海之东。

石知院生辰

两鬓青丝发，双眼黑方瞳。人皆道是昭庆、一个老仙翁。暂别蓬莱弱水，自把星冠月帔，玉佩舞薰风。醉入桃源路，归去不知踪。

举云璈，鸣铁笛，抚丝桐。满前剑弁，森列稽首捧金钟。挺挺松形鹤貌，任待桑田变海，宝鼎粒丹红。玉帝下明诏，独骑上天宫。

满江红

咏白莲

昨夜嫦娥，游洞府，醉归天阙。缘底事、玉簪堕地，水神不说。持向水晶宫里去，晓来捧出将饶舌。被薰风、吹作满天香，谁分别。

芳而润，清且洁，白似玉，寒于雪。想玉皇后苑，应无此物，只得赋诗空赏叹，教人不敢轻攀折。笑李粗梅瘦，不知他、真奇绝。

阮郎归

舟行即事

淡烟凝翠锁寒芜，斜阳挂碧梧。沙头三两鸦相呼，萧萧风卷芦。

何处笛，一声孤。岸边人钓鱼，快帆一夜泊桐庐，问人沽酒无。

懒翁斋赋

眉山苏森老于懒，以懒翁名其斋。翁其真懒耶？虽曰鸥不入鸳鸿也，其如苍生觖望何。吾闻翁儿时不甚懒也，以黄绢鞭心，以青衫结发，以勋业览镜，以文章鏖锋。折旋俯仰于周孔之间，轩昂轶荡于韩柳之外。彼时黔黎见翁者，以手争指，以目争睹，皆有望吾懒翁以禹皋为心也。今何为其懒乎？一班未露而仕意已饱，儒林烟薄，学海波寒，岂不孤朋簪拭目之望？自嘉泰间收筠阳时，翁既乞祠，逮作衡阳侯，复有武夷归隐之请。盖懒翁无心于仕，而宦情如秋，故于缙绅间，无苞苴从臾之欲，所以龙蟠而不雨也。翁今已过于从心之一年，宜乎犹懒于前，而投闲终老于云水堆中矣。

翁有金华之浮家，即其先侍郎之故庐也。堂前有丈余空隙，遂以八九椽而宇之，三面开牖，粗可容膝，砌板代砖，濡灰饰壁，蓄一枝花，立绿桐之琴，事三尺汶阳碧荇之剑。翁欲睡时，化为蝴蝶飞，上登华胥国；翁欲饮时，伸颈如玉虹，一吸酒海干；翁欲吟时，玉树忽生风，珠玑吐落纸；翁欲棋时，纵横星斗乱，剥琢玉声寒；翁欲舞时，谷神移玉山，飞剑指空碧；翁欲行乐时，横拖七尺筇，松间一长啸；翁欲狂歌时，一声吹铁笛，唤起玉渊龙。谓如溪山得名，草木无咎者，翁亦从而诗之；花魂无主，月魄不归者，翁亦从而酒之。翁但懒于世事，而此皆不懒之懒也。

闲时而棋，兴时而饮，畅时而歌，醉时而睡，此生为任真，所适得自若也。事各各付事物，无心于事，无事于心，此则翁之懒处也。希颜之坐忘，效綦之丧偶，渐入希夷，与物俱化，至于忘寝忘食之地，则谓之真懒也。翁也，心君殿清闲，白眼视朱紫，政所谓杜鹃骂鸿鹄，丹棘笑梗楠也。

翁居斋中，惟懒所适，雨送添砚之水，竹供扫榻之风，云展遮山之帘，草铺坐石之褥。昼则博山飞碧蛇，夜则银釭泛红粟，饮酒吞风月，吟诗咬水云，斫竹斩春风，移花锄晓月，此则翁之懒中不能懒也。

客从武夷来，见翁如此懒，遂造懒翁斋，醉笔自淋漓，应问懒翁曰："东风开柳眼，黄鸟骂桃花，斋中自有春，不喜出郊饮。翁于此时，懒于踏青乎？幽轩风雨过，明月一池莲，笔下生薰风，此心不受暑。翁于此时，懒于入林乎？落叶随孤雁，呼霜要辨寒，秋光满乾坤，万象自潇洒。翁于此时，懒于登高乎？水浸梅花影，猿呼一树霜，芋火煨地炉，烹茶自煮雪。翁于此时，懒于探梅乎？”翁曰：“然。”

噫，尘埃刺眼，名利焚心，岂能一旦顿然似翁如此懒也。壁上之琴几日蒙尘，窗间之砚几日无水，翁懒之故也。清风而关门，留月而待榻，翁懒之甚也。懒翁有庐可以避风雨，有田可以供饘粥，有子可以嗣衣钵，不与俗交，不与人语，翁之身前乃一老禅也。既见武夷白玉蟾，遂喜而终日与语，玉蟾喜而赋此斋。

时乃嘉定丙子初夏十有五日也。毛颖玄、陶泓等侍。

医痈疖序

蚖脂凤卵，所以疗痈疖，此扁鹊之学也。麟腊龟趾，所以疗痈疖，此榆拊之学也。术而非贵，则药亦不甚贱，学而不到，而人以为甚奇。以奇人学所不可到，则术之贵而药亦不廉也，皆榆拊、扁鹊事也。

武夷道士黄季长，少年游侠于崇冈旷野间。曾遇一异人，授以痈疖之药。要知其方，缄藏肘后，益不可以示人。若观其人，丰神爽迈，宜乎其遇人也。夫人之身，一气流溢，苟有瘿蚋，则怀脓结血，弥浃凝滞，呼天诉痛，有不能自已者。或其决所血之痈，导所内之渍，则淋漓其衣，齟齬其身，是岂人所欲哉？人之身有四百四病，独痈疖为可酸心。今黄季长之为人，则榆柎、扁鹊辈也。今季长之所肉药，则蚖脂凤卵、麟腊龟趾也。

一日访于云窝，因告其所学如此，所用药如此，所疗人不计其几何者又如此，意其必欲吾篇翰纸文以为赏音。吁，麝不风而自馥，珠不蚌而自媚，又奚必吾之弄柔讷，为作文者捧腹？吾既知能事如此，因告之曰：孙思邈有言：痈疽初生结肉瘿，痈疽既生凝肉珠，痈疽初破剖肉瓜，痈疽既破剖肉橘。因思此语，则人之患痈疽者，诚为不忍。然吾若临痈疽之前，则必熨眉不开，蹙额不顾，将欲揉之，必复欲吮之，是岂所为见，公必效此医。公宜乎稔所福、蓄所行者，盖与樵徒之苏、雕瘵之力也。秦皇刻人肉，汉武剥人皮，公知之乎？公治痈疖不事乎楷煎，不事乎针刮，惟以药攻其内，复以药傅其外，使其释然如叶脱枝，涣然如花结实，则公之用心也。书此以布施。

屏睡魔文

人生无百年，能有几一日。况百年三万六千日，总有三百六十万刻。且如一刻，但捻指间，而晨兴暮寝，古今之常也。一百年内，以百五十五万刻可以应酬，以百五十五万刻可以寝息。除寝息之外，人生只有五十年光阴矣，况不满百年者乎？

今但好睡，曾无知草木之不如也。元神离舍，涣散无归，真气去体，呼吸无主，云掩心天，波浑性海，慧镜生尘，智剑无刃，以兴为寝，以明为晦，冥然如黑山，黯然如鬼谷。其酣兮如酒醉不醒，其瞑兮如药酘酩酊，其滋味兮如群鱼入网罗，其意思兮如饥鼠贪画饼，其鼾兮如雷霆搅万山，其鼽兮如波涛落崖井。以慧刃攻之不破，以智索挽之不回，明窗净几之静，辨素簟小枕之清哉？内而虚谷贮万神，外而大块宅百骸。双眼如胶漆也，四肢而委石也。

睡魔来也，与心猿意马而作伍也。谒心君而不臣，睹谷神而不拜，占吾身之琼台玉阙，作睡魔之营寨，其势高万丈，其力重千斤。贼我之魂魄，葬我之精神，盗吾家之丹砂，劫吾家之宝帑。幻出窟宅，变现物象，追之不敢以符箓，顺之不可以奠酹。于是贬青州从事，呼黑甜，唤黄妳，而召云腴使者，授以剑一，使之斩之。恬然而不动干戈，怡然而不改声色。

睡魔愈炽。遂命墨松御史、兔颖中书、玄玉骑吏、剡溪都尉，驱龙役虎而战之，塞鼻缄舌，以耳听耳，以眼视眼，其睡魔也潜身于华胥，戢迹于槐国，化而为蝴蝶，改而为蝼蚁，两楹之间，歔欷有声。遂乃结柳舆而缉草舟，盛楮钱而囊竹黍，画牛而挽车，绘龙以棹舟，三揖睡魔而语之曰：闻子欲去久矣，择日具舟车，汝等当辞吾，有饭饱几盂，有酒醉几壶，携汝朋俦行，不可复滞居，倏然如云飞，瞥然如电舒，汝曹自问心，有意于行乎？屏息而潜听其言，返眼而内视其形，啼笑不成，恍惚不宁，缩肩而竦颈，张眼而吐舌，初疑其有无，今知其为睡魔也。如有言曰：睡本无魔，汝心自黑，汝寒我不衣，汝饥我不食，与汝无丝毫之忿，与汝有胶漆之契，今欲归而无家，虽辞子而安得不落涕。我鬼也，非人也，奚用乎舟车，奚用乎饮馔，吾欲餐而无口，吾欲衣而无袒，吾欲车而无路，吾欲舟而无岸，汝能推反思，非吾为汝患，汝但洗心而习定，可以封形而闭神也。复语之曰：汝徒闻我静坐，则窥我户牖；汝徒见我默思，则越我宫墙。吾非陈抟梦入鸿荒，吾非襄王梦入高唐，不可妖我，劈汝天斧。睡魔四五，面面相顾，亦复有言曰：吾虽曰睡魔之精，乃汝自身之一灵，神清则睡魔去，神昏则睡魔生，但睡其形而不睡其神可也。聚之为元精，蓄之为一灵，融之为太虚，放之为太清，令子住舍而留形，可以不死，可以长生。予笑曰：不知我之屏睡魔乎？睡魔之屏我乎？

道学自勉文

司马子微初学仙时，以瓦砾百片置于案前，每读一卷《度人经》，则移瓦一片于案下。每日百刻，课经百卷，如此勤苦，久而行之，位至上清定箓太霄丹元真人。又如葛孝先初炼丹时，常以念珠持于手中，每日坐丹炉边，常念玉帝全号一万遍，如是勤苦，久而行之，位至玉虚紫灵普化玄静真人。我辈何人，生于中华，诞于良家，六根既圆，性识聪慧，宜生勤苦之念，早臻太上之阶。乌跃于扶桑，兔飞于广寒，燕归于乌衣，雁度于衡山。羲和驱日月，日月催百年，人生如梦幻，视死如夜眠。几度空搔首，溺志在诗酒，浑不念，道业心猿无所守。吾今划自兹，回首前程路，青春不再来，光阴莫虚度。他日块视人寰，眼卑宇宙，骑白云，步紫极，始自今日。勉之勉之。

梦说

神农梦天皇与之以尝草玉书，黄帝梦到华胥大庭之国，舜梦拜乎丞，高宗梦得说，孔子梦见周公，老聃梦游阙宾，此皆梦也。彼乃不睡之睡，非梦之梦也。谓如庄周梦为蝴蝶，又与吕洞宾梦为蝼蚁大故殊途也。《南华经》云：其寝无梦，其觉无忧。此所以凝神不分，聚气不散而然也。彼皆就羲皇心地上著到，故所谓梦者，乃神交气合诚而尔也，非睡中妄想之梦也。若不明梦中无梦之理，则飞识游魂泛然而无归、冥然而不返，将见于见闻觉知境界，而化为胎卵湿化之归也。况夫酬酢万机，唱赓百念，事物胶扰，方寸不宁，此乃开眼之梦也，何况于睡乎？东坡云“世间无眼禅，齁齁一觉睡”者，此也。嗟乎，今之人也，糟醨其一灵，尘垢其一性，甚矣。古德云：幻身是梦。

艮庵说赠卢寺丞子文

艮其背，不获其身，行其庭，不见其人，无咎。彖曰：艮，止也。时止则止，时行则行，动静不失其时，其道光明。艮其止，止所也。上下敌应，不与也。是以不获其身，行其庭不见其人，无咎也。象曰：兼山艮䶬，君子以思不出其位。前辈云：观一部《华严经》，不如读一艮。缘《华严经》只于止观，然艮有兼山之义。山者，出字也，虽止于晦而出于明，所谓行到水穷处，坐看云起时也。

知宫王琳甫赞铭

萱堂一枕兮红光入怀，龙岩虎石兮瑞气结神胎。北帝真人兮斡箕统魁（丙子生），兰亭禊日兮虚星落庭槐（丙子肖属北帝也。又况北神生曰槐木，乃虚危之精）。生而神灵兮珠庭日角，烟髯威肃兮电眼闪烁。髫龀善词翰兮心宇该博，方寸晞慕兮片云孤鹤。青衿蜕体兮琳宫遇师模，九天降雨露兮皮冠而羽裾。琼钟振玉梵兮声彻太虚（历职表白），药殿校图籍兮绿轴丹书（次尝掌籍）。冲炼白铅花兮红炉点雪，谷神无象兮碧潭秋月。函丈二席兮价闻上阙（副知官事），砭愚断陋兮诲语飞琼屑。袖里青蛇兮脊外之青铜，踏破铁鞋兮养素于竹宫（参谒洞府，归于太一）。两阶饶舌兮御前享天爵（御前符水法师），笔下吼雷霆兮钵内藏蛟龙。长歌归故山兮古松寒菊，群参蚋聚醯兮薰众主饩粥（勉领官监）。飞罡化诀兮正一天心法，视微听冲兮灵宝中盟箓。霞衿珠佩兮秉圭视玄坛（监度法箓）。青钩黑鑶花兮落纸鬼胆寒。玄域中兴兮扶颓起坠，三界稽首兮万神生惧。含真而宅仙兮僝俱陶鸠梓，藻棁横龙楼兮花砖砌阮蚖诗（修造殿宇）。御赐蒲兽兮晨夕奋琼音，百度复举兮宗纲崛起，死赞骨行兮质俚而不文。红颜皓齿兮甲子一周春（时六十岁），两鬓生黑丝兮人言四旬许。金丹已熟兮鸾鹤天上人，天上人兮自号曰拙庵。笑傲乎三华兮诸方已罢参，所居乃三华殿。博山飞冷蛇之篆兮启瑶笥而诵琅函，横羽扇岸纶巾兮麈尾发清谈。清谈之时，有方外客至而歌之曰：青布衲，碧篆筇，诗吟白芍药，曲唱紫芙蓉，一局著残人事醒，七弦弹破世间空。时乎泛一叶于沧海之外，时乎飞片羽于虚空之中。铁笛横吹老龙泣，金樽一倒琪花红。孤猿啸夜月，淡露滴秋风。云锦豁深碧无底，天苍山秀绿不穷。白鹤卧占眠牛草，丹鹊飞上栖鸦松。真人一声长啸于蓬莱之东，青童回首指道神仙中之最雄。

赞管辖陈君绿云先生之像

瞻师之神，寒空片月。知师之心，红炉点雪。闻师之德，冰清玉洁。见师之迹，霜炎冰热。师之一言，斩钉截铁。师之一行，杀人见血。风月情怀，松筠志节。道法陆沉，玄徒瓦裂，师领郡檄，雷轰电掣。冠冕洞宫，兴大施设。轮舆梗楠，陶埏坯甎。丽以粉奂，饰以藻粢。不逾年间，沧江贯折，度五神足，霞裙森列。方有伦绪，闬闾洽悦。胡为云鹤，奄归帝阙。溪山失翠，猿乌凄切。散词玉祠，柏子一爇。追慕替绚，使人哽咽。

虚靖先生

七返还丹阿谁无，先生归去谁识渠。时人要见真虚靖，北斗西边一点如。

朱文公像疏

天地棺，日月葬。夫子何之？梁木坏、太山颓、哲人萎矣。两楹之梦既往，一唯之妙不传，竹简生尘，杏坛已草。嗟文公七十一祼，玉洁冰清；空武夷三十六峰，猿啼鹤唳。管弦之声犹在耳，藻火之像赖何人？仰之弥高，钻之弥坚，听之不闻，视之不见，恍兮有像，未丧斯文。惟正心诚意者知，欲存神索至者说。

赞文公遗像

皇极坠地，公归于天。武夷松竹，落日鸣蝉。

自赞

神府雷霆吏，琼山白玉蟾。本来真面目，水墨写霜缣。

又

千古蓬头跣足，一生服气餐霞。笑指武夷山下，白云深处吾家。

倪梅窗喜神赞

燕颔虎头古班超，龙章凤姿晋嵇康。高人心地本无象，风清月冷倪梅窗。

周伯神喜神赞

方丈老仙客，寸心水一滴。双脸红朱砂，两眼点黑漆。咄，白须抚掌笑呵呵，白鹤一去无人识。

为武夷道众奏名传法谢恩醮词

琅函发秘，老君开设教之门。玉局呈祥，靖应启流芳之路。以八极炼魂而救苦，以九灵飞步而腾章。天心有三符二印之传，雷府有五社十蛮之应。所以驱禳灾疾，用兹考召鬼神。某等蓏香信以投诚，各传法要，饮丹泉而作誓，永续真风。

化真君筭衣疏语

九鸾之车，九凤之舆，饰以黄云，护以紫雾。八鹤之驭，九龙之辇，驾于赤洼，行于丹丘。皆经中所说天下之威仪，而人间岂知世外之华饰。今张魏二真君为祈雨而出境，而王谢诸君子宜先日以安车。蜀锦吴绫，皆可护风蔽日；秦麻越苎，亦宜剪雪裁绡。一行笔下之龙蛇，无尽空中之雷雨。

化画应缘功德疏

道本无形，岂因绘形饰像。人须见物，方才随物兴心。是宜画所不可画之容，所以晓未曾晓之者。青鸾朱凤，在刚风浩气之前；白鹤苍龙，于浮霭太空之上。个中元有象，其物非强名。既心存目，想之犹堪，岂粉饰金妆而不可。恍恍惚惚，俨然贤圣之云臻；简简穰穰，宜尔福祥之川至。

化修造精舍疏

膏车秣马，为寻仙子而来；饔鼎寝茵，未惬游人之意。欲划萝烟藓雨之地，广为松风竹月之庐，以数椽上漏下湿之忧；属几载左枝右梧之笃。舣舟岸畔，皆酒酣耳热之余；落篱庭前，正诗兴心狂之甚。相逢不拈出，后会几时来。

缘化度牒疏

伏以青蚨千缗，不待跨扬州之鹤；白绫三尺，要须获西狩之麟。口头虽不敢道有此夤缘，命里那堪又带这般题目。云龙风虎，信乎会合良时，星鹍霞鱼，好个清闲道士。知音才出手，好事便临头。

又

白发老聃过函关，只得尹喜。黄冠庄子任漆园，惟接季伊。妙处从来父子不传，知音亦有檀信成就。都来只个吃饭钞，随缘唤作护身符。戴玉霄冠，顶上幔亭之夜月；衣郁罗服，袒边天柱之春云。特凭太上家传，效报贤豪乐施。但得飞凫来白水，何须骑鹤上扬州。

会真堂疏语

道友往来，不知其几，数间破屋，粥全无。以此话头，问诸好道者，结缘则个。

绝粒休粮，总是作家伎俩。虚心实腹，要还他本分生涯。楹颓柱倾，奈历岁涉时之浸久；香寒火冷，致旁风上雨之交攻。斩新请个风月主人，依旧续此云水故事。一盂圆玉粒，半筯细银条。待哺张颐，那得会吞霞吸露；挥毫落纸，不无望喝水成冰。

给诰语

桑田成海海成田，一刹那堪又百年。拨转顶门关捩子，阿谁不是大罗仙。所以道风中之烛，水上之萍，岸上之藤，井边之树，石边之火，电畔之光，须要未雨彻桑，莫待临渴掘井。且如今辰斋官某等，向眼耳鼻舌身意那边回首，从道经师真玄神妙处知音，建琼函玉笥之筵，命星弁霞裾之侣，尽天地化作郁罗圣境。这些儿又是龙汉元年。灯灿龙膏，移下楚天之星斗；香焚牛首，熏成越岭之烟云。非止于一天二天，乃至无量天中，天花鼓舞；可于此从劫至劫，及于河沙劫里，福果丰隆。虽然有是津梁，又作么生证据。（遂持起诰云）诸仁者，此是万圣千贤眼目，可为三空四梵阶梯。其素笺，凝碧落之云；其玄扎，结紫霄之篆。毕竟分付一句，作么生道，日里有乌月有兔，水中看虎火中龙，他年骑鹤乘风上，直到蓬莱第一峰。

武夷集

《武夷集》，南宋白玉蟾的杂著，包括诗、歌、题词、杂记等，如《重建止止庵记》《赞历代天师》《先生曲肱诗》《怀仙吟》《见鹤吟》等。另有几通上奏天神的奏章，为白玉蟾兼行五雷法时所写。

武夷重建止止庵记

武夷之为山，考古秦人《列仙传》，盖篯铿于此炼丹焉。篯铿进雉羹于尧，尧封于彭城，后谓之彭祖，年及七百七十七岁而亡。生平惟隐武夷山，茹芝饮瀑，能乘风御气，腾身踊空，岂非仙也耶？铿有子二人，其一曰篯武，其次曰篯夷，因此遂名武夷山。

三十六峰第一峰九曲溪头，最初曲其地也。始则有太姥元君即其地以结庐。次则张湛继其踪而入室。其后有如鱼道超、鱼道远，皆秦时之女真，入此而隐焉。然此地其深邃不可言，四围皆生毛竹，人有樵采而见之者，因毛竹而目此二鱼焉，毛女至今称之。晋人娄师钟、唐人薛邴，皆于此地炼真养元而去。本朝又闻东京李淘真、洛滨李铁笛、燕山李磨镜，相踵于其地卜筑也。丞相李纲亦尝访此三李，而符其夙昔梦雪之梦，盖欲于此而建吏隐亭焉。由是而后，有尼师数代，人名其庵曰禅庵，号其地曰禅岩。呜呼，奇人异士，不世而出，自尔庵亦倾坏，地皆荆榛。但闻所谓止止之名，而无稽考之迹。

山南曾孙詹琰，夫其字美中，盖世代簪绂而胸宇英杰之人也。一旦叹曰：太史公穷九嶷，韩文公登太华，是皆思古而感慨者焉，岂好奇之谓也。浊世仕路多阨塞，不知结方外友以为井灶砂汞之学。夫其或者可飞升焉，可尸解焉，仙有可求，岂不容力，非曰能之，愿学焉。

忽有琼琯白玉蟾自广闽出而至武夷，适有披榛诛茆之意，盖亦契券詹美中之臆素，从而搜访止止庵之地，辟几百年不践之苔，划三五里延蔓之草，于是得其地焉。岁在嘉定丙子之王春始鸠工斫梓，僝夫运甓然，而开创之难。未几，而白玉蟾拂袖天台、雁荡矣！

玉蟾言旋而庵始成，美中固欲挽之以为三李隐居之设。玉蟾盖惮朱紫之往来，而膏车秣马适所以废吾事而汩吾心。且自谓美中曰：庵成，皆子之余财余力故也。不弹指顷，堂宇落就，非霹雳手谁能如是。今但择其道宁心耐志、守素乐静之士，延而居之，使其开垦数时、花木繁盛。而玉蟾此去罗浮入室，回必永身以住持之。美中曰：然。又曰：然则先生既去也，宁不为我记其庵，而盟他日之再来乎？玉蟾曰：唯然。

是庵背倚幔亭峰，面对虎啸岩，左则天柱峰，右则铁观嶂。入去不数举武，则有朱晦庵仁智堂；出来才一唤地，则有魏王会真庙。其间有冲佑观修廊数百间、层楼数十所，玉笈锦囊，举皆御书，琼椟琅龛，悉储仙蜕。大云金身之招提，实左右乎止止之庵。侧后则瀑布悬崖，万丈雪花。前则碧流盈溪，龙湫蛟漭。上有天鉴池，可以通弱水。下有升真洞，可以透蓬莱。

若武夷千岩万壑之奇，千山万水之胜，莫止止庵之地若也。云寒玉洞，烟锁琪林，紫桧封丹，清泉浣玉，猿随羽客，鹤唳芝田。铁笛一声，群仙交集，螺杯三饮，步虚泠泠。盖可以歌太空紫虚之洞章，吟玉灵羽翮之仙曲。然则尘埃不碍眼，古今皆一时，而绛幔虹桥之事，犹宛然矣。奇哉，青草青，百鸟吟，亦可棋，亦可琴。有酒可对景，无诗自咏心。神仙渺茫在何许？武夷君在山之阴。孤舟只棹归去来，琼花满洞何处寻。岂非止止庵清绝胜妙处也？詹美中定知玉皇将再宴，白玉蟾亦将炼七返九还之丹，此日此文不徒作也。则然若异日有异事，犹见止止庵不徒建也。

尝记元祐盛时，人在霍童山建一茅庵，谓之寂寂，不数年而庵之东已蜕矣，而此庵遂泯。至隆兴间，再有人启之，一二年而所启之人乃遇向日先创庵者，于是皆仙去。事皆《集仙传》。今而美中之事，又踪迹颇类之。盖止止者，止其所止也，《周易》艮卦兼山之义，盖发明止止之说，而《法华经》有“止止妙难思”之句，而庄子亦曰：“虚室生白，吉祥止止。”是知三教之中，止止为妙义。有如鉴止水、观止月。吟六止之诗，作八止之赋，整整有人焉。止止之名，古者不徒名。止止之庵，今人不徒复兴。必有得止止之深者，宅其庵焉。然则青山白云，无非止止也。落花流水，亦止止也。啼鸟哀猿、荒苔断藓，尽是止止意思。若未能止止者，参之已有止止所得者，政知行住坐卧，自有不止之止，非徒殢枯木死灰也。

予特止止之辈也。今记此庵之人，同予入止止三昧，供养三清高上天，一切众生证止止。止止非止之止止，实谓止其止之止而已矣。

海南白玉蟾识。先野后人幔亭曾孙龟峰詹琰夫立铭。

赠知宫王南纪洞章

古熙策云，南飞庚伏。正祥晴槐舞，薰新蜩噪，晚止锡琳宫。仰惟宫宰真人，江山态度，风月襟怀，神仙中人，不易得也。尝摭群仙家谱旧矣，王棋则老聃之蕲著高弟也，王楠则蒙庄之函苏道契也。郁单无量天，则王雍御雷笈；梵监须延天，则王绍识运历。鲁人王硕，炼玉云丹于浮雍山，秦人王乔，炼九神丹于天华洞。其后王长、王敏出于汉晋，王茂、王载卿出于魏唐。近世云鹤子作三一灵篇，烟松子作金丹枢要，逍遥子作还丹结集，清虚子作丹道指迷，皆其族人也。其门天人隐显，殆莫一二。且云：丹山之凤必生鸑鷟，赤泽之马必生麒麟。有如仙裔绳绳，名仙至人层见鳞出，千百岁下，挺生真人，坐董洞天，星弁左右，葆毓天粹，扶剔幽奥。咀太元之精，采真一之气。其治心也，如镜内像；其应世也，如水中月。休功丕德，光前绝后。当世道俗，曳手俯额，目争视，手争指，莫不曰：其道如是，其德如是。乃作洞章以歌之。歌曰：

黄道珠躔阙一点，方寸无人洞门掩。
桑田未变海水减，琪树开花绿苒苒。
小有瑶章落龙虎，月坛香冷宫谁主。
真人飏下神霄鸾，天驺惨惨归紫府。
千山万山锁青烟，三树两树啼断猿。
风飞杨花三月寒，人在城门烟水村。
生而神灵长威武，笑携一卷黄庭去。
坐断琳宫主饩粥，星弁霞裙满堂庑。
四海横香航烛人，肘行膝步来如云。
爱河翻波渺无际，花生铁柱酆都春。
把握阴阳一呼吸，长啸一声鬼神泣。
仗剑唤雨轻撼环，化篆召雷略举笔。
当年檄赴内道场，黄麻紫墨星争光。

归来百废喜具举，规模轮奂重铺张。
翻思龙汉元年事，撞破混元识行李。
满鼎铅霜火焰飞，绿颜雪齿君知否。
松竹潇潇生冷风，白鹤一去草庐空。

谒仙行赠万书记

嶰管飞葭方孟籥，青女仍前夜行恶。
连日东风生峭寒，黄鹏声断梅花落。
客来武夷访灵踪，八字洞门无锁钥。
溪头昨夜添新雨，桃片满溪红灼灼。
苍苔满地空绿匀，芳草无言烟漠漠。
捣药声干丹井寒，虹桥一断收霞幕。
千古松风学凤笙，向晚清客满林壑。
山光不动旧松竹，洞中惨惨悲猿鹤。
机岩学馆空无人，紫岭丹丘久萧索。
雾暗平林虎长啸，碧潭生花老龙跃。
峭崖飞鸟不敢过，万丈苍琼真峻削。
山中金蟾不可寻，石边且取黄芝嚼。
我生逍遥事落魄，泉石烟霞得真乐。
身披绿麻戴青篛，横担碧藜蹑芒屩。
只爱山林厌城郭，却厌膏粱爱藜藿。
冷眼石上入华胥，梦见太虚无斧凿。

朅来洞中未半饷，转盼又觉经旬朔。
今朝云头雨收脚，欲归又被溪山缚。
欲作此地三间茅，朝餐红霞慕饮瀑。
已有神仙分定缘，定知道外无乾坤。
只愁天上多官府，九转丹成未敢吞。

画中众仙歌

不兴饮尽孙权酒，正欲画屏笔脱手。
一点凝墨状生蝇，剔之不飞心始惊。
献之兴来拈起笔，笔如解飞自钩掣。
戏染松烟作犉牛，脱似偃角眠莎丘。
萧贲深得鹤三昧，胸中不与造化碍。
一幅素绡如片天，雪翎欲起凌苍烟。
僧繇醉后齁齁睡，睡起濡墨作石块。
擘山裂岩而拏云，或如伏虎如露拳。
恺之画兰藏玉笥，开而视之已飞去。
安得翠叶成寒丛，四景常使飘春风。
闻道南斋宇文焕，精笔妙墨扫芦雁。
低颈吸水昂颈飞，仿象荷枯沙瘦时。
唐有处士吴道元，丹青之余多画猿。
状出抱子落寒泉，又如弯弓绕树奔。
季成画虎常作怒，鬼神不敢正眼觑。

但见纸上生狰狞，开口解啸风悲鸣。
叶公好龙故学画，不觉心孔开一罅。
纸上笔画方似龙，风髯浪鬣来争雄。
韩干画马得滋味，霜啼巧作追风势。
可怜张口嘶无声，只惜风稜瘦骨成。
江头细草为谁绿，只有风烟相管束。
阮瞻收拾草精神，笔端与草私为春。
画鱼古有康灵叔，掷头摆尾万鳞足。
红鳍紫鲤成队行，跃碎瑠璃跳上冰。
仁老胸中有雪月，画出梅花更清绝。
鲁直嗅之嫌无香，幻出江南烟水乡。
张臻虚心而学竹，风雨潇潇生锦轴。
风枝雨干欲化龙，不堪裁杖扶葛洪。
钱觐画松扫烟雨，松梢鹤立飞不去。
凌风傲雪冷几时，翠色不改常清奇。
王维笔下多山水，千山万水一弹指。
万顷玻瓈碧欲流，千层翡翠波上浮。
有时画出几枯木，一片落霞间飞鹜。
有时画出古涧泉，浪花衮衮人不闻。
有时花落鸟啼处，正是千林傣秋雨。
有时日暮鸦鸣时，烟际钟声催月迟。
有时移却潇湘岸，移入洞庭彭蠡畔。
有时掇过天台山，相对雁荡烟雨寒。
古人去后无人学，学者往往得皮壳。

鬼神却易狗马难，匠世未能窥一斑。
见君丹青与水墨，笔下剜出心中画。
一发才精百发精，留取后世不死名。

拙庵

笑携藜杖倚寒松，现世神仙一拙翁。
冠简投关离玉阙，天人推出镇琳宫。
身居星弁霞裾上，心在烟都月府中。
岂是摩挲令发黑，不须服饵自颜红。
百年赢得十分讷，万事算来俱是空。
解识蜘蛛空结网，能言鹦鹉被樊笼。
闲将世味闲中嚼，静把天机静处穷。
学巧不如藏巧是，忘机不与用机同。
虚空不语虚空广，造化无声造化公。
六贼奈人闲不得，十魔见我懒相攻。
凝神多得佯呆力，养气无非守口功。
欲雨只消呼瀣溴，要雷略自召灵窿。
人间若也不容住，学骑白鹤乘天风。

赞历代天师

第一代天师，正一静应真君，讳道陵，字辅汉。

云锦山前炼大丹，六天魔魅骨毛寒。
一从飞鹤归玄省，烟雨潇潇玉局坛。

第二代嗣师，讳衡，字灵真。

光和初载大丹成，有甚工夫事汉灵。
夜半玉舆飞紫露，春风春雨满阳平。

第三代系师，讳鲁，字公期。

笑把铜章尹汉中，隐山斗米显神功。
魏兵四畔临河岸，弹指波心万丈峰。

第四代，讳滋，字元徽。

鄱阳策杖抵岩颠，旧有丹炉锁暮烟。
今古一双龙虎石，侍郎仙去是何年。

第五代，讳昭成，字道融。

数千里外露阳神，丹灶灰寒结紫云。
两虎归林人不见，数枝菌草鹤穿坟。

第六代，讳椒，字德馨。

丹书玉札隐琅函，云几飞空鹤几骖。
告别门人归去后，夜来素月落寒潭。

第七代，讳仲回，字德昌。

当年辟谷炼仙丹，召雨呼雷譬似闲。
四海有人膺法箓，笑携笻去鹤鸣山。

第八代，讳迥，字彦超。

丹篆才书泣鬼神，年逾九十脱红尘。
至今岩上结庐处，夜半凤凰栖绿筠。

第九代，讳符，字德信。

上饶山水甲江南，一锡横飞欲结庵。
忽遇至人烟霭外，归来无语隐松岩。

第十代，讳子祥，字鳞伯。

满室神光夜欲阑，灵丹吐出掌中看。
当时鹤唳佳城外，空有霓裳掩玉棺。

第十一代，讳通，字仲达。

闭户凝神四十年，青鸾赤玺策云轩。
琼棺数月金躯冷，满室天香酹一樽。

第十二代，讳仲常，字德润。

鹤书曾诏赴宸京，归作分形化景人。
昨夜饮酣曾吐酒，醒来又薄瓮头春。

第十三代，讳光，字德昭。

几年辟谷学飞行，撞破秋空一点青。
才到暮林风月夜，洞天隐隐步虚声。

第十四代，讳慈正，字子明。

丹鼎能干活水银，举家一念赡贫民。
空中动破云韶乐，白鹤飞来风雨春。

第十五代，讳高，字士龙。

丹台一点玉髯翁，千古天师张士龙。
招弄谿山诗技巧，吐吞风月酒神通。

第十六代，讳应韶，字治凤。

一亩闲云独自耕，草庐寂寂诵黄庭。
又言辟谷归山后，月夜时闻铁笛声。

第十七代，讳顺，字仲乎。

贵谿一尉隐家山，静结茅庐三两间。
九十岁时尸解日，时人犹见是童颜。

第十八代，讳士元，字仲良。

神水华池养白鸦，玉炉进火结丹砂。
仙家妙用无人识，顷刻能开桃李花。

第十九代，讳修，字德真。

玉局瑶篇龙凤文，三元开度士如云。
翻身踏著蓬莱路，浴罢焚香自入坟。

第二十代，讳谌，字坚德。

吸干酒海一须臾，冠冕元坛百岁余。
不食人间烟火气，能传天上电花书。

第二十一代，讳秉一，字温甫。

入腹金龟梦正疑，琳房初诞谪仙儿。
丹传祖印百来岁，执简归仙地震时。

第二十二代，讳善，字元长。

参遍名山谒洞天，相逢却是活神仙。
归来换骨回阳日，屈指人间九十年。

第二十三代，讳季文，字仲归。

玉盂祝水起波云，笔下雷声泣鬼神。
龙虎山前山后问，先生活尽几多人。

第二十四代，讳正随，字宝神。

人在犁锄烟水乡，结茅高卧小松岗。

敕封真静先生号，一卷仙经一炷香。

第二十五代，讳乾曜。

横握镆铘入洞天，洞天漠漠掩寒烟。

仁宗亲问金丹诀，笑指斜阳噪乱蝉。

第二十六代，讳嗣宗。

朱砂鼎里炼金晶，默祷天皇入紫冥。

月落半山丹井水，猿声惊断满天星。

第二十七代，讳象中，字拱辰。

仁皇恩赐紫衣时，方是宁馨七岁儿。

闲把洞章歌一阕，不知鸾鹤满天飞。

第二十八代，讳敦复，字延之。

棘围战罢笑归来，一寸功名心已灰。

白鹤何年归洞府，夕阳影里野猿哀。

第二十九代，讳景端，字子仁。

当年仙去鹤巢空，万壑千崖夕照红。

人在丹丘玄圃外，潇潇松桂夜来风。

第三十代，讳继先，字遵正。

筑著成都人姓刘，丹成蜕迹入罗浮。

琼楼数纸御书在，虚静先生已掉头。

第三十一代，讳时修，字朝英。

是个清都一散郎，凝神聚气炼丹阳。

片云孤鹤无踪迹，半夜风寒万里霜。

第三十二代，讳守真，字遵一。

鹤颈龟腮骨已仙，星坛长啸诵琼篇。

自从阙下归仙后，一枕清风几万年。

木郎祈雨咒（并注）

乾晶瑶辉玉池东，

解：乾者，亥方也，西北之位，为天门也。天中之晶，乃琼华瑶辉之境，梵气之上，玉符之中，有玉池，东际乃空洞之城，是雷神所居之所也。

盟威圣者命青童。

解：九天有无极盟威真人，乃圣者也。真人行号令，召命东方蛮雷神将，姓朱，名青童。

掷火万里坎震宫，

解：掷火万里，乃雷师之威也。流铃八冲，乃雷母之权也。自坎之震，乃自北而东也。地从东北而生，故东北乃雷府之宫，故《易》曰：雷在地中，复也。

雨骑迅发来太濛。

解：雷车、雨骑、风驾、雷辕，皆雷神部从也。奋迅自空中而来，故曰来太濛也。

木郎太乙三山雄，

解：太乙碧玉之府，乃木郎皓灵神君居其左，主祈雨。瑞华东灵神君居其右，主祈雪。左宫有三山，右宫有四垒。木郎乃太乙府左宫三山之雄神也。

霹雳破石泉源通。

解：雷神以雷槌、雷斧破石，通其旱涸之泉源也。

坤震巽土皓灵翁，

解：坤属西方，震属东方，巽已属南方。以西方之金克东方之木，以东方之木生南方之火，生中宫之土。土能克水，水师乃皓灵翁也。欻火神居西方，主帅辛判官在东方，邵阳雷公在南方，五方蛮雷会于玉枢使相之中宫，玉枢乃斗枢也。斗中有都水使者，乃皓灵翁也。是故激厉如是。

猛马四张欻火冲。

解：雷神四方驰猛马，中宫效火飞空下，乃雷咒中语。

流精郁光奔祝融，

解：水神名玄溟，字流精。雨神名漭滉，字郁光。火神名回禄，字祝融。以水神、雨神驱奔火神也。

巨神泰华登云中。

解：泰华乃东岳上卿，巨神乃西岳白虎神主也，奔迸于云中也。

墨播皂纛扬虚空，

解：墨播皂纛，状似阴云，飞扬虚空，沛然下雨。

掩曦蒸雨屯雷浓。

解：屯聚浓云，掩隐炎曦，酿阴雨也。

关伯撼动昆仑峰，

解：南方荧惑星君下有阏伯神君，撼动昆仑之山，顶有天河也。此言火神动山岳、倾天河也。

幽灵翻海玄溟同。

解：水神名玄溟，波神名翻海，江神名幽灵。此言波神用力，与江神用力，而水神亦同力行雨也。

冯夷鼓舞长呼风，

解：六波天主帝君，乃冯夷也。鼓舞长呼，起风雨也。

蓬莱弱水兴都功。

解：蓬莱有都水使者，弱水有水功使者。

龙鹰捷疾先御凶，

解：雷府有火龙之车、火鹰之骑，先御炎凶也。

朱发巨翅双目彤。

解：欻火律令邓大帅，有朱发，两畔肉翅，银牙耀日。

雷电吐毒驱五龙，

解：雷公电母吐威毒之气，驱五海之龙。

四溟叆叇罗阴容。

解：四海黯霭，森罗阴色。

一声四海改昏蒙，

解：霹雳一声，则四海之内，改炎热而为昏蒙。

雨阵所至川流洪。

解：雨骑如阵，飞空而至，川流洪水。

金光流精斩旱虹，

解：金光流精，乃西南雷神。人首神身，仗火剑，斩明蝻也。

洞阳幽灵召灵霆。

解：洞阳幽灵，乃东北雷神。人首鱼身，号召雷师灵霆也。

玉雷浩师变崆峒，

解：玉雷浩师，乃东南雷神。人首龟身，变阴黑之色，满雷府崆峒之城也。

虚皇泰华扫妖爞。

解：虚皇泰华，乃西北雷神。人首蛇身，扫荡为旱之妖爞。

群梁玄黄号前锋，

解：群梁玄黄，乃风神也。风神号于雷阵之前锋。

祠泉恣蜃威天公。

解：祠者，祷也。泉者，龙潭也。恣者，纵也。蜃者，蛟虬也。威天公者，施行天公之威也。

欻火律令翻穹窿，

解：欻火律令邓元帅，飞冲于穹窿虚空之表。

鞭击妖魅驱蛇虫。

解：旱魃旱妖，乃为旱之鬼魅。异蛇怪虫，乃倦晦之隐龙。

勾娄吉利炎赫踪，

解：勾娄吉利之言，在雷府，乃火龙之字，言火龙有炎炎赫赫之踪。（事见方丈王侍宸《紫微雷书》。）

登僧泽颐悉听从，

解：登僧泽颐之言，在雷府乃火车之字，言火阵元帅听从五雷之号令也。（事见方丈王侍宸《雷书》。）

织女四哥心公忠。

解：织女四哥之言在雷府乃霹雳大仙。其心公忠，为民祈雨。

辅我救旱助勋隆，

解：雷神、风神、雨神、电神，助吾救旱。按《法书》云：救旱一次，以其阴功升转一阶，准活一百二十人。大旱过两旬者，迁三阶。

赤鸡紫鹅飞无穷。

解：唐天师叶法善《雷书》中，有赤鸡紫鹅之符，投于东南水瓮中，诵木郎咒，可致风雨。（事见方丈法书。）

摄虐缚祟送北酆。

解：摄虐龙、缚旱祟，送于北阴天狱，以考其亢旱之咎。

敕紫虚元君降摄，急急如火铃大帅律令。

解：紫虚元君，乃玉枢使君。火铃大帅，乃关伯神君也。

法曹陈过谢恩奏事朱章

上清大洞宝箓弟子、五雷三司判官、知北极驱邪院事，臣白玉蟾稽首再拜上言：

臣闻太极仙翁有言曰："学法之士，如赤体搿白刃耳。"臣观此言，莫不战栗。虚静先生张继先有言曰："人生百年一弹指，闭眼风刀即立至。"臣观此言，愈增惊悸。臣末学庸辈，滥居道阃，措心立教，朝夕骇忧，自愧疏愚，戒德违缺。四方学者来如牛毛，设若普接而授之以道德，又恐泄露天机。苟若不纳而警之以戒条，则是障拒后学。或若择善拔尤而间度一二，复虑庸者隙进，鄙者薄来。

臣夙荷师恩，叨传法奥，宝佩心印，未尝轻慢。仰遵科戒如履薄冰，晦迹遁名莫敢彰露。臣童髻何知，自护毛羽，仰惟三宝，洞察愚衷，岂容饰辞，委实真梼，以今吉辰伏地，贡章一通，上诣三天曹。谨据太上三五都功、正一盟威弟子施某等，昨各已录心词上奏天庭，乞行传度，已为誊申都省，依科给帖，充授法职。寻即择日建坛，剖符破券，拨将统兵，分司隶事。然后以药殿琅书，心传口诀。兹则同发诚心，谨取今月某日，虔就武夷山升真玄化洞天，修设三界高真谢恩清醮几分，延奉上真，仰酬玄造，更析景贶及臣等身。臣愚辄以己见为陛下陈之。

夫法士有大不易者七，有深可畏者六，何哉？谓如世俗浇漓，风教隳堕，迷迷相指，以盲指盲，此则遇真师之难，所以为大不易者一也。文书谬误，诀法乖舛，罡中落步，咒中漏句，此则得真法之难，所以为大不易者二也。科戒严明，条律警肃，难行易犯，迷真者多，此则奉真戒之难，所以为大不易者三也。坌火焚和，淫风鼓善，正气斫丧，元精凋败，此则全真气之难，所以为大不易者四也。上真威仪，神将服色，方寸难思，一念不纯，此则存真想之难，所以为大不易者五也。天神地祇，正直威仪，监功建节，纠察丝毫，此则办真心之难，所以为大不易者六也。朝昏告急，寒暑请行，不敢苟财，愈当戮力，此则立真功之难，所以为大不易者七也。所传法书、符图、印诀，妄示非人，必招风雷地狱、锋戟裂体之报，此乃深可畏一也。所禀戒律非时，外色辄有侵犯，必招灰池地狱、火焰烙体之报，此乃深可畏二也。钦奉三宝，朝谒灵真，不知避忌，必招火网地狱、风刀考身之报，此乃深可畏三也。神将香火，朝夕不虞，号召失节，必招寒冰地狱、黄绳束颈之报，此乃深可畏四也。用心轻重，处事高低，或勤或惰，必招铁丸地狱、犁牛耕舌之报，此乃深可畏五也。行法既显，必有衬襯贿，多致贪婪，必招黑暗地狱、万苦逼身之报，此乃深可畏六也。以此七之大不易、六之深可畏言之，使臣竦肩缩颈，心痛鼻酸。臣一介昏庸，仰赖太上慈悲，许容臣等披肝沥胆，雪罪首愆，苟有愆尤，俱蒙赦释。

臣所奏前件受法弟子几名，伏望圣慈特赐敕旨，允臣所奏，付太玄都省检照。前后所申，即行遍报诸司合属去处。仍乞指挥差拨，法中合干将帅，部领兵马，统辖吏典，应时降赴法官姓某等各人法坛、香火、衙治之所，驻劄防御，听候呼召。兵随印转，将逐符行。凡遇行持，遂依法令发遣符命。祈祷驱禳，大阐灵通，明彰报应，名标玉籍，职领金班，膺掌握将兵之权，滋纠察鬼神之政，代天行化，为国救民，斩妖除魔，芟邪立正。得蒙允可，且喜且惊，勉励身心，私自积累，三千功满，八百行圆，别诣仙都，各期迁选。九玄七祖，同获善功，六道三涂，普沾善果。

臣愚谨因二官直事正一功曹，左右官使者，阴阳神决吏，罡风骑置吏、驿马上章吏、飞龙骑吏等官，各二人出操。臣所为施某等进拜法坛传度，首过谢恩奏事朱章一通，上诣三天曹，请进太上虚无丈人宫、太清曹治紫灵宫，伏愿告报。臣诚惶诚恐，顿首稽首，再拜，以闻太清玄元太上无极大道太上道君虚无丈人、太上老君太上丈人、天帝君天帝丈人、九老仙都君九炁丈人，百千万亿重道炁，千二百官君，太清玉陛下：臣姓白，系金阙选仙举进士，见在冲佑观东南隅醮坛所，伏地听命。

忏谢朱表

上清大洞宝箓弟子、五雷三司判官、知北极驱邪院事臣白某。

右某言。伏以紫鸾啸月，青皇垂羽葆于枢宫；白鹤呼云，赤帝降霓旌于机舍。奉金阙丝纶之诏，下瑶台契券之符，与黔庶以赦愆，为群黎而弥祸。办枣栗柏松之篚篚，仰枫槐柳杏之星坛，建破甲庚，推侧魁罡之象；坎离子午，步占晦朔之躔。以心词上渎于龙颜，愿圣意下观于蚁牍。

恭惟北极紫微中天太皇大帝：陛下道媲元始，德契昊天，烟殿垂衣，霜台降辇。阳明大圣，统廉贞武曲以赞襄；阴精明君，协文曲禄存而毗辅。洞明掌威福之柄，隐元隶生杀之权，破军居水位之尊，北极领星河之政。有祸皆禳，而有罪皆忏，无病不治，而无邪不摧。

臣以大宋国福建路建宁府崇安县武夷山冲佑观管辖道士施某叨属人伦，幸沾圣化，凡胎肉质，火宅尘劳，六根招贪爱之愆，三业致昏迷之谴，八卦有方隅之干犯，五行虑运度之变更，三官追魂，四府隶咎。迍邅频并，疾厄绵延，发露愚衷，僭干天听。琼辉俯烛，璧耀分辉，擎羊神王，驱命位身宫之厄；陀罗使者，殄年迍月蹇之忧。北斗六十曹官，电掣七伤八难；南陵七千神将，雷轰九横三灾。斗中天罡，斩妖邪而息祸；躔外太乙，消凶毒以潜踪。天关飞晨，丹元合景。玄冥除瘟疫之孽，瑶光灭水火之灾。却神煞土气之侵凌，纠司命灶君之注射。酆都削籍，岳府除名。官符、病符、口舌符顿然陨灭，报障、业障、烦恼障自此驱除。法疗功曹，锡梵府六晨之药；天医使者，降仙都九转之丹。五炁周流，六脉安静，三宫升降，七液冲融，荣卫宁和，经络爽畅，勾陈隐景，华盖藏形，酌水献花，不胜虔切。跼天踏地，愿赐厖洪。谨尔敷陈，早希昭报。臣谨具表奏以闻。臣诚惶诚恐，顿首稽首，谨奏谨白。

太岁丙子、嘉定九年正月日，上清大洞宝箓弟子、五雷三司判官、知北极驱邪院事臣白某表奏。臣姓白，系金阙玉皇选仙举进士，见在醮坛所，伏地听命。

表奏法坛传度首过谢恩朱章

泰玄都正一平炁系天师、清微天化炁南岳先生、赤帝真人、神霄玉府五雷副使、上清大洞经箓弟子臣某，稽首再拜上言：

臣窃谓陈章奏牍，所以开忏谢之门也；飞神御气，所以入朝谒之路也；传真度妙，所以袭正一之风也；升秩登班，所以按荐举之法也；承流宣化，所以阐驱禳之教也；芟邪立正，所以崇清净之道也。臣得以言之，方寸未澄彻者，岂知道之清净；诀法未灵验者，岂知教之驱禳；言行未纯粹者，岂知法之荐举；真伪未辨明者，岂知风之正一；形神未洞融者，岂知路之朝谒；迷愚未警悟者，岂知门之忏谢。故兹不易之理也。

臣乃知之，悛心首过，然后可以陈章奏牍；凝心聚神，然后可以飞神御气；鞭心学道，然后可以传真度妙；正心诚意，然后可以升秩登班；尽心利物，然后可以承流宣化；洗心洁己，然后可以芟邪立正。陛下以为然耶？否耶？

臣之所以陈章奏牍者，趑趄乎太虚寥寞之间，若是而飞神御气者，亦无他故，盖于五浊恶世之中，为陛下择贤选德，仅有一人焉，必欲因是而传真度妙，使之升秩登班，承流宣化，芟邪立正，设有片善寸长，足以少裨天政。虽臣之功也，皆陛下之事也。如是而显扬道法，如是而表率世俗，昭然于人天耳目之间，则三界万灵，岂胜幸甚。

臣以今吉辰，伏地贡章一通，上诣三天曹，伏为九紫离宫，斗牛分野，大宋国施某词称命系某生，上属某星，系天师某治某炁，言被中元三炁君召，即日谨齋香信，叩头诣道自陈。窃念某叨居盛世，获箍玄邦，滥缀簪裳，幸传教法，虽勤讲究，未悟灵真。忝遇师缘，辄细臆悃，虔诚俯地，发露盟天，愿传天上九灵飞步章奏大法一阶，腾神飞章，朝谒关奏。复自稽颡兴嗟，希有难遇，并传太上紫枢玉晨洞阳飞梵炼度大法一阶，摄召幽灵，行持炼度。拜章既尔，炼度复然，苟有驱禳，以何感应？仍受太上五雷大法一阶，祷雨祈晴，呼风召雪，封山破洞，伐庙除邪，斩馘蛟龙，制伏狼虎，驱除旱魃，扫荡蝗螟，疗病禳灾，赏善罚恶。尽肘步膝行之切，愿心传口授之真。臣按如词言，不容杜隐，昨为謄申都省，已尝飞奏天庭，幸玉籍以标名，必金班而注秩，择日建坛而度法，依科拨将以交兵，歃血饮丹，剖环析券。尚虑告盟之际，及当传授之间，揣已何堪，扪心有愧，或万一亵真而获谴，故再三对帝以陈情。

念蠢尔之愚庬，赖惠然而贷宥。臣以某七生罪眚，三世愆尤，愿开无垢之门，使有自新之路。寻真曩妙法，学到于希夷；炼静凝虚，心自然于清净。顾领户化民而黾勉，愿登仙度世以逍遥。七祖先亡，咸希超度；诸司将吏，并乞荣迁；三界蒙恩，万灵获福。苟非太上大阐慈悲，岂许小臣辄申悃愊。

臣愚谨因二官直事正一功曹、左右官使者、阴阳神决吏、罡风骑置吏、驿马上章吏、飞龙骑吏等官，各二人出操。臣所为施某进拜法坛传度。首过谢恩朱章一通，上诣三天曹，请进太上虚无丈人宫、太清曹治紫云宫，伏愿告报。臣诚惶诚恐，顿首再拜，以闻太清玄元太上无极大道君虚无丈人、太上老君太上丈人、天帝君天帝丈人、九老仙都君九炁丈人、百千万亿重道炁、千二百官君太清玉陛下。太岁年月日具位，臣白某表奏。臣姓白，系金关玉皇选仙举进士，见在冲佑观听命。

雷府奏事议勋丹章

泰玄都正一平炁系天师、清微天化炁天岳先生、赤帝真人：上清大洞宝箓弟子臣白某，稽首再拜上言：

臣乃神霄典雷小吏也，粗谙雷霆所典之事，忝佩雷霆所授之书，饱识雷霆所行之法。然于其间，纪述或讹，传授或泛，是以繁中指迷，谬中订正，玄处得诀，妙处得咒，难知而易行，难传而易学。臣所学臻此，悉为陛下言之。

臣闻阴阳二炁结而成雷，既有雷霆，遂分部隶。九天雷祖因之以剖析五属，神霄真王用之以宰御三界。质之于金笈，考之于玉箓，谓如五雷者，尝有疑焉。

玉枢之雷书曰：一乃天雷也，二乃神霄雷也，三乃水官雷也，四乃龙雷也，五乃社雷也。

神霄之雷书曰：一乃风雷也，二乃火雷也，三乃山雷也，四乃水雷也，五乃土雷也。

大洞之雷书曰：一乃圣充威灵震动雷也，二乃震雷哮吼霹雳雷也，三乃八灵八猖邵阳雷也，四乃波卷水雷也，五乃正直霹雳闪电大洞雷也。

仙都之雷书曰：一乃天雷也，二乃地雷也，三乃风雷也，四乃山雷也，五乃水雷也。

北极之雷书曰：一乃龙雷也，二乃地雷也，三乃神雷也，四乃社雷也，五乃妖雷也。

太乙之雷书曰：一乃东方青气木雷也，二乃南方赤气火雷也，三乃西方白气金雷也，四乃北方黑气水雷也，五乃中央黄气土雷也。

紫府之雷书曰：一乃春雷也，二乃夏雷也，三乃秋雷也，四乃冬雷也，五乃轩辕雷也。

玉晨之雷书曰：一乃紫微雷也，二乃酆都雷也，三乃扶桑雷也，四乃岳府雷也，五乃城隍雷也。

太霄之雷书曰：一乃甲乙雷也，二乃丙丁雷也，三乃戊己雷也，四乃庚辛雷也，五乃壬癸雷也。

太极之雷书曰：一乃神霄雷也，二乃地府雷也，三乃水官雷也，四乃九州雷也，五乃里域社庙雷也。

太上所传雷书，若夫前件十本所载，各有异同。古之五雷，未审以何为正者也。世传三十六雷，犹可疑也，抑又可议也。

一曰玉枢雷，二曰玉府雷，三曰天卜玉柱雷，四曰上清大洞雷，五曰火轮雷，六曰灌斗雷，七曰风火雷，八曰飞捷雷，九曰北极雷，十曰紫微璿枢雷，十一曰神霄雷，十二曰仙都雷，十三曰太乙轰天雷，十四曰紫府雷，十五曰铁甲雷，十六曰邵阳雷，十七曰歘火雷，十八曰社令蛮雷，十九曰地祇火鸦雷，二十曰三界雷，二十一曰斩圹雷，二十二曰大威德雷，二十三曰六波雷，二十四曰青草雷，二十五曰八卦雷，二十六曰混元鹰犬雷，二十七曰啸命风霆雷，二十八曰火云雷，二十九曰禹步大统摄雷，三十曰太极雷，三十一曰剑尖雷，三十二曰内鉴雷，三十三曰外鉴雷，三十四曰神府天枢雷，三十五曰大梵斗枢雷，三十六曰玉晨雷。

此而谓之三十六雷，是耶？非耶？所谓五雷，则雷法何其多耶？抑神仙至人役使异妙耶？抑经箓文书纪录不一耶？谓如天洞天真之神，毕火毕真之神，天乌天镇之神，威猛丁辛之神，冰轮水钵之神，流光火轮之神，滴昔喝伽之神，太乙元皇之神，咬网雀舌之神，天雷风领之神，火猪黑犬之神，火鹰腥烟之神，天关霹雳之神，铁甲飞电之神，仙都火雷之神，山雷火云之神，风火元明之神，火伯风霆之神，勾娄吉利之神，织女四歌之神，玉雷浩师之神，洞阳幽灵之神，四明公宾之神，火光流精之神，虚乘太华之神，金精清思之神，苍牙铁面之神，散烟雳黑之神，雷主阏伯之神，木狼奎光之神，歘火律令之神，邵阳火车之神，狼牙猛吏之神，六波卷水之神，飞鹰走犬之神，流金火铃之神，此之三十六神，或曰三十六雷，不容无疑焉。

今而摭之于丹霄景书，则箕星所以掌天雷也，房星所以掌地雷也，奎星所以掌水雷也，鬼星所以掌神雷也，娄星所以掌妖雷也。天雷属箕星，故有天乌、天镇、天洞、天真之神。地雷属房星，故有雷主、阏伯、火伯、风霆之神。水雷属奎星，故有木狼、洞阳、金精、浩师之神。神雷属鬼星，故有歘火、律令、邵阳、狼牙之神。妖雷属娄星，故有丁辛、滴昔、喝娄、伽夜之神。故臣独以此为正也。

古今所传雷法，凡数阶矣，其彰灵著验，赫赫然于天下后世。夫雷霆，不可掩之物，人谁不知其有雷也。雷霆者，所以彰天威，所以发道用。天威无所彰，则幽明异致，孰为之祸福也？道用无所发，则阴阳二气，孰为之生杀也？阴阳二气而发道用所可以彰天威，以幽明异致而彰天威则可以发道用。是故瑕不晦赏也，眚不匿罚也。

若夫毗祠列社，皆祭祀也；灵坛古迹，皆鬼神也。其间必有慈孽也。富室贱隶，皆享受也；端人诡士，皆流辈也。其间必有善恶也。鬼神有罪则流辈何以诉之？流辈有衅则鬼神何以鸣之？于戏，皇天所以建雷城、设雷狱、立雷官、分雷治、布雷化、示雷刑、役雷神、统雷兵、施雷威、运雷器，是皆斡赏罚之柄，宰生杀之权。以之于阴界，可以封山破洞、斩妖馘毒；以之于阳道，可以除凶诛逆、伐奸戮虐。宜乎发道用也，彰天威也，此阴阳二气得其施设也，幽明异致得其影响也。

天地之内，万物峙立，未有不禀阴阳而生生者也。所以有形、有想者为人，无形有想者为鬼，人处于阳，鬼处于阴，以是而出入四生，循环六道，苟非天有雷霆，则何以示刑宪而订顽砭愚者乎？念臣夙生庆幸，叨箓雷班，誓愿行持，未尝少懈，以今吉辰，伏地贡章一通，上诣三天曹，谨遣臣法中风火元明君、火伯风霆君、雷主阏伯神君、火铃霹雳天仙、苍牙铁面大仙、龙雷卷水神君、风火龙骑震天沸海神君、霹雳火光银牙耀目神君、歘火律令大神、雷公火车元帅、三五铁面火车大将军、三五邵阳主帅将军、霹雳火车腥烟使者、四圣听察回车使者、浮云降雹力士、横身飞云使者、移山翻海铁甲使者、洞风鼓震天威赤文使者、风雹金铃火铃使者、五雷飞捷使者、雷阵左右使者、散云送火禁炎使者、西台雷雨吏、负天担石太微令威剑震灵吏、四季风雨令玉光金精上吏、吞魔啖妖天甲神吏、丹元刑部都吏、擒龙捉孽撼山神君、吹海飏波灵华猛吏、飞云走电神吏、太岁将军、掌疫疠使者、五方雷公将军、天雷晃光将军、水雷电光六龙将军、玉枢殿下左右二神将、北极殿下左右二神将、蓬莱雷霆司左右二神将、三十六雷鼓力士、啸命风雷大将、五雷诸司将帅、五雷诸司吏兵、五方蛮雷使者，随章同诣都宫，阅量勋烈，磨勘功勤，注者为升，授者为转，差者为除，选者为擢。约以今年十二月辛亥日，遣令五雷官吏将兵，预赴元应太皇府录功纪绩，并于丙子年正月初一日天腊之晨，径上玉清朝谒乞，于三月初七日得预天曹举选赏会。至于正月初一日甲子之晨，太乙简阅神祇之旦，使五雷将吏各获一功，听候，正月十五日上元天府官赐福之晨，悉赴北极紫微璿枢宫例出一职，各转一资。臣当愿九玄七祖同获升迁，三界鬼神咸沾福利。然后愿臣祈晴祷雨，召雪兴云，摄电呼雷，驱风降雹，封山破洞，伐庙除魔，诛斩蛟龙，制伏狼虎，驱禳水火，遣逐旱蝗，为民禳灾，驱邪治病，行遣符命，显现报应。

臣伏望陛下降注紫灵玄一之炁，流入臣身中三焦五藏之内，灌溢三元九宫之中，令臣心广体胖，神清气爽，学道得道，求仙得仙。臣愚谨因二官直使正一功曹、左右官使者、阴阳神诀吏、科车赤符吏、罡风骑置吏、驿马上章吏、飞龙骑吏等官各二人，出为臣操。今辰所上雷府奏事议勋丹章一通，谨上诣三天曹，请进太上虚无丈人宫、都候曹治太白宫，伏愿告报。臣诚惶诚恐，稽首再拜以闻太清玄元太上无极大道太上道君虚无丈人、太上老君太上丈人、天帝君天帝丈人、九老仙都君九炁丈人、百千万亿重道炁千二百官君太清玉陛下。

维皇宋太岁乙亥嘉定八年冬十有二月二十七日辛亥吉时，于武夷山冲佑观之西南隅，再拜上。臣姓白，系金阙选士，见在拜章所听命。

先生曲肱诗

昔在青华第一宫，只缘醉后怒骑龙。
倾翻半滴金瓶水，不觉人间雨发洪。

玉皇有敕问神霄，谁去骑龙乱作妖。
自别雷城一回首，人间天上已相辽。

谪居尘世意徘徊，炼尽金丹待鹤来。
归去神霄朝玉帝，依前命我掌风雷。

五雷深锁玉清宫，白鹤呼风唳碧空。
说著这般辛苦处，三千玉女蹙眉峰。

太一天皇谒紫清，翠娥百万拥云軿。
当时不合抬头看，忽见天丁叱火铃。

我不生嗔怨玉皇，翠娥无复舞霓裳。
如何天上神仙女，染污清都一散郎。

梦断南柯觉昨非，因缘尽处两分飞。
寒松空锁翠娥梦，我独于今未得归。

玉府官僚无甚人，上皇怜我最辛勤。
忽然诏下催归去，猿叫万山空白云。

瑶池王母宴群仙，两部笙歌簇绮筵。
误取一枚仙李吃，又来人世不知年。

我到人间未百年，恰如顷刻在三天。
向来我本雷霆吏，今更休疑作甚仙。

往昔逍遥在太华，朝餐玉乳看琼花。
当年身著六铢服，不识人间有苎麻。

做到天仙地位时，三遭天谴落天墀。
却嫌天上多官府，且就人间洞府嬉。

白云随我见天台，又趁金华路上回。
栖凤亭中留不去，武夷山下野猿哀。

说与清风明月知，扬州有鹤未能骑。
夜来五凤楼前看，天上白云空自飞。

跣足蓬头破衲衣，闷来饮酒醉吟诗。
廛中走遍无人识，我是东华大帝儿。

这回空过二十年，肉重不能飞上天。
抖擞衲头还自笑，囊中也没一文钱。

我有随身一颗珠，见时似有觅时无。
金鸡叫罢无人见，月射寒光满太虚。

不识看经不坐禅，饥来吃饭困来眠。
玉皇若不开青眼，却是凡夫骨未仙。

不把双眸看俗人，五湖四海一空身。
洞天深处无人到，溪上桃花几度春。

桑田变海海成田，这话教人信也难。
只有一般输我处，君王未有此清闲。

题栖凤亭

亭前绿密玉成丛，凤宿枝头烟雨空。
箫管一声人未寝，满林明月浸清风。

声传琴瑟风生枕，影泻琅玕月满庭。
白凤飞来枝外宿，夜深点破一林青。

竹也多年管风月，凤兮几夜宿云烟。
林间有客吹箫去，竹化成龙凤入天。

潘氏亭前饮一宵，酒酣对竹啸琼箫。
不知栖凤来多少，凤去人归竹寂寥。

清胜轩夜话

残灯结花满堂红，酒兴未已诗兴浓。
寒云矗星锁翠空，一林幽竹夜呼风。
逸士倚楼啸玉龙，蝉声泣露落梧桐。
把手论文开心胸，黑甜相催话未终。
香篆飞蛇穿帘栊，邻鸡唤晓何处钟。

摩挲醉眼栏干东，茶铛无火召玉童。
三子芒鞋七尺筇，踏破青山绿几重。

夜宴清胜轩吟呈倪梅窗、吴道士隐南

山前浩歌觉声干，长啸直入碧云关。
梅窗主人携百壶，一夜谈话秋雨寒。
灯红吐出玉虫巧，道人大啸拍床吼。
连榻隐南吴庚契，要看纸上生蛇走。
停杯撑眼发诗颠，横捉一笔半欲眠。
笑把昆仑蘸沧海，写出新词数万篇。

题清胜轩壁

奇花两朵香一炉，片心无事便清虚。
壁头有琴床有剑，浩歌梵曲声虚徐。
物外志趣本不俗，山轩清胜万事足。
自劝之酒三两杯，无争之棋三两局。

再题清胜轩

满林幽竹夜来风，南极一点飞寒空。
玉炉异香绕琳宫，此间知有神仙翁。
清胜轩中颇幽绝，白须道士持檀笏。
眉毛掀起溪上云，眼光烁破峰头月。
琼房壁上挂瑶琴，把剑舞罢千古心。
蓬莱一别醉吹笛，今日一见歌长吟。
天只呵道绿烟起，满前王赵皆珠履。
倦虬缩尾青蛇死，弹指倾倒天河水。
砂篆一挥走神鬼，雷电霹雳动天地。
信知妙用古所无，犹未收拾归天衢。
月冷风清白鹤唳，宝旛飞霞绕玉壶。
武夷散人好诗酒，昔者见君今番无。

题清虚堂

月移花影来窗外，风引松声到枕边。
长剑舞余烹茗试，新诗吟就抱琴眠。
酒醅初泼青螺髓，香篆常烧紫马鞭。
九曲溪头冲佑观，清虚堂里有神仙。

初见懒翁诗

一掬精神迥出尘，懒翁自是不凡人。
渊明松菊径犹绿，灵运池塘草正春。
已把芝田栽枸杞，不将苔砌辗蒲轮。
家传衣钵归龙凤，自指冰壶嗣颍滨。

赋诗二首呈懒翁

惊秋镜里鬓边星，到处溪山皆洞庭。
怒雨打莲欹沼绿，颠风掣竹过墙青。
趁船紫燕辞芹渚，缩颈白鸥眠蓼汀。
荷笠欲寻懒翁去，带些爽气入疏棂。

懒翁老白结忘年，秋入淡烟疏雨天。
醉把黑甜圆个梦，时将草圣放些颠。
杖藜还尽溪山债，杯酌结交风月缘。
梭督青童驰讷椠，鳞烦柴吏馈雄篇。
金华都似一楪大，却贮两枚诗酒仙。

六言六首呈懒翁

倦子冷居姑射，居士高卧毗耶。
钝置诗盟酒约，只自焚香吃茶。

酒恶频将花嗅，睡酣便把茶浇。
秋到梧桐枝上，夜来风雨潇潇。

金体青如竹叶，玉娥白似莲花。
闻君微恙脱体，杖藜欲访君家。

莲蘂嫌风狼藉，稻苗得雨精神。
翻忆武夷九曲，去秋舣棹溪滨。

醉时枕上化蝶，睡起笔下生蛇。
日长心下无事，饥来只是餐霞。

秋雨织愁成段，暮云过眼生花。
栖凤亭中寂寞，武夷旧有仙家。

暮抵懒翁斋醉吟

旋开白酒买莲房，满泻桐膏炤玉缸。
月女冷窥青斗帐，风神轻撼碧纱窗。
公疑我是今皇甫，我恐公为昔老庞。
醉后唾珠粘纸面，笑将笔力与人扛。

白莲诗

渊明归西天，不作东林社。
不见张昌宗，无人举此话。
谁家栽绿荷，薰风漾碧波。
波底水晶空，化出玉姮娥。
嫣然冷无语，冰肌卧晓雨。
东君如夏日，此花不受暑。
一点天然香，随风入画堂。
折之置坐隅，窈窕弄玉郎。
忽然心绪变，如睹佳人面。
寄语明月楼，莫贮双飞燕。

炼丹不成

八两日月精，半斤云雾屑。
轻似一鸿毛，重如千秤铁。
白如天上雪，红如猩猩血。
收入玉葫芦，秘之不敢泄。
夜半忽风雷，烟气满寥泬。
这般情与味，哑子咬破舌。
捧腹付一笑，无使心脑热。
要整钓鱼竿，再斫秋筠节。

赠王太尉

笑曳华裾出禁廷，一声长啸万山青。
归来车马如云拥，扫去簪星似梦醒。
红码碯杯斟白酒，碧珊瑚枕倚朱屏。
也须趁取些强学，作个唐人五达灵。

复卢艮庵韵

拟占朝班最上头，官清冷似一天秋。
风花雪月千金子，水竹云山万户侯。
海客盟鸥终不动，塞翁失马更何求。
明窗净几华胥外，蝴蝶翩翩自梦周。

题张知丞翛然轩

不著人间一点尘，翛然一室贮幽人。
清宵瓮下酒中圣，白昼笔头诗泣神。
芳草惜锄怜绿净，落花慵扫爱红匀。
棋声隔断华胥路，自把博山烧暮春。

和叶宰韵题震无咎斋

蜗角蝇头既可憎，如何又问利和名。
学他太古先天妙，合取中庸一点诚。
乾坤所谓日月祖，坎离乃是天地精。
工夫学到震无咎，只字拔茅乘泰亨。

立秋有怀陈上舍

没巴没鼻落一叶，发颠发狂何处风。
九十日暑扫地去，满怀汗珠寻已空。
却烦察判潘孺子，说与上舍陈友龙。
来宵无雨必好月，一樽还要与君同。

梦中得五十六字

醉醒曳杖访松关，正在黄昏杳霭间。
既去复来秋后暑，似无还有雨中山。
涧边几叶晚花落，天际一钩明月弯。
自觉余烟埋屐齿，行行印破藓痕斑。

胡中隐庵中伤春

尽把天工付祝融，东皇归去太华宫。
稜稜山色耸苍玉，湛湛波光浸碧铜。
杨柳入天鸠要雨，海棠落地蝶嫌风。
好将杖屦西园看，万紫千红一夜空。

寓息庵送春

笔下自然诗料饱，天工钉出好山溪。
鱼知水暖不胜跃，莺见花飞只管啼。
树头鸠使妇唤雨，屋后竹教孙出泥。
太白十杯人酕醄，碧桃洞口日衔西。

胡子嬴庵中偶题

道人惯吃胡麻饭，来到人间今几年。
白玉楼前空夜月，紫金殿上起春烟。
闲倾一盏中黄酒，闷扫千章内景篇。
昨夜钟离传好语，教吾且作地行仙。

赠天台老樊

别后俄惊几许春，相逢一笑挹南薰。
灰头土面无人识，不食草衣嫌俗纷。
在浙之台今已久，姓樊名郁寂无闻。
为君传此新诗去，寄与铅山赵翠云。

赠吴草裘

闻道青城有老吴，话头入耳十年余。
偶同婺女无忧客，来到天台撞见渠。
身上衣衫惟素布，口中谈吐尽丹书。
想君已是千余岁，谁道神仙世上无。

寄苏侍郎

往古来今如换肩，我疑公便是坡仙。
满城都没个伯乐，一日可能无乐天。
方且论文俄判袂，不知握手又何年。
忽然铁笛一声响，响到金华古洞边。

天开画楼图

层檐叠口入苍冥，千山万山相送迎。
晴云已抹收未了，溪尾更濯余霞明。
化工朝暮费点染，丹青变态堕深浅。
凭栏展空千里眼，却愁此轴难舒卷。

赠危法师

曾见先生在九华，朝餐玉乳著琼花。
鹿冠夜戴青城月，鹤氅晨披紫府霞。
偶携剑在人间世，未把琴归仙子家。
一笑相逢松竹里，炷香新话啜杯茶。

游杨梓岩

天半秋风鸣万松，芜花半落夕阳红。
寮烟暗锁仙坛古，野草深藏丹灶空。
人采紫芝何处觅，我来白昼不相逢。
一声箫管笑扬袂，秋色满怀诗兴浓。

燕岩游罢与岩主话别

西风吹作此岩游，满目松筠翠欲流。
玉燕不飞明月夜，石钟一振晓霜秋。
惜乎分手便南北，忽尔回头欲去留。
且去人间办丹料，却来山顶结茅休。

题舒氏难老亭

别是人间一洞天，椿松郁郁起祥烟。
德同桂种不知岁，福与水流无尽年。
萱草堂前千古事，莲花池上两神仙。
莱衣戏彩人无恙，结尽溪山风月缘。
三十三天第一天，玉皇殿下袅轻烟。
不知劫数今何代，方是延康第二年。
弱水无船归似箭，华胥有梦且游仙。
携筇难老亭前坐，且结焚香瀹茗缘。

赠琴客陆元章

手持一枚寒水晶，十指击戛如玉鸣。
曲弹白雪阳春调，调有高山流水声。
松梢鹤唳恰夜半，寒烟寂寂风泠泠。
纸衾瓦枕冷如水，展转无梦睡不成。
起来搔首抚一阕，吟罢满山秋月明。

题栖仙馆

好松好竹好溪山，车马骈阗自往还。
行客闻篘新酒白，入门踏破嫩苔斑。
我言物外清幽地，却似廛中阛阓间。
谷粟桑麻空润屋，主人陪接不曾闲。

雨中题旅馆

风搅长空秋雨悬，路如苔滑懒摇鞭。
入门指仆买杯酒，磨墨倚窗吟一篇。
黄竹绕檐黄蚁战，白芦映水白鸥眠。
一声长啸便归去，回首孤村空暮烟。

仙岩金仙阁

寒烟锁断梵王家，一篆博山飞冷蛇。
满天秋雨落琼花，清溪涨绿浸平沙。
老松压石岩争耸，青萝拽树牵云遮。
竹根倒出乌翅斜，夜半寒风搅宿鸦。
木鱼唤粥蝴蝶醒，岩头残月沉丹井。

慵庵

绛阙清都旧姓名，此生落魄任天真。
横窗古砚前朝水，挂壁闲琴几日尘。
幽草莫锄沿石静，落花不扫衬苔匀。
倩风来作关门仆，借月权为伴酒人。
书史无言古滋味，关山不动画精神。
有茶不作蜗牛战，无梦可为蝴蝶身。
一得自家慵底事，幽禽檐外一般春。

怡斋

逸士幽居松竹林，小堂偃枕北山阴。
夜深冷月寒蓬户，晓起清风爽楮衾。
把剑更餐杯面酒，收书破动壁头琴。
自从一见羲皇面，千古谁知养浩心。

天谷庵

半天突出一奇峰，小小茅庵滋味浓。
夹道新松招夜月，满林幽竹唤秋风。

迎人野鸟间关语，恼客岩花烂熳红。
策杖且随流水去，柴门时借白云封。

降真室

琼钟发响彩旛飞，窗外青乌半夜啼。
松竹无言争地静，星辰可摘觉天低。
黄云屋角腾金辇，素月檐头放玉梯。
稽首紫皇初宴罢，步虚声断乞刀圭。

赠慵庵卢副宫

山色凝云翠几重，鸟声惊落夕阳红。
要携琴去弹秋月，且掇棋来著晚风。
一度醉眠知事少，数番吟畅觉心空。
慵庵不与人相与，关上柴门滋味浓。

卢叔裕清贫轩

一味逍遥不管天，日高丈五尚闲眠。
溪鱼村酒别般味，野蔌山肴不用钱。

瓮牖荜门关小径，干柴白米煮清泉。
有时拄杖青松畔，便是人间快活仙。

劣隐

世态炎凉觉鼻酸，洞门空掩绿烟寒。
仗三尺剑临风舞，把一张琴对月弹。
斫竹数竿容水过，倚松半日执经看。
山林心绪得闲处，好炼长生不死丹。

思微堂

访灵宝观，咏思微堂，灵宝中盟箓有思微定志券，因以命名，取为之吟曰：

思微堂里自冲虚，高士闲居兴味殊。
月冷花开数朵静，风清鸟过一声孤。
谁知心上工夫妙，欲觅人间俗累无。
九转内丹成也未，快骑白鹤去天衢。

题上清法堂壁

秋雨悬天风作寒，冷烟锁住屋头山。
半岩飞鸟一声过，峭壁断云千古闲。
世俗不知幽静处，神仙隐在有无间。
夜来小艇篙脱手，醉把霜笻入翠湾。

太虚堂

满堂冷静爽精神，不著人间一点尘。
檐鹊噪风呼薄晚，庭花飘露落残春。
华胥上国今无梦，龙汉元年古有身。
香篆飞从窗外去，云梢孤鹤唳何人。

三华院还丹诗

绛宫无事绝尘埃，坎虎离龙战几回。
白雪飞空铅蕊绽，黄云覆鼎汞花开。
龟蛇抱一成丹药，乌兔凝真结圣胎。
夜半瀛洲寒月落，冷风吹鹤上蓬莱。

送江子恭三首

我欲杨村结草庐，不知踪迹又江湖。
回观咫尺如天远，自别丰标仅月余。
忽一二时思故旧，整千百里望音书。
忆君不忍忘怀处，一片青云点太虚。

春来行尽烂田畦，云满春空水满溪。
风漾碧波翻麦垅，日晴红雨落桃蹊。
杜鹃声断惊寒兔，蝴蝶梦残听晓鸡。
人在江东寄归信，海棠花谢燕衔泥。

子到铅山我信州，筍舆轧轧又归休。
数程细雨斜风路，一片落花啼鸟愁。
何必便为阮籍哭，不来相伴赤松游。
他年我到蓬莱去，一粒金丹汝去不？

送张大师

自从汝离武夷来，险阻艰难历几回。
江左旅中连值雨，春深路上滑成苔。

鸟啼花片落流水，风惨猿声啸古台。
举眼四山如壁立，教君归去也心灰。

赠杜省元

海外三山一洞天，金楼玉室有神仙。
南柯国里柯岩叟，白马江边马自然。
鲸脯味甘供老广，黄麻饭熟饲彭篯。
金丹炼就炉无火，桃再开花经几年。

淡庵倪清父

地僻人闲春昼长，了然物我两相忘。
薄披明月归诗肆，细切清风入醉乡。
蜡味溪山闲里嚼，虀羹松竹静中尝。
把琴弹破世间事，净几明窗一炷香。

倪敬父柯山

暮云横翠夕阳斜，啼罢歌楼林外鸦。
绿竹弄摇风里影，碧桃开遍雨中花。

三杯淡酒邀明月，一局残棋惊落霞。
人在柯山山上咏，笑挥管笔走生蛇。

酬蒋知观所惠诗

新雁飞来一朵云，读之毛骨耸寒鳞。
展开大句几钩墨，存想先生满面春。
榻上宾朋谈盛德，山中冠褐混凡身。
来朝盥手炷香去，恐是蓬莱相识人。

赞钟

闻道琳宫欲范钟，上皇敕赐万斤铜。
一模脱出等闲事，千古要知陶铸功。
敲得星飞惊落月，撞教云破响呼风。
子今欲为吾皇寿，笑指琼楼贴碧空。

靖通庵

靖通庵外锁晴云，壁莹飞琼瓦叠鳞。
野鸟无心一声晓，岩花有意四时春。

凿开风月长生地，占断烟霞不老身。
虚靖当年仙去后，不知丹诀付何人。

澹庵

平生只要乐清虚，占断人间静处居。
古壁空悬三尺剑，幽窗闲却一床书。
远山喜色日初染，枯木凉声风自梳。
细嚼清闲滋味别，云霞收拾作粮储。

假山

一林幽竹几时栽，怪石花砖砌绿苔。
羽客游岩乘雨至，仙翁采药破云来。
天台犹在眉毛耸，雁荡依然眼睫开。
昨夜摘珠人报道，海边失却小蓬莱。

美周都监祷雨验

旱魃为妖欲请雩，真人问雨几时无。
先将风表投金阙，拟向龙潭下铁符。

弹指雷鸣三霹雳，举头云起一须臾。
笑将斗柄轻轻戽，倒泻银河万斛珠。

别句呈庚契吴高士

一笑相逢在翠微，绿槐高柳借凉时。
只将水竹烟云兴，说与风花雪月知。
日落三杯无事酒，人闲八句自然诗。
来朝云过青山外，回首空闻猿鹤悲？

蒙谷

淡烟轻锁数株松，夜静潇潇古谷风。
云掩草舒青洞绿，鸟衔花落碧岩红。
神仙去后无金剑，仕宦来时有玉桐。
不知此后谁人隐，寂寞南来几朵峰。

梅窗

南窗屋数楹，一点阳和生。
枝上雪妆瘦，墙头风作清。

霜天酒自煖，月夜梦难成。
何处人吹笛，黄昏送几声。

张进甫静寮

脱俗卧云眠，胸中别有天。
壁间五六榻，屋上两三椽。
风月真滋味，溪山旧面缘。
静中有真静，猿啸暮林边。

立秋有感

流年急似箭，日月跳如丸。
炎皇初解印，白帝又弹冠。
方且喜无暑，教人又怕寒。
人生只如许，不觉鼻头酸。

雷怡真小隐送春

天不欲留春，东君暗归去。
碧梧枝上看，潇潇风送雨。

旅邸睡起

云为山积翠，雨倩草添青。
一觉南柯梦，俄然鸟唤醒。

咏四仙

韩湘

白雪满空夜，黄芽一朵春。
蓝关归去后，问甚世间人。

陈七子

一卷无人识，千钟对客谈。
桃花开欲谢，犹自恋寒岩。

何仙姑

阆苑无踪迹，唐朝有姓名。
不知红玉洞，千古夜猿声。

曹国舅

窃得玉京桃，踏断京华草。
白雪满蓑衣，内有金丹宝。

题胡运干别墅

闷来爱竹把花嫌，无事看山高卷帘。
好鸟一声飞过檐，清风著力送银蟾。

博山一炷小蛇寒，无人独自坐蒲团。
柴门却倩冷风关，檐外白云时往还。

咏韩湘

汝叔做尽死模样，雪里出来无意况。
赖有当年花一篮，至今推与闲和尚。

孤萤

夜静乘凉坐水亭，草头隐映见孤萤。
瞥然飞过银塘面，俯仰浮光两点星。

龙虎山祈雨早行有作

两三条电复无雨，六七点星微上云。
鞭起卧龙我骑去，挥戈叱问五雷君。

中秋月

风吹玉露洗银河，爽气平分桂影高。
把笛倚楼人不寐，此心直拟数秋毫。

钱塘江上雪飞花，人在天边泛海槎。
乌鹊一声星斗落，姮娥梳洗去谁家。

千崖爽气已平分，万里青天辗玉轮。
好向钱塘江上望，相逢都是广寒人。

卧云

满室天香仙子家，一琴一剑一杯茶。
羽衣常带烟霞色，不惹人间桃李花。

织机

试神童日，韩郡王令其赋之。

天地山河作织机，百花如锦柳如丝。
虚空白处做一疋，日月双梭天外飞。

舟行

山锁晓烟迷紫翠，花凝宿雨间青红。
快帆幸自泛新绿，乞与一篙东去风。

上清宫方丈后亭

三四声猿叫落月，六七竿竹呼起风。
夜静无人知此味，还他方丈拙庵翁。

赠吴道士

香篆之余，玉童荐觞，对谭诗味，心思风清，僭有一绝，斤斧可也。

延陵大士诗中虎，接武黄陈肩李杜。

无盐争敢陋西施，也向雷门声布鼓。

赠何道人

冠褐满天下，几个能贤贤。
忽来龙虎山，结这粥饭缘。
方丈最高处，幽居今几年。
一双岩电眼，识尽地行仙。

汞虎铅龙炼气神，黄芽昨夜一枝春。
刀圭底事如何会，伏虎朱砂匮水银。

赠张知堂

清河知堂武当来，左日右月双眼开。
高卧云堂留梦醒，笑骑白鹤归蓬莱。

赠云谷孔全道

凝神爽气炼金丹，七返从来有九还。
昨夜一声雷霹雳，不知人已在泥丸。

赠胡葆元

业儒为见儒多误，学道缘吾道化贤。
且把功名权架阁，抱琴随我去修仙。

赠薛氏绳歌

其青节如竹之青，其白气如梅之白。
有时抱置假山边，被人唤作谪仙客。

赠薛氏振歌

麒角独异凤毛轻，得龙之秀龟之清。
麟凤龟龙谓四灵，尔曹骨气同峥嵘。

与赵寺丞

汞铅不在身中取，龙虎当于意外求。
会得这些真造化，何愁不晓炼丹头。

题潘察院竹园壁

夜雨洗开千翡翠，春风撼碎万琅玕。
满林鸦鹊卧明月，铁笛一声烟正寒。

赠徐翔卿之别

桃花落地雨漫漫，子乃担簦过万山。
临别有些无尽意，篇诗送子到崇安。

题莫于山

封到半天烟霭间，一卷仙书一粒丹。
城北城南无老树，又吹竹笛过前山。

题胡子山林檎坡

洞宾踢碎金葫芦，夜半姮娥下蕊珠。
但见满天尽角角，不知春去鬼揶揄。

颐庵喜神赞

江月射双眼，岩云飞两眉。自是上饶一团和气，点化自家方寸真机。能落笔，作泣鬼神之诗；能坐石，下烂柯之棋。千人万人瞻礼不已，笑骑白鹿独步天墀。

隶轩真赞

骨气已神仙，玄圃挺生贤。面上四时春，心次一壶天。人皆就法门，栋梁上踔他光景；我道隶轩高士，志趣飘然。若也未知涯涘，为君指出言诠。丹成若未归蓬岛，且结溪山风月缘。

潘龙游喜神赞

龙章凤姿，既非嵇叔夜；燕颔虎颈，又非班定远。机鸣籁动，听其自然。虚心何物，何增何损。花满一壶春色好，半斑顿露与人看。

郭信叔喜神赞

万丈崖头立一梯，百丈竿头垂一手。绵团裹铁云包月，麒麟海里翻筋斗。回天拓地立教门，斩新气概鼎乾坤。倪王人指碧溪水，尽是渠侬无尽恩。谁乎冲靖之上足，郭信叔者也。

薛直岁喜神赞

和风满面紫芝春，双脸常如酒半醺。
法箓把除符券柄，宗门立尽栋梁勋。
凤冠夜戴琼林月，鹤氅朝披玉洞云。
自是神仙真气象，多生曾是薛真君。

吊刘心月

刘妙清入水而逝，我来吊以一章。

汨罗江上水呜咽，鱼鳖不知老龙泣。徒棹龙舟何处寻，何不办取屈原生前一枝楫。大吴江边伍侯庙，夕阳满树闻啼鸟，行人过此焚纸钱，何不办取子胥生前一杯酒。屈伍死后今寥寥，其名千古如一朝。江边垂泪知几人，冰魂雪魄不可招。哀哉道人刘心月，其身贫甚其性烈。少年虽落风尘中，末后猛省自摆脱。其心虽美其名腥，一旦死于武夷溪之滨，却将九曲溪中水，洗却千愁万恨身。曹娥寻父尸赴水，死作妇女英灵鬼。柳翠萧琼俱水亡，但见渺渺一溪水。汝何不自忍些忧，又却结愤满心头，冰肌玉肤落潭碧，黄昏风惨水空流。武夷溪九曲，无人垂钩水空绿；武夷三十六峰峦，无人结草惟在山。月明寻之不知处，尚自哀猿声不住。那堪一夜潇潇雨，使人吟尽哀惨句。休，休，心月君亦贤，人生不死空百年。掀翻四大惊鱼龙，踏破碧潭深处天。李白骑鲸去捉月，知章水底眠霜雪。古人犹自水中逝，皆得水化超生诀。吾与心月系渠师，来此惨惨烟正飞。天空水寒千山暗，酌水一酹心含悲。西风吹此两行生铁汁，去作笛中声又急。

化修造仙掌

一溪横绿，满林幽竹戛琅玕；两岸环青，帀地苍苔铺翡翠。乃飞锡登鸾之所，作留云驻鹤之居。翻盖鸳鸯化现，瑠璃宫殿雕妆。蝴蝶森罗码碯垣墙。相逢皆是神仙中人，必竟会得山林下事。

为人与烟壶高士求翠虚妙悟全集书一幅

即斯时江上，一叶枫向淡云新月之外，状出秋意，山林中人，心境两清爽矣。尝于水云中慕韩景李之久，南风北枝，未之面面。海南先生言：烟壶高士，冲炼太和，白膏盈体，天女散花，道候真净，古熙口与心。言瀛山道院，闻有翠虚妙悟全集，正在濄中能周旋，此人回否？秋气满杖屦，况此六百里清妙溪山。鞭青牛，遡汗漫，访我于崆峒之间否乎？睥睨论金兰，翘首望胎早圆，云鹤一长笑耳。

怀仙吟

神童往矣，仙佩远矣。惜乎失话别于交臂之顷，令人不能忘怀。有激于中，遂作《怀仙吟》，以表区区慕用之诚。时嘉定八年七月二十七日也。

我怀仙兮神仙侣，霞裾摇曳兮居何所？
见鹤长吟犹可覆，蓬莱果在半步许。
空留墨宝落人间，字字成行秋雁序。
正心诚意语尤奇，谁识忘形相尔汝。

见鹤吟

午吟三华院，忽有仙鹤十二只，玄裳缟衣，飞鸣盘舞于其上，因作《见鹤吟》，呈倪梅窗卢副宫。时七月二十三日也。

纸上画仙挂古壁，朝朝暮暮被烟熏。
泥塑钟离木雕木，不是元皇大道君。
近来尘世无丹诀，哑口道人俱不说。
武夷散人不辱仙，只图一日三垸雪。

白鹤白鹤何方来，丹墀绛阙几时开。
空中莫作嘹唳声，片云冷风何快哉。
鹤作声时我无耳，鹤振羽时我无眼。
蓬莱只是半步许，一生且做老担板。

题玉隆宫壁

旌阳归去大康年，石灶灰寒古洞前。
笑斩白龙横蓼岸，醉骑黄鹤步云天。
金丹玉屑不复得，铁臼石函犹宛然。
四十二口家何在，猿啸西山柏树烟。

倪昭卿赋赠叶神童

叶神童弃儒术，从赤松子游，道高德粹，而形骸土木，丰神峻拔，不事修饰，其神仙中人也。邂逅，祷雨来归，深以不及，款陪清高之论为歉敬，裁斐句寓乡慕之诚，切幸教之。

神童之貌清且奇，神童之道传希夷。
入室三年丹已熟，肌肤绰约光离离。
结缯自覆有余乐，晔晔紫芝堪疗饥。
跳入壶中人莫见，朝游五岳暮瑶池。

有时混世来尘境，短发鬅鬙满面垂。
顷刻龙蛇生笔下，为将高兴寄新诗。
我疑虚静乐山水，来归旧隐挂冠緌。
愿策浮云飞碧落，致身绛阙长相随。

又

神童天纵何聪明，十幅一息增荣名。
若非唐朝李太白，靖通真人当复生。
击石轰雷惊四座，宝卷拈出安群情。
八卦五行有妙用，金丹大药自然成。
布衲蹁跹贱罗绮，银钩婉娩鬼神惊。
仙山便好留仙佩，何必蓬莱顶上行。

忆神童歌

高怀落落如可羁，芳辞葳蕤谁摘奇。
我独一览如醉痴，恨不快睹紫芝眉。
望美人兮天一涯，面不相识心相知。
青牛不跨策蒺藜，金波停饮忘醇醨。
句高耿耿横虹霓，列星北斗不敢辉。
玄猿号木骥缩蹄，霜鹘挛翼鬼神悲。
天籁自鸣非嘘吹，肯与蛙蚓湫污泥。
何当握手谈玄机，蟠桃未熟香难期。
金牌玉字空陆离，碧云谩锁骞林枝。

谪籍尘寰辞玉墀，凡埃俗气非所宜。
世缘未了如沸糜，徒将姹女媒婴儿。
丹霄玉韶何时飞，青鸾久约宴瑶池。
他年骑鹿相追随，玉笥山前同采芝。

跋语

嗟予慕道今几年，检尽丹书要学仙。
铅汞混融无法度，求金交结欠因缘。
抽添徒泥《传道集》，沐浴不解《悟真篇》。
从来玉诀不传注，莫将纸故徒穷研。
半语轻逢至人授，要断江山一回首。
精勤作用有阴阳，反复短长分前后。
黄婆媒娉岂因脾，金晶飞跃不在肘。
若能夺得天地真，始与天地同长久。

修职郎、新建宁府崇安县尉、翠云子赵汝渠，焚香稽首跋。

盘山语录

《盘山语录》，金元道士王志谨与门人论道的语录。王志谨，号栖云，是金元时期著名的全真道士，曾师从郝太古，并受到丘处机的影响。他的教学活动主要在盘山进行，门徒众多，对后世的道教发展有着重要的影响。《盘山语录》包含了王志谨对性功修持的见解和指导，涉及道德修养与内丹修炼等多方面的问题，被视为初机学道者的指南。

语　录

时老师在盘山普说云：大凡初机学道之人，若便向言不得处理会，无着摸，没依倚，必生疑。为心上没工夫，便信不及，则必不能行；行不得则胡学乱学，久而退怠。今且说与汝等，眼前见得底、耳里听得底，信得及处行去，从粗入妙，亦不误你，虽是声色，便是道之用也。

如何是信得及处？汝岂不见许大虚空，及天地、日月、山水、风云，此不是眼前分明见得底，便是修行底榜样，便是入道底门庭也。且如云之出山，无心往来，飘飘自在，境上物上，挂他不住，道人之心亦当如是。又如风之鼓动、吹嘘万物，忽往忽来，略无滞碍，不留景迹，草木丛林碍他不住，划然过去，道人之心亦当如是。又如太山，巍巍峨峨，稳稳当当，不摇不动，一切物来触他不得，道人之心亦当如是。又如水之物，性柔就下，利益群品，不与物竞，随方就圆，本性澄淡，至于积成江海，容纳百川，不分彼此，鱼鳖虾蟹，尽数包容，道人之心亦当如是。又如日月，容光必照，至公无私，明白四达，昼夜不昧，晃朗无边，道人之心亦当如是。如天之在上，其体常清，清而能容，无所不覆；地之在下，其体常静，万有利而一不害，道人之心亦当如是。如虚空广大无边际，无所不容，无所不包，有识无情，天盖地载，包而不辨，非动非静，不有不无，不即万事，不离万事；有天之清，有地之静，有日月之明，有万物之变化，虚空一如也，道人之心亦当如是。

道同天地，其用若此。常体其中，工夫到日自然会得，动用合道，自有主者。若便不见言，思路绝处则失之矣。既入玄门，各宜勉之。

或问：初学修炼，心地如何入门？

师云：把从来私情眷恋、图谋计较、前思后算、坑人陷人底心一刀两段着；又把所着底酒色财气、是非人我、攀缘爱念、私心邪心、利心欲心，一一罢尽。外无所累，则身轻快；内无染着，则心轻快。内外轻快，久久纯熟，自无妄念。更时时刻刻护持照顾，慎言语、节饮食、省眠睡，表里相助，尘垢净尽，一物不留，他时自然显露自己本命元神，受用自在，便是个无上道人也。

师示众云：修行之人，乡中便了道也休住，酒肉食了飞升也休吃，眷属便是神仙也休恋。众人爱底休爱，人都非底莫非。自己浑是莫认，睡里得道也休睡。不是好伴休合，无益之言莫说。遇事成时休喜，遇事坏时莫忧。胜如己者学之，不如己者教之。人亏己者福也，己亏人者祸也，言过行者虚也，行胜言者实也。有欲情者人事也，无尘心者仙道也。肯低下者高也，肯贫穷者富也。返常合道，顺理合人。正道宜行，邪门莫入，通道明德，体用圆成，是谓全真也。

师云：修行之人，大忌说人长短是非，及人间兴废。一切世事非干己者，口不可论，心不可思，但说是非，便是昧了自己。若专炼心，常搜己过，那得工夫，管他家屋底事。但凡为人，须有好处，宜相仿效他。人恶处，自当回避，更莫关心，渐到休歇也。

师云：天地者，万物之父母也。天无不盖，地无不载，岂分别这个好、那个恶？一般盖载，一般照临。故凡在人上者，乃是天命教在上，当似天一般盖覆、安养、存恤一切在下底人，不可分你我尊卑。凡在人下者，亦是天命分定在下，当似地一般承奉于天，敬仰听从在上之人，不敢分毫怠慢。既在天地之间，必须合天地之道也，不然则分外妄作，有刑罚凶祸矣。

师云：因缘有数，非乃人为，必顺自然，安时待命。内功外行，全在自心，自能着力，自己有功。行与不行，各各自得，教门不开，须当隐伏，心与天通。教门既开，外功亦应合天应人。功不厌多，行不厌广，但在此心坚固，乃可成就也。

或问曰：某下三年死工夫，可以脱得轮回么？

师云：修行之人，当立决定志，时时刻刻精进炼心，不预未来，岂敢内存胜心，便望超脱。昔有道人初出家来，乃大言云：某觑轮回小可，着些工夫便是免了。有志下功，不测笃疾缠身，数年不愈，渐消其志。此岂可以胜心为之哉！

师云：参道之人不厌参问，如人行路，勤问则不迷。人间小伎，无师则不得，况兹大道，视之不见，听之不闻，初机不遇，凭何了悟。苦中之大，莫过生死，不亲近至人，如何免得。故有云：古人学道非草草，侍奉真师直到老。若不知下手去处，又不亲近达人，虽有志行持，千差万错矣。

师云：修行人把自己从来心上染习得偏重底念虑，着工夫、用气力煅炼，难舍着舍去，乃至此身限到也要舍。况在心上底，但是虚妄，一一除尽，便无烦恼碍也。若身外底一切事、一切物，不足留心；眼前来往，与蚊虻相似，拂去则快便。自心上难遣底遣去者，那里便是轮回种子也。昔长春真人在磻溪时，常有虎豹，寅夜往来，晨夕出入，或生怖惧，即欲藩篱。复自思惟如此境界，有此怖惧，便欲遮护，毕竟生死回避得么？却便休去。兀兀腾腾，任生任死，怖心自然无之，以至生死境中，巍然不动，种种结缚，一时解脱。此是难行处行也。

师云：修行人但见人事好处效仿者，不可见他人过，却失了自己。也不得递相是非，但存是非，自心不正，久进不得。正能掩邪，邪常谤正，凡有我相常谤人者，不明自己，及是外道邪宗也。若有正知正见，必于自己心上体究偏邪、搜求过失，若管他非，非正人也。

凡住丛林，云集方来，岂得人人一等，个个同条。喻如泰山，万物毕备，有不材者，有成材者；有特立者，有依附者；有灵苗瑞草也，有荒榛荆棘。种种不同，随性任运，自有次第。山体巍然，元无拣择，一一含摄，流水种石，茂林丰草，兽走禽鸣，尽如神仙妙用。彼各相资，如蓬如麻，不扶自直，天地长久，各得成就。若欲绝长补短，变青作黄，岂惟各不得安，抑亦失其本性也。

师因众议住持山门，乃云：修行之人住持山门，须量气力，运动简省，轻快过日，不可与世俗一般，争名竞利，却失了当初本心，却忘了性命大事因缘。当权外而实内，遇难处宁奈，愈磨炼此心，不肯处肯者，若处当者得心安，稳处不动，接待十方，自利利他，安心积行，功行两全矣。若不炼心，认物为我底，则一向悭贪，习性窄隘，罪过寻俗，误却前程矣。

师到长真观，夜坐对众普说云：初心出家，未能独立，虽仗丛林，或结伴道友，递相扶持，不至偏颇。然有三等，有云朋霞友，有良朋知友，有狂朋怪友。凡有志节，炼心地，究罪福，绝尘俗，逍遥方外，同志相求，遂为笃友，此等谓之云朋霞友，以其心与云霞相似，尘事碍他不得故也。又有习学经教，琴书吟咏，高谈阔论，褒贬是非，此等谓之良朋知友，以其不炼心，亦不能作恶故也。又有一等不治心地，不看经书，不顾罪福，出语乖讹，作事诳荡，触着一毛便起争斗，夸狂逞俊，恃力持胜，欺压善良，相率成党，此等谓之狂朋怪友。此三等人身谢之后，各有安置去处，随其功业，各得受报。

其云朋霞友，升入无形，游燕玉京，或为神仙，或为天官。其良朋知友，尘心未尽，不出人伦，往复受报。其狂朋怪友，受了十方供养，全无功德填还口债，或堕酆都，或堕旁生轮回苦趣，若到如斯，悔之何及？聪明达人，细细思之，各寻长便。

师因劝众住丛林，乃云：丹阳真人有词云：学道住丛林，校浅量深，选择其善作知音，如是未能明至理，挈领提衾。凡在丛林，递相指发，提纲振领，共修无上心地大法门，非小事。有等无见趣底，不寻知友，不住丛林，谩说云游，不论心地，千山万水，南去北来，空费草鞋，只寻便宜自在处，触着磕着，又早走。如此出家，不知甚么是自己紧切处，不知怎生过日，只图自在便是了也。殊不知，前面有底生死，决定到来，看你着甚枝梧。岂可因循过日，虚度时光也。当初出家，图个甚么？

师云：修行之人，性有利钝。性钝之人不可坚执，宜住丛林，低下存心，与达理明心底人结缘纯熟，自然引领入道，渐次开悟。若自性钝滞，又无见趣，每日与同类相从，交结尘俗，尘缘熟，久必退道，或遭魔境，作地狱见，无人救援，一向沉堕，深可痛哉。

师云：出家人久居丛林，朝夕训诲，尚且乖疏因循不进，道心渐减，尘事日增，放荡猖狂，不能虚静。况在俗中孤行独立，尘情荏苒，爱境缠绵，障道因缘，头头皆是，不自知觉，虽遇圣贤，不能劝化。百端扭捏，诳惑闾阎，迤逦沉沦，福消业长，渐渍深重。若肯回头，犹能救得。合尘背道，无可奈何，地狱不远矣。

师因人议：住山乃修行之人，物来要识破，境来要应过，应过一番，便同应过一。举：昔有道人住山，草衣木食，誓不下山，以为屏尽尘俗之累。一日，或有二人各持兵仗来索饮食，先生便煮山果以待之，果及软，其一人就釜中，手取而尝，怒而言曰：此等与人食？便欲触去釜底。先生初不言，见此二人怒色兼以恶言激切，先生密谋，乃因事出外，探得所藏之棒，手按大呼云：二人出来，尔等未必近得我。二人出门笑曰：先生住山，养成如此胜心，不如下山作俗人去。二人遂行，望之忽不见。先生方疑是圣贤校勘，悔之而已。此是境上试不过也。

师因众议不动心，乃云：昔山东有道人，于师父处自言炼尽无明火。师云："无明火尽则心不动，便是好人。"他日，师父密遣试之。日暮，造门，庵门已闭，其人厉声以杖大击其门，先生内应已声不顺，勉强开门，来人形状躁暴，先生见之，颜色已动。又至堂上，其人不解屦，跳上坐，殊无礼貌，先生大怒，深责其人。其人拱手笑曰："某非敢如此，师父使来校勘先生不动底真心，今未及试已见矣，不须再勘。"其人大惭，无言可对。大抵修行人虽有工夫，岂敢自矜，不觉时便勘脱其实。到灰心槁形，则却无自夸之念，既自夸，便勘脱矣。便直饶到得不动，向上更有事在。

或问曰：守圆之人其功如何？（圆者，环堵也，中起一屋，筑圆墙围之，别开小牖以通饮食，使人供送也。绝交友，专意修行也。）

师云：昔长春师父在京时，行至一观，后有坐圆者。其众修斋次，有人覆真人言："圆中先生欲与真人语。"真人法旨，令斋毕相见去。不意间，真人因出外，寻及圆所，以杖大击其门数声，圆中先生以为常人，怒而应之，真人便回。斋毕，众人复请以相见，真人曰："已试过也，此人我心尚在，未可与语。"遂去之。大抵居静，本为性命事大，收拾固济，涵养为功，遇境不动，乃是验也。今此击门之声是境，应者是心，心若忘我，如同灰灭，有明亦无大焰。遇境不动，安祥应过，便是心上有工夫也。今闻些子虚声，便早动心，一切恶境怎生过去。虽居圆中，济甚么事。受人供养，口债怎生还得，却不如于众中琢磨，炼此顽心，他日矿尽金出，却是个有见趣底人也。

师云：昔长生真人堂下有当厨者，众皆许其柔和低下，未曾见动心。真人知之，令人试之，密使人早晨于厨所用什物，移之他处。其人造粥，渍米及釜，急求匕杓不得，以至溢出，乃大动心。真人见之，教云："有饶溢尽，只是外物，何销坏心。"其人方省，礼谢而已。

师因有作务，普说云：昔东堂下有张仙者，善能木匠，不曾逆人，谦卑柔顺，未尝见怒形于色，众皆许可而尝赞叹，遂问于真人。真人曰："未也试过，则可喻比黄金，不炼过不知真伪。"一日令造坐榻，其人应声而作。工未毕，又令作门窗，亦姑随之，已有慢意。工未及半，又令作合子数个，其人便不肯，遂于真人前辨正，欲了却一事更作一事。真人乃云："前因众人许汝能应人不逆，未曾动心，今日却试脱也。"修行之人至如炼心应事，内先有主，自在安和，外应于事，百发百中。何者为先，何者为后，从紧处应，粉骨碎身，惟心莫动。至如先作这一件又如何，先作那一件又如何，供是假物，有甚定体。心要死，机要活，只据目前紧处应将去，平平稳稳，不动不昧，此所谓常应常静也。

师因作务有动心者，乃云：修行之人，外缘虽假，不可不应。应而无我，心体虚空，事来无碍，则虚空无碍万事，万事不碍虚空，如天地间万象万物皆自动作，俱无障碍。若心存我相，事来必对，便有触拨，急过不得，筑着磕着，便动自心，自心既动，平稳不得，虽作苦终日，劳而无功也。居大众中，及有作务，专防自心，不可易动。常搜己过，莫管他非，乃是功行事，临头上便要承当。诸境万尘，不逐他去，自己明了，一切莫魔。如此过目，初心不退，自获大功也。

师因人论居圆守静事，乃云：昔有道人坐圆有年。一日，众人请出，随意行止。其旧友见而问曰："师兄向静处得来底，于闹处可用未？知师兄得到端的不动处也未？"其人傲然，良久不言。友人进云："某有试金石，可辩真伪，师兄试你数年静处得来底心，看如何也？"其人云："静处有甚么可说。"友人曰："似恁么则披毛带角，还他人口债去也。"其人忿然大怒，以至出骂，友人笑曰："此是圆中得来底，果试出矣。"其人遂怒，终身绝交。此人盖不曾境上炼心，唯静坐百年，终无是处，但如击马而止者，解其绳，则奔驰如旧矣。

师云：昔东堂下遇雨，知事人普请，不择老幼搬坯，众皆竞应，惟一老仙安坐不出。事毕，大众团坐，欲纠老仙，有言于长春真人者，真人呵之云："坯尽坏，直几何？一人炼心端的到休歇处，如宝珠无价，且量各人心地用事去。"大抵教门中以得人为奇也。

或问曰：某于山中独行独坐，亲见山神报未来事，是真么？

师云：常人之心，依着万尘，蒙昧不明。初机出家，磨炼尘心，偶然得静，乍得静境，便生别个景象，神头鬼面，认得心地，乃自欢喜，歌无不休。或有自见知未来事者，或空中闻人预报前事及有应验者，或有亲过去师真神人来到目前嘱付心地事者，若有心承认，便是着邪，若不除去，养成心病，无法可疗。岂不闻古人云：见闻觉知，亦是病患。况是眼见耳闻心思底，皆属声色境界。岂不闻古人经云：视之不可见，听之不可闻，言之不可及，思之不能至也。今于声色上认为真，便是落邪道也。昔有道人静坐中，或觉口中有酒味，又梦见人送酒，明日果有人送酒来。此是心空神应，不为奇特，认之则为着邪道也。又有道人，坐中忽然神出外，游数百步复回，乃见本形依然端坐，如是数次，亦不为奇特，乃与平常念头出外一般，只为些子分明。若认为功，便是着邪也。俚语云：万般祥瑞不如无，平常安稳却合道。

师云：修行之人，静中境界甚有多般，皆由自己识神所化，因静而现，诱引心君。岂不闻古人云：凡所有相，皆是虚妄。心欲遣识，识神尚在，便化形像，神头鬼面，或乱心主。若主不动，见如不见，体同虚空，无处捉摸，自然消散，无境可魔，无物可坏也。昔有道人，心得休歇，一日坐间，忽见恶鬼无数，乘空而来，其人安定此心，体若太空，冥然不辨，拚此身任死任生，其魔自散。为有主在，寂然不动，岂有魔魅。妄心未尽，故显此相，体性湛然，则泯自矣。

师云：昔有住圆者，闻人说地面，既入圆中，要见地面，心存此念，随念应现，不知是假。耳里闻底属声，眼里见低属色，心上想低属妄。

便见金童玉女、真仙圣贤，现形白日，亲亦是虚妄境界。妄念所作，便认是地面，更不可破除，谩糊一世，着邪着祟。殊不知地面是古人心行到平稳休歇处，故有此名。如人住处，治平荆棘，扫除瓦砾，其地平整可以居止，名为地面。修行之人，心地平稳，事触不动，便是个不动地面；万尘染他不得，便是个清净地面；露出自己亘初法身分分朗朗，承当得，便是个圆明地面。凡言地面，亦有边际去处，若到无地位、无方所、绝名言处，乃所谓玄之又玄也，如此，岂可以眼见耳闻心想底便是了哉？

或问曰：学人本谓生死事大，求之不明，其意如何？

师云：一念无生即无死也，不能如此者，盖为心上有情，性上有尘，搬弄生死不停，欲求解脱，随过即追，追之又追，以至丝毫不存。源本清净，不逐声、不逐色，随处自在，虚静潇洒，天长地久，自明真宰。盖心正则事事正，心邪则事事邪。内既有主，则人爱底不爱，人嫌底不嫌，从来旧习，般般勒转。六识既空，真宰常静，更有何生死可惧。若到如此田地，却有一向没收没拾、伏藏不住、似着邪祟底一般，向外驰骋，狂狂荡荡，便是神气散乱，作主不得，便认作真欢真乐，却不知无欢之欢乃真欢也，无乐之乐乃真乐也。学古之人行歌立舞，殊不知当时亦是解粘释别有得处，以此自乐，岂肯纵心颠蹶，以诳惑人世哉。

师因众论智藏开时，辞源涌出，乃云：修行之人，初心离境，如镜乍明，智藏忽开，举意成章，不可住着。若心印定，不感而用，变成狂惠，则了无功，只是神用，非道体也。不可驰骋以为伎能，但涵养则有功也。

或问曰：未来过去则不问，如何是见在心？

师正视云：此不是见在。复低头云：此不是见在。又问云：你会得也未？

其人笑云：会不得。

师云：大开眼着一个见在也不识，更说甚过去未来。

或问曰：既往者不追，未来者不预，见在当如何？

师云：灭动不灭照，更要会得这个灭动底是谁，得则权柄在手，灭也由你，不灭也由你。

或问曰：如何是定性？

师乃移位近前，正身默坐，良久云：你问甚么定性？

其人不省，傍有先生起而稽首谢之。

师云：张公吃酒李公醉。其人尚未悟之。

师云：学者不寐，本以炼心为事，若不收心，济甚么事。至如赌博、奕棋、纺绩、罗磨之人，夜夜不睡，则是得道底人也？此等之人，十二时中，利心诱引，只是贪财，搅扰心灵，如蚊虻咂肤，故不得眠。修行之人不同于此，睡是一欲，若不换过，滋长邪妄，暗昧不通，盖属阴界。如人防盗，端然坐待，其盗自退。专以炼心，恐致流荡，谓此一心，本无定体，在阳则明，在阴则暗，熟境不存，无为清净，性珠明了，此所以昼夜不寐也。

师云：修行之人，为此顽心，自从无始以来，轮回败骨，如山之积，万生万死，以至今日，方省前非，欲求解脱。是以昼不敢食，夜不敢眠。炼此顽心，要般般尚俗颠倒，方可中用。若不炼心，见人不睡也，如此做造，心念如毛，触着便发烟火，至如百年不睡，济甚么事。顽心不尽，依旧轮回。欲要换过此心，不论昼夜，时时刻刻，动里静里，把这一片顽心裂教粉碎去，方可受用。元本真灵与天地相似，然后动也是道，静也是道，开口也是道，合口也是道，要别求甚么，便是个脱洒底道人也。

或问曰：自来修行之人，必先立志，如何是志？

师云：每在动处、静处、一切境界里，行住坐卧，念念在道，逢魔不变，遇害不迁，安稳处亦如此，巇崄处亦如此，拚此一身，更无回顾，精进直前，生死不惧，便是个有志底人。故经云：强行者有志。

师云：修行之人须要立志节，及至有志节，却为固执，固执则事物上不通变，及至事物上变得，却便因循过日也。以此，学者如牛毛，达者如麟角。大抵学道之人先要归宗祖，决要有志节，须要识通变，专一勤行，久而不已无不成也。

师云：道人炼心，如铸金作鸡，形像虽与鸡一般，而心常不动，独立于鸡群，鸡虽好斗，无有敢近傍者。体道之人，心若聚寒灰，形如曳槁木，天下之心虽有好争者，不能为争矣。故经云：夫惟不争，故天下莫能与之争。

或问：向上一事，人人俱足，更煅炼作甚么？

师云：凡心未炼，喻如石矿中有白金，未经煅炼，只是顽石。置之大冶洪炉，炼去滓秽，分出真物。既已成金，不复为矿。修行之人，亦复如此。将来蒙昧染着之心便同顽矿，以志节为大冶，以惠照为黑炭，殷恋煅炼，一毫不存，炼出自己本初无碍底冥心。既已成真，不复为假，当自保护，坚固收藏，会得受用，此便是亘古圆明底无价宝珠也。

师云：自来学道之人，必须苦己利他，暗积功行。若复迷心，非理行事，不惟有辱教门，抑亦自招殃咎。为身为口，不清不俭，与俗无异。如受用十方汗血之物，未是便宜，乐中受了，苦中还他，生死到头，更无伎俩支吾。既居门下，可不炼心。

或问：人皆取乐，道人就苦，何也?

师云：世人不知真乐，以心肯处为乐，被欲心引在苦处，便认苦为乐，每日用心计度，专求世乐不得，忧苦胶扰心灵，永无自在，是谓大苦。学道之人不求世乐，心存大道，遇苦不苦，无苦则常乐，心得自在。凡有乐则有苦，无乐则无苦，心无苦乐，乃所谓真乐也。

或问曰；学道之人甘受贫寒，其理安在?

师云：若但认贫苦饥寒为是，则街头贫子、艰难之人，尽是神仙也。盖修行之人，以道德为心，以清静为念、削除诈伪，贪求妄作一时遣尽，忘形忘我，身外之物，未尝用心。故有云：遮皮盖肉衣，更选甚好弱。填肠塞肚饭，更择甚精粗。唯究生死炼心为事，故不藉形骸之苦也。

师云：修行之人，有一分工夫，便有一分胜心，有十分工夫，便有十分胜心。既有胜心，则有我相，我相胜心作大障碍，如何得到心空境界，灭也却要重添决烈。把自己身心挫在万物之下，常居人后，自念千万不如人者，然后可以遣却矜胜之心。心同太虚，则无我也，无我则与道相应矣。

师云：修行之人收拾自心，如一尊雕木圣像，坐在堂中，虽终日无人亦如此,播盖簇拥亦如此,香花供养亦如此,往来毁谤亦如此。惟此,木像通灵通圣,活泼泼地明道德,一切事上、物上却不住着也。

或问：某念念相续，扫除不尽，如何即是?

师云：朝日扫心地，扫着越不静，若要心地静，擎下苕帚柄。其人拜谢。

师云：修行人当初出家，为此性命事大。岁久不觉为物所搬，却学口头伎俩、百种所能，为奴作婢之事。何以知之？但凡伎艺必欲人前程，似此不是为人所役也？岂是清净无为主人之事。所以道：智者所用而愚者用之，巧者不为巧者所使而拙者使之，辩者说之，默者、听者仔细详之。孰忙孰闲？凡欲修行，心地明白而守愚拙，则天下之智巧者，皆为之使用矣。

或问曰：修行人有言知觉，又云是病，其旨如何？

师云：真知以不知之知，真觉以不觉之觉。元本真灵，蒙昧万劫，今方省悟，乃名为觉，一切知见，皆从此生。若言有知有觉，又专欲常知常觉，乃是自缠自缚，无病自灸也。若一向不知觉，却透入别壳也。既悟本宗，知觉皆是用处，常用即用，不可为常也。

或问曰：学人如何是觉性？

师云：指东画西，这般虚头且休，不如下些实工夫去。谓如心上有底、眼前有底情欲烦恼，人我无明等。喻以面前有天眼大瑠璃滑井，若丝毫不照顾，便堕在里面，万劫不得出。若先见，又识破，方欲下脚，急须退步照顾底，便是你觉性也。若分明堕在人我井里，犹自指空画空，说向上事，如此干甚觉性事。

或问曰：出家人学古人公案者，有学经书者，有云古教中照心是否？

师云：修行人本炼自己从凡入圣，出家以来却不肯以为事，只向他古人言句上搜寻，纸上文字里做活计，寻行数墨，藤葛自缠，费尽工夫，济甚么事。及至阎老唤来，一句也使不得，一字也使不得。一字使不得，却不如百事不知、酩酊过目底却有些似，把如着恁寻趁底工夫，向自己本分事上寻趁，则不到得虚度时光。如何是己本分事，只这主张形骸底一点灵明，从道里禀受得来。自古及今，清净常然，更嫌少甚，自征理得明白，便是超凡入圣底凭据。若信得及，便截日下功理会，自家亦如此公案，更数他人珍宝作甚么。快便自受用去，管取今以后不被人瞒也。

师云：修行之人，正眼不开，员机不发，但向别人踪迹上寻觅，言句上裁度，终无是处。喻如无眼人，虽闻人说日月之光，终不自见，只是想像。盖不曾向自己心上着工夫也。

或问曰：昔闻丹阳师父以悟死而了道速，其旨若何？

师云：修行之人，当观此身如一死囚，牵挽入市，步步近死，以死为念，事事割拼，虽有声色，境物纷华，周匝围绕，目无所见，耳无所闻，念念尽忘。此身亦舍，何况其他，以此炼心，故见功疾，死中得活，不生不死。学道初机，救护生死，当作是念。人生顷刻，一息不来，便是死地，递相救拔，不可因循也。

师因有病者至极不能得去，乃普说云：修行之人，先须识破万缘虚幻，次要识破此个形骸一堆尘土，平日事上脱洒，临行必得自在。昔东山有一庵主，临终缠绵淹延，不能脱离，使人问长春真人："往日但着于外缘物境上，未曾修炼，以此缠绵，不得解脱。"乃寄与语云："身非我有，性本虚空，一念不生，全身放下。"庵主闻此语，若有省，乃嘱众弟兄云："我以外缘所昧，以此心地无功，修行不决，今劝汝等，各各下功修炼身心，究此生死大事去。"言讫遂终。

又有一道人，临死不决，询问众人曰："我如何去得？"或曰："想师真。"其人想数日又去不得，或曰"想虚空"者，其人又去不得。有一老仙闻而视之，其人举似前想底事，今亦去不得，老仙呵曰："来时有个甚，去后想个甚，安以待命，时至则行矣。"病人闻语，稽首谢之而卒。

大抵修行人，一切外缘目前权用，自己本实，要实下工，物里事里过得脱洒，临行怎得不脱洒。物上事上滞着、染着，临行怎得脱洒。急当修炼生死，难防有日到来，外缘何济，各请思之。

师因有一道人病，普说云：修行之人饮食有节，动静有常，心神安泰，别无妄作，偶然得病便是天命，岂敢不受。亦有自己运数之行，或因宿缘有此病魔。先要识破这个四大一一是假，病则教他病，死则教他死，心意宁奈，从他变化。心不在病，则重病得轻，轻病则愈，自性安和，恶浊气散，亦是还了病债，亦是冲过一重关节。若不解此，心必不安，但有病患，即心狂乱，声唤不止，叫痛叫疼，怨天恨地，又怨人不扶持，恨人不求医，嗔人不合药，责人不问候，一向专起无明，黑暗业心见底，无有是处，不知自己生死已有定数，假饶张张皇皇，还免得么？分外心乱，不自安稳，又不知心是身之主人，心亦不宁，遍身皆乱，岂不闻古人云：心荒意乱，地狱之门，分外招愆。如此处心，轻病即重，重病即死，浊乱其性故也。若事事不节，过分成病，是病因自作、自作自受，更怨他谁。心地下工夫，必不如此，各请思之。

或问：道人亦有病，如何是别处？

师云：昔者丹阳师有疾，而医者不能诊其脉，壶丘子端坐，而相者不能得其真，何也？心不在物，造化莫能移，性不着宗，鬼神莫测，况医卜之凡乎？此与常人异也。

师云：修行人日用体天法地，常清常静，明而不昧，济物利生，虽混于万缘诸境之间，真源湛寂，无有间断，自得出离生死结缚。

此是一段大事因缘。奈何不悟之人，中无主宰，欲情攻于内，根尘诱于外，不得自由，四生从此而轮回，六道因兹而走作，换却头皮，难同今日也。

或问：既言和光同尘，却道不着事，如何？

师云：天是天，地是地，山是山，水是水，物是物，我是我，虽与混同，如何相着得。

或问：未来罪福，还有也无？

师云：未来且莫问，据见在言之，你发一善心，欲于圣前焚香礼拜，以手拈香，其心发愿，愿家眷平安、添寿添福，此不是作善底心。使望得福，虽得福亦不知。盖修善者，明修暗报，故未尝有知者。若你发一恶念，将刀杀人，才举此心，便承当偿命，此必不可于分明至公处作得。伺其暗昧不测中造下，不久败露，便当偿命，此不是望罪得罪，其得罪却明知。盖作恶者暗作明报，此则现在人为必然分明之事，况天伺察人所不知者，何方逃之？不可不戒。

或问曰：天堂地狱从来有说，还真否？

师云：天堂者，阳界，主善主福。地狱者，阴界，主恶主祸。古人立个天堂地狱，出自人心，人行所为，冥然相应。谓如常清常净，利益一切，诸善奉行，明白不昧，便属阳界。种种诸恶，坑陷不平，旁生邪道，便属阴界。无明黑暗，逐旋增长，滓秽尘垢，皆属黑簿，人神不容。心若懊恼，众苦交煎，无人救援，便是地狱。古人云：心清意静，天堂之路；心荒意乱，地狱之门。喻如有一明真闻人，传说有杀人贼拦截行路，往往害玉人，心信从，退步一行，后必无害。若心不信，酩酊前进，及至山中，无事则已，若实有贼，即落奸徒，便悔之何及？地狱之说，亦如此义。大抵为恶不如作善，善纵无报，有何罪过，恶道强行，凶祸及矣。目前明白尚无改悔，何况幽冥，岂得预知也。

或问曰：有人云业通三世，果有否？

师云：岂不闻古人有言：了即业障本来空，未了应须还宿债。昔有人背生恶疮，痛不可忍，脓血交流，寻于无人处自缢而死。似此之人，自己性分又不了，又不肯承受宿世脓血债负，虽自致死，再出头来亦是偿他。何以知此为宿业邪？昔有一显官，不欲言其姓名，但道因果足矣，其性酷虐，但不喜随从奴仆，即加捶挞。一日坐尻上忽生痒痛，搔之则去皮，渐次血肉分裂，如新拷掠者，痛不可加，以致命终。以是知脓血债负必然还报。岂止此事，乃至大小喜怒、毁谤、打骂、是非、见面相嫌，皆是前因所结旧冤，现世要还须当欢喜承受，不敢辨证，承当忍奈，便是还讫。但有争竞，便是抵债不还，积累更深，冤冤重结，永无了期。况复天意好还，乃至人间恩怨相伤，无非冤债。昔长春真人住长真观日，忽值大兵北还，远藏匿以避。逢一贵宦，与真人素相识者，家世奉道，自言夫人被虏，欲罄家资，赎令出家，拜问真人，倪然不可其事。议间，兵去已远。他日贵宦且询不可之意，真人曰："夫人与昨虏之主人有三年宿债，今既相对，乃前缘也，三年后却还，来此出家。"后果三年放还得簪裳。出家，来诣观参见真人。以从来奉善却得入道，贵宦方信，拜谢而已。

师云：道无言说，惟指善恶，善则成就无上出世因缘，有天堂，无地狱。恶则堕落无边苦趣，有地狱，无天堂。分此两途，盖由迷悟，悟则刹那成圣，迷则永劫沉沦。幸得人身，宁不思之。

或问：如何是祸福？

师云：积木成林，积石成山，积水成海，积善成福，积恶成祸。祸福之源，本自一心，积心方成，可不慎之。

或问：如何出得罪福因果？

师云：罪福因果，属阴阳之壳，若你出得阴阳之壳，则无罪福因果也。如何是阴阳壳？但凡心上一毫头许私邪利欲恶便属阴壳，有一毫头许善念便属阳壳，在阴则有恶报，在阳则有善报。若曾炼心体如虚空，初无善无恶、无丝毫挂碍处作得主，则祸福着他不得，因果缠他不着，便是个出阴阳壳底人也。在家之人未曾有一善念在心，十二时中只图财图利，你死我活，坑人陷人，一片无明，黑暗业心，只堕在阴壳里，阳道上也去不得，怎生出得阴阳壳？便待要无罪福无因果，不亦难乎？你自造下，怎生逃得。所以低头合眼，教他阎老理会去也。

或问：未来托生之下端的如何？

师云：人生一世，随情自造，成个来世底模子，作善底造下个善模子，作恶底造下个恶模子。以至尽此报身，一性离劫，这个壳子如铁，镕成金汁，造物者倾在自造底模子里，或为人，或旁生，自作自受去也。造物者岂有心教你作旁生？岂有心教你为六道？是你一生自造底壳，落在其中，逃闪不得。先有此性，便有此物。谓如狼毒者为蛇，悭吝者为犬，淫杀者为豕，贪暴者为狼，大抵皆类此。天地之间，万形万状，不可言尽，故古人云：同于金石，化为金石；同于水火，化为水火。其言信也。瞬息之间，一失人身，万劫不复，曷不思之？

师示众云：人生于众，所为所作无不报应，谓如体道者得道，作福者得福，作孽者得孽，爱人者人爱之，信实者人信之，利人者人利之，害人者人害之，自高则人抑之，低下者人下之，慢人者人慢之，敬人者人敬之，恶人者人恶之，欲先则人争之，自强则人敌之。故云种兰得香，种粟得粮，皆报应之理也。若存利心，矫诈为之以取人心，则失真矣。

师云：学道心若未通，不远千里求师参问，偿若针芥相投，心地明白，更无疑虑，然后或居圜堵，或寄林泉，或乞市中，或立宫观，安心守道，更无变坏，此修真之上士也。有一等出家，性又不明，更懒参问，心高好胜，自执己是，诈装高道，亏功失行，两下落空，骇人供养，不思己德，如何消受。如此之人，住圆也不是，乞食也不是，生死到来，都不中用。盖不肯于根蒂上下工夫也。直至百年，无有是处。

师云：往昔栖山时，终日杜门，不接人事，十有余年，以静为心，全无功行。向没人处独坐，无人触着，不遇境，不遇物，此心如何见得成坏，便是空过时光。若天不利物，则四时不行，地不利物，则万物不生，不能自利利他，有何功德。故长春真人云：动则安人利物。盖与天地之道相合也。

或问曰：修行之人头头要不昧，如何得不昧？

师云：初心未炼，出入不知，不会收纵，遇境遇物，一向着将去，朝新暮故，直待困了方休，不明自己，便是昧了也。便与托生一般，不知不觉透在别个壳子里，直待报尽方回，此为昧了故也。若专用知用觉，又被知觉昧了也。修行之人，若能二六时中点检自己，不被一尘情点污，境上物上轻快过去，便是不昧也。

师云：凡圣同途，只因明昧，明之则圣，昧之则凡。凡人之心，不肯刬情去执，弃妄除邪，逐境迁流，随情宛转，取一时之乐，积万劫之殃，不省不思，莫觉莫悟。

师云：修行人本宗上无亏，行业上用意，物境上速过去，人事里不住着，邪念不起，纤毫不立，微尘不染，晃朗虚明，不着空，不着有，不执法相，不执我见，兼众人之光明，久久相资，融通表里，便见圣贤地位，更有甚可疑也。

师云：修行人先要明自己本宗，次要通教化。若本宗不通，如人无目，不分道路，举足差讹。若教化不明，如人有目而坐黑暗中，则有偏执。我见须要俱通，方得员应，若俱不通，如大暗中坐而又无目，何时得出也。

师云：修行人若玄关不通，心地不明，则其业识不能无为者，盖为无福德故也。乃当于有为处、教门中，随分用功立事，接待方来，低下存心，恭敬师友，常行方便，屏去私邪，久久缘熟，日进一日，自有透得处。不胜如两头空担，不能无为，不能有为，因循度日，无功无行，隐处着脚，甜处着口，闲管世事，闹处出头，恣纵身心，不惧神明，打算有日。岂不闻长春真人云：心地下功，全抛世事。教门用力，大起尘劳。目循过日，请自思之，是何人也？

或有医者问云：某行医道，活死者百余人，其果如何？

师云：只饶救尽天下人，亦不如救自己生死去，世间福报有尽限，自己修炼到无生死处，此福无量。

或有一匠人问云：某修大殿不征功价，如此诚心，合有何果？

师云：不如清净人默坐一时辰，盖有为之福有坏，无为之福无坏。

或问曰：如何是功行？

师云：合口为功，开口为行。默而得之，无喜无虑，缄口忘言处，不求人知，韬光晦迹，此是合口为功。施诸方便，教人行持，利益群生，指引正道，是开口为行。

或问曰：天下立教，各说异端，自是非他，邪正未知谁是？

师云：此有两端：有修炼者，有应世者。修炼此心，如天地一般清净，日月一般明白，四时一般运化，能体其事，能归其根，更莫问向上如何，只此便是正道之作用也。唯修炼者能之。若口头念诵得如法，身上装束得作相，个个堪看，便人人见喜，此是教门中应世底。枝梢花叶，干甚修炼事，干甚正道事，此是权时使用，况兼心上争人我、争财、争利，心与俗人一般，怎生得道我是道教也。明目者识之。

这个有体用，没你我，正正当当底真心，自从亘古未有天地已前禀受得来，不可道有，不可道无，古今圣贤、天下老道，人皆得此，然后受用。千经万论，及至《大藏经》，只是说这些子。上天也由这个，入地也由这个，乃至天地万物，虚空无尽际，亦是此个消息主宰也。会得底，不被一切境引将去，不被一切念虑搬弄，不被六根谩过，这个便是神仙底日用，便是圣贤底行踪，便是前程道子也。

或问：修行之人多说除情去欲，此以上更有甚么？

师云：除了情到无情，去了欲到无欲，无情无欲底，则你道这个是甚么？

或问：修行之人如何得清静？

师云：心不逐物，谓之安心；心不受物，谓之虚心。心安而虚，便是清静，便是道也。

或问曰：道家常论金丹，如何即是？

师云：本来真性，即是也。以其快利刚明，变化融液，故名金；曾经煅炼，圆成具足，万劫不坏，故名丹。体若虚空，表里莹彻，一毫不挂，一尘不染，辉辉晃晃，照应无方。故祖师云：“本来真性号金丹，四假为炉炼作团，不染不思除妄想，自然䟦出赴仙坛。”世之人有言：金丹于有形象处造作，及关情欲，此地狱之见，乃淫邪之所为，是乖人道、入旁生之趣矣。

师云：凡日用者，心无离念，意不外游，放而不逸，制而不拘，明心识法，去智离空。十二时中，念念现前，若滞现前，亦非其理；若离现前，无有是处。会动静、知去来，般般放下，无挂无碍，便是逍遥自在底人也。但说皆非，自当消息。

或问：某老迈不能多学，乞师向上极玄极妙处说一句。

师云：把你这个求无上极玄极妙底去了，则便是也。

或问曰：如何是玄妙？

师云：谁教你作此问？

其人拱手云：弟子自出意来。

师云：恁么则你自会也。其人笑而稽首。

或问曰：识得一，万事毕。又有云：抱元守一，一者是甚么？

师云：乃是混成之性，无分别之时也。既知有此，即堕于数，则不能一矣。一便生二，二便生三，三生万，如何守得？不若和一也无。故祖师云：“抱元守一是工夫，地久天长一也无。”向这个“一也无”处，却明出自己本分来，却不无也。故经云：知空不空，知色不色，名为照了。

师云：修行人常常心上无事，正正当当，每日时时刻刻体究自己本命元辰，端的处明白不昧，与虚空打作一团，如此才是道人底心也。积日累功，自有灵验。所以见种种作为，不如休歇体究自己去。若一向物上用心，因循过日，却与俗心无异也。

师云：修行之人，尘心顿歇，俗虑消忘，孤然显出自己本元真宗，便是从来先天底主人，自承当得，逍遥自在。种种法界，一时透彻。若到此地，才要韬光晦迹，保护涵养之多则功多，若举意显扬，不觉暗损光明矣。

或问曰：如何是善恶？

师云：一切好心皆为善，一切不平心皆为恶。人不知之善为大善，人不知之恶为大恶。善恶都不思处，别有向上在。

或问：若到清净无为处，是彻也未？

师云：此以体言，似是而非也。到于端的，则不可言，不可思，不可以知知，不可以识识，妙绝无言，方始相应。不即动静，不离动静，岂可以无为清静而定之哉。

师云：夫为道者，抱朴含淳，潜通默运，除情去欲，损损存存，于物无私，作事明白，曲己从人，修仁蕴德，丝毫之过必除，细微之功必积，是非俱泯，心法两忘，向上之机自然达矣。

师云：学道人于万事不干处，诸尘不染处，与天地相通处，向这里体究彻，则先天弗违后天而奉天时，天且不违，而况于人乎，况于鬼神乎。

或问：视听食息、手拈足行心思，此是性否？

师云：道性不即此是，不离此是，动静语默，是性之用，非性之体。体则非动非静、非语非默。古人有言："大道要知宗祖，不离动静语默。若认动静语默，便是认奴作主。"主能使奴，奴岂使主哉？一切抬手动足、言语视听，千状万态，及良久不动，皆是奴仆，非主人也。主人堂上终不得明示外，然得其用使者，则自承当作主人矣。

师云：吾道密传，不可以有心求，不可以无心得，以不知而知，以无得而得。世之或者以眼色求道、言语求道、威仪求道、法相求道，俱不得其大全。殊不知，道无踪迹，以迹求之，非道也。复究此迹，自何而来，知其所来，则又非声色，非做造，非威仪，非法相者存于中，盖不可知知识识也。只是这个本分圆成，真真实实，合天地、合圣贤、合鬼神、合万物。如此一大事因缘，岂容尘垢声闻露迹而能见之哉？

师云：向上师真所传要妙，行事之际，密合天意，岂可执一端便为道哉！以迹观之，古人用处，各各不同，妙本灵源，未尝有异。故人心之用，在目为见，在耳为闻，在口为言，在心为思，在手为拈，在足为行，使用不同，心体无别。况今师密旨所谓教外别传，言思路绝，悟者自得，乃是真师密传之妙也。

或问：万形万状，各各不同，怎生一体同观得？

师云：天是道，地是道，万物皆是道。彼亦是道，此亦是道，形像虽殊，并无不在，如何不同得？

师云：无为者，天道也。有为者，人道也。无为同天，有为同人，如人担物，两头俱在则平稳，脱却一头即偏也。若两头俱脱去，和担子也无，却到来本处。

师云：道无不在，头头皆是，色色皆真，惟在自己临时驱用，更别有甚么事。奈人心尘缘障重，不解根源，摘叶寻枝，随波逐浪，回机者少，迷执者多。纵有钻研，不求真实，纽捏造作，见鬼见神，头上安头，颠回倒顾，不悟幻身有限，光景难留，一息不来，如之何也？

师云：修行人行藏任分，取舍随宜，低下为心，中正为则，审动静之源，节视听之用，一斩齐断，一念真常，永劫绵绵乃无变坏。

或问：修行之人，性命之事如何护持？

师云：若在万尘万事境界里面，来去缠缚，虽相应和，要自作得主，不一向逐他去，事不碍心，心不碍事，如护眼睛，但有纤尘，合眼不受，如此保护，久久见功。但心有受，却被他物引将去也，便作主不得。

或问曰：如何是真常之道？

师云：真常且置一壁，你向二六时中理会自己心地，看念虑生时是个甚么。念虑既生时是邪是正，邪念则便泯灭着，正念则当用着。如何是邪念？凡无事时一切预先思虑，皆是邪妄。如何是正念？目前有事合接物利生、敬上安众，种种善心不为己事，皆是正念也。其静则体安，其动则用正，不纵不拘，无昼无夜，丝毫不昧，常应常静，平平稳稳，便是真常之道也。

或问：思无染着，放旷任缘，合道也未？

师云：起心无着，便是有着；有心无染，亦着无染。才欲静定，已堕意根。纵任依他，亦惑邪见，无染无着，等是医药，无病药除，病去药存，终成药病。言思路绝，方始到家，罢问程途矣。

黄庭内景五藏六府图

《黄庭内景五藏六府图》，旧题唐代女道士胡愔（号见素子）撰。该书详细描述了五脏六腑的生理功能、病理变化以及相应的养生保健方法，包括呼吸吐纳、药物治疗、导引按摩等。胡愔在书中指出，五脏六腑的健康直接关系到人的生命活力和长寿，主张通过内在的修炼和外在的调养来达到身心合一的健康状态。此书不仅在道教养生领域有着重要地位，也对后世的中医学和气功实践产生了深远的影响。

黄庭内景五藏六府图序

太白山见素女胡愔撰

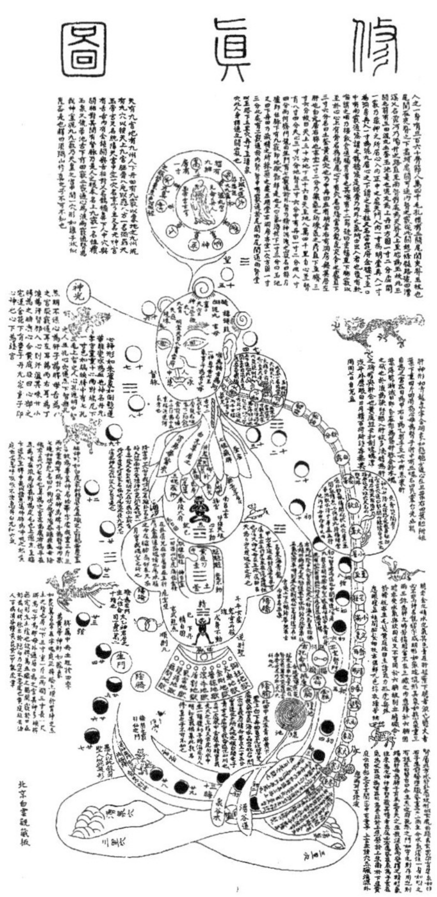

夫天主阳，食人以五气；地主阴，食人以五味。阴阳相成，结为五藏之气，散人四肢十二部三百六十关节，引为经脉津液血髓，蕴成六府三焦十二经，通为九窍，散五藏者为人形之主。一藏损则百病生，五藏损则百形灭。故立五藏者，神明魂魄志意之所主，是以心主神，肝主魂，肺主魄，脾主智，肾主精。发外为五事，上应五星，下应五岳，皆模范天地，禀象日月，触类而不胜言。

若能存神修养，克己励志，其道成矣。骨气坚强，则内受腥腐诸毒不能侵，外遭疾病诸气不能损，聪明纯粹，却老延年，志高神仙，形无困惫。日月精光来附我身，四时六气来合我体。入变化之道，通神明之理，把握阴阳，呼吸精神，造物者翻为我所制。至此之时，不假金丹玉液、琅玕大还，自然神化冲虚，合太和而理霄上。五藏之气结五云而入天中，左召阳神六甲，右呼阴神六丁，千变万化，驭飞轮而适意。彼不悟者，劳苦外求，实非知生之道也。是故太白曰：精足为神，气足为道，藏神养气，保守坚贞，阴阳交会，以立真形。但愭夙性不敏，幼慕慈门，使志无为，栖心淡泊，览《黄庭》之妙理，穷碧简之遗文，志焦心碎，屡更岁月。伏见旧图，奥密津路，幽深词理，慨玄顺之著，或指示以色象，或略记于神名，诸氏慕修，异端斯起，遂使后学之辈罕得其门，差之毫厘，谬逾千里。

今辄搜罗管见，罄竭谀闻，按据诸经则为图式。先明藏府，次说修行，并引病源，吐纳除疾，旁通药理，导引屈伸，察色寻证，自焚食忌，庶使后来学者，得以按图而云，诸法可见，万品昭然。愭稽首顿首再拜。谨书。

肺藏图

肺神圖

神名皓華字虛成肺之狀爲虎主藏魄象如懸磬色如縞映紅生心上對胷有六葉胍出于少商少商左手大指端內側去甲二分許臽之中

活肺用呬，呬吸为补。肺，金宫也，为五藏之华盖，本一居上，对胸有六叶，色如绮映红。凡丈夫八十，肺气衰，魄离散也。重三斤三两。西方白色入通于肺，开窍于鼻。亦云左孔为庚，右孔为辛。在形为皮毛。肺脉出于少商。

肺者，藏之长气之本也，是以诸气属之。久卧伤气。充气圆于肺，盖呼吸之津、传送之宫治。又魄门亦为玉堂宫，肺者相传之宫也，治节出焉。于液为涕。涕者，肺之液，肾邪入肺则多涕也。肺生于右肺为之嗽。六府，大肠之府，大肠与肺合为传写行道之府也。五官鼻为肺之官，肺气旺则鼻通，肺病则不知香臭。肺合于脾，其荣毛也，肺之合也，皮缓而毛落者，肺气先死也。

为西方兑金也，受于寅，生于巳，王于酉，病于亥，死于子，墓于丑也。为秋，肺旺，肾相，肝死，心囚，脾休。日为庚辛，西方干位；辰为申酉，西方支位。为金，扶土，抑水，克木。辰相，秋旺，冬休，春囚，火秀夏死之。声商，金音也，其声散能切以明，温和以虚肺也。色白，金，肺色如象，音生色也；枯，音死者也。味辛，其性散，食之先走气，气疾勿多食，则皮肤其臭腥，心邪入肺则恶腥也。其性义，肺气之义；其性怒，金性刚而主怒。肺之中亦作白气存也，肺神皓华，字虚成。

夫肺者，兑之气、金之精，其色白，其象如悬磬，其神形如白兽。肺生魄，化为玉童，长七寸，素衣持兵杖，往来于肺府也。一云肺有七童子、十四玉女守之。其神多怒，人之怒者，盖发于肺藏。欲安其魄而存其形者，当收思敛欲，合仁育义，不怒，其怒不声，息其金而后全其生，则合乎太和也。

肺合于大肠，上主鼻，故人肺风则鼻塞。人之容色枯者，肺干也。人之鼻痒者，鼻有虫也。人之多怖者，肺中魄离于外也。人之体黧黯者，肺气微也。人之多声者，肺之盛也。人之不耐寒暑，肺劳也。人之好食辛味者，肺气不足也。人之肠鸣者，肺壅也。人之颜色鲜白者，肺无病也。肺邪，其人则好哭。夫肺主商之疾，当呬。呬者，肺之气也，其气义，能抽然知肺之病，所以人之有怒填塞胸臆者，则长呬而泄之，盖自理也。向若不呬，必致伤败。嗽呬而获全乎，故肺疾当用呬泻之。

夫人之无苦而呬者，不祥也。夫肺处七宫，主信，使人方正好直，习先忠则魄安形全也。且肺者，秋之用事三月，此为容平，天气以急，地气以明，雀卧鸡起，使志安宁，以缓秋唎。收敛神气，使气和平，无外其志，使肺气清。养生之则，伤则咳嗽鼽嘘也。

修养法

常以七月、八月、九月朔望旭旦西面坐，鸣天鼓七，饮玉津，然后瞑目正心，思兑宫白气入口，七吞之，闭气七十息，则重神混体，百邪莫之向，兵刃不能害，延年益算，名飞仙籍。盖所补泻气安息灵魄之所致哉。

相肺藏病法

肺病热，右颊赤。肺病者，色白而毛摘，喘咳逆气，胸背四肢烦疼，或梦见美女许来亲近相依附。肺虚则少气，不能报息，鼻燥喉干。肺风则多汗畏风，时欲咳嗽如气尽，日则止，暮则甚。诊在眉上，其色白。肺主秋，手太阴、阳明主治，其日庚辛。肺若气上逆，急食苦以泄之。又曰肺病欲收，食酸以收之，用辛补之，苦泻之。禁食寒，肺恶寒也。

肺病证

肺病，脐右身勒气，按之若痛，苦咳嗽，热也。

治病肺藏方

肺有病，鼻塞不通，不闻香臭，中有息肉，或上疮，皮肤燥痒，恶疮疥癣，上气咳嗽，涕唾脓血，宜服消风散。

人参八分，玄参七分，防风八分，沙参五分，天雄八分，薯叶十分，丹参七分，苦参八分，秦艽七分，小茱萸。

上捣，罗为末，空腹以防风汤下三钱。以鼻微长引气，以口呬之，令耳不得闻也。皆先调气合和，然后呬之。肺有病用大呬三十遍，细呬十遍，去肺家劳热、上气咳嗽、皮肤疮疡、四肢烦疼、鼻塞胸背痛，数法呬之。疾瘥止，过度损矣。七月勿食茱萸，成血利；八月、九月勿食姜并肝、心、肺。肺病，宜食黍桃苦味也。

导引法

可正坐以两手据地，缩身曲脊，向上三举，去肺家风邪积劳。亦可反拳捶脊上，左右各三五度，此法去胸臆间风毒，闭气为之良久，闭目咽液，三叩齿为止。

心藏图

心神圖

神名丹元字守靈心之狀如朱雀主藏神象如蓮花下垂色如縞映絳生居肺中肝上對鳩尾下一寸心脈出于中衝中衝左手指端去甲二分許陷者之中

治心用呵，呵为泻，吸为补。心，火宫也，居肺下肝上，对鸠尾下一寸。色如缟映绛，形如莲花未开之状。凡丈夫，至六十心气衰，衰言多错忘也。重十二两。南方赤色入通于心，开窍于舌，在形为脉，出于中冲。心者，生之本神之处也，且心为诸藏之主，明运用生，是以心藏神，亦君主之官也。神明出焉，监饮四方，亦号五神君，亦号太尉公。心为帝王，正居中央，亦号曰灵台。

心部于表，心为之噫，当气痛于心。液为汗，汗者，心之液、肾之液，液则多汗。五府小肠为心之府，小肠与心之合为受盛之府。五官舌为心之官，心气通则舌知五味，心病则舌焦卷而短，不知五味矣。合于脉其萦色也，心之合也；血脉虚少而不萦于藏者也，府心先死也。

为南方离火也。火受气于亥，生于寅，旺于午，病于申，死于酉，墓于戌也。为夏心旺，脾相，肺死，肾囚，肝休。日为丙丁，南方干位；辰为巳午，南方支位。为火，扶木，抑土。夏旺，季夏克金，畏水，春囚，秋休，冬死。声征，火音也，其声和而疾其心者。

色赤，火，心色如火也，如雄鸡心色者生，黑色者死。味苦，其性坚，食之先走骨，骨病勿多食，多食而爪枯也。其具焦，心邪自然积恶焦也。其性礼，心气主，其性乐火，性乐而主燥。心之应南岳，通荧惑之精，夏三月存荧惑在心中，亦作赤气存之者。心神丹元，字守灵。

心病证

脐上有动气，按之牢苦，痛心苦烦。心病，手足掌中热也。

治心藏病法

心有病，口干舌强，或咽喉中痛，咽唾不得，口内生疮，忘前失后，梦见炉灶、冶铸之事，宜服五参圆。

秦艽七分，人参七分，玄参十分，干姜十分，沙参五分，酸皁八分，丹参八分，苦参八分。

以鼻微引气，以口呵之，皆调气如上，勿令耳闻之，然后呵之。心有病大呵三十遍，细呵十遍，去心劳热、一切烦闷。心疾等以泻，病瘥止，过度则却损矣。

忌食法

四月勿食大蒜，令人发易白及堕。五月勿食薤，损心及有毒，并勿食心肾，令人心痛。宜食大小麦，去霍，禁咸味。

心藏导引法

可正坐，以两手作拳，用力左右互相筑，各六度。又可正坐，以一手按腕上，一手向下拓空如重石。又以两手相叉，以脚踏手中，各五六度，能去心胸间风邪诸疾。关气为之毕，良久，闭目三咽三叩齿而止。

肝藏图

肝神圖

神名龍煙字含明肝之狀爲龍主藏魂象如懸匏色如縞映緋生心下而近後右四葉左三葉脉出于大敦大敦左大指端三毛之中也

治肝用嘘，嘘之为泻，吸为补。肝，木宫也，居心下，少近左。有三叶，色如缟映绀。凡丈夫至六十，肝气衰，减叶，薄胆，目不明也。重四斤四两。东方青色入通于肝，开窍于目，左目甲，右目乙，在形为眼。

肝脉出于大敦。肝色青翠，大小相重之象也。肝者罢极之本魂之处也。左目为日、为王父，右目为月、为王母、为泪、为阴之精也。肝号大尚书，亦号大夫天，为清冷宫。肝生于左，肝为之语也。气通于肝，液为泪，肝者用之液，肾邪入肝则多泪也。六府胆为肝之府，胆与肝合，眼为胆之官，肝食通则眼分明，肝实则目赤。肝合于筋，其荣爪，肝之合也，筋缓而不能自收持者，肝先死也。

为东方震木也。木受气于申、死于午、生于亥、旺于卯、病于巳、墓于未者也。肝主，心相、脾死、肺囚、肾休。日为甲乙，东方干位；辰为寅卯，东方支位。为木，扶水，抑火，克土，畏金。冬相，春旺，夏休，季夏囚，秋死也。声角，木音也，其声降以约，其和静以清，能动。肝色青，木，肝色也，如翠羽者生，如草滋者死也。

味酸，其性收，食先走筋，筋病勿多食，则皮槁而毛落。其性仁，肝气主仁，其性喜木好生，而主喜。肝之东岳，上通岁星之精，春三月存岁星在肝中，亦作青气存也。肝神龙烟，字合明。

夫肝者，震之气，木之精，其象青，其象如悬匏，其神形如青龙。肝主魂，化为二玉童，一青衣，一黄衣，各长九寸，持玉浆出于肝藏。一云肝有三童子、六玉女守之。其神好仁，仁惠盖发于肝藏，故安其魂而延其治者，则当泽者被刍棘恩草。主筋，故人之肝亏则筋急。人之皮枯者，肝中热；人之肌肉斑点者，肝风也。人之色青者，肝盛也。人之好食酸物者，肝不足也。人之发枯，肝伤也。

人之手足多汗者，无疾。肺邪入肝则多哭。

夫肝主筋，肝之有疾，当用嘘。嘘者，肝之气，其气仁，能除毁痛，皆自然之验也，不以为嘘者哉，此至理通玄之道也。夫肝处三宫，主仁，使人凝肃慈惠，及物则魂安而形全也。用肝者，春之用事，三月，天地气生，万物以荣，花繁叶茂，仁气初萌，夜卧早起，广步于庭，被发缓形，以使志生，生而勿杀，予而勿夺，赏而勿罚，此春之应养生之道。逆之则伤肝，则毛发不荣，为寒变则奉生者少也。

修养法

常以正月、二月、三月朔旦东面平坐，叩齿三通，闭气九十息，吸震宫青气入口，九吞之以补虚损，享青龙之膏，以致二童之馔，木精乘土，则乐多少忧，养精之妙也。

相肝藏病

肝热者，左目赤。肝病者，目睫，两胁下痛，引小腹，令人喜怒。肝虚则恐，如人将捕之。肝实则怒，虚则寒。阴气壮，壮则梦山树、园苑生草。肝气通头痛、耳聋、颊风肿，恶风喜怒谅，在目其色青。又云肝病主春，足厥阴与足少阳为表里，主治，其日甲乙。肝若急，食甘以缓之。又曰肝病欲散，急食辛以散之，用咸补之，辛泻之。禁当风，肝恶风也。

肝藏吐纳法

以鼻微引气，以口嘘之。肝病，用大嘘三十遍，细嘘十遍，能去肝家虚热，亦除四肢壮气眼暗。一切热者，数数嘘之，绵绵不绝为妙。病瘥则止，过度请不必恐损。

生食忌

正月不食生葱，热者不食益佳。二月、三月勿食蒜子、蓼子及百药心，勿食肝肺，宜食麻子、巨胜子、李子。禁辛。

导引法

可正坐，以手两相重按髀下，徐缓身，左右各三五度。又可正坐，两手拽，相叉翻覆向胸三五度，此能去肝家积聚风邪毒气。余如上。

脾藏图

治脾用呼，呼为泻，吸为补。脾，土宫也，掩太仓，在脐上三寸，色如缟映黄。凡丈夫至七十，脾气虚，而皮肤枯瘦者矣。重二斤三两，中央黄色，入通于口，口为戊己，舌为己。在形为之脾脉，出为隐，曰脾为五藏之枢也。脾者，肉之本，意之本处也。

脾为黄庭，亦为中主，为黄龙君也，亦为谏议大夫，亦为仓廪之官，化物出焉，号为中黄官。脾主于中，脾为之合谷气，通于脾为液，为脾液者，脾之液，肾邪入脾则多涎。六府胃为五谷之府，胃与脾合为谷府。五官口为脾之官，脾气通则口知五味，脾病则口干不能食，不知五味好恶。脾合于肉，则萦肉也。脾之合肌，肉消瘦不能肥，脾先死。

为中央，中土也。受气于己、生于子、病于亥、死于卯、墓于辰也。为季夏，脾王，肺相，肾死，肝囚，心休。日为戊己，中央干位；辰为辰戌丑未，中央支位。为土，季夏正，秋休，冬囚，春死。土，扶火，抑金，克水，畏木，交相。声宫，土音也，其声所以舒其和，博以柔，能于脾也。色黄，土，脾也，色如蟹腹者生，如枳实者死。

味甘，其性缓，食之先走肉，肉病勿多食，多食则骨病而毛落也。其臭香，心邪入脾则恶香。其性信，脾食言信，其情恐惧，土性而主恐惧。脾之外应中岳，上通镇星之精，季夏并季秋各十八日存镇星在脾，亦作黄气存也。脾神常在，字魂停。

夫脾者，坤之气、土之精，其色黄，其象如覆盖，其神形如凤。脾主意，化为一玉女，长七寸，循环于脾藏也。其神烈，嫉妒人，人妒者，盖起于脾藏。土无正形，故无准也。妇人妒甚者，乘阴也。欲安其意，则当去欲寡色，少思屏虑，长其土德而后全其生，则合夫太阴也。

脾连于胃，上主于口，消谷府也，如磨转也，化其生而于熟也。食不消者，脾不转也。食坚物者，脾磨不尽化也，则为食患，故诸藏不调则伤质，伤质则损神，则伤人之速也。故人不欲食坚物者，全身之妙道也。人之欲不食者，脾中有不化之食。人多惑者，脾藏不安也。人之多食，脾虚也。人之食不下者，脾寒也。人之无颜色者，脾伤也。人之好食甘食者，脾不足也。人之明冈鲜白滑者，脾无病。脾邪入于脾，则多歌。

夫脾之土宫，故脾之有疾当用呼。呼者，脾之气，其气确能抽脾之疾，故人中热者则呼以驱湿之弊也。夫脾主宫主信，使人意弘广大，屈己济人，于利忍分，不以自专为德，不以财争为事，则以脾安而形全也。且脾无定位，兴旺四季，随四气也。助气万物，脾育阳，脾义之道也，不以月屈为德，不以物说为功，长坤之理也，逆之则伤脾。

修养法

常以季夏之月朔旦，并及四季之月十八日旭旦，坐中宫，禁气五息，鸣天鼓十二通，吸坤宫之黄气入口，十二咽以补呼之损，以饮玉液醴以致神风之味，以补于脾，以佐神也。入山不畏虎狼，登险不惧颠蹶者，行气禁土之精也。

相病法

脾赤者鼻赤，色黄而濡鼻。病者，体上游风习习，遍体闷疼，身重，若肌肉萎，足不能行，喜声，脚下痛。脾虚，腹肚胀鸣，成溏痢，食多不化。脾寒之疾，多汗恶风，身体怠惰，四肢无力不用，黀黄，不耆饮食。诊在鼻，其色黄，旺季夏，足太阴阳明主治，其日戊己。脾若湿，急食苦以燥之。又曰脾虚欲发缓，急食甘以缓，甘则补之，苦则泻之。禁燥。

脾病证

脾病，当脐有动气，按之牢痛，苦逆气，小肠急痛，泄不定，重胫塞。

治脾藏吐纳法

以鼻微长引气，以口呼之。脾病用大呼三十遍，细呼十遍，能去脾家一切冷气，发热霍乱、宿食不消、偏风顽痹、腹内结块者，数数呼呼，相次勿绝。疾退则止，勿过度。

食禁

六月勿食茱萸，令人患赤白痢。四季勿食脾、肝、羊血，宜食粳米、枣、葵。禁酸。

导引法

可大坐，伸一脚，屈一脚，以两手向后反掣，各三五度。亦可跪坐，以两手拒地，回顾用力虎视，各三五度，能去脾藏积聚风邪，喜食。

肾藏图

肾用吹，吹为泻，吸为补。肾，水宫也，左肾右肾前对脐膊，着于脊。色如缟映紫。凡丈夫至六十，肾气衰，发堕，齿气衰，焦胫，脉空虚，人之有槁，七十形体皆极，九十如树之有根也。重二斤二两。北方黑色，入通于肾，开窍于二阴，左肾为壬，右肾为癸，在形为骨，久立伤损骨。

肾脉出于涌泉。肾者，肾藏之本精之处也，肾为后宫，为女主，肾经于上焦，荣于中焦，卫于下焦。肾者，作强之官，伎巧出焉，法于象，为之理，亦为久，而余气通于两窍，为液、为唾。唾者液也，气入肾则多唾也。六府膀胱为肾府，膀胱与肾合为津庆之府。五官耳为肾之官，肾气通则闻五音，肾病则耳聋骨萎也。肾合于骨，其荣发也，肾之合也。骨萎不能起床者，肾气先死也，准此例矣。

为北方坎水也，水受气于巳、生于申、旺于子、病于寅、死于卯、墓于辰也。为冬肾旺，肝心死、脾囚、肺休。日为壬癸，北方干位；辰为亥子，北方支位。为水，扶木，生金，抑水，克火，畏土。秋相，冬旺，春休，夏囚，季夏死。声羽，水音也，其声沉以虚其和，短以散能动也。

色黑，水，肾色也，如鸦羽者生，如墨煤者死。味咸，其性多食之走血，血病勿多食，多食脉溢而变色也。其臭朽，心邪入肾则恶朽也。其性智，肾主智，其事悲，水性故悲位也。肾之外应北岳，上通辰星之精，冬三月存辰星在肾中，亦作黑气存之也。肾神去冥，字育英。

夫肾者，坎之气，水之精，其色黑，其象如悬石，其神形如鹿两头。主智，化为玉童，长一尺也。人之肾藏其神和也，人之柔顺，其至而后全其生，则合夫太清也。合于骨，上主于齿。齿痛者，肾伤也。又主于耳，人之不闻声者，肾亏也。人之骨疼者，肾虚也。人之齿多龃者，肾虚也。人之齿销者，肾之风也。人之耳痛者，肾气壅也。人之多呵欠者，肾邪也。人之腰不伸者，肾冰也。人之色黄黑者，肾衰也。人之容色紫光，肾无苦也。人之骨鸣者，肾羸也。肺邪入肾多伸。

夫肾主羽，故肾病当吹也。肾之气，其气智，能抽肾之疾。故人有积气冲臆，则强吹肾气，沉滞吹微通也。夫肾处一宫主智，使人惠利，神彩疏朗，不滞于事，则固而形全也。且肾者，冬之用，乾坤气闭，万物伏藏，戌寝寅起，与玄阴并，外阴内阳，以养骨，以恬其神。逆之，则伤肾。

修养法

常以十月、十一月、十二月西北面，平鸣金梁十，饮玉泉三，讫，吸玄宫黑色气入口，五吞之，以补吹损之味，白鹿之饲，设玉童之馔。禅茎唱气，神和体安，则群妖莫之害也，则致长生。

相肾藏病法

肾热者，颐赤。肾病者，色黑而齿槁，腹大体重，喘咳汗出恶风。肾病，则腰中痛风，则头多恐风，食饮不下，膈寒不通，腹满失衣则腹胀，食寒则泄脉，在形黑瘦而腹大。又肾主冬，足少阴、太阳主治，其自壬癸。肾苦燥，急食辛以润之，致液气通也。肾坚病，急食苦以弱之，用苦以泻之，咸以补之。禁无犯热食温衣，肾燥也。

肾病证

肾病，脐下有动气，按之若劳，病苦腹食不消，体重，骨节痛，嗜卧。

治肾苦病方

肾有病，腰胯、膀胱冷疼或痹，小便余涩，疝症所缠，宜服八味圆。

干地黄八分，牡丹三分，泽泻三分，桂心二分，茯苓三分，附子二分，薯蓣四分，山茱萸四分。

上件以蜜为圆，如桐子大，空心汤下三十圆。

治肾藏吐纳法

以鼻微长引气，以口吹之。肾病用大吹三十遍，细吹十遍，能去肾家一切冷，腰疼，膝沉重，久立不得，阳道衰弱，耳中蝉鸣，及口中有疮，是肾家之疾烦热去，数数吹之，相次勿绝。病瘥止，过度则损。

食忌

十月勿食椒，令人口干，成赤白痢。十一月、十二月勿食鲜鳞甲之物，并食脾肾，宜食大豆、黄卷、栗、藿。禁甘物。

导引法

可正坐，以两手上，从耳左右引胁三五度。亦可反手着竦抛射，左右同缓身三五度。亦可以足前后逾左右各十数度。能去腰肾膀胱间风邪积聚，余如上法。

胆藏图

故天有五行以生寒暑燥湿，人有五气以生喜怒悲忧恐。故喜怒伤气，寒暑伤形。喜怒不节，寒暑过度，生乃不顾。人能依时摄养，兑其夭枉也。目无妄视，口无妄言，耳无妄听，鼻无妄嗅，养生之妙方也。常以两手相摩令热，以拭面三七，亦身周摩令遍，名曰干浴，令人却事无恶，面有玉泽金光也。又以其五藏数加胆，名六府，且胆亦受水气，与坎同道，不可例视之，故别立胆藏图。

治胆用嘻，嘻为泻，吸为补。胆膊着肝，色如缟映青。重三两三铢，胆为中青之府，号将军，决曹吏，能億刚而能柔和，精为腾蛇，能勇健。胆者，筋之应也，胆为六府之精也。胆者，中正之官，决断出于此。胆神龙曜，字威闻。

夫胆者，金之精，水之色。其色青，其象如悬瓠，其神形如龟蛇，化为玉童，长一尺，执戟在手，出入奔驰于胆藏之间。其神多勇决者，盖发于胆藏。欲安其神，当息忿祲，净行转义而后全其生，则合天太和也。

胆合膀胱，上主于毛发，故人发枯者，胆竭也。人之爪干者，胆亏也。人之发燥，胆有风也。人之毛焦，胆热也。人之目无光，故有泪者，胆热也。人好食苦味者，胆不足也。人之颜色青，或光白，胆无病也。

夫胆寄于坎宫，使人亲智慕贤，屏邪去佞，绝奸盗，方直也。且胆者生于金，金主武，故多勇，宜抑之，吉。夫胆者，乘阴之气，禀金之用，故主欲。欲则悲，故人之悲者，金生于水，则目中堕泪。夫心主火，胆主水，亦主苦，火得水而灭，水得火而煎，阴阳交争，水胆胜火，故泪从目出也。泪者，类也，因类而出，故曰类也。夫悲号泣者，可苦为辞也。胆者，水也，而主于阳，阴从阳，故泪犹目出也。

修养法

常以冬月三月端居净思，北吸玄宫之黑气入口，三吞之以补嘻之损，以尽益胆之津，以食龟蛇之味，饮玉童之浆，然后神冲体和，众邪不能犯，群盗莫之向，胆气所置也。

相病法

胆之有病，太息，口苦，呕宿汁，口澹澹，恐人将捕之。眉倾也，眉毛萎垂。胆苦实则伤热，热则精神不守，卧起无定。若虚则伤寒，寒则恐畏头眩，不能独卧。虚损则爪发枯燥，目中泪出，膀胱连腰小腹俱痛。胆与肝同道，有病用肝藏方。

导引法

可平坐，令两脚掌昂头，以两手挽脚腕起，摇动，为之三五度。亦可大坐，以两手拓地，举身努腰脊，三五度，能去肾家之风毒邪气。

吐纳法

以鼻微引气，以口嘻之。胆病并肾藏除一切冷阴汗，盗汗，面无颜色，小腹胀满，脐下冷痛，急去之，口干舌涩，数数嘻之则病愈。

五藏图文备记

夫黄帝谓岐伯曰：夫人者，受天地之气以生。之来也谓之精，精之遘为之灵，灵之发也为之神，神之化也为之魂。魂随神往来谓之识，并精出入谓之魄，主荣。积魂为之心。心有所从谓之情，情有所属谓之意，意之有所指谓之志，志有所忆谓之思，思之有所远慕谓之虑，虑而事成谓之智。智者尽此诸见者为焉，盖积神魂魄意情智见识之为用也。

处士孙思邈论曰：夫人禀天地而生，故内有五藏、六府、精气、骨髓、筋脉，外合四肢、九窍、皮毛、爪齿、咽喉、唇舌、胎门、胞囊，以此总而成躯。故将息得理则可体安和，役用非宜则五劳七伤六极。有方可救，虽病无他，设法可凭，所以此图之中皆备述五藏六府。血脉如源，循环流注，与九窍应会处所，并穷于此。其能留心，老而行之，则内百疴无所干矣。

夫发宜多梳，齿宜数叩，液宜常咽，气宜常炼，精宜常在。而此五者，所谓子欲不死修昆仑耳。犹是炼丹以固之，却粒以赖之。去其事，得书金格，朝天吸日，仰气冲虚，此术士之用也。

《元始太玄经》曰：喜怒损性，哀乐损神。性损则害生，故养性以全气，保神以安身。气全体平，心安神逸，此全生之诀也。

黄庭内景玉经注

《黄庭内景玉经注》，唐代梁丘子注。梁丘子，本名白履忠，唐汴州浚仪人。曾居大梁，因号梁丘子。史载其『贯知文史』，『博学守操』，曾任校书郎，后拜朝散大夫，乞还，游京师，终老故里。《黄庭内景经》为魏晋人所撰，主述存思法，梁丘子分三十六章注解之。梁丘子的注解不仅阐释了经文的字面意思，还探讨了其深层的哲学和修炼原理。他对脑神与五脏神的关系、具体功法、习炼途径、功能作用等方面的详细说明，展现了晋以后内丹学的应用和发展。尽管《黄庭内景玉经注》源自古代，但其对道教养生和修炼的见解至今仍具有一定的研究价值。

黄庭内景玉经注并序

梁丘子撰

夫万物以人为主，人以一心为宗。无主则法不生，无心则身不立。心法多门，妙用非一，有无二体，随事应机。故有凡圣浅深，愚智真假，莫匪心辩识运用之所由也。但天下之道，殊途而同归，百虑而一致，从粗入妙，权实则二阶，总迹符真，是非同乎一见。

有《黄庭经》者，东华之所秘也，诚学仙之要妙，羽化之根本矣。钊襞习未周而观想粗得，裁灵万品，模拟一形，义有四宗，会明七字，指寻象喻，内外两言。绌听隳体之余，任嘘纵咽之暇，舐笔磨墨，辄贻原筮，扶桑大帝君命旸谷神王传授南岳魏夫人《黄庭内景经》。黄者，中央之色；庭者，四方之中。外指事，即天中、人中、地中；内指事，即脑中、心中、脾中，故曰黄庭也。内者，心也；景者，色象也。外喻即日、月、星、辰、云、霞之色，内喻即筋、骨、藏、府之象。心居身内，存观一体之象色，故曰内景也。一名琴心。又琴者，和也，诵之可以和六府、宁心神，使得仙矣。一名《大帝金书》，扶桑大帝君宫中尽诵此经，以金简刻书之，故曰《金书》。一名《东华玉篇》，东华者，东方诸宫名也。东海，青童君所居，其中玉女仙人皆诵咏之，刻玉书之，以名《玉篇》。

当清斋九十日，诵之万遍，使调和三魂，制炼七魄，除去三尸，安和六府，五藏生华，还返婴孩，百病不能伤，灾祸不能害。万遍既毕，自然洞观鬼神，内视肠胃，得见五藏。其时，当有黄庭真人、东华玉女，教子之神仙焉。

常诵咏之者，则神室明正，胎真安宁，灵液流通，百关调畅，血髓充溢，肠胃虚盈，五藏结华，耳目聪明，白发还黑，朽齿再生。所以却邪疴之纷若者，谓我已得魂精六纬之姓名也。

《清虚玉真口诀》云：夫《黄庭经》者，扶桑大帝君金书炼真之秘言也。读诵之者，当在别室烧香，洁净乃执之也。此经所辟百邪，若入山林及空暗之地，心中震怖者，正心向北，诵经一遍，即神静意平，如与千人同旅。能读之万遍，目见五藏肠胃，及天下鬼神役使在己。若困病，心存读之，垂死亦愈。大都通忌食六畜、鱼腥、五辛，及履殗污之事。若脱履殗污之者，沐浴盥漱烧香于左右，读经一遍，百疴除也。

上清章第一

上清紫霞虚皇前，

解：三清之境，有太清、上清、玉清。此三清之中，一切大圣之所居也。按《玉台经》云：虚皇者，大道君之所理也，即大道之域，包罗三清。又《玄都十号》云：太灵虚皇，天尊也，即元始之本号也。道君欲明七言之所始乎紫霞之宫故也，亦名紫琼宫，赤白紫宸宫也。

太上大道玉宸君，

解：太上之尊也，按《本行经》云：有元始五老之君号也。玉宸君，即黄者君之号也。

闲居蕊珠作七言，

解：《秘要经》云：仙宫中有寥阳之殿，蕊珠之阙，翠云之房，道君在中而说经。人身备有之故也。

散化五形变万神，

解：谓能变化，黜聪明，离形去智，同于大道，先本后迹，故假神托用。神者，随应也，散有五形，变万神。

是为黄庭曰内篇。

解：因中而得名也。

琴心三叠舞胎仙，

解：琴，和也。叠，积也。存三丹田使和积如一，则胎仙犹胎息之仙，犹胎在腹，有气但无息也。

九气映明出霄间。

解：三田之中有九气，炳焕而无不烛。《大洞经》云：三丹田、三元及三洞房合为九宫，宫中有天皇，九魄变为九气，化为九神也。

神盖童子生紫烟，

解：观照存思，假目为事。下文云"眉号华盖覆明珠"，神盖，眉也。明珠，目瞳也。紫烟，精妙气也。

是曰玉书可精研。

解：文因迹始，专则之通。

咏之万遍升三天，

解：精备神充，名上三清。

千灾以消百病痊，

解：精神俱故也。

不惮虎狼之凶残，

解：无余伤也。

亦以却老年永延。

解：唯此一章都说黄庭之道也。

上有章第二

上有魂灵下关元，

解：上魂，天分也；下关，地分也。魂灵无形，关元有质，人法天地形象。

左为少阳右太阴，

解：左东右西，卯生酉杀。

后有密户前生门，

解：前，南；后，北。密户后二窍，言隐密也。生门前七窍，言藉以生也。为九窍。

出日入月呼吸存。

解：日月者，阴阳之精也，左出右入。身有阴阳之气，法象天地之气，出为呼气，入为吸气，呼吸之间，心当存之。

元气所合列宿分，

解：元气，一也。使心与道合，存日月星辰灵光，照耀罗列，一身分明与天合。

紫烟上下三素云。

解：紫烟，目精之气也。存见三丹田中上下俱有白气，流通一体。又云：目光有紫青绿三色，为三素云。仙经云：云林夫人咒曰：日月童，三云两目真君精故也。

灌溉五华植灵根，

解：素云之气，在口为玉液，存咽之以灌五华者，五藏之英华。灵根，命根植生之也。

七液洞流冲卢间。

解：七窍之液，上下洞流，上冲下回，卢颔之间，明堂之中。

回紫抱黄入丹田，

解：内象喻也。脾气黄，目气紫，七液周流，抱黄回紫，出入呼吸俱入丹田。丹田有三所，灵命之根也。按《大洞经》云：眉间入三分为双丹田，入骨际三分为台阙，左青房，右紫户，二神居之。眉间却入一寸为明堂，左明童君，右明女君，中明镜神君。眉间却入二寸为洞房，左无英君，右白元君，中黄老君。眉间却入三寸为丹田，亦名泥丸宫，左有上元赤子君，右有帝卿君。又却入四寸为流珠宫，有流珠真君居之。又却入五寸为玉帝宫，玉清真母居之。又当明堂上一寸为天庭宫，上清真女居之。又洞房直上一寸为极真宫，太极帝君居之。又丹田直上一寸为丹玄宫，有中黄太乙君居之。又流珠直上二寸为太皇宫，太上君居之，男为雄一，女为雌一。男女并可修之。

幽室内明照阳门。

解：幽隐之室内，自思存心，目明鉴了，如如日月。神者，无方之谓也。心神无方，存之则有，遗之则亡。

口为章第三

口为玉池太和官，

解：口中液水为玉津，一名醴泉，亦名玉浆，贮水为池也。百节调柔，五藏和适，皆以口为官主也。一本作太和宫，于文韵不便也。《大洞经》云：心存胃口，有一女子，婴儿形，无衣服，正立胃管，张口承注魂液。仰吸五气，当即藏满口中，内外津液，满口咽之，遣直入玄女口中，五过毕，叩齿三通，微咒曰：玉清高上九天九灵，化为神女，下入胃清，金和玉映，心闲神明，服食日精，金华充盈。

漱咽灵液灾不干，

解：灵液真气，邪不忤正。

体生光华气香兰，

解：不食五谷，体无滓秽。

却灭百邪玉炼颜。

解：肌肤若冰雪，绰约若处子。

审能修之登广寒，

解：广寒，北方仙宫之名。冬至之日，月伏广寒之宫，其时育养月魂于广寒之地，天人采精华之彩，以辨日月之光。

昼夜不寐乃成真，

解：勤修静定，则为真人。

雷鸣电激神泯泯。

解：调神理气，精魄恬愉，虽震雷而不惊惧。又曰：雷为电激，为叩齿存思，乃是神用，不得言泯泯也。

黄庭章第四

黄庭内人服锦衣，

解：黄庭内人，谓道母；黄庭真人，谓道父，身备有之。锦衣具五色也，即谓五藏之真气也。三庭之中，备有之故也。

紫霞飞裙云气罗。

解：《十方经》云：高上玉皇衣文明飞云之裙，即神仙之服也。

丹青绿条翠灵柯，

解：五色杂气共生。枝条，仙衣之所。

七蕤玉籥闭两扉。

解：外象喻也。七窍开合，以喻关籥，用之以道，不妄闭也。蕤，籥之饰也。存神必闭目，曰闭两扉。

重掩金关密枢机，

解：金，取坚刚也。老子经云“善闭无关键而不可开”，言养生善守精神不妄泄。

玄泉幽阙高崔嵬。

解：玄泉者，口中之液也，一曰玉浆，一名玉液，一名玉泉。两目间为阙庭，两肾间为幽阙，如门之左右象巍，中然为道，肾在其内，故曰幽阙也。据肾在五藏之下，而云高者，形伏存神则在丹田之上，故曰高也。

三田之中精气微，

解：内指事也。丹田之中，神气变化，感应从心，非有非无，不可为也。象粗入妙，必基有条，故以气则用心为主，因立象至静至微，不可以数求之。《道机经》云：天有三光日月星，人有三宝三丹田。丹田中气，左青右黄，上白下黑也。

娇女窈窕翳霄晖。

解：《真诰》云：娇女，耳神名也。言耳听朗彻，明掩玄晖。

重堂焕焕扬八威，

解：重堂，喉咙名也，一曰重楼，亦名重环。《本经》云：绛宫重楼十二级。绛宫，心也。喉咙在心上，故曰重堂。喉咙者，津液之路也，流通上下，滋荣一体，焕明八方。八方之神曰八威也。

天庭地关列斧釿，

解：两眉间为天庭。紫微夫人咒曰：开通天庭使我长生。列斧釿，言勇壮也。

灵台盘固永不衰。

解：心为灵台，言有神灵居之，静则守一，动则存神，神具体安，不衰竭也。

中池章第五

中池内神服赤珠，

解：胆为中池，舌为华池，小腹为玉池，亦三池之名。《胆部章》曰：龙旗横天掷火铃。赤珠，言火铃也。

丹锦云袍带虎符。

解：丹锦云袍，心肺之色也，在胆上，故曰云袍虎符也。《九真经》云：黄老君之服，玄龙神虎符，带流金之铃，并道君之服也。

横津三寸灵所居，

解：内指事也。脐在胞上，故曰横津。脐下三寸为丹田，真人赤子所居也。

隐芝翳郁自相扶。

解：谓男女之形体也。隐郁交合，自然之道。按《内外神芝记诀》云：五藏之液为芝。即隐芝也，又名内芝。

天中章第六

天中之岳精谨修，

解：天中之岳，为鼻也，一名天台。《消摩经》云：鼻欲数按其左右，令气平也。所谓灌溉中岳，名书帝录也。

灵宅既清玉帝游。

解：面为灵宅，一名天宅。以眉目口之所居，故为宅。修之精通则神仙游矣。《大洞经》云：面为尺宅。又或云赤泽。

通利道路无终休，

解：《太素丹景经》云：一面之上，常欲两手摩拭之，高下随其形不息，则通利耳目口之气脉故也。

眉号华盖覆明珠，

解：明珠，目也。

九幽日月洞虚无。

解：《五神行事》云：眉上直入一寸为玉堂紫阙，左日右月。又《玉历经》云：太清上有五色华盖九重，人身亦有，当存目童如日月明也。

宅中有真常衣丹，

解：真龙心神，即赤城童子也，亦名真一，亦名赤子，亦名子丹，亦名真人。存见之常在目前，与心应，而象心气色也。

审能见之无疾患。

解：元阳子曰：常存心神则无病也。

赤珠灵裙华倩灿，

解：心神之服色，外喻也。

舌下玄膺生死岸。

解：内指事也。玄膺者，通津液之岸也。《本经》云：玄膺，气管受精符也焉。

出清入玄二气焕，

解：谓吐纳阴阳二气，焕然普明。

子若遇之升天汉。

解：人能善遇吐纳之理，即成天仙。

至道章第七

至道不烦决存真，

解：专之则至。

泥丸百节皆有神。

解：神者，妙万物而因象立名。

发与苍华字太元，

解：白与黑谓之苍，最居首上，故曰太元也。

脑神精根字泥丸。

解：丹田之宫，黄庭之舍，洞房之主，阴阳之根。泥丸，脑之象也。

眼神明上字英玄，

解：目喻日月，在首之上，故曰明上。英玄，童子精色也。内指事。

鼻神玉陇字灵坚。

解：隆陇之骨象如玉也，神气通天，出入不竭，故曰灵坚也。

耳神空闲字幽田，

解：空闲幽静，听物则审神之所居，故曰幽田。

舌神通命字正伦。

解：咽液以舌，性命得通。正其五味，各有伦理。

齿神崿峰字罗千，

解：牙齿坚利，如崿刃锋摧，罗众物而食之。

一面之神宗泥丸。

解：脑神，丹田百神之主。

泥丸九真皆有房，

解：《大洞经》云：三元隐化则成三宫，三三如九，故曰三丹田。又有三洞房合上三元为九宫，中有九真神，三九二十七，神气和人当存之，亦谓九皇。九魂变九气，以为九神，各居一洞房也。

方圆一寸处此中。

解：房有一寸，脑有九瓣。

同服紫衣飞罗裳，

解：九真之服，皆象气色，飞犹轻故也。

但思一部寿无穷。

解：存思九真，不死之道。

非各别住居脑中，

解：丹田之中，众神所居。

列位次坐向外方。

解：神统丹田，而外其面，以捍不祥。《八素经》云：真有九品，向外列位，则当上真上向，高真南向，太真东向，神真西向，玄真北向，仙真东北向，天真东南向，虚真西南向，至真西北向。天真者，不视而明，不听而聪，不言而正，不行而从也。

所存在心自相当。

解：心存玄真，内外相应。

心神章第八

心神丹元字守灵，

解：内象喻也。心为藏府之元，南方火之色，栖神之宅也，故曰守灵。

肺神皓华字虚成。

解：肺为心之华盖。皓，白也，西方金之色。肺色白，其质轻虚，故曰虚成也。

肝神龙烟字含明，

解：肝位木行，东方青龙之色也，于藏主目。日出东方，故曰含明也。

翳郁道烟主浊清。

解：翳郁，木象，得火而烟生，得阳而气清，清即目明，浊即目暗。

肾神玄冥字育婴，

解：肾属水，故曰玄冥。肾精为子，故曰育婴。

脾神常在字魂停。

解：脾中央土位也，故曰常在，即黄庭之宫也。脾磨即食消，神力象壮，故曰魂停也。

胆神龙曜字威明，

解：胆色青光，故曰龙曜，主于勇悍，故曰威明。外取东方青龙雷震之象。

六府五藏神体精。

解：资保一身，废一不可，故曰神体精。心肝脾肺肾为五藏，胃大肠小肠膀胱三焦胆为六府。所言府者，犹府邑之府，取受物之义，故曰府也。藏者，各具一质而共藏于身，故为藏也。言三焦者多矣，而未的其真，盖心肝腑三藏之上，而系管之中为三焦。《中黄经》云：心肝肺三焦。当指其所也。又据五方之色，脾为五藏之主，而今其以心为主，何也？答曰：心居五藏中，其质虚受，是神识之体，运用之源，故偏方而得其主，动用而获其神，不可以象数言，不可以物悉取，皆自然之理也。

皆在心内运天经，

解：以五藏六府各有所司，皆法象同天地，顺阴阳，自然应摄之道，故曰运天经也。

昼夜存之自长生。

解：依此五神服色，思存不舍不死之道。仙经：存五藏之气，变为五色云，当顶上覆荫一身，日居于前，月居于后，左青龙，右白虎，前朱雀，后玄武，即去邪长生之道也。

肺部章第九

肺部之宫似华盖，

解：金宫也，肺在五藏之上，曰叶如盖也。

下有童子坐玉阙。

解：童子名皓华，肺形如盖，故以下言之。玉阙者，肾中白气，与上肺连之也。

七元之子主调气，

解：元阳子曰：七元之君负甲持符，辟除凶邪而布气七窍，主耳目聪明。七元，七窍之外元气也。

外应中岳鼻齐位。

解：中岳者，鼻也。又为齐，齐为昆仑。鼻为七窍之门户，位犹主也。

素锦衣裳黄云带，

解：素，肺膜之色也。黄膜蔓延罗绪，有象云气也。

喘息呼吸体不快。

解：有时而然。

急存白元和六气，

解：白元君，主肺宫也。《大洞经》云：白元君居洞房之右是也。

神仙久视无灾害，

解：邪不干正。

用之不已形不滞。

解：常存此道，形气荣华。至诚修炼之所及也。

心部章第十

心部之宫莲含叶，

解：火宫也。心藏之质，象莲花之未开也。

下有童子丹元家。

解：心神，丹元也。守灵神在心内，而云下者，据华盖而云之也。

主适寒热荣卫和，

解：寒热，阴阳静燥之义也。人常和适以荣卫其身。老子经云“静盛寒，燥胜热，清静为天下之正”是也。

丹锦衣裳披玉罗。

解：心象离。丹锦衣裳，外阳也。披玉罗，内阴也。

金铃朱带坐婆婆，

解：金铃，内蕊之象也。朱带，血脉之象也。坐婆婆者，言神安静也。《九真经》云：黄老君带流金之铃也。

调血理命身不枯。

解：心安体和，则无病矣。

外应口舌吐五华，

解：心主口舌，吐纳五藏之津，识五行之味，故言外应五味也。

临绝呼之亦登苏，

解：人有病厄，当存丹元童子，朱衣赤冠以救护也。

久久行之飞太霞。

解：常修此道，能获飞仙。

肝部章第十一

肝部之宫翠重里，

解：木宫也，肝色苍翠，大小相重之象也。

下有青童神公子。

解：肝，东方木位，主青，故曰青童。左位为公子，一名含明，上有华盖，故曰下也。

主诸关镜聪明始，

解：肝主春三月，阳之本始，窍主目，五行之关镜，故曰聪明始也。

青锦披裳佩玉铃。

解：青锦，肝之色。玉铃，白脉垂象也。《升玄经》云：三天五帝皆带大玉之佩。《素灵经》云：灵耀君衣青锦丹裳。皆神仙之服也。

和制魂魄津液平，

解：内指事也。东春和煦，万物生也。

外应眼目日月精。

解：肝外主眼，左日右月也。

百疴所钟存无英，

解：诸疾荐之，但存无英公子。

同用七日自充盈。

解：五藏兼存，故言同用。凡七日为一竟者，一游也。

垂绝念神死复生，

解：垂死存念肝神青衣童子，还得活愈。

摄魂还魄永无倾。

解：《太微灵书》云：每月三日、十三日、二十三日夕，三魂弃身游外，摄之者常仰眠，去枕伸足，交手心上，瞑目闭气三息，叩齿三通。毕，存心中有赤气如鸡子，从内出于咽中，赤气转大，覆身变成火，以烧身使匝，觉体少热，呼三魂名，曰爽灵、胎光、幽精，即微咒曰：太微宫中黄始青，内炼三魂，胎光安宁，神灵玉宝，与我俱生，不得妄动，监者太虚，若欲飞行，唯诣上清，若有饥渴，得饮玄水玉精。又每月朔望晦，光魄盛，总交通，存思精炼反还之法，当此乃仰眠伸足，掌心掩两耳，令指根绕于项上，闭息七遍，叩齿七通，心存鼻端白气，如小豆大，须臾渐大，冠身上下九重气，忽变成两青龙，在两目中，白虎在两鼻孔中，朱雀在心上，苍龟在左足下，螣蛇在右足下，两玉女著锦衣，手把火光当两耳门。毕，咽液七过，呼七魄名：尸狗、伏矢、雀阴、天贼、毒秽、臭肺，即咒曰：素气九还，制魂邪奸，天狩守门，娇女执关，炼魄和柔，与我相安，不得妄动，看察形源，若有饥渴，听饮月黄日丹。

肾部章第十二

肾部之宫玄阙圆，

解：水宫也。玄阙圆者，两肾之形状也。玄，水色。内象喻之也。

中有童子冥上玄。

解：肾为下玄，其神玄冥，字育婴。心为上玄幽远，气与肾连，故言冥上玄。

主诸六府九液源，

解：九液交连，百脉流通，废一不可。五藏六府，乃九窍之津液也。

外应两耳百液津。

解：肾宫主耳，气衰则聋，阴阳和合，则百脉津液流通也。

苍锦云衣舞龙蟠，

解：苍锦，肾色之象也。云衣，肾膜之象也。龙蟠，肾脉之象也。《九真经》云：道君常服青锦之衣、苍华之裙也。

上致明霞日月烟，

解：肾气充之，耳目聪明不衰，外象喻也。

百病千灾急当存。

解：元阳子曰：寒暑相生，男女相成，肾中二神，裳衣华清，左男戴日，右女戴月，存想见之，永无患故也。

两部水王对生门，

解：肾藏双对，故曰两部。肾宫水王则化为赤子，故曰对生门。

使人长生升九天。

解：赤子化为真人而升九天，九天常谓九气青天，其气主生也。

脾部章第十三

脾部之宫属戊己，

解：土宫也。戊己，中央辰。

中有明童黄裳里。

解：明童，谓魂停。黄裳，土之色。

清谷散气摄牙齿，

解：脾为五藏之枢也。脾磨食消，生气乃至，齿为罗千，故摄牙齿。

是为太仓两明童。

解：太仓，脾府。此明童谓脾神，名混康也。

坐在金台城九重，

解：注念存思神状常然。

方圆一寸命门中。

解：即黄庭之中，丹田之所也。

主调百谷五味香，

解：口中滋味，脾磨食之所致。

辟却虚羸无病伤。

解：内指事也。

外应尺宅气色芳，

解：尺宅，面也。饥饱虚羸，应形于面色也。

光华所生以表明。

解：是以知虚实也。

黄锦玉衣带虎章，

解：脾主中黄，谓黄庭真人服锦衣也。《玉清隐书》云：太上道君佩神虎玉章也。

注念三老子轻翔。

解：三老者，谓元、老、玄老君也。念脾中真人，自然变化。子，谓受黄庭之学也。

长生高仙远死殃。

解：庄子曰：方生方死，方死方生，方可方不可，方不可方可。以此而谈，其理均也。故长生者不死，寂灭者不生，不死不生则真长生，不生不死则真寂灭，何死殃之所及也。

胆部章第十四

胆部之宫六府精，

解：六府，已解于上。《太平经》云：积清成精，故胆为六府之精也。

中有童子耀威明，

解：经云：胆神龙耀，字威明，勇悍之义也。

雷电八震扬玉旌，

解：八方雷震，谓胆有威怒之象也。玉旌，则气之貌。

龙旗横天掷火铃，

解：胆色青。龙旗，威战之具也。火铃者，胆边内珠之象也，怒则奋扬，故言掷也。

主诸气力摄虎兵。

解：胆力主于悍难，故摄虎兵。

外应眼瞳鼻柱间，

解：内指事也。心之喜怒，应于眉端也。

脑发相扶亦俱鲜。

解：人之震怒，发必冲冠。

九色锦衣绿华裙，

解：青锦，东方九气之色。绿华裙者，胆膜之象。

佩金带玉龙虎文。

解：胆神威明之服饰也。

能存威明乘庆云，

解：内象喻也。思存胆神不倦，则仙道也。

役使万灵朝三元。

解：三元道君名处三清上，诸天神仙并朝宗也。

脾长章第十五

脾长一尺掩太仓，

解：太仓，胃也。《中黄经》云：胃为太仓。元阳子曰：脾正横在胃之上也。

中部老君治明堂。

解：脾，黄庭之宫也。黄者，老君之所治，上应明堂。明堂，眉间入一寸是也。

厥字灵源名混康，

解：脾磨食消，内外相应。大肠为胃之子，混元阳受纳之，安康也。

治人百病消谷粮。

解：胃宫荣华，则无病伤。

黄衣紫带龙虎章，

解：脾居胃上，故曰黄衣也。紫带龙章，胃络之象也。

长精益命赖君王。

解：太仓混康，为君为王。

三呼我名神自通，

解：存思脾胃之神，则心灵洞鉴之。

三老同坐各有朋，

解：上元老君居上黄庭宫，与泥丸君、仓华君、青城君，及明堂中君臣、洞房中父母，及天庭真人等共为朋也。又，中元老君居中黄庭宫，与赤城童子、丹田君、皓华君、含明英玄君、丹元真人等共为朋也。又，下元老君居下黄庭宫，与太乙君、魂停君、灵元君、太仓君、丹田真人等共为朋也。常存三老和百神，流通部位营卫，无有差失也。

或精或胎别执方。

解：按《玉历经》云：下丹田者，元命之根本，精神之所藏。五气之元，在脐下三寸，附著脊，号为赤子府，男子以藏精，女子以藏胎，主和合。赤子，阴阳之门户也。其丹田中气，左青右黄、上白下黑也。

桃核合延生华芒，

解：太乙君名字也。处中使神气盈美也。

男女回九有桃康。

解：丹田下神名桃康，主人之精胎，能回通三田，成九神之气。

道父道母对相望，

解：阴阳两半成一，故对相望。

师父师母丹玄乡。

解：道与宗师，阴阳之主也。丹玄乡，为存丹田之法。

可用存思登虚空，

解：学仙之道。

殊途一会归要终。

解：合三以为一，散一以为三，此道之要也。《玄妙内篇》云：兆欲长生，三一当明也。

闭塞三关握固停，

解：经云：口为天关生神机，手为人关把盛衰，足为地关生命扉。又脐下三寸为关元，亦曰三关，主固精护气，不妄施泄也。

含漱金醴吞玉英，

解：金醴玉英，口中之津。《大洞经》云：服玄根之法，心存胃口有一女子，婴儿形，无衣服，正立胃管，张口承注魂液，仰吸五气，当漱灌口，内外津液满口吞之，遣入玄女口中，五过毕，叩齿五通，咽液七过也。

遂至不饥三虫亡。

解：《洞神诀》云：上虫白而青，中虫白而黄，下虫白而黑。人死则三虫出为尸鬼，各化为物，与形为央，击之冲破也。其余诸虫皆随人而亡。故学仙者清谨，备五清之气，然后服药物以去三虫。又云：上尸名彭琚，使人好滋味，嗜欲痴滞；中尸名彭质，使人贪宝好喜怒；下尸彭矫，使人爱好衣服，耽淫女色，是以三名虫也。

心意常和致忻昌，

解：道通无碍。

五岳之云气彭亨，

解：五藏之气为五岳之云。彭亨，流通无壅之称也。

保灌玉旁以自偿，

解：玉旁，鼻庐也。三虫既亡，真气和合，出入玄牝，绵绵不绝，故曰自偿。

五形完坚无灾殃。

解：五体与五藏之形也，存练道成，虚室生白，五藏坚完，自然灾病不生，神气自应。

上睹章第十六

上睹三元如连珠，

解：三元，为三光之元日月星，非指上中下之三元辰也。

落落明景照九隅。

解：三光在上而下烛。九隅，九方也。言常存日月，洞照一身也。

五灵夜烛焕八区，

解：五灵，谓五星也。烛焕罗列一身，常能存之，则与天地同休。

子存内皇与我游。

解：大道无心，有感即应。

身披凤衣衔虎符，

解：仙宫之服御也。

一至不久升虚无。

解：一者，无二之称也。学道传一，与灵同体，则神仙可到也。《南华真经》曰：人能守一，万事致毕矣。

方寸之中念深藏，

解：方寸之中为下关，关在脐下三寸，方圆一寸以藏精。

不方不圆闭牖窗。

解：方静圆动，不动不静，但当杜塞，不妄泄也。

三神还精老方壮，

解：还精神于三田，则久寿延年矣。

魂魄内守不争竞。

解：魂阳魄阴各得其一。《易》曰：一阴一阳之谓道。

神生腹中衔玉珰，

解：内守不泄，神生衔珰，腹中内明，口吐珠玉。按《五神行事诀》云：两眉间直入上三寸为玉珰紫关。

灵注幽阙那得丧。

解：腹中神生，灵气流通，故不亡也。固精阙于肾，肾主水，色黑，气通于耳。双立阙者，象于峻极也。

琳条万寻可荫仗，

解：身随众灵，森然交映，如万寻玉树可荫庇也。外象喻也。琳条，玉树条也。万寻，高远也，象身形洞真神明所庇荫。

三魂自宁帝书命。

解：修身神安，帝书下召。真道既成，名书帝录，则久视之也。

灵台章第十七

灵台郁霭望黄野，

解：心曰灵台，脾为黄野，常专一存见黄庭也。

三寸异室有上下。

解：三丹田上中下三处各异，每室方圆一寸也，故云三寸。今人犹谓心为方寸，即其所也。

间关荣卫高玄受，

解：三田之间各有间关，荣卫部分至高至低，心当受以存念也。

洞房紫极灵门户。

解：《大洞经》云：两眉间入三分为双丹田，入骨际三分为台关。正深七分，左有心房，右有紫户。却入一寸为明堂宫，左有明童真君，右有明女真君。却入二寸为洞房，左有无英君，右有白元君，中有黄老君。却入三寸为丹田宫，亦名泥丸宫，有上元赤子居之，右有帝卿君。却入四寸为流珠宫，有流珠真神居之。却入五寸为玉帝宫，有玉清真母居之。又当明堂上一寸为天庭宫，有上清真女居之。洞房上一寸为极真宫，有太极帝妃居之。丹田上一寸为玄丹宫，有中皇太一真君居之。流珠上一寸为太皇宫，有太上真君居之，故曰灵门户也。

是昔太上告我者，

解：我者，榑桑大帝自谓也。言我道成，承昔道君授以黄庭之时也。言此道不远，止在丹田，故即言是昔也。

左神公子发神语，

解：据《大洞经》云：左有无英，此云公子，亦互言耳。发神语者，用心专一，则神教之以道也。

右有白元并立处。

解：左右，为学道者之持。

明堂金匮玉房间，

解：皆上元之宫，释如上说也。

上清真人当吾前。

解：上元部神，悉在天庭之际也。

黄裳子丹气频烦，

解：谓中元童子处于赤城。频烦，气盛不衰竭也。

借问何在两眉端，

解：明堂之所。

内挟日月列宿陈，

解：《五辰行事诀》云：太上真人招五辰洞房，南极元君传授。每夜半坐卧，心存西方太白星，在两眉间上直入于一寸玉珰金阙，左日右月。又次存北方辰星在帝乡玄宫，玄宫在发际五分直入一寸也。又次存东方岁星在洞阙朱台，朱台在目后直入一寸是也。又次存南方荧惑星在玉门华房，在目眦际五分直入五分是也。又次存中央镇星在金室长谷，在人中直入二分是也。并存之如缀悬于上。毕，叩齿三通，咽液五过，微咒曰：高元紫阙，中有五神，宝耀发辉，放光冲门，精气顿生，化为老人，首巾素容，绿帔绛裙，右带流铃，左佩虎符，手把天罡，散辉飞辰，足蹑华盖，吐芒炼身，三景保守，令我得真，养魂制魄，乘飚飞仙。其事内象法也。

七曜九元冠生门。

解：七曜，七星，即人之七窍。九元，九辰，即人之九窍。废一不可，故曰冠生门也。

三关章第十八

三关之中精气深，

解：谓关元之中，男子藏精之所也。又据下文口手足为三关。又，元阳子以明堂、洞房、丹田为三关。并皆可以文义取之而存也。

九微之内幽且阴。

解：《大洞经》云：三元隐化则成三官，是名太清、太素、太和，三三如九，故有三丹田。又有三洞房，合上三元为九宫。宫有精微，故曰九微，言幽玄而不可见也。

口为天关精神机，

解：言发于情，犹枢机也。

手为人关把盛衰，

解：纵擒由己。

足为地关生命扉。

解：言运用己身而生也。

若得章第十九

若得三宫存玄丹，

解：三丹田宫，故曰三宫。玄丹，丹元也。存思在心，故偏指一所也。

太一流珠安昆仑。

解：太一流珠，谓目睛。《洞神经》曰：头为三台，君为昆仑。指上丹田也。又云：脐为太一君，亦为昆仑。指上丹田也。言心存三丹田，神皎然在于目前。《本经》云“子欲不死修昆仑”是也。

重重楼阁十二环，

解：谓喉咙十二环相重，重在心上。心为绛宫，有象楼阁故也。

自高自下皆真人。

解：高下三田十二楼阁，皆有真人。释如上说。

玉堂绛宇尽玄宫，

解：绛宫明堂，上下相应，皆宫室也。

璇玑玉衡色兰玕，

解：喉骨环圆，转动之象。兰玕，其色一也。

瞻望童子坐盘桓。

解：存见赤城童子子丹真人。坐，言其神安静也。

问谁家子在我身，

解：言已有之。

此人何去入泥丸。

解：与上元诸神上下相应。经云：脑为泥丸宫。

千千百百自相连，

解：神本出于一，一生二，二生三，三生万物，变化不离其身心也。

一一十十似重山。

解：存见万物重叠安坐。山，象坐之形也。

云仪玉华侠耳门，

解：云仪玉华，鬓发之号，言耳居其间。《大洞经》曰：发神名苍华。凡言华者，犹草木之华者也。

赤帝黄老与我魂。

解：赤帝，南方帝君也。黄老君，中央君也。魂为阳神，魄为阴神，阴阳相应，故言与魂。《太微灵书》云：人有三魂，一曰胎光，二曰爽灵，三曰幽精，常呼念其名，则三魂常不离其身。

三真扶胥共房津，

解：魂与赤帝、黄老为三真，言相应扶胥，同津共气。

五斗焕明是七元。

解：五斗，五星北斗。《洞房诀》云：存七元辰者，或眠起、初卧、食毕后咒曰：五星开通，六合紫房，回元隐道，豁落七辰，生魂者玄父，变一成神，生魄者玄母，化二成身，摄吾筋骨者公子，为吾精气者白元，长生久视，飞仙十天。

日月飞行六合间，

解：天地内为六合，存念身中日月星辰，森罗万象，如一天之间了然也。

帝乡天中地户端，

解：眉上发际五分直入一寸为帝乡。又，明堂上一寸为天庭，即天中。又，鼻为上部之地户。心存日月星辰等，诸神常在其端，谓鼻之上发际之下也。

面部魂神皆相存。

解：内外心神目相应也。

呼吸章第二十

呼吸元气以求仙，

解：采飞根玄晖，吞五芽、抱九霞，服食胎息之道，谓天地阴阳四时五行之气。

仙公公子似在前。

解：此洞房诀也。洞房宫左为无英，一名公子。仙公，直指黄庭。学者黄庭仙公能行洞房之诀，而存其公子，故言在前也。

朱鸟吐缩白石源，

解：朱鸟，舌象。白石，齿象。吐缩，导津液，调阴阳之气，流行不绝，故曰源也。

结精育胞化生身。

解：本已之所以从来也。

留胎止精可长生，

解：《真诰》曰：上清真人口诀，夫学道之人安心养神，服食治病，使脑宫填满，玄精不倾，然后可以存形神，服霞呼吸二景。若数行交接漏泄，施者则气秽神亡、精灵枯竭，虽佩玄挺玉箓、金书太极者，将何解于能生乎？昔在先师常心戒斯事云：学生之人，一接则倾一年之药势，二接则倾二年之药势，已往则不倾之药都亡于身，是以真仙常慎于此。盖以为生生之大忌于此者也。

三气右回九道明。

解：三气，为三丹田之气也。右回，言周流顺绪，谓和阴阳则四关、九窍通流，明朗而无疾也。

正一合华乃充盈，

解：含正守一，神气华荣，故能充满六合，乘物而能变之也。

遥望一心如罗星。

解：存见赤城子居在城中，如星之映罗谷也。

金室之下不可倾，

解：谓心居肺下，主金，其色白，故金室常能存之，长生不死。

延我白首返孩婴。

解：内指事。谓童颜不死。

琼室章第二十一

琼室之中入素集，

解：谓上元清真。琼室，体骨之象也。

泥丸夫人当中立。

解：经云：洞房中有父母，母则夫人，亦名道母。泥丸、洞房，上已解释。

长谷玄乡绕郊邑，

解：长谷，鼻也。玄乡，肾也。郊邑，为五藏六府也。言鼻中气出入下为肾运，周绕藏府、居赤城，存想内郭外郊，故为象喻也。

六龙散飞难分别。

解：言六府之气微妙玄通难分别，而想存之。

长生至慎房中急，

解：气亡液漏，髓枯精竭。益以涓滴，而泄以尾闾，不可不慎也。

何为死作令神泣。

解：房中不慎，伤精失明，故神泣也。

忽之祸乡三灵没，

解：祸乡，死地也。三灵，三魂也。谓胎光爽灵，幽精亡没。

但当吸气录子精。

解：呼吸吐纳，闭房止精。

寸田尺宅可治生，

解：谓三丹田之宅，各方一寸，故曰寸田。依存丹田之法以理生也。经云：寸田尺宅，彼尺宅谓是面也。

若当决海百渎饮。

解：谓房中淫泄，不知闭止。

叶去树枯失青青，

解：象人死无生气。

气之液漏非己形。

解：仙经云：闭房炼液，不远唾、不多言是也。

专闭御景乃长宁，

解：专闭情欲，存日月光。老子云：善闭无关键而不可开。又《上清素文灵书》有采气根之法：当以日初出东向叩齿九通，阴咒曰：日魂珠景，照韬绿映，回霞赤童，玄炎飚象。呼此十六字毕，瞑目握固，存五色流霞来接一身，于是日光流霞俱入口中，名曰飞华。玉胞，水母也。尚日吞霞四十五咽，又咽液九过。

保我泥丸三奇灵。

解：泥丸，上丹田也。《大洞经》云：三光隐化，则成三官，一曰太清之中三君也，二曰三丹田神，三曰符籍之神，故曰三奇灵也。

恬淡闲视内自明，

解：谓存思丹田之法。并如上说。

物物不干泰而平？

解：行道真正，邪物不干。

悫矣匪事老复丁，

解：猛兽不据，获鸟不搏，老者返壮，少者皆强，悫矣必然。

思咏玉书入上清。

解：精研内景，必获仙道。

常念章第二十二

常念三房相通达，

解：三房，谓明堂、洞房、丹田之房也。与流珠、五帝、天庭、极真、玄丹、泥丸、太皇等诸宫，左右上下皆相通也。

洞视得见无内外。

解：有想三三如九，合九为一，明彻天上，无有内外。

存漱五芽不饥渴，

解：灵宝有服御五芽之法。五芽者，五行之生气，以配五藏元精。经云：常以立春之日，鸡鸣时入室，东向九拜，平坐叩齿九通，想东方安宝华林青灵始老君九千万人下降室内，郁郁如云之覆已形，从口中入，直下肝府，咒曰：九气青天，元始上精，皇老尊神，衣服羽青，设御天宫，焕明岁星，散辉流芳，淘溉我形，食咽朝霞，服饮木精，固养青芽，保慎于零，肝府充溢，王芝自生，延年润色，颜返孩婴，五气混合，天地长并。毕，引青气九咽，便服东方赤书玉文十二字也。

神华执巾六丁谒。

解：神华者，《玉历经》云：太阴玄光玉女，道之母也，衣五色朱衣，脾藏之上，黄云华盖之下。六丁者，谓六丁阴神玉女也。《老君六甲符图》云：六丁各有神，丁卯神司马都玉女，足月之。丁丑神赵子王玉女，顺气。丁亥神张文通玉女，普漂之。丁酉神蒋文公玉女，得喜。丁未神石叔通玉女，寄防据。丁巳神崔巨卿玉女，闻心之。言服采飞根者，漱黄芽之道，成则役使六丁神故也。

急守精室勿妄泄，

解：精室，谓三丹田上下相连而不绝，制之在于心，心即中丹田也。缓急之所由，真妄之根本。

闭而保之可长活。

解：积精之所致也。

起自形中初不阔，

解：谓心使气，微妙无形。

三宫近在易隐括，

解：括谓三丹田中真宫近在人身，隐括精气，当以心为君主者。

虚无寂寂空中素，

解：外指事也。素有二说。

使形如是不当污。

解：使形轻静，如悬缣素于空中也。又身中空素，使如器轻。素，虚静常然。污，谓有外事也。

九室正虚神明舍，

解：九室，谓头中九官室及人之九窍。使上宫荣华，九窍真正，则众神之所止也。《洞神经》云：天有九星，故称九天。地有九宫，故称九地。人有九窍，故称九生。言人所由而生之也。

存思百念视节度。

解：存念身中有百神，呼吸上下，一如科法。又云千千百百似重山，皆神象也。

六府修治勿令故，

解：按《洞神经》云：六府者，谓肺为玉堂宫为尚书府，心为绛宫元阳府，肝为清冷宫兰台府，胆为紫微宫无极府，肾为出牧宫太和府，脾为中黄宫太素府。异于常六府也。

行自翱翔入云路。

解：谓升仙形化也。

治生章第二十三

治生之道了不烦，

解：无为清简，约己守正。

但修洞玄与玉篇。

解：洞玄，谓洞玄灵宝。玉篇真文，乃黄庭也。

兼行形中八景神，

解：《玉篇经》云：五藏有八卦，天神宿卫，太一使者王八节一为九宫。八卦外有十二楼。楼为喉管也。脐中为太一君，主人之命，一名太渊，一名昆仑，一名太极，主身中万三千精光。

二十四真出自然。

解：天有二十四真气，人身亦有之。又三丹田之所三八二十四真人，皆自然之道气。

高拱无为魂魄安，

解：行忘坐忘，离形去智。

清静神见与我言。

解：能清能静则心神自见，机览无外。与己言之，即谓黄庭真人也。

安在紫房帏幙间，

解：紫房帏幙，一名绛宫，赤城中童子所安之处，存思心神，其状如此也。

立坐室外三五玄。

解：谓八景乃二十四真神荣卫人身，则三田五藏真气调柔，无其灾病。

烧香接手玉华前，

解：玉华，则华盖之前也，谓眉间天庭也。一曰神之宗元、真人之窟宅，当从文而存之。

共入太室璇玑门。

解：据《洞房真经》云：天有太室、玉房、云庭。云庭中央，黄老君之所居也。玉房一名紫房，一名绛宫，通名黄堂。有华盖东西宫洞通左右黄庭之内，人身俱有之，如上文说。璇玑，中枢名也。

高研恬淡道之圆，

解：研精恬淡，真气来游。

内视密盼尽见真。

解：入静思存，百神森然。

真人在己莫问邻，

解：《玉台经》云：老子者，天之魂，自然之君，常侍道君在左右。人身俱有之。

何处远索求因缘。

解：经云：大道泛兮其可左右。言之不远。

隐景章第二十四

隐景藏形与世殊，

解：学仙之士含光藏辉，灭其迹，匿其端。

含气养精口如朱。

解：肌肤若冰雪，绰约若处子。

带执性命守虚无，

解：虚静恬淡，寂寞无为。

名入上清死录除。

解：得补真人，则象玄名。

三神之乐由隐居，

解：理身无为则神乐，理国无事则人安。三神，三丹田之神是也。

倏欻游遨无遗忧。

解：倏欻，疾发也，下文云：驾欻接生妄东蒙。或云：倏欻，龙名。无遗忧，谓悬解之也。

羽服一整八风驱，

解：八风，八方风也，先驱扫路也。羽服，仙服也。按《上清宝文》：仙人五色羽衣，太乙真人衣九色云飞之羽章，皆神仙之服，故名也。

控驾三素乘晨霞。

解：外指事。三云九霞，乃神仙之所。

金辇正位从玉舆，

解：《元录经》云：上清九天玄神八圣，驂驾九凤龙车。九天玉舆、金辇，皆仙人之服器。

何不登山诵我书。

解：书则黄庭言也。

郁郁窈窈真人墟，

解：山中幽邃。

入山何难故踌躇，

解：情志不决。

人间纷纷臭如帤。

解：疾秽人间不足恋。帤，至臭也。

五行章第二十五

五行相推返归一，

解：五行，谓金木水火土。相推者，金生水，水生木，木生火，火生土，土生金，周而复始。互相克法：火克金，金克木，木克土，土克水，水克火，周而复始。相推者，道也。返归一者，一，水数也，五行之道，万物之宗，老子云：道生一，一生二，二生三，三生万物。及《易》有太极是生两仪。太极，一也。两仪，天地。天地生万物，万物又返而归一。一者，无之称也，万物所成，故曰返归一也。

三五合气九九节。

解：《妙真经》云：三者，在天为日月星，在地为珠玉金，名曰三宝，在人身为耳口鼻，名为三生。天地人为三才，而各怀之。

五者，帝精也，故云三五合，三三为九也。夫三五所怀，顺众类也，和调万物，治化阴阳，覆载天地，光明四海，风雨雷电，春夏秋冬，寒暑温凉，清浊之气，诸生之物不得三五合，不立也。故曰：天道不远，三五复返。三五者，天地之帑藏，六合之要会，九宫之气节，九九八十一为一章耳。

可用隐地回八术，

解：九宫中有隐遁变化之术，《太上八气奔宸隐书》是曰八术。又太极八蕴之术，太极中有三君：一曰太上皇君，二曰天皇君，三曰黄老君。三元之气，混成之精，出入上清太虚之宫，隐遁无形，故能长生之道也。

伏牛幽阙罗品列。

解：伏牛，肾之象也，肾为幽阙。《中黄经》云：左肾为玄妙真，右肾为玄元君，罗列品位，存思则见也。

三明出于生死际，

解：天三明日月星，地三明文章华，人三明耳鼻口，是生死之际也。

洞房灵象斗日月。

解：存三元于洞房。洞房、明堂已释于上。

父曰泥丸母雌一，

解：明堂中有君臣，洞房中有夫妇，丹田中有父母。泥丸，脑神名。老子经云：知其雄，守其雌。雌无为，一也。

三光焕照入子室。

解：明白四达。

能存玄真万事毕，

解：庄子曰：人能守一万事毕。

一身精神不可失。

解：常存念之，不舍须臾。

高奔章第二十六

高奔日月吾上道，

解：吾，道君也。上清紫文吞日月气法，一名赤丹，《金精石景水母玉胞经》云：其法常以日出东向叩齿九通，心微祝日中日魂五帝名字，咒曰：日魂朱景，照韬绿映，回霞赤童，玄炎飚象。呼此十六字毕，瞑目握固，存五色流霞俱入口中。又，《上清灵书》有吞月精法：月出西向叩齿十通，心微祝月中五魂五夫人名字，咒曰：月魄暧萧，芬艳翳寥，婉虚灵兰，郁华结翘，淳金精荧，炅容台标。咒此二十四字毕，握固瞑目，存月中五色精光俱入口中。又月光中黄气大如目童，名曰飞黄，月华玉胞之精也，能修此道，则奔入日月神仙。

郁仪结璘善相保。

解：郁仪，奔日之仙。结璘，奔月之仙。同声相应，同气相求，故二仙来相保持也。

乃见玉清虚无老，

解：升三清之上，与道合同也。

可以回颜填血脑，

解：魂魄返婴，得成真人。

口衔灵芝携五星，

解：口吐五色灵气，光芝四照，与五黄老君周游六合。

腰带虎录佩金珰，

解：仙人之服也。《九真经》云：中央黄老君，腰佩玄龙神虎符，带流金之铃，执紫麾之节。箓，符也。

驾歘接生宴东蒙。

解：歘，倏。言乘风忽发而往也。东海仙境之山，接生之方，长与生气相接连，歘然而游其处也。

玄元章第二十七

玄元上一魂魄炼，

解：宝一以炼神，神炼以合一。

一之为物颇卒见，

解：一者，无称也。心恬淡以得之，而不可见。

须得至真乃顾盼。

解：守真志满，一自归己。

至忌死气诸秽贱，

解：凡飞丹炼药、服气吞霞等事，皆忌见伏尸掩秽之气，此谓生处之共患也。然则道冲虚，本无净秽，家获真正则净秽有殊，殊而不齐，则是非起于内，生死见于外。故清净者生之徒，浊秽者死之徒，故养生之所忌。

六神合集虚中宴。

解：六甲六丁六府等诸神，皆在身中，虚空则宴然安。

结珠固精养神根，

解：结珠，谓咽液先后相交如珠。固精，不妄泄。神根，形躯也。夫神之于身，犹国之有君，君之有人。人以君为命，君以人为本，互相资藉，以为生之而调养之也。

玉筬金籥常完全。

解：老子云：善闭无关键而不可开。籥，锁也。筬，或为匙。

闭口屈舌食胎津，

解：屈舌通津液，食津而胎仙，故曰胎津。

使我遂炼获飞仙。

解：精功勤诚之所致也。

仙人章第二十八

仙人道士非有神，

解：修学以积精，治气以为真。

积精累气以为真。

解：固精守气，积炼成真，修学以得之。

黄童妙音难可闻，

解：黄童，谓黄庭真人也，一名赤城童子。妙音，谓黄庭道之妙音也。

玉书绛简赤丹文。

解：《黄庭经》，一名《太帝金书》，一名《东华玉篇》。

字曰真人巾金巾，

解：真人，则黄童也。金，色白，在西方，主肺，色白在心故曰巾。《九真经》云：东方青帝有之衣青玉锦衣，帔苍华裙，建符芝丹，冠巾金巾。元阳子曰：真人冯午倨子，履卯戴酉。酉者，金也。

负甲持符开七门。

解：《老子六甲三部符》云：甲子神名王文卿，甲戌神名展子江，甲申神名扈文长，甲午神名卫上卿，甲辰神名孟非卿，甲寅神名明文章。存六神之名者，则七窍开通，故无有疾病。

火兵符图备灵关，

解：《赤童斩邪箓》皆使役三五火兵。又《卫灵神咒》曰：南方丹天，三气流光，荧星转烛，洞照太阳，上有赤精，开明灵童，总御火兵，备事三宫。即火兵三五家事也。符者，八素、六神、阴阳、玉胎、炼仙、阴精、飞景、黄华、石景、内化、洞神、蓝乾等诸符也。图者，《六甲玉女通灵图》《太一真人图》《东井沐浴图》《老子内视图》《西升八史图》《九变含景赤界》等诸图。可以备守虚关，关即三关、四关等，人身中俱有之。

前昂后卑高下陈。

解：列位之形象也。

执剑百丈舞锦旛，

解：神兵旛剑之形状也。

十绝槃空扇纷纭。

解：空中作气，口畔挥霍也。

火铃冠霄坠落烟，

解：金精火铃，冠彻霄汉，部伍队阵，状如落烟屯云之势。

安在黄阙两眉间，

解：存思火兵气状，俱在天庭。天庭，一名黄阙，在两眉间是也。

此非枝叶实是根。

解：学仙之本。

紫清章第二十九

紫清上皇大道君，

解：亦名玉宸宫。

太玄太和侠侍端，

解：太玄、太和，真仙之台号也。

化生万物使我仙，

解：道气之功致也。

飞升十天驾玉轮。

解：乘欻而往。

昼夜七日思勿眠，

解：至诚至感。

子能修之可长存。

解：延年神仙之道。

积功成炼非自然，

解：学以致其道也。

是由精诚亦守一。

解：守一如初，成道有余。

内守坚固真之真，

解：从等却也。

虚中恬淡自致神。

解：神以虚受故也。

百谷章第三十

百谷之实土地精，

解：土实曰谷，阴之类也。

五味外美邪魔腥。

解：非清虚之真气。

臭乱神明胎气零，

解：胎气，谓无味之味，自然之正气也。服气有胎息之正法度。零，犹失也。

那从返老得还婴。

解：发白返黑，齿落更生。此一句应在“自致神”之下起，此之不类也。

三魂忽忽魄糜倾，

解：忽忽，不恬淡。糜倾，朽败也。

何不食气太和精，

解：进服炼之道。

故能不死入黄宁。

解：黄宁，黄庭之道成也。

心典章第三十一

心典一体五藏王，

解：神以虚受，心为栖神之宅，故为之王。

动静念之道德行。

解：念，谓念丹元童子也。夫念为有，志为亡，念则易心而后语，亡则灰心而全神，故道德行也。

清洁善气自明光，

解：常念之故。

坐起吾俱共栋梁。

解：神以身为屋宅，故云共栋梁。吾，丹元童子也。

昼日耀景暮闭藏，

解：庄子曰：其觉也魂开，其寐也魂交之闭也。

通利华精调阴阳。

解：谓心神用舍，与目相应。华精，目精也。心开则目开，昼阳而暮阴，故云调阴阳也。

经历章第三十二

经历六合隐卯酉，

解：举心之用舍，阴阳之所由也。昼为经历，夜为隐藏。六合，天地上下四方。卯酉，以北为暮，幽隐属之也。

两肾之神主延寿，

解：肾神玄冥。育婴，所属北方，主暮夜，人能精心则主长寿。河上公曰：肾藏精也。

转降适斗藏初九。

解：九，阳数也。斗，北辰也，主降阳，谓阳气下与阴合。《易》曰乾，吉在元首藏之也。

知雄守雌可无老，

解：守雌，则藏九之文也。

知白见黑见坐守。

解：老子经曰：知其白守其黑，知其雄守其雌。此藏九文也。

肝气章第三十三

肝气郁勃清且长，

解：肝位东方木，主春，生气之本也。清长，气色象也。

罗列六府生三光。

解：存想生气遍照五藏六府，如日月星辰，光曜明初也。

心精意专内不倾，

解：能知一也。雨润万物，玉浆乃润百体也。

玄液云行去臭香。

解：真气周流则无灾病。

治荡齿发炼五方，

解：云行雨施，无所不通，故曰五方。五方，五藏也。

取津玄膺入明堂。

解：咽液之道，必自玄膺下入喉咙。喉咙，一名重楼，重楼之下为明堂，明堂之下为洞房，洞房之下为丹田。此中部也。

下既喉咙神明通，

解：身命以津气为主者。

坐侍华盖游贵京。

解：华盖，肺也。肝在肺之下。贵京，丹田也。

飘飖三清席清凉，

解：三帝，三丹田之道君也，亦名真人。言肝气者，气飘飖周流三丹田之所也。肝气为目精，故席清凉也。

五色云气纷青葱。

解：肝气与五藏相杂者为云。

闭目内盼自相望，

解：常存念之，五藏自见。

使诸心神还自崇。

解：赤城童子为心藏真人，合契同府，共相尊敬。

七玄英华开命门，

解：七窍流通，无留滞也。

通利天道存玄根。

解：身为根本。

百二十年犹可还，

解：当急修行，时不可失也。

过此守道诚甚难。

解：去死近也。

唯待九转八琼丹，

解：九转神丹，白日升天。《抱朴子·九丹论》云：老览养生之书，鸠集久视之方，曾以授涉篇千计矣，莫不以还丹金液为大要焉。又《黄帝九鼎神丹经》云：帝服之而升仙，与天地同毕，乘云驾龙，出入太清。八琼，丹砂、雄黄、空青、硫黄、云母、戎盐、隐石、雌黄是也。

要复精思存七元。

解：虽服神丹，兼为黄庭之道。七元者，谓七星及七窍之真神。又，五帝元君及白元无英君，变为七元道君。《洞房诀》云：存七元者，其咒曰：回元隐道，豁落七辰。七辰，七元也。

日月之华救老残，

解：左目主日，右目主月，目主肝，死东方，木行也。木位春，春为生气，故云救老残。

肝气周流终无端。

解：庄子曰：脂穷为薪而火传。生得纳养而命藏焉。

肺之章第三十四

肺之为气三焦起，

解：《中黄经》云：肺首为三焦，肺之为气谓气漱，气起自三焦。说三焦者，多未明其实，倒以为三藏之上系管为三焦。焦者，热也，言心肝肺头热之义矣。

视听幽冥候童子。

解：童子，心神，赤城中者。元阳子曰：窥离天下存童子。童子，目童也。谓人欲知死生，以手指拄眦，有光则生，无光则死也，候其目光。

调理五华精发齿，

解：五华，五藏之气。仙经曰：发欲数栉，齿欲数叩。

三十六咽玉池里。

解：口为玉池，亦曰华池。咽液入丹田，所谓灌溉灵根也。

开通百脉血液始，

解：身中血液，以口为本始也。

颜色生光金玉泽，

解：百脉开通。

齿坚发黑不知白，

解：返老还婴。

存此真神勿落落。

解：专神不惰。

当忆紫宫有坐席，

解：紫宫，谓肺宫也。坐席，神之所安。《中黄经》云：肺首为三焦，玄龙君之所居。

众神合会转相索。

解：众神相聚，岂有邪精。

隐藏章第三十五

隐藏羽盖看天舍，

解：此明脾宫之事。脾宫为丹田黄庭，中央戊己土行也。仰观肝肺如盖之舍者也，是故脾之所也。

朝拜太易乐相呼。

解：众神次于脾宫，神敬太上神仙，喜乐相召也。谓魂与众仙合会也。《灵素经》云：太上神仙有太易君、太虚君、皓素君，群仙宗道，游乐之也。

明神八威正辟邪，

解：八灵神有明德，正法而去邪，保守脾宫也。八威，八灵神也。《真诰》曰：北帝杀鬼咒曰：七政八灵，太上皓凶，长颁巨兽，手把帝钟，素枭三乘，严驾夔龙。此守卫之法，灭邪去凶者也，宜诵之。

脾神还归是胃家。

解：脾为胃用，故神归之。脾神名常在，字魂停。脾磨食消，胃家之事也。《中黄经》曰：胃为太仓。太仓，脾藏也。

耽养灵根不复枯，

解：修黄庭神，爱养性命，不复枯朽。脾为黄庭，人命之根本也，专心养之，延年神仙也。

闭塞命门保玉都。

解：身为玉都，闭丹田命门，保精也。元阳子曰：命门者，下丹田精气出入神之处也。身为玉都，神聚其所由都邑也。

万神方昨寿有余，

解：众灵降福，能延玩也。昨，报也。万神以养见报，故寿有余也。

是为脾建在中宫。

解：脾主中宫，土德位也。

五藏六府神明王，

解：黄中以脾为主者也。

上合天门入明堂。

解：存五藏六府之气，上合天门。天门在两眉间，即天庭也。眉间入一寸为明堂也。

守雌存雄顶三光，

解：老子经云：知其雄，守其雌。雌，牝，柔弱也。三光，谓日月星也。

外方内圆神在中。

解：外方内圆，明堂之象，脾神与真一居中也。

通理血脉五藏丰，

解：神恬心清。

骨青筋赤髓如霜。

解：百骸九窍，悉皆真正。

脾救七窍去不祥，

解：脾通胃气以应外窍，御邪辟恶。脾磨食消，耳聪目明。

日月列布设阴阳。

解：气分布两眉，左阳右阴。日阳主男，月阴主女也。

两神相会化玉浆，

解：阴阳和会生精，化其男女。阴阳，自然之津液也。

淡然无味天人粮。

解：神能合会，当味无味。

子丹进馔骰正黄，

解：童子用黄气为食而养之。馔，气也。子丹，真人也，丹田之真气。脾为中黄，脾磨食也。

乃曰琅膏及玉霜。

解：津液精气之色象也。

太上隐环八素琼，

解：喉咙曰重楼，名太上隐环，中有八琼素液也。涵八素琼液，绛宫重楼十二环也，中有八素致津。

溉益八液肾受精。

解：能滋八液入肾为玉精，咽液流下入肾宫，化于玉精。

伏于太阴见我形，

解：肾为太阴，阳伏其间，是胎之形也。太阴，洞房。谓观琼液之形象。

扬风三玄出始青，

解：肾属三冬，色玄，阴极则生春发阳，出青气。扬风，感化也。阴阳二气与肾气为三，三生万物微妙，故曰三玄。出始青，言万物生色青。《太平经》云：积清成青也。

恍惚之间至清灵。

解：三玄性生，其气微妙，不可以形质求之，乃于恍惚之间，得至清虚之境，阴阳之气至微妙。

戏于飚台见赤生，

解：游于飚台之上，见赤子真人也。谓和畅之气，化为赤子。赤子，真人。飚台，神仙之游集所也。

逸域熙真养华荣，

解：傲戏飚台，是为逸域。仰真圣怡英华物外真气，是自然养生也。

内盼沉默炼五形。

解：希睹真圣，还视内观，修炼形体，神气长存。

三气徘徊得神明，

解：内盼炼形，三田气行，得与神灵相通。三丹田之气也。

隐龙遁芝云琅英。

解：肝胆为隐龙，窍脉为内芝。脾气化众液，并为玉英也。仙经曰“肝胆为青龙”故曰。遁芝云琅英者，脾气之津液也。

可以充饥使万灵，

解：芝英能使不饥，驱使众灵。服气道成，役使鬼神。

上盖玄玄下虎章。

解：服炼道成，天降神虎玉章也，神仙之服御也。《元录经》云：仙人有玄羽之盖、神虎之章。

沐浴章第三十六

沐浴盛洁弃肥熏，

解：此已后入静持经之法也。盛字，古之净字。肥，鱼肉五辛也。

入室东向诵玉篇，

解：向大帝也。大帝在东。

约得万遍义自鲜。

解：遍数既足，功多则义自明，不出身中。

散发无欲以长存，

解：潇然无欲，而得长年。仙经曰：服九霞必先散发。又胎息法云：仰卧散发。或云：先外情欲，散发令枕高一寸二分，屈两手大拇指，握固闭目，闭目伸两臂，去身五寸，漱满口中津液，咽之满口，徐徐微以鼻内气引入，五六息则吐，一呼一吸为一息，至十吐，气可频伸，伸讫复为之，满四十九为一竟矣。寻观文意，此散发非专此道也，盖散发无为自得之意。

五味皆至正气还，

解：神凝液流，正气入藏，成五味而俱至也。合五为一，自然之道。

夷心寂闷勿烦冤。

解：不见有心，自然无闷。闷，静也，寂然清静。老子曰：其政闷闷，其民淳淳。

过数已毕体神精，

解：过数已毕，身入虚妙，专诚所致。

黄华玉女告子情。

解：丹田之神，示其经意，丹田阴神与其言也。

真人既至使六丁，

解：黄庭神至，役使六丁。真人，指学道者。神至，谓精至也。六丁，前文已解说也。

十读四拜朝太上，

解：拜太上老君也。《玉清真诀》云：诵《东华玉篇》者，必十读四拜。玉篇，乃此文也。

先谒太帝后北向，

解：太帝在东，七元居北。

黄庭内经玉书畅。

解：如上修习朝拜，则使黄庭道成，玉经理通。

授者曰师受者盟，

解：此言持经功著，可以为师授人也。斯文堪重也。

云锦凤罗金钮缠。

解：斯物为盟誓之信也。

以代割发肌肤全，

解：古者为盟，誓不妄传，当割发歃血，今代以云锦，使全肌肤也。

携手登山歃液丹，

解：如传丹经，歃血立誓。学神丹金液者，必先重盟而后传授。

金书玉景乃可宣。

解：立盟乃可宣传神仙法也。信向之者授之。

传得审受若三官，

解：三官者，天地水。

勿令七祖受冥患。

解：授非其人，七祖受殃。

太上微妙致神仙，

解：可尊可贵。

不死之道此其文。

解：此经长生之道，一心敬受奉行。

黄庭外景玉经注

《黄庭外景玉经注》，唐代梁丘子注。《黄庭外景玉经》据传成书于魏晋时期，主要论述了存思诸神的修炼方法。梁丘子的注解深刻研究了《外景经》的内涵，结合了他长期修炼的心得体会，对白文中隐晦难懂的部分进行了解释。他的注文不仅阐述了原著的清静无为之旨，还对『意守』『内视』『存思』『保精』『安神』『食气』等修炼方法及其效果进行了明确的介绍。

上

老子闲居作七言，

解：老子者，先天地而生，后天地而存，有三十六校七十二名，及胞李母，八十二年而生，故作《黄庭》以遗后世。运周反复，道毕自然。得其人，跪而受之。不得其人，万世勿语也。

解说身形及诸神。

解：老子恬淡自然，周流八极，恍惚莫测，变化无常，自能把符摄录，总校诸神。道无二家，究备使然，道无二亲，常与善人。

上有黄庭下关元，

解：黄庭者，在头中，明堂、洞房、丹田此三处是也。两眉间却入一寸为明堂，二寸为洞房，三寸为丹田，此三处为上元。一也。黄庭者，两半于洞房中共生赤子，则为真人也，常思之，慎无失，赤子化为真人，在明堂中，字子丹，故知一者在明堂一处也。行气导引，闭目内视，安心定志，混沌无涯，致精上流泥丸，运真人子丹也。明堂中有君臣，后洞房中有父母，丹田中有夫妇。一解云：黄庭者，脾也，长尺余，在太仓之上，脐上三寸。脾为中，主黄老君，中央神也，治在其中矣。关元，在脐下三寸，元阳之门在其前，悬精如镜，明照一身，不休是道。

后有幽阙前命门。

解：幽阙者，两肾也，如覆杯，却着脊，去脐三寸，上小下大。

又有日月命门者，及脐下也。

呼吸庐间入丹田，

解：呼吸，喘息，气出为呼，入为吸。庐，鼻也。谓吐故纳新之要。眉间却入三寸为丹田宫也，谓引气从鼻入至丹田也。

玉池清水灌灵根。

解：玉池，清水，口中津液也。灵根者，舌也，常当啄齿漱液，灌溉舌根。

审能修之可长存。

解：令人昼夜修行不懈，可得长生。

黄庭中人衣朱衣，

解：存思脾中有子母，从胃管入脾中，着赤衣。

关门壮籥合两扉。

解：下丹田之门，籥无妄开也。

幽阙使之高巍巍，

解：两肾在阙门之门，地官之楼，生气之府，上通于耳，耳在头两边，故曰巍巍。

丹田之中精气微。

解：脐下三寸是也，方圆亦三寸，其气微妙，存之则在，忘之则无，又易失，故曰微。

玉池清水上生肥，

解：玉池，口也。清水，口中津液也。上生肥者，津液会聚舌上，故曰肥也。

灵根坚固老不衰。

解：灵根者，舌根也，常卷舌根啄齿，行之勿令舌根凋燥，常存其神，久寿不衰。

中池有士衣赤衣，

解：常存思心中赤子，著赤绫绛衣居丹田，吉凶缓急，可驱使也。

田下三寸神所居。

解：谓脾也，在下胃上焦，下有脐，中灵根神所居也。

中外相距重闭之，

解：令人闭精自守，勿妄施，若闭以金关玉籥也。

神庐之中当修理。

解：神庐为鼻，鼻中毛，常须修理除去之，行气鼻中，除邪恶也。

悬膺气管受精符，

解：舌下为精符，喉咙为气管，精气从上下也。上元合会气微妙，真人上下通神路也。

急固子精以自持。

解：令人闭气，还精自守，勿妄施泄。还精补脑，不死之道。

宅中有士常不绛，

解：常存思心神著绛丹衣出入，无灾害，可却众邪也。

子能见之可不病。

解：精念心神，思之不止，内见赤子，则身无病也。

横立长尺约其上，

解：脾横长尺余，覆在太仓之上。

子能守之可无恙。

解：常守养脾神，思之不止，则无灾病也。

呼噏庐间以自偿，

解：以鼻引气，入口咽之，元气润泽，故德天之偿也。

保守完坚身受庆。

解：保精养气，身神光泽，故曰受庆。

方寸之中谨盖藏，

解：丹田方寸，念守精气，谨洁护持，为谨盖藏也。

精神还归老复壮。

解：还精炼形，以填脑气，齿坚发黑身不老。

使以幽阙流下竟，

解：引明堂中赤子，下看绛宫，值脐且存，变爻精流入丹田，以养其形。又思两肾间气从上至下，吸气自上及黄庭。一曰眉间为幽阙使也。

养子玉树令可壮。

解：常当守下元精气，如玉坚闭，精守神令，可枝壮也。

至道不烦无旁午，

解：无至愦乱，安心定意，正行向午也。背子向午，腰带卯酉。

灵台通天临中野。

解：心为灵台，上通气至脑户，下通气至脾中。其气周匝一身也。

方寸之中至关下，

解：喉咙广一寸也，明堂中真人下和丹田，上还明堂也。

玉房之中神门户。

解：阴阳为神门户，主其精约也。男曰精，女曰约，男以藏精，女以月水，故曰门户。

皆是公子教我者。

解：心为太府公，正当左肾为司徒公，右肾为司空公，皆受精气，不得漏泄，能守一则见之。

明堂四达法海源，

解：眉头一寸为明堂，气皆流达，如海之元也。

真人子丹当吾前。

解：赤子为真人，字子丹，在明堂中，常能思之寿乃可延。

三关之中精气深，

解：关有三部：天关，口也；地关，下部也；人关，两手也。掌握固闭塞三关，邪气不生也。

子欲不死修昆仑。

解：昆仑者，头也。令人养脑中泥丸，不死得长生也。

绛宫重楼十二级，

解：喉咙十二环，在心上为绛宫也。

宫室之中五气集。

解：五藏之气，心为帝王，最居中央，众神来会于赤子之侧也。

赤城之子中池立，

解：赤城，心也，舌谓之子，口为中池也。

下有长城玄谷邑。

解：小肠为长城，引气入于胞中也。

长生要妙房中急，

解：养性要妙，闭固精门。

弃捐淫欲专守精。

解：长生要妙，守精为上。

寸田尺宅可理生，

解：目为寸田，面为尺宅。理生，仰观上部一神也。

系子长留心安宁。

解：常观赤子之身形也，魂魄常在，万神不倾，恬淡无欲，心不恐惶，故自安宁。

观志游神三奇灵，

解：守上部灵根舌也，守中部灵根脐也，守下部灵根精房也。

闲暇无事心太平。

解：恬淡寂寞，守虚无情，身体安宁，心太平也。

常存玉房神明达，

解：玉房，神之门户，常存精气往来，神明自达。

时念太仓不饥渴。

解：太仓，胃也，五谷之厨，时思念之，不复饥渴。

役使六丁神女谒，

解：帝思黄庭中真人，则六丁玉女自来自卫，可役使也。

闭子精路可长活。

解：绝邪弃俗，关闭精路，可得长生。

正室之中神所居，

解：正室，明堂洞房也。常思赤子生其中，为真人。存之则在，不思则忘也。

洗身自理无敢污。

解：清静独处，焚香思真，绛宫真人、诸玉女当来见形，与凡人言语。

历观五藏视节度，

解：常思五藏诸神，勿离己身。

六府修治洁如素。

解：六府也，胆为一，胃为二，膀胱为三，大肠为四，小肠为五，脐为六，都府也。凡此六府，常须洁净。

虚无自然道之故，

解：虚无十有二气，自然为先，人离道远，无知其真。

物有自然事不烦。

解：能知自然为真人，坐在立亡，万世常存，何烦也。

垂拱无为身体安，

解：恬淡无为，块然独处，安心定志，正气自居，故身体安泰也。

虚无之居在帏间。

解：帏间，自障闭洞房，修道常居此都，不与人争，故曰帏间之居。

寂寞旷然口不言，

解：闲居自处，念道思真，见之勿惊，闭口不言也。

恬淡无欲游德园。

解：寒不衣，暑不汗，恬淡无欲，块然独居，出隐于山，不食荣贵也。

清净香洁玉女存，

解：清净独处，专心自禁，香熏斋洁，玉女侍卫也。

修德明达道之门。

解：令人守命门，端坐正念，无邪视也。修道明白，观表知里，神自为人开道户也。

中

作道优游深独居，

解：作道当入净室中，反胎炼形，还于精神也。

扶养性命守虚无。

解：虚无者，自然也。守道养形，修契自然，无离于己身也。

恬淡无为何思虑，

解：恬淡清净，养神爱体，远害万里，无复思虑也。

羽翼已成正扶疏。

解：学道俱备，身体轻举，恍恍惚惚，如有毛羽，来即举升，故曰扶疏。

长生久视乃飞去，

解：得道不死，度世长存，乃能白日魂飞入太清也。

五行参差同根节。

解：五藏法五行，或上或下，参差同一喉咙也。

三五合气要本一，

解：上下三五合一室，三五亏则返一也。

谁与共之斗日月。

解：左目为日，主父，治在其中。右目为月，主母，治在其中。斗者，七星候也，亦为七政。

抱玉怀珠和子室，

解：碌碌如玉，落落如石，行气握之，念如运珠。

子能知之万事毕。

解：修道守一，服气延年，反命神仙，万事毕矣。

子自有之持勿失，

解：闭精自守，念赤子也。

即得不死入金室。

解：修道审入九室，返胎炼形，修理玄白，真气恬然，闭塞三关，邪气不生也。

出日入月是吾道，

解：日月为两目也，侠于左右所治也，在紫房宫中，出为道之真。

天七地三回相守，

解：天有七星，地有三精，元气回行，无穷极也。

升降进退合乃久。

解：元气升降，上下混沌，亦无形端，天地得之乃能长生。

玉石珞珞是吾宝，

解：玉白如石，在下部也。

子自有之何不守。

解：闭精自守，受气养神。

心晓根基养华采，

解：根基者，谓人知守一也。华采者，谓人面目悦泽，体有光华也。

服天顺地合藏精。

解：天气下降，地气上升，二合成德，变化相生，闭气守精，养神炼质。

九原之山何亭亭，

解：泥丸中气王色明，真人太一住其中。亭亭，心也。

中住真人可使令，

解：真人赤子，可为使令也。不出户知天下，不窥牖见天道。

内阳三神可长生。

解：阳，谓元阳也，白也，须臾变异。长生之要，守三黑之神者也。

七日之五回相合，

解：七窍五藏，共相和同，共于一室。

昆仑之山不迷误。

解：昆仑为头也，真人所游戏其中。日月运行，寒暑更变，终不误也。

蔽以紫宫丹成楼，

解：丹田上通紫宫，中有五城十二楼，真人在其中游戏。

侠以日月如连珠，

解：两目也，玄气明照，出若连珠，五色恍恍，子常念之，寿命无穷也。

万岁昭昭非有期。

解：真人得道，万岁易形，男八女七，从此而生。与日月相守，天地相保。

外本三阳神自来，

解：三阳，三九历候也。婴儿生时，一神魂魄来入形中也。

内养三阴可长生。

解：鼻引阳气，取之以内养。赤子、真人、婴儿是曰三阴，亦食神也。

魂欲上天魄入泉，

解：魂阳魄阴也。谓世人无道德，魂魄离身，归散本也。

还魂返魄道自然。

解：拘魂制魄，令不动作，帝在身中，道以自然。

下

璇玑悬珠环无端，

解：璇玑运转，气脉流通，无复休竟也。闭口养神，漱炼醴泉如流珠。

迅牝金籥常完坚。

解：阴为牝，阳为籥，两不相伤，得中和之气，还精炼形，故得完坚。

载地悬天周乾坤，

解：地载人，人悬天，道不在上、不在下，微妙在乾坤中央，故周流天下也。

象以四时赤如丹。

解：明堂四达，应为四时，真人子丹之所居矣。子能思之，咀嚼其气，则寿无穷也。

前仰后卑各异门，

解：头与足、肾与心，心赤肾黑本同根，水火相克故异同。

送以还丹与玄泉。

解：丹者，血也，化入下源，变为白精。当此之时，缩鼻还之，上至泥丸，下至口中，变为玉泉也。

象龟引气至灵根，

解：以鼻引气至于舌根，咽送腹中，则雷鸣应之，真气使之然也。

中有真人巾金巾。

解：赤子著绛衣，冠金巾也。

负甲持符开七门，

解：服符六甲，辟却邪凶，布气七窍，耳目聪明。又云背子向午，腰带卯酉。符者，气也。

此非枝叶实是根，

解：自然要道，非虚文也。

昼夜思之可长存。

解：昼夜思道，勿懈也。开目视真，闭目思神，可得长生。

仙人道士非有神，

解：道无二家，充备使然。同共一根，无复他神，和心定志，故道日生。

积精所致为专年。

解：阴阳不妄施，精神不漏泄，积精受气，寿可万岁矣。

人皆食谷与五味，

解：俗人食土地之精，以身死报地。圣人食元和之气，以身仙报天。

独食太和阴阳气，

解：学仙之士，朝食阳气，暮食阴气，并食元气。

故能不死天相既。

解：得道者不死也，年命无极，与天相既也。既者，通也。

试说五藏各有方，

解：五藏象五行，四肢象四时，土为之主，居中央。

心为国主五藏王。

解：心如鸡子，危而难安。国有贤，致太平。心处清，身安宁。

意中动静气得行，

解：谓存守内神，身心安静，不妄惊动，气易行之故也。

道自持我神明光。

解：守一念道，持护我精，神明光也。

昼日昭昭夜自守，

解：谓思心中赤气，明照万神。守日月光，思两肾根，昼即守光，夜即守神故也。

渴自饮浆饥得饱。

解：饥食自然之气，渴饮华池之浆，不饥不渴，可得长生。

经历六府藏卯酉，

解：耳也。根生六府，藏出卯酉，要妙达矣，不可得也。

转阳之阴藏于九，

解：阳反属阴，转体相克，还藏于九。九为头也，故经云：左二右七，藏九居一也。

常能行之不知老。

解：常以鸡鸣时仰卧被发，啄齿三十六通，吞津咽气，远死之道。

肝之为气修而长，

解：谓修气上行，达于顶以补泥丸。

罗列五藏生三光。

解：五宫六府各得所主，肾上下各有日月三光。三光者，日月星候之谓也。

上合三焦道饮浆，

解：三焦，三关元也。饥食自然气，渴饮华池浆，不复饥渴也。

精候天地长生道。

解：精是吾神，气是吾道，佩精思气上下食方理也。

我神魂魄在中央，

解：中央魂魄，两肾也。左魂右魄，昼当以魂守魄，暮当以魄守魂。拘魂制魄，不得动作也。

津液流泉去鼻香。

解：阴阳交接，漏液失精，饮食无味，鼻失芬香。

立于悬膺含明堂，

解：舌下为悬膺，肺为明堂。含气咽之，灌于明堂，流行身中也。

通我华精调阴阳。

解：谓畜精养神也。负阴抱阳，调精神也。

伏于玄门候天道，

解：门为鼻也，候上部之一神。

近在我身还自守。

解：令守神精，自念已也。

清净无为神留止，

解：内当修道作无为，外当修道作无欲。心不烦乱，精神留止。

精气上下关分理。

解：气当精思上下部，守一神也。

七孔已通不知老，

解：头面七孔，精神门户，通利身识，不知老也。

还坐天门候阴阳。

解：朝食阳气，暮食阴气，都会于口中也。

下于喉咙通神明，

解：喉咙有十二时亭长，皆持玉戟，使守喉咙。真人住其中，主通气上下。

过华盖下清且凉。

解：眉为华盖，神住其中。

入清虚困见吾形，

解：入脑户见泥丸君也。

期成还丹可长生。

解：却自住年，身不衰老，故得长生。

还过华池动肾精，

解：从脑户历脊，下至肾中也。

望于明堂临丹田。

解：眉间却入一寸为明堂，却行三寸为丹田也。

将使诸神开命门，

解：鼻引真气，昼夜绵绵。鼻为天根。

通利天道藏灵根。

解：头圆象天。灵根，舌也。

阴阳列布如流星，

解：面有七孔，象七星。极阴反阳，观日而望见列星也。精施气布，入玄庭矣。

肝气似环终无端。

解：肝气周流身中，似环无端也。

肺之为气三焦起，

解：肺气出由三关。天关，口也。人关，手也。地关，下部也。

伏于天门候故道。

解：天门为口。候故道者，通脑户也。

清液醴泉通六府，

解：漱涌华池，灌沃舌根，流通大肠、小肠、胆、胃、膀胱、命门，乃六府也。

随鼻上下开二耳。

解：元气出入鼻中上下，通于二耳，任以为也。

窥视天地存童子，

解：天为头，地为下部，童子为存念守一神也。

调和精华理发齿。

解：令人吸五气，啄齿三十六通，咽液三十六过，乃理玄白也。

颜色光泽老不白，

解：令人却白住年，面目即生光泽，发不复白也。

下于喉咙何落落。

解：喉咙中有十二亭长，持玉戟使守喉咙。

诸神皆会相求索，

解：谓诸神聚会也。心意存之在八极也。

下入绛宫紫华色。

解：谓心神赤气色紫也。

隐藏华盖通神庐，

解：眉为华盖，下通气至鼻也。

专守心神传相呼。

解：当存念心神为国主，诸神为民，使呼召，无有不到也。

观我诸神辟除邪，

解：精思内达，见于神明，邪气无复敢干也。

脾神还归依大家。

解：赤子还入黄庭中。脾为中主，制御四方，道之深者也。

藏养灵根不复枯，

解：令人养灵根，不复干燥也。舌下有醴泉，出如流珠，常含而咽之，勿妄吐也。

至于胃管通虚元。

解：本文缺此一句，按御临本收入。

闭塞命门似玉都，

解：人生系命于精约，常当爱养精约，勿妄施泄，精凝如玉，在下部也。

寿传万岁将有余。

解：令人却向住年，还丹养命，身不衰老，可得长生。

脾中之神游中宫，

解：脾在太仓，上朝为老君，守坐堂上，游明堂宫，为太一君也。

朝会五神和三光。

解：脾宫中主，诸神皆会于阙下。三光，日月照也。

上合天气今明堂，

解：自气上升，下还脑中，今会明堂中也。

通利六府调五行。

解：五藏六府各有所主，五行下法五常，主为五星也。

金木水火土为王，

解：金为白，木为青，水为黑，火为赤。土为黄，为中主，制御四方。

通利血脉汗为浆。

解：五内安宁，血脉不惊，手足汗液，神明之信也。

二神相得下玉英，

解：谓道有雌雄，转相成玉，两不相伤也。

上禀元气年益长。

解：谓食元气，勿伤内精，气与神和，故寿三百年，得为地仙，游于人间矣。

循护七窍去不祥，

解：面有七窍，皆悉开通，耳目聪明，音声孔彰，邪气不生，喜气自至。

日月列布张阴阳。

解：谓两目也。左目为日，主父，主阳。右目为月，主母，主阴。

伏于太阴成其形，

解：谓婴儿在于胎中，幽隐慎固，阴成其形也。

五藏之主肾为精。

解：肾却著脊，去脐三寸，主吐精气，头戴日月星辰。

出入二气入黄庭，

解：谓元气从鼻口两孔中出入，通于黄庭。黄庭者，脾也。

呼吸虚无见吾形。

解：握固炼形，自见虚无之形。

强我筋骨血脉成，

解：谓骨轻肉腾也。肉化为骨，肠化为筋，血化为精，神化为丹，乃成神仙。

恍惚不见过青灵。

解：谓坐在立亡，过历脑户，变化无常也。

坐于庐下观小童，

解：鼻者，庐也。观见赤子住其中也。

旦夕存在神明光。

解：朝暮存神，不离己身，光辉常在目前。

出于无门入无户，

解：既已得道，能自隐于出入。行步不由门户，而乃为神也。

恬淡无欲养华根。

解：恬淡无欲，以道自存，修行玄白，养黑发根。

服食玄气可遂生，

解：谓服食两肾间白气，故云玄气。

还返七门饮太渊。

解：谓面有七窍，皆通达也。饮太渊者，谓咽食口中醴泉也。

通我喉咙过青灵，

解：气为道也，气从喉咙中下历于胆也。

问于仙道与奇功。

解：仙有三千六百法，备有万端，得道禀气，守自然不死之术，各有奇功。

服食灵芝与玉英，

解：不独名山有芝草、玉英也，五藏中亦有芝草、玉英，常服藏中芝英，故寿同天地也。

头戴白素足丹田，

解：巾月履日，还精补脑，名曰炼形，长生不死之道。

沐浴华池灌灵根。

解：华池，口也。灵根，舌也。当漱满醴泉，灌沃舌根也。

三府相得开命门，

解：洞房、华盖、明堂，为宫府也。命门者，鼻也。开通阴阳，合会耳目，故令聪明也。

五味皆至善气还。

解：漱满口中醴泉，五味皆至，还丹炼形，故得长生也。

大道荡荡心勿烦，

解：大道如江海，持之不极，思行守一。勿多思虑，恐乱神也。

被发行之可长存，

解：分发食日月之精，与日月相保，故得长生也。

吾言毕矣勿妄传。

解：此道非人勿妄传也。

附：

诵《黄庭经》修持诀

凡欲诵经，先须扫洒庭宇，严洁香花，注意精神，存神漱液，北向四拜，长跪叩齿十四通，毕，启请咒曰：

天朗气清，三光洞明。金房玉室，五芝自生。玄灵紫盖，素映我形。玉童侍女，为我星云。五帝齐景，三光同并。得乘飞盖，升入紫庭。

又引气四十九咽，入室持经，咒曰：

上启扶桑大帝旸谷神王：

今当入室，诵咏玉经。乞使净室，芝英自生。玉华煬耀，三光洞明，万遍胎生，得同帝灵。

《黄庭经》者，扶桑大帝君金书炼真之秘也。言读诵之者，当别室烧香清净乃执之也。此经能辟百邪，入山林及空暗之地，心中震怖者，正心向北，诵经一遍。

修诀

诵经十遍毕，叩齿二十六通，咽液三十六过讫，东向再拜大帝，长跪瞑目，咒曰：

小兆，臣某，谨读金书玉经，十转既周，乞发龙骈，天神下降，役使六丁，七祖飞升，我腾上清。

闭目又咽液十过，叩齿九通。次北向再拜，长跪，咒曰：

上皇太真，使我升灵。清斋澡炼，诵咏金书。上玄披散，上朝大帝。延年长存，刻名箓书。

闭目叩齿九通，咽液十过。